V&R unipress

Beiträge zu Grundfragen des Rechts

Band 33

Herausgegeben von
Stephan Meder

Alexander Ihlefeldt

Carl Bulling (1822–1909)

Pandektist und Vordenker der Gleichberechtigung

V&R unipress

Bibliografische Information der Deutschen Nationalbibliothek
Die Deutsche Nationalbibliothek verzeichnet diese Publikation in der Deutschen Nationalbibliografie; detaillierte bibliografische Daten sind im Internet über https://dnb.de abrufbar.

Gedruckt mit freundlicher Unterstützung des Lehrstuhls für Zivilrecht und Rechtsgeschichte der Juristischen Fakultät der Gottfried Wilhelm Leibniz Universität (Königsworther Platz 1, 30167 Hannover).

Druck und Bindung: CPI books GmbH, Birkstraße 10, D-25917 Leck
Printed in the EU.

Vandenhoeck & Ruprecht Verlage | www.vandenhoeck-ruprecht-verlage.com

ISSN 2198-5405
ISBN 978-3-8471-1100-9

Inhalt

II. Teil: Familienrecht und Frauenbewegung

III. Teil: Pandektistik und spätere Rezeption

Vorwort

Die vorliegende Arbeit ist im Sommersemester 2019 von der Juristischen Fakultät der Leibniz Universität Hannover als Dissertation angenommen worden. Die Disputation fand am 9. Juli 2019 statt.

Ich möchte auf diesem Weg zunächst meinem Doktorvater Herrn Professor Meder für seine Unterstützung während der Entstehung dieser Arbeit danken. Er hat das Thema vorgeschlagen und stand mir mit Ratschlägen stets zur Seite. Darüber hinaus ermöglichte er die Aufnahme in diese Reihe. Herrn Professor Schwonberg danke ich für die wertvollen Hinweise und die Übernahme des Zweitgutachtens. Des Weiteren möchte ich Frau Sepideh Koujouie meinen Dank aussprechen. Sie stellte mir biografisches Material über Carl Bulling zur Verfügung.

Ein besonders großer Dank gebührt meiner Familie, allen voran meiner Mutter, Gundula Ihlefeldt. Als Schriftstellerin weiß sie um die Herausforderungen, die das Schreiben gelegentlich mit sich bringen kann. Mit Rat und Tat stand sie mir während des gesamten Entstehungsprozesses dieser Arbeit zur Seite. Ebenso danke ich meinem Bruder, Christopher Ihlefeldt, mit dem ich viele interessante und anregende Diskussionen führte. Widmen möchte ich dieses Buch ebenfalls meinem Großvater, Dr. Lothar Reinbrecht, der die Fertigstellung leider nicht mehr erleben konnte.

Haldensleben, den 2. 2. 2020 — Alexander Sascha Ihlefeldt

1. Kapitel: Einleitung

»Auf diesem Streben des Menschen nach Wirken beruht sein Trieb nach Freiheit.«[1]

Carl Bulling (1822–1909) gehört zu den ersten Juristen, die die Abschaffung der Eheherrschaft des Mannes über die Frau postuliert haben. Trotzdem fehlt in der rechtshistorischen Literatur eine umfassende Darstellung von Leben und Werk des langjährigen Richters und Rechtsgelehrten. Dafür gibt es mehrere Gründe. Zum einen wurde den Arbeiten der sogenannten ersten Welle der Frauenbewegung lange Zeit wenig Beachtung geschenkt. Erst infolge einer sukzessiven Aufarbeitung der Rechtskämpfe dieser frühen Phase der Bewegung rückten deren Vertreter wieder in das wissenschaftliche Blickfeld. Zum anderen sind Bullings Arbeiten im Schnittfeld von Rechtsgeschichte, Rechtsdogmatik, Familienrecht, Methodologie und Rechtspolitik zu verorten. Ein solch breites Spektrum kann nur durch einen interdisziplinären Untersuchungsansatz erfasst werden. Neben juristischen Quellen wird eine große Bandbreite sowohl philosophischer als auch soziologischer Literatur ausgewertet, um die Persönlichkeit Carl Bulling und dessen bedeutendes Werk zu würdigen.

Gegenstand dieser Arbeit ist eine quellennahe Analyse der Biographie und Publikationen des Richters, Geheimen Justizrats und politischen Schriftstellers Carl Bulling. In der Form einer juristischen Biographie soll die vorliegende Studie darlegen, inwieweit Carl Bulling als Vorreiter jener Ideen betrachtet werden kann, auf denen die großen Familienrechtsreformen des 20. Jahrhunderts beruhen.[2]

Im Vordergrund der Erörterung seines für seine Zeit fortschrittlichen Gedankenguts steht Bullings Beitrag zur rechtlichen Gleichstellung von Frau und Mann, denn er ist es, der am Ende des 19. Jahrhunderts der juristisch noch weitgehend ungebildeten Frauenbewegung Rechtsbeistand leistet und zahlrei-

---

1 *Bulling*, Die deutsche Frau (1896), S. 22.

2 Eine solche Lebensbeschreibung geht von den persönlichen Umständen aus und eröffnet den Zugang zu den Schriften. So schreibt Goethe über die Literaturgattung der Biographie in »Dichtung und Wahrheit«: »Und davon sollte in der Geschichte, vorzüglich aber in der Biographie die Rede sein: denn nicht insofern der Mensch etwas zurückläßt, sondern insofern er wirkt und genießt und andere zu wirken und zu genießen anregt, bleibt er von Bedeutung.«, *Goethe*, Dichtung und Wahrheit, hg. von Hettche (2012), S. 297.

che Reformvorschläge formuliert. Den Schwerpunkt dieser Arbeit bilden die beiden von ihm verfassten familienrechtlichen Studien,[3] in denen sich Bulling ausführlich mit der Frage eines Fortlebens des Mundiums beschäftigt.[4] Ferner formuliert er Reformvorschläge zur Gleichstellung der nichtehelichen mit den ehelichen Kindern[5] und setzt sich für die lange umstrittene Strafbarkeit der Vergewaltigung in der Ehe ein. Im Rahmen einer werkkritischen Auseinandersetzung werden Stilistik, Methodologie und der Einfluss der Pandektistik auf Bullings Arbeiten untersucht.

Die vorliegende Studie gliedert sich in drei Teile. Der erste Teil beleuchtet Bullings frühe Lebensjahre, seinem Elternhaus, den Studienjahren in Heidelberg, Göttingen, Leipzig und München sowie die Zeit seiner Berufstätigkeit. Er hört Strafrecht bei Carl Joseph Anton Mittermaier (1787–1867) und Pandekten bei Karl Adolph von Vangerow (1808–1870) in Heidelberg sowie bei Wilhelm Franz Francke (1803–1873) in Göttingen. Außerdem schließt er bereits in jungen Jahren enge Freundschaften mit den Geistesgrößen Ludwig Bamberger (1823–1899) und Heinrich von Lengerke (1825–1906). Nach Beendigung des Studiums kehrt er unfreiwillig in seine oldenburgische Heimat zurück und arbeitet als Richter in Oldenburg, später in Oberstein (heutiger Name: Idar-Oberstein in Rheinland-Pfalz), Saargemünd (heutiger Name: Sarreguemines im französischen Département Moselle) und Mülhausen (heutiger Name: Mulhouse im französischen Elsass). Ein Akzent liegt auf Bullings Tätigkeit als Richter, da er seine Thesen nicht »deduktiv«, sondern »empirisch«, aus »seinen Erfahrungen in der gerichtlichen Praxis« entwickelt hat.[6] Abgerundet wird dieses Kapitel mit einer Skizze seines Lebensabends, in dem er den Großteil seines wissenschaftlichen Werks publizierte.

Der erste Teil setzt sich zudem mit den Schriften Bullings auseinander, die nicht dem Familienrecht zuzuordnen sind. Die Analyse der Publikationen beginnt mit seinem Frühwerk »Das Precarium«, welches noch während seiner Studienzeit (1846) entstand. Sodann werden Bullings spätere Monographien »Die Wirksamkeit der Goldklausel« (1894) und »Der Örtliche Gerichtsstand in Preßstrafsachen« (1894) betrachtet, die er aus dem Ruhestand verfasste. Hinzu kommt eine Untersuchung des von Bulling im Jahr 1895 in der Zeitschrift »Die Nation« veröffentlichten rechtstheoretischen Artikels »Kautschukparagraph

3 *Bulling*, Die Rechte der Unehelichen Kinder nach dem Entwurf eines bürgerlichen Gesetzbuches für das Deutsche Reich (1895); *ders.*, Die deutsche Frau und das bürgerliche Gesetzbuch (1896).

4 *Bulling*, Die deutsche Frau (1896). Diese Schrift enthält einen eigenen Abschnitt über das Mundium: S. 2–67.

5 *Bulling*, Die Rechte der Unehelichen Kinder nach dem Entwurf eines bürgerlichen Gesetzbuches für das Deutsche Reich (1895).

6 *Bulling*, Die deutsche Frau (1896), S. 6.

und richterliche Unabhängigkeit«. Er setzt sich darin kritisch mit der zeitgenössischen Gesetzgebung in Bezug auf das Verhältnis von Politik und Recht sowie mit der Entscheidungsfreiheit des Richters auf dem Gebiet des Strafrechts auseinander.

Der zweite Teil der Arbeit wendet sich Bullings familienrechtlichen Schriften zu. Nach einer Analyse der Schrift »Die Rechte der Unehelichen Kinder« (1895) wird Bullings opus magnum[7] »Die deutsche Frau und das bürgerliche Gesetzbuch« (1896) dargestellt. In diesem Werk führt er erstmals seine These vom Fortleben der männlichen Eheherrschaft als sogenanntes Mundium aus. Bulling verwendet den Terminus dabei in einem pejorativen Sinne, um die Eheherrschaft zu kennzeichnen. Dies gibt Anlass, das Mundium einer genaueren Untersuchung zu unterziehen, wobei sowohl zeitgenössische als auch gegenwärtige Quellen ausgewertet werden. Des Weiteren kritisiert Bulling den gesetzlichen Güterstand des BGB von 1900 und plädiert für die Einführung der Gütertrennung anstelle der sogenannten Verwaltungs- und Nutznießungsgemeinschaft. Ausgehend von dieser Kritik analysiert Bulling im Folgenden das gesamte damalige Güterrechtssystem und weist nach, dass der gesetzliche Güterstand die Frau benachteiligt. Der Autor plädiert darüber hinaus für die Strafbarkeit der Vergewaltigung in der Ehe. Die diesbezüglich divergierenden Ansichten in der zeitgenössischen Rechtswissenschaft werden in der vorliegenden Arbeit berücksichtigt. Darauf folgt eine Erörterung der gemeinsam mit der Frauenrechtlerin Helene Lange verfassten Broschüre »Eine Erwiderung auf den Artikel der Frau Dr. Kempin: Deutsche und amerikanische Vermögensrechte der Ehefrauen« (1897). Neben einem Artikel in der Zeitschrift »Die Frauenbewegung. Revue für die Interessen der Frau« publizierte er zwei mehrteilige Serien zur ehelichen Stellung der Frau in der Zeitung »Hamburgischer Correspondent. Morgenzeitung der Börsen-Halle«. In den Blick genommen werden zudem die familienrechtlichen Zeitschriftenbeiträge Bullings.

Sodann wird die Wirkung des politischen Schriftstellers Carl Bulling auf Wissenschaft und Gesellschaft untersucht. Von besonderem Interesse ist dabei sein Einfluss auf die Frauenrechtsbewegung. Seine Schriften reüssierten bei einigen Frauenrechtlerinnen, die diese in ihren Vorträgen, Aufsätzen und Abhandlungen rezipierten. Hervorzuheben sind hier Marie Stritt (1855–1928)[8] und Marie Raschke (1850–1935)[9]. Insbesondere stand Bulling in engem Kontakt mit der führenden Frauenrechtlerin Helene Lange (1848–1930). Auch die Ehefrau

7 Vgl. *Duncker*, Gleichheit und Ungleichheit (2003), S. 538, Fn. 2274.

8 *Stritt*, Das bürgerliche Gesetzbuch und die Frauenfrage (1898), S. 6.

9 *Raschke*, Das norwegische und dänische Familienrecht, in: Schoenflies u.a. (Hg.), Der Internationale Kongress für Frauenwerke und Frauenbestrebungen in Berlin (1897), S. 290–301, 301.

des bekannten Soziologen Max Weber, Marianne Weber (1870–1954), kommentierte in ihrem kritischen Buch zur Stellung der Frau Bullings Werk:

> »Bei weitem eingehendsten und tiefgründigsten befaßte sich ein praktischer Jurist: Karl Bulling, in seiner Schrift ›Die deutsche Frau und das Bürgerliche Gesetzbuch‹ mit dem Problem. An der Hand der Erfahrungen als Richter in Ehestreitigkeiten geht er in überaus feinsinniger Weise allen psychologischen und sittlichen Wirkungen des Mundialprinzips nach und kommt vom Standpunkt des ethischen Individualismus aus zu dem Resultat, daß jede Form gesetzlicher Autorität des Ehemanns für ihn selbst eine schwere sittliche Gefahr bedeutet und unvereinbar ist mit dem Recht der Frau auf Freiheit in der Pflichterfüllung.«[10]

In diesem Kontext werden die Verbindungen zwischen Bullings familienrechtlichen Werken und der Frauenbewegung herausgearbeitet. Die Frauenbewegung suchte männlichen juristischen Beistand, da selbst noch am Ende des 19. Jahrhunderts die aktiven Frauenrechtlerinnen ihre Überzeugungskraft durch die ihnen vorenthaltene juristische Fachbildung eingeschränkt sahen.[11] Sie bezeichneten Bulling als »hervorragenden Juristen«[12], »juristischen Mitstreiter«[13], »unseren treuen Mitkämpfer«[14] und »unseren edlen Mitstreiter«[15]. Dabei kam Bulling zugute, dass er aus seiner Richtertätigkeit über große Erfahrung in familienrechtlichen Angelegenheiten verfügte.[16]

Der dritte Teil dieser Studie setzt sich in erster Linie mit der These auseinander, dass Carl Bulling zur Schule der Pandektistik gehört. Denn ihm gelingt es nachzuweisen, dass keine Kontinuität von der altrömischen Manus über die germanische Munt zur Eheherrschaft im BGB besteht, indem er auf verschiedene Textstellen des Corpus Iuris Civilis rekurriert. Er zeigt anhand ausgewählter Beispiele, dass im klassischen römischen Recht die Ehefrau frei von der Herrschaft des Mannes geworden war. Damit wandte er sich gegen die herrschende Meinung der zeitgenössischen Wissenschaft, dass die Eheherrschaft des Mannes auf eine Kontinuität seit dem römischen Recht zurückgeführt werden könne. Dies ist insofern von erheblicher Bedeutung, als diese Auffassung auch als Begründung für die Kodifizierung der Eheherrschaft im BGB von 1896 diente.

10 *Weber*, Ehefrau und Mutter (1907), S. 438.
11 Zur Geschichte der Anfänge der Juristinnenausbildung vgl. *Röwekamp*, Die ersten deutschen Juristinnen (2011).
12 *Raschke*, Rezension zu »Die Rechte der unehelichen Kinder«, Die Frauenbewegung (1895), S. 188.
13 *Raschke*, Das norwegische und dänische Familienrecht, in: Schoenflies u.a. (Hg.), Der Internationale Kongress für Frauenwerke und Frauenbestrebungen in Berlin (1897), S. 290–301, 301.
14 *Raschke*, An die deutschen Frauen, Die Frauenbewegung (1896), S. 131.
15 *Raschke*, An die deutschen Frauen, Die Frauenbewegung (1896), S. 131.
16 Vgl. *Bulling*, Die deutsche Frau (1896), S. 6.

Die vorliegende Studie befasst sich im Übrigen auch mit der Frage, wie Bulling rezipiert wurde und wird. Seine Werke gerieten nach der Wende zum 20. Jahrhundert fast vollkommen in Vergessenheit. Lediglich in vereinzelten Schriften finden seine Publikationen noch Erwähnung.[17] Zwar sind bereits Fragmente einer Biographie zusammengetragen worden, jedoch steht eine umfassende Werkbiographie noch aus.[18] Andere namhafte Autoren, wie Otto von Gierke[19] oder Anton Menger,[20] deren Wirken die Entstehungszeit des BGB prägte, haben bereits eine werkkritische Würdigung erfahren. Auch weitere BGB-Kritiker wie Otto Bähr[21] und Rudolph Sohm[22] sind bereits im Rahmen monographischer Untersuchungen beleuchtet worden. Bullings »Schattendasein« verwundert, denn er lebte in einer der bewegendsten Epochen der deutschen Geschichte. Die Rechtswissenschaft dieser Zeit gilt als wegweisend. Bulling hat zu dieser einen unschätzbar wertvollen Beitrag geleistet.

Insbesondere seine familienrechtlichen Schriften zeugen von der besonderen Weitsicht dieses Reformjuristen. Auch aus diesem Grund wird Bullings familienrechtliches Werk inzwischen durchaus auf eine Stufe mit dem eines Gierke oder eines Menger gestellt.[23] Die vorliegende Studie will eine erste Gesamtwürdigung erbringen. Denn ohne Blick in die Vergangenheit können die Lösungen der Gegenwart nicht verstanden werden.

17 Vgl. beispielweise die Habilitation des späteren Rechtsprofessors *Friedrich Kitzinger* (1872–1943), Ort und Zeit der Handlung im Strafrecht (1902).

18 Vgl. *Koujouie*, Die Frauenfrage als Menschheitsfrage, in: Meder u. a. (Hg.), Frauenrecht und Rechtsgeschichte (2006), S. 193–209.

19 *Janssen*, Otto von Gierkes Methode der geschichtlichen Rechtswissenschaft (1974); *Spindler*, Von der Genossenschaft zur Betriebsgemeinschaft (1982).

20 *Hörner*, Anton Menger. Recht und Sozialismus (1977); *Müller*, Anton Mengers Rechts- und Gesellschaftssystem (1975).

21 *Binder*, Otto Bähr (1817–1895). Richter von universellem Geist (1983).

22 *Bühler*, Kirche und Staat bei Rudolph Sohm (1965).

23 Vgl. *Meder*, Rechtsgeschichte (2017), 6. A., S. 345; *ders.*, Familienrecht (2013), S. 197.

I. Teil: Lebensstationen und erste Werke

Die Person Carl Bulling und dessen Werk gelten als weitgehend unerschlossen. Der Werkanalyse seien daher einige Worte zum Leben des langjährigen Richters vorangestellt (2. Kapitel). Weitgehend in Vergessenheit geriet zudem, dass sich Bulling nicht nur mit dem Familienrecht, sondern auch mit dem römischen Vertrags- und Sachenrecht (3. Kapitel), dem Währungsrecht (4. Kapitel) und dem Strafrecht (5. Kapitel) befasste.

2. Kapitel: Bullings Lebensstationen

I. Familie und Jugend

Carl Bulling kommt als Sohn des Juristen und oldenburgischen Amtmanns Gerhard Friedrich Bulling und dessen Frau Anna Magdalene Bulling, geborene Anthony, in Tossens am 7. März 1822 zur Welt.[24] Sowohl das Amt Ganderkesee als auch Tossens sind zu dieser Zeit kleine Dörfer zwischen Oldenburg und Bremen. Seine Kindheit und die ersten Jahre der Schulzeit verbringt Bulling zunächst zuhause im Amt Ganderkesee, wo er von Hauslehrern unterrichtet wird.[25] Sodann besucht er die Gelehrten-Schule in Bremen, die damals den Söhnen der Oberschicht vorbehalten ist.[26] Dort lernt er seinen späteren Kom-

24 Neben seiner Zwillingsschwester Johanne hat der junge Carl Bulling noch zwei weitere Geschwister: Hermine Catherine Marie, geboren am 16. August 1820, sowie Marie Elise Ottilie, geboren am 3. Oktober 1824. Einen ausführlichen biographischen Überblick über das Leben Carl Bullings bietet *Koujouie*, Die Frauenfrage als Menschheitsfrage, in: Meder u.a. (Hg.), Frauenrecht und Rechtsgeschichte (2006), S. 193–209. Im Folgenden wird die Untersuchung daher auf einen Überblick über seine wesentlichen Lebensstationen beschränkt. Frau Koujouie bin ich darüber hinaus zu besonderem Dank verpflichtet, da sie mir Zugang zu ihrem biographischen Material über Carl Bulling ermöglichte.

25 Diese Informationen entstammen Bullings Angaben in seinem Antrag auf Zulassung zum Tentamen am 6.10.1845, in: StA OL Best. 155 Nr. 85.

26 *Schwarzwälder*, Geschichte der Freien Hansestadt Bremen, II. Bd. (1995), S. 177. Die Entstehung der Gelehrtenschule geht auf eine Initiative des späteren Bremer Bürgermeisters Johann Schmidt zurück, der im Jahr 1817 die beiden bis dahin in Bremen vorhandenen höheren Schulen, das Paedagogicum und das Lyceum, zur Allgemeinen Gelehrten-, Handlungs- und Vorschule zusammenführt. Nach Schmidts Schulmodell bildet eine Vorschule die Basis, in der Jungen vom 8. bis zum 14. Lebensjahr in Religion, Deutsch, Latein, Französisch, Geschichte, Geographie, Naturkunde, Mathematik und Zeichnen unterrichtet werden. Als Wahlfächer kamen im letzten Vorschuljahr Englisch und Griechisch hinzu. Daran schloss sich entweder die auf den Beruf des Kaufmanns vorbereitende Handelsschule oder die das Universitätsstudium vorbereitende Gelehrtenschule an. Während dieser Zeit lehrt der bekannte Theologe Johann Heinrich Volkmann in den Fächern Deutsch, Latein, Griechisch und Hebräisch. Schuldirektor ist der Philologe und Goethe-Kenner Ernst Wilhelm Weber. Bullings Schule existiert noch heute: Es handelt sich nunmehr um ein humanistisches Gymnasium mit dem Namen »Altes Gymnasium«.

militonen Heinrich von Lengerke kennen. Beide beenden die Schule im März 1842.[27] Obwohl Lengerke als Angehöriger einer alten adeligen Bremer Handelsfamilie[28] höheren gesellschaftlichen Kreisen entstammt als Carl Bulling, das Kind einer Beamtenfamilie, schließen die beiden spätestens während des Studiums eine lebenslang dauernde Freundschaft.

Seit drei Generationen sind die männlichen Vorfahren Bullings als Juristen tätig. In einer Zeit starker Prägung des Berufswegs durch die Familie überrascht es daher nicht, dass Bulling diese Profession erreichen will.[29] So beginnt er im Sommersemester 1842 das Studium der Rechte an der Universität Jena, wechselt aber schon zum Wintersemester 1843/1844 an die Universität Heidelberg. Insbesondere diese Heidelberger Jahre sind entscheidend für seinen weiteren Lebensweg, da er dort Ludwig Bamberger kennenlernt und Heinrich von Lengerke wiederbegegnet. Im Wintersemester 1844/1845 immatrikuliert er sich zusammen mit Lengerke und Bamberger an der Universität Göttingen.

In Bambergers Werk »Lebenserinnerungen« heißt es zu dieser Lebensphase:

> »Mit zwei Kameraden, einem Oldenburger [Anmerkung: Hierbei handelt es sich um Carl Bulling] und einem Bremer [Heinrich von Lengerke], beschloß ich, nach Göttingen zu wandern. Es galt für einen Sitz des Fleißes und der Sammlung und hat gehalten, was es versprach. Wir bezogen eine gemeinsame Wohnung bei einem Bäcker Schuhmacher in der Barfüßerstraße und schliefen sogar zu dreien im selben Zimmer.«[30]

In derselben Schrift charakterisiert Bamberger Bulling folgendermaßen:

> »Um drei ging es wieder an die Arbeit bis um acht. Diese ward gemeinsam von mir und dem Oldenburger Freund betrieben, der im gleichen Semester und ein eifriger Pandektist, Schüler Vangerows und Franckes war und mich, der ich nur den guten Sell in Gießen gehört hatte, erst in den Tempel Justinians und seine Geheimnisse hineinführte und den Umgang mit dem Corpus juris vermittelte.«[31]

---

27 Vgl. *Koujouie*, Die Frauenfrage als Menschheitsfrage, in: Meder u. a. (Hg.), Frauenrecht und Rechtsgeschichte (2006), S. 193–209, 194, die auf das Abgangszeugnis der Universität Jena verweist.

28 Vgl. zu der Familie von Lengerke, *M. v. Lengerke*, Familie von Lengerke(n) 1500–2003. I. Bd. (2006).

29 Zur Sozialstruktur der Studentenschaft an den juristischen Fakultäten um die Mitte des 19. Jahrhunderts vgl. *Ormond*, Die Richter im Kaiserreich, in: Dipper (Hg.), Rechtskultur, Rechtswissenschaft, Rechtsberufe im 19. Jahrhundert (2000), S. 87–100, 90–91. Dazu auch *Kühn*, Die Reform des Rechtsstudiums zwischen 1848 und 1933 in Bayern und Preußen (2000), S. 24, sowie *Rottleuthner*, Die gebrochene Bürgerlichkeit einer Scheinprofession, in: Siegrist (Hg.), Bürgerliche Berufe (1988), S. 145–173, 155–156.

30 *Bamberger*, Erinnerungen (1899), S. 14.

31 *Bamberger*, Erinnerungen (1899), S. 15. Allgemein zur Struktur des Jurastudiums während der Mitte des 19. Jahrhunderts vgl. *Schröder*, Das Verhältnis von Rechtswissenschaft, Juristenausbildung und Rechtspraxis in Deutschland seit dem 18. Jahrhundert, in: Avenarius (Hg.), Rechtswissenschaft als juristische Doktrin (2011), S. 313–337, 326–337. Auch die

Bulling zeigte daher wohl schon während des Studiums ein gesteigertes Interesse am römischen Recht, was sich zunächst in seiner Publikation »Das Precarium« und in seinen späteren Schriften deutlich niederschlug. Der Bezug zum römischen Recht stellt mithin einen Eckpfeiler in Bullings Werk dar und wird daher noch intensiver zu untersuchen sein.

Zum Sommersemester 1845 wechseln Bulling und Lengerke an die Juristenfakultät der Universität Leipzig. Bamberger hingegen geht zurück nach Gießen, wohl einerseits wegen des niedrigen akademischen Niveaus in Göttingen, andererseits, um sich in seiner Heimat zum Examen zu melden.[32] Bulling aber bleibt mit Lengerke noch bis 1846 in Leipzig, um seine noch von den Heidelberger Professoren ausgezeichnete Schrift »Das Precarium. Eine römischrechtliche Abhandlung« im Verlag Friedrich Fleischer zu veröffentlichen. Denn die sächsische Metropole gilt zu jener Zeit als sogenannte »Verlagshauptstadt«, in der der Großteil der wissenschaftlich bedeutenden Verlage seinen Sitz hat. Im August 1846 kehrt er in seine oldenburgische Heimat zurück und besteht im November die Vorprüfung zum Zivilstaatsdienst, das sogenannte Tentamen. Bis April 1847 arbeitet er als sogenannter Accessist[33] bei seinem Vater am Amt Ganderkesee, um sich dann ab dem Sommersemester zusammen mit Heinrich von Lengerke in München zum Studium der Nationalökonomie einzuschreiben.

II. Freundschaft mit Heinrich von Lengerke

Da die Freundschaften mit Lengerke und Bamberger für Bullings Leben eine wesentliche Bedeutung haben, sind beide an dieser Stelle kurz zu charakterisieren. Heinrich von Lengerke wird am 9. Oktober 1825 in Bremen geboren. Er wächst als Einzelkind in behüteten Verhältnissen auf, besucht gemeinsam mit Bulling die Gelehrten-Schule in Bremen sowie ein Internat in Lausanne[34] und

Freizeit verbringen die drei Kommilitonen wohl häufig gemeinsam, denn Bamberger schreibt: »Unsere Abendstunden verbrachten wir drei regelmäßig gemeinsam. Nach dem Thee, zu dem die Verwandten meiner zwei Kameraden allzeit nordische Leckerbissen, wie pommersche Gänsebrüste, Würste, Pumpernickel und dergleichen spendeten, wurde musiziert und gelesen. Die ausgezeichnete Göttinger Bibliothek, welche in liberalster Weise den Studierenden zur Verfügung gestellt war, lieferte uns das Material«, Erinnerungen (1899), S. 15. Neben der engen Freundschaft zwischen Bulling, Bamberger und Lengerke kommt in diesem Zitat zum Ausdruck, dass Bulling und Lengerke engen Kontakt zu ihren Familien hielten, ersterer allerdings nicht in dem Maße wie Lengerke, worauf eine Passage in Lengerkes Korrespondenz hindeutet, was noch auszuführen sein wird.

32 Die These, dass Bamberger wegen des niedrigen akademischen Niveaus lediglich ein Semester in Göttingen verbringt, hat *Kopper*, Ludwig Bamberger. Vom Revolutionär zum Vater der Goldmark (2015), S. 13, aufgestellt.

33 Im heutigen Sinn als Praktikant.

34 *Lengerke*, Lengerkesche Familienpapiere (1999), S. 5.

legt im Oktober 1843 das Abitur in Bremen ab. Lengerke verbringt sein Studium der Rechtswissenschaften an diversen Universitäten, die meiste Zeit gemeinsam mit Bulling: Im Sommersemester 1845 beginnt er das Studium in Heidelberg, das er in Berlin und München fortsetzt. Zum Wintersemester 1847/1848 kehrt er zurück nach Heidelberg, wo er im Dezember 1847 seine Promotion abschließt. Im April 1848 legt er das juristische Staatsexamen in Lübeck ab. Nach einer fast zweijährigen Bildungsreise durch Europa[35] lässt er sich als Anwalt in Bremen nieder und wird 1852 zum Syndikus der Bremer Handelskammer ernannt.[36] 1870 verlässt er Bremen, um sich auf seinen Landsitz, dem Gut Steinbeck im damals lippischen Wüsten, zurückziehen, von wo er sich ab 1874 aktiv in der Politik engagiert. So wird er 1875 Präsident des wiedergegründeten lippischen Landtags und 1887 in den Reichstag gewählt. Dort agiert Lengerke bis 1890 als Abgeordneter im Reichstag für den Wahlkreis Fürstentum Lippe. Er gehört während dieser Periode der Fraktion der Nationalliberalen Partei an. Danach zieht er sich wegen seiner zunehmenden Schwerhörigkeit vollständig aus der Politik zurück und stirbt am 10.11.1906 auf Gut Steinbeck.

Zeugnis über die Freundschaft zwischen Bulling und Lengerke während des Studiums legen die Briefe ab, die letzterer an seine Eltern schreibt. Die Briefe bieten die Gelegenheit zu einer groben Charakterisierung Bullings. So stellt Lengerke ihn als überaus intelligent[37] und umgänglich,[38] andererseits aber auch als etwas steif[39] dar. Als Bulling das Studium der Nationalökonomie in München beginnt, wendet Lengerke einige Überzeugungskraft auf, um seine Eltern von einer finanziellen Unterstützung Bullings zu überzeugen.[40]

Bulling ist auf diese Unterstützung angewiesen, da er eine Universitätslaufbahn anstrebt. Seine Familie verfügt nicht über die wirtschaftlichen Möglich-

35 *Lengerke*, Lengerkesche Familienpapiere (1999), S. 5.

36 *Lengerke*, Lengerkesche Familienpapiere (1999), S. 303.

37 *Lengerke*, Lengerkesche Familienpapiere (1999), S. 46.

38 *Lengerke*, Lengerkesche Familienpapiere (1999), S. 46.

39 Den Begriff der Steifheit verwendet Lengerke in einer etwas anderen Bedeutung als der heutigen. Er meint damit nicht den Umgang im gesellschaftlichen Bereich, sondern vielmehr Bullings geringe Korrespondenztätigkeit. Darauf deuten Passagen in verschiedenen Briefen Lengerkes hin. So schreibt er am 12. August 1844, dass wenn Bulling »nur halb so viel Nachricht von zu Haus zukäme, so würde er schon sehr vergnügt sein«, vgl. *Lengerke*, Lengerkesche Familienpapiere (1999), S. 14, außerdem meint er am 30. November 1847, dass »der arme Bull. froh war, mindestens indirekt zu vernehmen, daß seine Schwestern noch leben, da seine leicht erregbare Phantasie sich wegen des langen Schweigens schon allerlei Schrecknisse ausgemalt hatte«, vgl. *Lengerke*, Lengerkesche Familienpapiere (1999), S. 70.

40 Er korrespondiert zum Beispiel: »Unwillkürlich, mein lieber P., drängt sich mir ein Vergleich zwischen Bulling und Wortmann auf; letzterer hat Dir freilich viel genützt, aber Du hast ihn auch überreichlich belohnt; ersteres nützt dir nichts, aber wieviel edlere Früchte könnt hier eine Wohlthat tragen«, Brief vom 8. April 1847, abgedruckt in: *Lengerke*, Lengerkesche Familienpapiere (1999), S. 47.

keiten, ihm diesen Berufsweg zu ermöglichen, weswegen sich Lengerke an seine Eltern wendet. Schließlich sind Lengerkes Bemühungen von Erfolg gekrönt. Gleichwohl wird Bulling die von ihm angestrebten höchsten akademischen Würden nicht erlangen, worauf an anderer Stelle zurückzukommen ist.

III. Freundschaft mit Ludwig Bamberger

Eine weitere bemerkenswerte Freundschaft pflegt Bulling mit einem anderen Kommilitonen: Dem späteren Mitgründer der Deutschen Bank Ludwig Bamberger. Bamberger wird am 22. Juli 1823 in Mainz geboren. Dort wächst er als Sohn des jüdischen Kaufmanns und Bankiers August Bamberger in relativem Wohlstand auf und schließt seine schulische Ausbildung 1842 mit dem Abitur ab. Von seiner Familie wird der junge Bamberger zum Studium der Rechtswissenschaft bestimmt.[41] Die Hessen-Darmstädter müssen zu dieser Zeit zwei Jahre an der Landesuniversität Gießen verbringen.[42] Bamberger hört dort mit Vorliebe die Vorlesungen des Privatdozenten Moritz Carierre, einem Lehrer der Philosophie und Anhänger Johann Gottlob Fichtes. In seinem Freundeskreis werden aber auch Georg Friedrich Hegel, David Friedrich Strauß und Ludwig Feuerbach gelesen. Trotz seiner Vorliebe zur Philosophie betreibt er seine juristischen Studien weiter und zieht schließlich zum vierten Semester nach Heidelberg. Dort lernt er Bulling kennen und gründet zusammen mit Friedrich Kapp und Jakob Moleschott eine freie burschenschaftliche Verbindung.[43] Inwieweit Bulling ebenfalls mit den Freunden Bambergers verkehrt, ist nicht feststellbar. So lässt sich auch eine Mitgliedschaft in der genannten Burschenschaft nicht belegen.

In den Vorlesungen und Seminaren des Staatswissenschaftlers und Volkswirtes Heinrich Bernhard Oppenheim, die Bamberger wahrscheinlich gemeinsam mit Bulling hört,[44] lernt er die Werke der Ökonomen Adam Smith und Leon B. Say kennen und schätzen. Gerade der Privatdozent Oppenheim hinterlässt bleibenden Eindruck bei Bamberger.[45] Nach zwei Semestern in Heidelberg

41 *Bamberger*, Erinnerungen (1899), S. 7, 224.
42 *Weber*, Ludwig Bamberger. Ideologie statt Realpolitik (1987), S. 29.
43 *Weber*, Ludwig Bamberger. Ideologie statt Realpolitik (1987), S. 29.
44 *Bamberger*, Erinnerungen (1899), S. 15.
45 Oppenheims Ambitionen auf eine ordentliche Professur sind aufgrund seiner Religion letztlich aussichtslos, obwohl er hohe wissenschaftliche Leistungen erbrachte. Bamberger erlebt am Beispiel Oppenheims, dass ihm eine Karriere in der Wissenschaft versperrt bleiben würde, da sowohl Oppenheim als auch Bamberger Juden waren, vgl. *Kopper*, Ludwig Bamberger. Vom Revolutionär zum Vater der Goldmark (2015), S. 13. *Ormond* verweist darauf, dass die Zugangsanforderungen der juristischen Laufbahn das Jurastudium zum sozial exklusivsten der vier traditionellen Hochschulfächer machte, vgl. Die Richter im Kaiser-

wechselt Bambergeran die Universität Göttingen und kehrt nach einem Semester nach Gießen zurück. Dort legt er das Erste Juristische Staatsexamen ab und absolviert sodann von 1845 bis 1847 das Rechtsreferendariat in Mainz.

Allein das Zweite Juristische Staatsexamen vermag einem deutschen Juden zu dieser Zeit nicht die Möglichkeit zu schaffen, sich eine gesicherte bildungsbürgerliche Existenz aufzubauen. Vielmehr bleibt Juden bis zur Reichsgründung 1871 die Einstellung in die öffentliche Verwaltung und die Justiz verschlossen. Der Beruf des Anwalts war keine wirkliche Alternative, da die Zahl der Anwaltsstellen durch die großherzogliche Regierung limitiert wurde. Erst nach einer Wartezeit von 10 bis 15 Jahren konnten Anwärter auf eine Anwaltsstelle nachrücken. In das väterliche Bankgeschäft einzutreten, ist für Bamberger hingegen ebenso wenig reizvoll, sucht er doch vielmehr eine seinen intellektuellen Neigungen entsprechende Beschäftigung.[46] In der Folgezeit arbeitet er zunächst als einfacher Redakteur, dann als Mitherausgeber und Chefredakteur der »Mainzer Zeitung«. Aufgrund des Scheiterns der Revolution und aus Angst vor Verfolgung geht Bamberger 1849 ins Schweizer Exil. Er arbeitet während dieser Zeit im Bankhaus seines Onkels Louis-Raphaël Bischoffsheim und lebt ab 1853 in Paris. Im Bankgeschäft wird Bamberger während dieser Zeit zu einem »Spezialisten im Handel mit Edelmetallen«.[47]

Der Kontakt mit Bulling reißt indes nie ganz ab. Als Beleg dafür gilt der Briefwechsel aus den Jahren 1861 bis 1866. Ab 1869 ist Bamberger schließlich aktiv an der Gründung der Deutschen Bank beteiligt. Bereits seit Mitte der 1860er-Jahre steht er in Kontakt mit dem damaligen preußischen Ministerpräsidenten Otto von Bismarck. Seine Politik beeindruckt Bamberger so sehr, dass dieser sich veranlasst sieht, 1868 eine französische Schrift zu verfassen, die den Franzosen die Politik Bismarcks erklären soll.[48] Er wird schließlich während des Deutschen-Französischen Krieges dessen Berater. 1874 wird Bamberger als Kandidat für den Wahlkreis Fürstentum Lippe in den Reichstag gewählt, wo er ebenso wie Lengerke der Fraktion der Nationalliberalen Partei angehörte. Zunehmend wendet sich der ehemalige Bismarck-Anhänger nun von der Politik des Reichskanzlers ab und betreibt Oppositionspolitik, was in besonderem Maße für die Geldpolitik gilt.[49] 1890 scheidet der 68-Jährige aus dem Parlament

reich, in: Dipper (Hg.), Rechtskultur, Rechtswissenschaft, Rechtsberufe im 19. Jahrhundert (2000), S. 87–100, 90–91. Dazu auch *Kühn*, Die Reform des Rechtsstudiums zwischen 1848 und 1933 in Bayern und Preußen (2000), S. 24, sowie *Rottleuthner*, Die gebrochene Bürgerlichkeit einer Scheinprofession, in: Siegrist (Hg.), Bürgerliche Berufe (1988), S. 145–173, 155–157.

46 *Kopper*, Ludwig Bamberger. Vom Revolutionär zum Vater der Goldmark (2015), S. 13f.

47 *Weber*, Ludwig Bamberger. Ideologie statt Realpolitik (1987), S. 37.

48 Die Schrift trägt den Titel »Mr. de Bismarck« (1868).

49 Als Beispiel dürfen die Ausführungen zu Bambergers Unterstützung des Monometallismus gelten, vgl. dazu das 4. Kapitel (S. 58, 88).

aus und betätigt sich fortan bis zu seinem Lebensende als Publizist.[50] Er stirbt am 14. März 1899.

IV. Zwischenfazit

Die Freundschaft dieses ungleichen Terzetts ist äußerst bemerkenswert. Es handelt sich um drei Personen mit völlig unterschiedlicher sozialer Herkunft. Während Bulling aus einer norddeutschen Beamtenfamilie stammt, gehört Bamberger einer jüdisch-hessischen Bankiersfamilie und Lengerke einer adeligen, norddeutschen Handelsdynastie an. Es kann durchaus als ungewöhnlich angesehen werden, dass Angehörige aus so unterschiedlichen sozialen Milieus eine lebenslange Freundschaft führten und voneinander profitierten.

V. Geplante Universitätslaufbahn

Eine wesentliche Auswirkung auf Bullings weiteres Leben haben die Jahre 1847 und 1848. Nachdem er im Jahr 1846 das Studium mit dem ersten Staatsexamen in seiner oldenburgischen Heimat beendet hat, immatrikuliert er sich zum Sommersemester 1847 an der Universität München, wo Lengerke bereits studiert, um sich Kenntnisse auf dem Gebiet der Nationalökonomie anzueignen.[51] Dieses fächerübergreifende Interesse unterstreicht Bullings Ambition, eine Universitätslaufbahn einzuschlagen. Darauf deuten auch schon einige Indizien in seinem Frühwerk »Das Precarium« hin, denn im Vorwort heißt es, dass die »Abhandlung im Herbst 1844 in Heidelberg als Preisaufgabe gekrönt worden sei«. Die vorliegende Druckfassung stellt zudem eine Übersetzung des lateinischen Textes dar, bei der Bulling »nach Erlangung besserer Einsicht Manches modificirt, Manches ganz verworfen« hat.[52] Er hatte den Text ursprünglich in der alten Wissenschaftssprache Latein verfasst. Dies verdient deshalb der Hervorhebung, weil um die Mitte des 19. Jahrhunderts die Verwendung des Lateinischen bei einer studentischen Qualifikationsschrift nicht mehr üblich war. Im Vorwort führt er weiter aus, dass »diese kleine Schrift [...] auf die Erkenntnis der singulären Natur des Precarium nicht ohne Einfluß bleiben« soll.[53] Folglich hofft Bulling auf Resonanz in der wissenschaftlichen Welt.

---

50 Unter anderem entstehen 1899 und damit kurz vor seinem Tod seine umfassenden Memoiren, die er unter dem Titel »Lebenserinnerungen« im Verlag Rosenbaum & Hart veröffentlicht.

51 *Lengerke*, Lengerkesche Familienpapiere (1999), S. 45.

52 *Bulling*, Precarium (1846), Vorwort, S. III.

53 *Bulling*, Precarium (1846), Vorwort, S. IV.

Daneben finden sich einige Passagen in den Briefen Heinrich von Lengerkes an seine Eltern, die auf Bullings Pläne hinweisen. Lengerke schreibt dazu, dass ihn »Bullings Schicksal schmerzt« und diesem »ein freies, ganz der Wissenschaft gewidmetes Jahr [...] eine gute Zukunft sichern« könnte.[54] Es dürfte sich wahrscheinlich um die Zeit handeln, die er benötigen würde, um eine Dissertationsschrift anzufertigen. Allerdings übersteigen die Kosten eines solchen akademischen Jahres die finanziellen Möglichkeiten der Familie Bulling. Sein Vater verfügt als Amtsmann zwar über ein angemessenes Einkommen, zu einer Unterstützung über das Regelstudium hinaus reicht es hingegen nicht, zumal das Promotionsverfahren bereits damals mit zusätzlichen Kosten verbunden war.[55] Mit zunehmender Dauer scheint Bulling daher angesichts seiner ungewissen Zukunft gesundheitlich zu leiden. So schreibt Lengerke von »hypochondrischen Zuständen«, die die Gesellschaft Bullings »unliebenswürdig und ermüdend« machten. Insgesamt stehe »seine Persönlichkeit seiner inneren Tüchtigkeit im Wege«.[56] Inwieweit ein solches Bild der Realität entsprach, kann nur Gegenstand von Spekulationen sein. Im April desselben Jahres hatte er bereits ausgeführt:

> »Bull. ist umso unglücklicher, je mehr er sich schon durch ein halbes Studium seines Strebens, seiner Kräfte und des seinen Fähigkeiten möglichen Ziels bewußt geworden ist. Ein freies, ganz der wissenschaftlichen Ausbildung gewidmetes Jahr liegt wohl nur zwischen der Wirklichkeit, die ihn umso ärger drückt, je tiefer er fühlt, daß eine schönere Wirklichkeit so fern nicht liegt, und zwischen der Realisirung dessen, wozu ihn so mächtig sein Streben drängt, eine Existenz in der Wissenschaft und durch dieselbe. Grade bei ihm, wo schon manche wirklich angestellte Versuche seine Tüchtigkeit bewährt haben, ist eine sicher Bürgschaft vorhanden, daß Alles, was für ihn geschieht, gute Zinsen tragen wird; ihm scheint mir auch ein solcher Drang einzuwohnen, wie er nur bei Leuten von entschiedenen Fähigkeiten sich findet, die nicht im Stande sind, sich an das zu gewöhnen, wozu die Nothwendigkeit des Lebens sie zwingen zu wollen scheint, die weiter müssen, wenn sie nicht untergehen sollen; sein stetes Klagen über eine Gegenwart, die den Meisten so schrecklich nicht sein würde, scheint mir bloß dadurch erklärlich, das der Vorwurf von Hochmuth und Blasirtheit ihn wahrlich nicht trifft, nicht aus Übermuth scheint mir bei ihm diese Verachtung einer Gegenwart zu entspringen, die ja doch alle angehenden Juristen durchzumachen haben, sondern aus der inneren Unmöglichkeit, sich jemals an eine nichtssagende, lederne Thätigkeit zu gewöhnen; so wie ich ihn kenne, liegt ihm Nichts an äußeren Genüssen; er möchte nur seinem Geiste den verschaffen, ohne welchen dieser nun einmal nicht sein kann. Dazu helfen, das ist diesmal meine Bitte zumal, da sich Bullings und meine Interessen da so gut vereinigen ließen. Ihn zieht es, wie mich, besonders

54 *Lengerke*, Lengerkesche Familienpapiere (1999), S. 45.

55 So schreibt *Lengerke*, Lengerkesche Familienpapiere (1999), S. 45: »Schnelle Hilfe scheint mir da unmöglich, das, was ihm not tut kostet Geld und an dieser harten Klippe muß er scheitern; sein Vater kann da wohl kaum helfen.«

56 *Lengerke*, Lengerkesche Familienpapiere (1999), S. 45, 53, 73.

> zum Fache der politischen Oekonomie; Hermanns Vortrag müßte da auch für ihn eine solide Grundlage bilden, auf die sich während desselben halben Jahres noch Viel aufbauen ließe. Wir würden da mit rechter Lust zusammen ans Werk gehen und uns gegenseitig rege halten; der Gewinnst des nächsten Semesters müßte für mich ein größerer sein, als wenn ich diese Arbeiten allein betreiben müßte. Indessen für mich fänden sich wohl schon andere Theilnehmer, da ich schon mit 2 Freunden das Studium der Nationalökonomie Hermanns verabredet habe, aber freilich nur der Hermannschen, da zu mehrerem des Examens wegen ihre Zeit nicht langt. Für Bulling schiene es mir aber ein ungeheurer Vortheil, wenn er unter Hermanns Ausspicien seine schon begonnenen Studien in diesem Fach fortsetzen und bis zu einer Stufe fördern könnte, wo seine eigene Feder ihm weiter hülfe.«[57]

Die finanzielle Hilfe durch die Familie Lengerke wird Bulling allem Anschein nach gewährt, denn er kann seine Studien zunächst fortsetzen. Wahrscheinlich diente Bulling bereits die Zeit in München zur Vorbereitung der akademischen Tätigkeit. Dort hatte er die Zeit intensiv genutzt, um seine Kenntnisse der Ökonomie im Rahmen der Vorlesungen des Professors Friedrich von Hermann zu verbessern.[58] Er plante nun, im zweiten Halbjahr »eine weitere juristische Ausbildung« durchzuführen, für die der Ort »ziemlich einerlei« sei.

Was er damit meinte, kann wieder nur Gegenstand von Spekulationen sein. Vermutlich geht es um die Vorbereitung oder die Suche nach einem geeigneten Thema für eine Dissertation. Diese bildete bereits damals die Zugangsvoraussetzung, um als Privatdozent lehren zu können.[59] Vor dem Hintergrund der ungewissen Zukunft Bullings schreibt Lengerke, dass »das Resultat« zeigen werde, »ob er in Oldenburg bleiben« müsse oder »sich einem Lehrstuhl zuwenden« könne, »wohin eigentlich sein Sinn strebt«.[60] Insbesondere soll ihn Bamberger dazu ermutigt haben, eine Universitätslaufbahn einzuschlagen. So korrespondierte Lengerke im September 1847, dass Bulling »jetzt mit Ernst« daran denke und »Bamberger ihn immer in dem Gedanken« bestärke, sich »in Giessen als Privatdocent des römischen Rechts zu etabliren«.[61]

Diese Pläne scheitern aber bald. Bereits im Oktober 1847 meint Lengerke gegenüber seinen Eltern, die Bulling ausweislich des Briefwechsels immer noch finanziell unterstützen, dass es mit »Giessen nichts ist«.[62] Gleichwohl sieht

57 Brief vom 8. April 1847, *Lengerke*, Lengerkesche Familienpapiere (1999), S. 46.
58 Darauf deuten Passagen in einem der Briefe *Heinrich von Lengerkes* hin, vgl. *Lengerke*, Lengerkesche Familienpapiere (1999), S. 58.
59 *Köbler*, Zur Geschichte der juristischen Ausbildung in Deutschland, JZ 1971, S. 768–773, 769.
60 *Lengerke*, Lengerkesche Familienpapiere (1999), S. 58.
61 *Lengerke*, Lengerkesche Familienpapiere (1999), S. 58.
62 *Lengerke*, Lengerkesche Familienpapiere (1999), S. 65. Zur finanziellen Unterstützung seitens der Familie Lengerke vgl. auch *Lengerke*, Lengerkesche Familienpapiere (1999), S. 53, wo Heinrich von Lengerke Folgendes ausführt: »Da ich in meinem Interesse unter den obwaltenden Umständen nicht so recht dankbar sein kann für das edle Werk, das Ihr an Bull. gethan, so hatte ich doch gedacht, er selbst würde es sein. Für herzlos habe ich ihn noch nie

Bulling zu diesem Zeitpunkt seine Zukunft weiterhin auf der universitären Ebene. Er möchte nun als Privatdozent an der Universität Heidelberg tätig werden.[63] Privatdozenten erhielten wie auch noch heute kein Honorar von der Universität und standen nicht in einem Angestelltenverhältnis zu der Fakultät.[64] Sie bekamen lediglich das sogenannte Kolleggeld.[65] Dabei handelte es sich um einen kleinen Geldbetrag, den jeder Student direkt an den Dozenten entrichtete. Das Einkommen eines Privatdozenten war daher von seinen rhetorischen Begabungen und seiner Begeisterungsfähigkeit abhängig. Ein nächster Hinweis auf die von Bulling angestrebte Universitätslaufbahn findet sich in einem Brief vom 25. Dezember 1847, wo es heißt, dass er sich nun wegen einer »Hofmeisterstelle umthue«.[66] Letztmals erwähnt wird Bulling im Zusammenhang mit seinen Plänen im Februar 1848, als Lengerke schreibt, dass »unter den hiesigen Professoren bis jetzt keiner ist, der Bulling beurtheilen kann; denn die, welche Bulling näher kennt, sind keine Juristen, oder sehr unbedeutende«.[67]

Schließlich setzt ein familiäres Ereignis in der zweiten Hälfte des Jahres 1848 allen Hoffnungen Bullings auf eine Professorenkarriere ein Ende. Infolge einer Intrige und anschließenden Ermittlungen gegen seinen Vater Gerhard Friedrich Bulling verliert dieser seine Position als Amtmann des Amts Ganderkesee.[68] Wahrscheinlich um seinen Vater in dieser schwierigen Situation zu unterstützen, kehrt Bulling in seine oldenburgische Heimat zurück. Dort beendet er seine juristische Ausbildung auf praktischer Ebene.

---

gehalten; doch wie gesagt, er hat für mich eine besondere Vorliebe.« Weitere Hinweise finden sich auch in einem Brief vom 30. November 1847, vgl. *Lengerke*, Lengerkesche Familienpapiere (1999), S. 69.

63 *Lengerke*, Lengerkesche Familienpapiere (1999), S. 65, merkt in diesem Zusammenhang an, dass dies mit erheblichen Schwierigkeiten verbunden sein dürfte, da in Heidelberg eine große Konkurrenz unter den Dozenten herrsche.

64 *Muther*, Aus dem Universitäts- und Gelehrtenleben im Zeitalter der Reformation (1866), S. 39.

65 *Köbler*, Zur Geschichte der juristischen Ausbildung in Deutschland, JZ 1971, S. 768–773, 769.

66 *Lengerke*, Lengerkesche Familienpapiere (1999), S. 73. Es kommt nicht klar zum Ausdruck, welchen Beruf Lengerke hier für Bulling vor Augen hat, weil der Begriff des Hofmeisters vieldeutig ist. Er beschreibt einerseits die Position eines Hofbeamten, dem die Leitung der adligen Hauswirtschaft und des Dienstes um die Person des Fürsten oblag. Wahrscheinlicher ist aber, dass Lengerke eine Stellung als Hauslehrer oder Gutsverwalter meint, die im 19. Jahrhundert ebenfalls als Hofmeister bezeichnet wurden, vgl. dazu *Fertig*, Die Hofmeister (1979), S. 3–14, 57–74.

67 *Lengerke*, Lengerkesche Familienpapiere (1999), S. 77. Ob damit gemeint ist, dass Bulling bereits begonnen hat, eine Dissertation anzufertigen, lässt sich nicht klären. Jedenfalls existieren keine weiteren Hinweise darauf.

68 *Koujouie*, Die Frauenfrage als Menschheitsfrage, in: Meder u.a. (Hg.), Frauenrecht und Rechtsgeschichte (2006), S. 193–209, 196f. Lengerke führt diesbezüglich in der Korrespondenz mit seinen Eltern lediglich aus, dass Bulling ihm »wenige rätselhafte Zeilen von unglücklichen Familiengeschichten« schreibe, über die er mit »Niemandem sprechen soll«, vgl. *Lengerke*, Lengerkesche Familienpapiere (1999), S. 111.

VI. Berufliche Stationen

Die folgenden Jahre sind für Bulling zunächst geprägt von häufigen Arbeitsplatz- und Ortswechseln. So tritt er im Mai 1849 eine Stelle als Sekretär am Landgericht Cloppenburg an.[69] Aufgrund gesundheitlicher Beschwerden legt er dort das zweite juristische Examen erst im September 1853 ab[70] und wird er zwei Jahre später zum Obergerichtssekretär berufen. Nach Stationen in Delmenhorst und Vechta wird er 1859 als Hilfsrichter am Appelationsgericht Oldenburg eingesetzt, wo er im Haus des Großvaters von Helene Lange, Nicolas tom Dieck, Quartier bezieht.

Im Jahr 1865 wird er an das Amtsgericht Oberstein (heute Idar-Oberstein) im Fürstentum Birkenfeld versetzt. Nach offizieller Lesart erfolgt die Versetzung wegen seiner Kenntnisse der französischen Sprache. Andererseits kam es während der Oldenburger Jahre zu einigen Vorkommnissen, die ebenso als Ursache für die Versetzung angesehen werden könnten.[71] Einerseits macht sich Bulling um die Aufklärung einiger interner Vorgänge verdient, was aber nicht auf das Wohlwollen seiner Vorgesetzten stößt. Zudem führt er eine nicht standesgemäße Beziehung mit der Kellnerin Susanne Johanne Grube.[72] Bulling selbst empfindet die Versetzung als Verbannung.[73] Während dieser Zeit hält er den Kontakt mit Lengerke und Bamberger aufrecht. Beleg dafür sind zum einen die Briefe zwischen ihm und Bamberger, zum anderen der Kredit, den Lengerke ihm zur

69 Auch diese Zeit als Assessor war zunächst unbesoldet. Allgemein zum juristischen Referendariat um die Mitte des 19. Jahrhunderts vgl. *Ormond*, Die Richter im Kaiserreich, in: Dipper (Hg.), Rechtskultur, Rechtswissenschaft, Rechtsberufe im 19. Jahrhundert (2000), S. 87–100, 90, sowie *Rottleuthner*, Die gebrochene Bürgerlichkeit einer Scheinprofession, in: Siegrist (Hg.), Bürgerliche Berufe (1988), S. 145–173, 149, und *Fischer*, Juristen in Westfalen im 19. Jahrhundert (2012), S. 57–59.

70 *Koujouie*, Die Frauenfrage als Menschheitsfrage, in: Meder u. a. (Hg.), Frauenrecht und Rechtsgeschichte (2006), S. 193–209, 198.

71 *Koujouie*, Die Frauenfrage als Menschheitsfrage, in: Meder u. a. (Hg.), Frauenrecht und Rechtsgeschichte (2006), S. 193–209, 198.

72 Brief von Bulling an Bamberger vom 11. März 1866, BArch N 2008 Nr. 35, Bl. 4; inwieweit eine nicht standesgemäße Liaison eine Versetzung herbeizuführen vermochte, kann nur vermutet werden. Jedoch ist bereits ab dem Beginn des 19. Jahrhunderts eine verstärkte Professionalisierung im damaligen Staatsdienst zu beobachten. Gerade im Bereich der Amtsprofession galten nun strengere moralische, soziale und politische Anforderungen, vgl. *Siegrist*, Bürgerliche Berufe (1988), in: ders. (Hg.), Bürgerliche Berufe, S. 11–48, 22. In diesem Zusammenhang wird auch von einem ständischen Bewusstsein der Juristen gesprochen, das einhergeht mit einer bewussten Abgrenzung gegenüber anderen Berufsgruppen und Gesellschaftsschichten, gerade innerhalb der Richterschaft, vgl. dazu *Rottleuthner*, Die gebrochene Bürgerlichkeit einer Scheinprofession, in: Siegrist (Hg.), Bürgerliche Berufe (1988), S. 145–173, 146, 156.

73 Brief von Bulling an Bamberger vom 11. März 1866, BArch N 2008 Nr. 35, Bl. 4.

Finanzierung der Aussteuer für die Heirat gewährt.[74] Die Hochzeit erfolgt 1866. Zudem plant er bereits, schriftstellerisch tätig zu werden, um sich einen Nebenverdienst zu verschaffen.[75] So schreibt er in einem Brief an Bamberger:

> »Ich sehe ohne Sorgen in die Zukunft; u. doch entbehre ich Nichts. Sehr angenehm wäre es mir aber, wenn ich durch Neben-Erwerb als Schreiber in unseren jetzigen juristischen Zeitschriften mir 100 Thr. nebenbei verdienen könnte, die ich dann verreisen wollte – ob ich aber diesen lang gehegten Vorsatz endlich ausführe? Ich bekomme Gewissensskrupel, wenn ich daran denke.«[76]

Jedoch steht es zu dieser Zeit schlecht um Bullings Gesundheit, wie im Übrigen auch um die seiner Frau, weswegen er die schriftstellerische Tätigkeit zu diesem Zeitpunkt noch nicht realisieren kann.

Das im Zuge des deutschen Sieges über Frankreich 1871 neu geschaffene Reichsland Elsaß-Lothringen gibt Bulling neue berufliche Hoffnungen, da er sich dort um eine Richterstelle bemüht. Im Oktober tritt er seine neue Stelle als Landgerichtsrat in Saargemünd an. Bald kommt es in Saargemünd zu kollegialen Spannungen, die eine erneute Versetzung, diesmal auf Bullings Wunsch hin, erforderlich machen. Ab November 1874 ist er daher in Mülhausen beschäftigt. Zwar verläuft auch diese Periode nicht problemlos.[77] Jedoch bleibt er letztlich bis zu seiner Pensionierung 1893 am Landgericht Mülhausen tätig.

74 Brief von Bulling an Bamberger vom 13. Juni 1866, BArch N 2008 Nr. 35, Bl. 22. Auch Bamberger stand ihm in dieser Phase finanziell bei, vgl. Brief von Bulling an Bamberger vom 13. Juni 1866, BArch N 2008 Nr. 35, Bl. 22.

75 Brief von Bulling an Bamberger vom 10. März 1867, BArch N 2008 Nr. 35, Bl. 16.

76 Brief von Bulling an Bamberger vom 10. März 1867, BArch N 2008 Nr. 35, Bl. 16.

77 *Koujouie* weist in diesem Zusammenhang auf Ermittlungen hin, die Bulling in den Verdacht der Begehung eines Diebstahls bringen, vgl. Die Frauenfrage als Menschheitsfrage, in: Meder u. a. (Hg.), Frauenrecht und Rechtsgeschichte (2006), S. 193–209, 203.

VII. Lebensabend

Seinen Lebensabend verbringt Bulling in Berlin.[78] Wahrscheinlich trifft er dort auf die Vertreterinnen der Frauenbewegung.[79] Wohl steht er immer noch in engem Kontakt mit Ludwig Bamberger. Darauf deuten die Rezensionen Bambergers in der Zeitschrift »Nation« hin, die noch zu untersuchen sind. Außerdem findet sich in dessen Memoiren folgende Passage: »Eine gnädige Fügung des Schicksals hat es vergönnt, daß wir in der Zeit, da ich dies schreibe, d. h. nach achtundvierzig Jahren noch alle drei am Leben und in normaler Thätigkeit erhalten sind.«[80]

Somit verbindet ihn mit Bamberger eine lebenslange Freundschaft, die in der Rechtsgeschichte ihresgleichen sucht. Daneben prägen aber wohl auch Sorgen materieller Art den Lebensabend des alten Richters. So muss er ab 1893 seine Frau Susanne in einem Sanatorium unterbringen.[81] Die laufenden Kosten kann Bulling aber wohl kaum bezahlen.[82] Es ist nicht mehr nachprüfbar, über welchen Zeitraum Susanne Bulling in dieser Klinik behandelt wurde. Genauso wenig lässt sich ein Sterbedatum ermitteln. Die Vermutung liegt nahe, dass Bulling seine schriftstellerische Tätigkeit ab 1894 auch deshalb aufgenommen hat, um seine

78 In den Adressbüchern Berlins findet sich ein Nachweis zumindest ab 1897, vgl. *Koujouie*, Die Frauenfrage als Menschheitsfrage, in: Meder u. a. (Hg.), Frauenrecht und Rechtsgeschichte (2006), S. 193–209, 204, Fn. 125. Koujouie vermutet, dass Bulling ca. 1895 nach Berlin gezogen ist, Indizien deuten aber auch auf einen Umzug bereits im Jahr 1894 hin. Denn *Schulz*, Wider die eheliche Pflicht, S. 13, schreibt, dass er sich vor der Abfassung seiner Schrift mit einem gewissen Carl Bulling aus Berlin besprochen habe. Dieses Buch ist zwar 1895 erschienen, jedoch hat der Autor das Vorwort mit Oktober 1894 datiert, weswegen in Betracht kommt, dass Bulling in dem Jahr in der damaligen Reichshauptstadt lebte.

79 Wie der Kontakt zur Frauenbewegung zustande kam, insbesondere ob die familienrechtlichen Schriften Ausgangspunkt oder Folge der Unterstützung der Frauenbewegung sind, lässt sich nicht mehr rekonstruieren.

80 *Bamberger*, Erinnerungen (1899), S. 14.

81 *Koujouie*, Die Frauenfrage als Menschheitsfrage, in: Meder u. a. (Hg.), Frauenrecht und Rechtsgeschichte (2006), S. 193–209, 203.

82 Richter verfügen zwar im Kaiserreich über ein gehobenes Einkommen und Sozialprestige, die einer derartigen Profession typischerweise zukommen. Sie gehören am Ende des Kaiserreichs immer noch zu den am besten verdienenden 5–6 % der Bevölkerung, vgl. *Ormond*, Die Richter im Kaiserreich, in: Dipper (Hg.), Rechtskultur, Rechtswissenschaft, Rechtsberufe im 19. Jahrhundert (2000), S. 87–100, 93. Am Beispiel Bullings zeigt sich aber, dass selbst ein solches Einkommen möglicherweise nicht ausreicht, um die Kosten für die Unterbringung seiner Frau in einer Heilanstalt dauerhaft zu decken. Einen gute Gegenüberstellung von richterlichem Einkommen und zeitgenössischen Lebenshaltungskosten bietet *Rottleuthner*, Die gebrochene Bürgerlichkeit einer Scheinprofession, in: Siegrist (Hg.), Bürgerliche Berufe (1988), S. 145–173, 156–157. Zu den richterlichen Pensionen vgl. auch *Ormond*, Richterwürde und Regierungstreue (1994), S. 62.

finanzielle Situation zu verbessern.[83] Dies belegt auch eine Passage aus seiner Personalakte beim Landgericht Mülhausen:

> »Schwerlich wird eine schüchtern beabsichtigte Advocaten-Thätigkeit hier, in Colmar oder Straßburg, desgleichen ein etwaiger Drill angehender Rechtsbeflissener den drohenden Ausfall zu pariren vermögen; ebensowenig dürfte die juristische Schriftstellerei des etwas langstyligen Alten erquickliche Kunst bringen. Nun war aber Bulling seit Jahren der gewissenhafte Bibliothekar des hiesigen Landgerichts und frage ich mich ob es nicht angängig sei dem fleißigen pflichttreuen Manne ein kleines Abtheilungs-Pöstchen an der Universitäts- und Landesbibliothek zu eröffnen.«[84]

Eine Beschäftigung als Bibliothekar kommt jedoch aus nicht näher definierten Gründen nicht zustande. Bulling erhält lediglich eine einmalige Sonderzahlung, die aber die Kosten für die weiteren Behandlungen seiner Frau nicht zu decken vermag.

Im März 1893 wird ihm der Titel eines Geheimen Justizrats verliehen. Dabei handelte es sich um einen sogenannten Titularrat im Rangsystem des Deutschen Kaiserreichs.[85] Ein solcher Titel war für die Beamten im 19. Jahrhundert mit einem gewissen Prestigegewinn verbunden und hatte daher einen hohen Stellenwert, ging aber nicht mit finanziellen Sonderzuwendungen einher. Dies dürfte der Grund dafür sein, dass Bulling als Ausweg aus seiner wirtschaftlichen Krise die Schriftstellerei in den Blick nimmt. Dabei ist auffällig, dass er zunächst lediglich Schriften veröffentlicht, deren Auftrag bzw. Anregung zumindest mittelbar auf Bamberger zurückgehen könnten, da es sich um Themen handelt, die im Schnittfeld von Rechtsdogmatik und Rechtspolitik zu verorten sind, worauf noch zurückzukommen ist.

Bis ins hohe Alter zeichnet Bulling eine große Schaffenskraft aus. Dem Familienrecht wendet er sich erst ab 1895 zu. Nach dem Tod Bambergers 1899 wird es ruhig um Bulling. Eine letzte recherchierbare Erwähnung findet sich in dem Nachruf auf Bamberger, wo Bulling fälschlicherweise als »Karl Bullig« bezeichnet wird.[86] Er publiziert keine weiteren Beiträge und verstirbt 87-jährig am 26. März 1909 in seiner Berliner Wohnung.

---

83 In diese Richtung argumentiert ebenfalls *Koujouie*, Die Frauenfrage als Menschheitsfrage, in: Meder u. a. (Hg.), Frauenrecht und Rechtsgeschichte (2006), S. 193–209, 203.

84 Personalakte Carl Bullings, Archives du Haut-Rhin, Purg 87457, Bl. 67–68, zu der mir Frau Koujouie Zugang gewährte.

85 Vgl. im Einzelnen zum Rangsystem *Ormond*, Richterwürde und Regierungstreue (1994), S. 63–66.

86 *Broemel*, Ludwig Bamberger. Ein Gedenkblatt, Bundesarchiv N 2008, Nr. 226, Bl. 69–70.

3. Kapitel: Die Schrift zum Prekarium als erster Anknüpfungspunkt pandektistischen Denkens?

»Ein Mann der vierzig Jahre lang in verschiedenen Gebieten des deutschen Reich als Richter amtirt und vor kurzer Zeit sich zur Ruhe gesetzt hat. Sogar der Laie wird bei näherer Bekanntschaft mit seiner Arbeit entdecken, daß ihm das ganze Gebiet der civilistischen Wissenschaft und Gesetzgebung, sowie des praktischen Rechts lebens zu Gebote steht, und daß er mit einer außerordentlichen Feinheit der strengen Deduktion eine gesunde natürliche Einsicht in die Verhältnisse des bürgerlichen Lebens verbindet.«[87]

I. Einführung

Auf diese Weise ist Carl Bulling durch Ludwig Bamberger gewürdigt worden. Neben seinem Leben gilt auch Bullings Werk als weitgehend unerschlossen. Daher sollen Ausführungen zu seinen Schriften und deren Rezeption den Gegenstand der folgenden Abschnitte bilden.

Zwischen Bullings erstem Werk »Das Precarium. Eine römischrechtliche Abhandlung«, welches 1846 erschienen ist, und den späteren Schriften, die er ab 1894 veröffentlicht, vergehen nicht weniger als 48 Jahre, in denen Bulling nicht publiziert. Diese Phase der wissenschaftlichen Untätigkeit dürfte in erster Linie seinen sich ständig wandelnden Lebensverhältnissen geschuldet sein. Wie gesehen wird Bulling erst im Oktober des Jahres 1871 im neuen Reichsland Elsaß-Lothringen mit Antritt der Stelle als Landgerichtsrat in Saargemünd wirklich sesshaft. Die längste Zeit wirkt er alles in allem zwischen 1873 und 1893 als Richter in Mülhausen.

Bulling bearbeitete ein breites Gebiet an Themen. Seine Schriften sind der Romanistik (»Das Precarium«), dem Presse- bzw. Strafrecht (»Der örtliche Gerichtsstand in Preßstrafsachen«), dem Währungsrecht (»Die Wirksamkeit der Goldklausel«), der Rechtstheorie (»Kautschukparagraph und richterliche Unabhängigkeit«) sowie dem Familienrecht (»Die Rechte der Unehelichen Kinder«, »Die deutsche Frau und das bürgerliche Gesetzbuch«) gewidmet. Der Nachwelt in Erinnerung geblieben ist Bulling in erster Linie wegen seines Werks »Die deutsche Frau und das bürgerliche Gesetzbuch«. Weniger bekannt ist hingegen, dass sich Bulling auch mit dem römischen Recht, dem Strafrecht und dem Währungsrecht befasst hat. Seine Thesen sind schon deshalb von Interesse, weil Bulling hier Fragen zu Aufgabe, Kunst und Technik von Gesetzgebung einge-

87 *Bamberger*, Die Goldklausel, Die Nation 43 (1894), S. 635–637, 636.

hender erörtert. So setzt er sich in der Schrift zum Gerichtsstand im Pressestrafrecht mit der politischen Einflussnahme auf die Gesetzgebung auseinander. Und in der Schrift zur Wirksamkeit von Goldklauseln beschäftigt sich der Autor mit der Thematik von Wertsicherungsabreden vor dem Hintergrund der sogenannten Doppelwährung. Auf beide Werke wird noch zurückzukommen sein. Zunächst soll aber seine Erstschrift zum römisch-rechtlichen Institut des Prekariums im Zentrum der Betrachtung stehen.

II. »Das Precarium. Eine römischrechtliche Abhandlung«

Während der Studienzeit veröffentlicht Bulling seine erste Publikation »Das Precarium. Eine römischrechtliche Abhandlung«, die er zuvor als Qualifikationsschrift an der Universität Heidelberg einreichte. Zu diesem Zeitpunkt trug das Werk noch den Titel »Jede Definition im Recht ist gefährlich«.[88] Diese Sentenz hat eine lange Tradition und findet sich ebenfalls in den Digesten.[89] Sie kann als Beispiel für die umstrittene These angesehen werden, dass das römische Recht auf der Entfaltung aus dem Einzelfall und nicht auf einem umfassenden Gesetzeswerk beruht.[90] In seiner vollständigen Form heißt es: »omnis definitio in iure civile periculosa est: parum enim, ut non subverti posset«.[91]

Hinter diesem Satz versteckt sich der alte Streit zwischen zwingendem und abdingbarem Recht. Als zwingendes Recht gelten Rechtsvorschriften, die nicht durch Parteiabrede geändert werden können, weil sie beispielsweise dem Schutz des wirtschaftlich Schwächeren dienen. So sind Kündigungsfristen im Mietrecht zwingendes Recht insofern, als von diesen nicht zu Lasten des nichtgewerblichen Mieters abgewichen werden darf. Ein anderes Beispiel gibt die Formvorschrift des § 311b BGB. Demgegenüber bedeutet abdingbares oder dispositives Recht, dass die Parteien durch Vereinbarung von den gesetzlichen Regeln abweichen können. Als Beispiel aus dem Kaufrecht kann die Vorschrift des § 437 BGB gelten, wonach es den Parteien ermöglicht wird, abweichend von den gesetzlichen Gewährleistungsrechten einen Haftungsausschluss für Mängel an der Kaufsache zu vereinbaren.

---

88 *Koujouie*, Die Frauenfrage als Menschheitsfrage, in: Meder u.a. (Hg.), Frauenrecht und Rechtsgeschichte (2006), S. 193–210, 195, Fn. 25 mit Verweis auf das Universitätsarchiv Heidelberg, Signatur: H-II- 111/39.

89 D 50, 17. 202, siehe auch *Liebs*, Lateinische Rechtsregeln und Rechtssprichwörter (2007), S. 165.

90 Zu dem Streit näher *Meder*, Rechtsgeschichte, 6. A. (2017), S. 18–19, 117.

91 Die deutsche Übersetzung heißt: Jede Begriffsbestimmung im positiven Recht ist gewagt, vgl. *Liebs*, Lateinische Rechtsregeln und Rechtssprichwörter (2007), S. 165.

Der Nachteil zwingenden Rechts besteht darin, dass Rechtsvorschriften, die etwas zwingend voraussetzen soll, regelmäßig eine Definition umfassen, damit klar wird, wann die Regel Anwendung findet. Gleichzeitig enthalten zwingende Normen häufig ausfüllungsbedürftige Wertungsbegriffe, die im Gesetz an anderer Stelle definiert werden, da zwingendes Recht oft als starr und unflexibel empfunden wird. Daher kann nur mittels der Wertungsbegriffe verhindert werden, dass das zwingende Recht zu unbilligen Entscheidungen führt. Schon die römischen Juristen gingen daher davon aus, dass zwingendes Recht aufgrund fehlender Ausweichmöglichkeit eine größere Rücksicht auf Härtefälle zu nehmen hat als abdingbares Recht, eben um der Billigkeit Rechnung zu tragen. Dadurch wird jedoch der Gesetzestext länger. Demgegenüber können sich abdingbare Normen auf den typischen Fall beschränken, die Definitionen offen lassen und den Parteien eine abweichende Regelung ermöglichen. Sie vermögen daher besser als zwingendes Recht, den Kern eines Regelungsgedankens zu formulieren. Ebenso müssen sie nicht bestimmen, was im Fall eines Verstoßes gegen sie gilt. Darin liegt ein großer Vorteil gegenüber zwingenden Normen, bei denen die Rechtsfolge beispielsweise für ein Rechtsgeschäft oft in dessen Nichtigkeit besteht, was häufig aber nicht dem Willen der Parteien entspricht.[92]

Im 19. Jahrhundert ist der Satz durch den Begründer der Historischen Rechtsschule Friedrich Carl von Savigny wieder aufgegriffen worden. Er bediente sich der Sentenz, um den Gegensatz von Historischer Schule und Naturrecht herauszupräparieren. Während das Naturrecht davon ausging, unter anderem durch ein Übermaß an Definitionen Sicherheit, Klarheit und Gewissheit gewinnen zu können, stellte Savigny die in Rede stehende Aussage dagegen.[93] Seiner Auffassung nach sind die Definitionen der römischen Juristen »größthentheils sehr unvollkommen, ohne daß die Schärfe und Sicherheit der Begriffe im geringsten darunter leidet«. Dieses Zitat veranschaulicht Savignys Bewunderung für die Kunst der römischen Juristen, ein umfassendes Rechtssystem geschaffen zu haben, ohne dass es einer Fülle von Definitionen bedurfte.

92 Näher zu der Sentenz »omnis definitio in iure civile periculosa est: parum enim, ut non subverti posset« siehe *Meder*, Der unbekannte Leibniz (2018), S. 279–301, 279–280.

93 *Savigny*, Vom Beruf unsrer Zeit für Gesetzgebung und Rechtswissenschaft (1814), S. 29, siehe dazu auch *Meder*, Der unbekannte Leibniz (2018), S. 279–301.

1. Das Rechtsinstitut Prekarium

Inhaltlich setzt sich Bulling mit dem Rechtsinstitut des Prekariums, einem Institut des klassischen römischen Privatrechts,[94] auseinander. Dabei handelt es sich um eine Form der Leihe, bei der eine Sache gegen jederzeitigen Widerruf zum unentgeltlichen Gebrauch überlassen wird.[95] Das Prekarium diente als ein wichtiges Instrument, mit dem Wohlhabende den von ihnen Abhängigen aus Gnade unentgeltliche Vergünstigungen zukommen lassen konnten.[96] Sowohl bewegliche als auch unbewegliche Sachen konnten verliehen werden. Der Entleiher, also der sogenannte Prekarist oder precario rogans, erbittet vom Geber, dem sogenannten precario dans, eine bewegliche oder unbewegliche Sache zum unentgeltlichen Gebrauch und zur Nutzung. Der precario dans, in den Quellen auch als precario rogatus bezeichnet, kann die als Prekarium gegebene Sache jederzeit zurückfordern. Wenn der Prekarist dieser Aufforderung nicht folgt, steht dem Geber der Rechtsweg durch das interdictum de precario offen. Der Besitz des Prekaristen ist daher nur gegen Dritte geschützt; gegenüber dem precario dans gilt der Prekarist als iniustus possessor, also als Besitzer auf Widerruf. Es handelt sich bei dem Prekarium nicht um einen Vertrag, sondern lediglich um eine faktische Überlassung einer Sache zum Gebrauch oder zur Nutzung.[97]

In engem Zusammenhang mit dem Prekarium steht das römisch-rechtliche Verständnis des Besitzes, lat. possessio. Bereits das römische Recht der klassischen Zeit trennt strikt zwischen dem Eigentum und dem Besitz als bloße Sachherrschaft.[98] Zu dieser Zeit ist der Besitz ein bloßes »Faktum«[99] mit zwei Funktionen: Zum einen stellt er eine Voraussetzung für den Eigentumserwerb dar, zum anderen genießt der Inhaber der civiles possessio den besonderen Schutz durch die Interdikte des Prätors nach dem ius honorarium.[100]

Wurde possessio an dem Grund und Boden privater Eigentümer durch eine andere Person als dem Eigentümer ausgeübt und darüber aber kein Vertrag

94 Vgl. *Kaser*, Zur Geschichte des precarium, SZ (RA) 89 (1948), S. 94–148, 94. Nach *Kaser* gibt es auch Indizien, die auf eine vorklassische Herkunft hindeuten, vgl. SZ (RA) 89 (1948), S. 94–148, 95.

95 *Hausmaninger/Selb*, Römisches Privatrecht (1997), S. 187–188.

96 *Dernburg*, Pandekten, II. Bd., 6. A. (1900), § 91, S. 246.

97 *Hausmaninger/Selb*, Römisches Privatrecht (1997), S. 120.

98 Vgl. *Kaser/Knütel/Lohsse*, Römisches Privatrecht, 21. A. (2017), § 19, S. 120–121, Rn. 1–3.

99 *Olechowski*, Besitz, in: HRG I, Sp. 547–551, 547.

100 Das ius honorarium bezeichnet die Gesamtheit der Rechtsetzung durch Prätoren, da deren Position ein Ehrenamt bildet, lat. honor. Possessio bezeichnet ursprünglich die berechtigte Gewalt des Einzelnen an einem Grundstück, das entweder einem einzelnen Grundherrn oder dem Staat gehörte. Das dem Staat gehörende Land wird als ager publicus bezeichnet. Diese widerrufliche possessio berechtigte zum Gebrauch und zur Nutzung, vgl. *Apathy/Klingenberg/Stiegler*, Einführung in das römische Recht (1998), S. 83.

geschlossen, so ist dieses Verhältnis als Prekarium bezeichnet worden.[101] Dabei stellt das Prekarium im römischen Reich das Gegenstück zur staatlichen Bodenleihe auf der privatrechtlichen Ebene dar.[102] Der Kern des Prekariums liegt also in der Überlassung von Land zur Bewirtschaftung, die durch private Landeigentümer an einfache Bürger erfolgt. Dabei genießen letztere einen besonderen Besitzschutz im Hinblick auf Beeinträchtigungen durch Dritte.[103] Gegenüber dem Grundherrn bestand ein starkes Abhängigkeitsverhältnis seitens des Prekaristen, denn das Prekarium ist frei widerrufbar.[104]

Außerdem ist das Prekarium auch nicht als Vertrag im römisch-rechtlichen Sinne, also als sogenannter Contract, begriffen worden. Als Contract werden im römischen Recht nur die im Rahmen eines numerus clausus abschließenden Vertragsarten bezeichnet. Das Prekarium ist dagegen ein rein faktisches Verhältnis. Es wird als ein Rechtsinstitut charakterisiert, bei dem »eine Sache zum Gebrauch hingegeben wird, ohne daß der Leihende sich irgendwie binden will, aber auch ohne daß er gemeint ist, seinerseits dem Empfänger eine weiter gehende Verpflichtung aufzuerlegen«.[105] Windscheid merkt diesbezüglich an, dass es in der deutschen Sprache an einem Begriff fehle, der die Eigenthümlichkeit und den Gegensatz zum Leihvertrag abbildet.[106] Er zieht Termini wie Bittvertrag, Bittleihe, Bittbesitz oder Vergünstigung in Erwägung.[107]

Einen weiteren für das Verständnis wesentlichen Begriff bildet das sogenannte prätorische Interdikt. Bei Störung oder Entziehung des Besitzes prüfte der Richter in einem Verwaltungsverfahren an Ort und Stelle die Besitzverhältnisse und wies die Partei, welche ein Recht zum Besitz hatte, den Besitz zu. Dies erfolgte beispielsweise durch Verpflichtung zur Rückgabe der geliehenen Sache. Gleichzeitig untersagte er der anderen Partei, den Besitz zu stören. Diese Untersagung bzw. Verpflichtung zur Rückgabe wird als interdictum bezeichnet.[108] Für das Prekarium existierte das spezielle interdictum de precario, durch das zum einen der Geber die Sache auf dem Klageweg zurückfordern konnte,

101 *Apathy/Klingenberg/Stiegler*, Einführung in das römische Recht (1998), S. 83. Dabei ist zu berücksichtigen, dass auch die Vergabe von Ländereien aus dem ager publicus stets widerruflich war, weswegen sich Übereinstimmungen mit dem Prekarium ergeben, vgl. *Dedek*, Der Besitzschutz im römischen, deutschen und französischen Recht, ZEuP 1997, S. 342–365, 357.

102 *Hausmaninger/Selb*, Römisches Privatrecht (1997), S. 188.

103 *Hausmaninger/Selb*, Römisches Privatrecht (1997), S. 188.

104 *Hausmaninger/Selb*, Römisches Privatrecht (1997), S. 188.

105 *Windscheid*, Lehrbuch des Pandektenrechts. II. Bd., 5. A. (1879), § 376, S. 426–427.

106 *Windscheid*, Lehrbuch des Pandektenrechts. II. Bd., 5. A. (1879), § 376, S. 427.

107 *Windscheid*, Lehrbuch des Pandektenrechts, II. Bd., 5. A. (1879), § 376, S. 427, Fn. 1.

108 *Apathy/Klingenberg/Stiegler*, Einführung in das römische Recht (1998), S. 83.

sofern der Entleiher der Aufforderung zur Rückgabe nicht nachkam, und zum anderen der Prekarist gegen die Besitzstörung durch Dritte vorgehen konnte.[109]

Nicht unberücksichtigt bleiben darf, dass auch das römische Institut während der Existenz des römischen Reichs einer Entwicklung unterworfen war. So wird während der Spätantike die besitzrechtliche Stellung des Prekaristen zunehmend abgeschwächt, indem sie sich zu einer bloßen Detention, also Besitzmittlung, entwickelt.[110] Weiterhin ist das Prekarium nun nicht mehr frei widerruflich, sondern wird von vornherein als zeitlich befristet vereinbart.[111] Spätestens während des Kaisertums Justinians, zwischen 527 und 565 n. Chr., kommt das Institut vollkommen außer Übung. Während dieser Zeit sinken die kleinen, vormals freien Bauern zu Hörigen herab, die durch Grundbesitzer nach Möglichkeit an das Land gebunden werden.[112] Das Prekarium bietet dafür keine geeignete Grundlage, da es beiderseitig jederzeit widerrufen werden kann. Es findet daher schon in den zeitgenössischen Gesetzessammlungen, den sogenannten Konstitutionen, keine Erwähnung mehr.[113]

Darüber hinaus existierte im Frühmittelalter ein Rechtinstitut mit ähnlich klingendem Namen, und zwar die Precaria, dessen Herkunft ungeklärt ist.[114] So deutet lediglich der Name auf das römische Institut hin, da ansonsten das Prekarium im Laufe der Rechtsfortbildung seinen »juristischen Gehalt hätte auflösen müssen«, um als Vorläufer der Precaria angesehen zu werden.[115]

---

109 Vgl. *Dedek*, Der Besitzschutz im römischen, deutschen und französischen Recht, ZEuP 1997, S. 342–365, 357. Dass dem Prekaristen der Interdiktenschutz gegenüber Dritten zugebilligt wurde, steht im Widerspruch zum römischen Verständnis der Interdikte, denn normalerweise genießt nur derjenige diesen Schutz, der die Sache wie ein Eigentümer besitzt, also mit dem Willen ihr Herr zu sein, dem sogenannten animus domini. Obschon der Prekarist ein eigenes Interesse an der Sache haben mag, besitzt er die Sache nicht für sich, sondern nur für den Geber (sogenannter Fremdbesitz), vgl. *Regelsberger*, Der gerichtliche Besitzschutz, in: FS für die Juristische Fakultät der Universität Gießen (1907), S. 235–272, 237–238.

110 Vgl. *Kaser*, Zur Geschichte des precarium, SZ (RA) 89 (1948), S. 94–148, 95.

111 Vgl. *Kaser*, Zur Geschichte des precarium, SZ (RA) 89 (1948), S. 94–148, 94.

112 *Levy*, Vom römischen Precarium zur germanischen Landleihe, SZ RA 66 (1948), S. 1–30, 5.

113 *Levy*, Vom römischen Precarium zur germanischen Landleihe, SZ RA 66 (1948), S. 1–30, 5.

114 Vgl. *Ogris*, Precaria, in: HRG III, Sp. 1885.

115 So hätte das Prekarium eine »Entwicklung durchlaufen müssen, die einer Auflösung seines juristischen Gehalts gleichkam«, vgl. *Brunner/Schwerin*, Deutsche Rechtsgeschichte, I. Bd. (1961), S. 289. Zwar gibt es eine unbestreitbare Parallele: Bei beiden handelt es sich um eine Form der Bodenleihe. Allerdings ist das Prekarium unentgeltlich und unverbindlich, während es sich bei der Precaria um eine entgeltliche und verpflichtende Vereinbarung handelt. Außerdem gewährt die Precaria dem Prekaristen ein auf Vertrag gegründetes, dingliches Nutzungsrecht. Während der sogenannten fränkischen Zeit wird die Precaria schließlich zum Begriff für die bäuerlichen Leihen. Ein vasallisch-ritterliches Verhältnis wird ab dieser Zeit als beneficium bezeichnet, vgl. dazu auch *Ogris*, Precaria, in: HRG III, Sp. 1885–1886. Leider wird dieser Entwicklung auch in der aktuellen Literatur wenig Beachtung geschenkt. So schreibt *Patzold*, Das Lehnwesen (2012), S. 14, in seiner Betrachtung

2. Bullings Thesen und seine Beweisführung

Bullings Monographie erschien im Jahr 1846 im Leipziger Verlag Friedrich Fleischer und umfasst 80 dichtbeschriebene Seiten. Es enthält als einziges aus seinem Opus ein Vorwort. Darin führt er aus, dass er seine ursprünglich lateinisch verfasste Schrift zunächst in das Deutsche übertragen musste. Dies zeigt, dass Bulling über sehr gute Lateinkenntnisse verfügt haben muss, was selbst unter Gelehrten um die Mitte des 19. Jahrhunderts nicht mehr selbstverständlich war.[116] Des Weiteren legt er seine Beweggründe zur Abfassung der Publikation in diesem Abschnitt dar: »Möge diese kleine Schrift, die ich mit Sorgfalt ausgearbeitet habe, auf die Erkenntnis der singulären Natur des Precarium nicht ohne Einfluß bleiben.«[117]

Dementsprechend hofft er, Gehör in der Wissenschaft zu finden. Seine Ambitionen, in diesem Bereich beruflich tätig zu werden, sind bereits oben besprochen worden. Einleitend stellt Bulling zunächst fest, dass sich die historischen Grundlagen des Instituts nicht mehr genau klären lassen:

> »Worin die Veranlassung zur Erschaffung dieses singulären Institutes zu suchen, welcher ursprüngliche Umfang demselben zuzuschreiben sei, diese Fragen mit Sicherheit zu beantworten, sind wir nach der Dürftigkeit unserer Quellen nicht im Stande.«[118]

Mit Verweis auf Niebuhr und Savigny zeigt Bulling zunächst die Möglichkeit auf, dass das Institut auf die sogenannten Klientel-Verhältnisse der römischen Landgesellschaft zurückzuführen sei.[119]

---

des mittelalterlichen Lehnswesens, dass das Lehen aus der prekarischen Leihe entstanden sei, »einem Typ von Besitztransaktion, der bereits in der Spätantike bekannt gewesen war«. Grundsätzlich leitet sich die Bezeichnung »Prekarie« (lat. precarium) von dem Verb precari, zu Deutsch bitten, ab. Von dieser Etymologie her lässt sich verstehen, was eine Prekarie ist: Ein Mann bittet einen Eigentümer, ihn von seinem Eigengut etwas für eine bestimmte Zeit zum Nießbrauch zu leihen, also mit dem Recht, das geliehene Gut zu nutzen. Die Leihfristen konnten ganz unterschiedlich sein: Zunächst waren eher kurze Zeiträume von fünf Jahren üblich; im Frühmittelalter finden sich dann oft Leihen auf Lebenszeit, nicht selten aber sogar Leihen über mehrere Generationen. Den Text, welchen der Bittsteller, also der sogenannte Prekarist, aufsetzte, pflegte man als Prekarie (lat. precaria) zu bezeichnen. Im Frühmittelalter dienten prekarische Leihen zudem der Schaffung sozialer Bindungen, weswegen das Institut zumindest eine Zeitlang wohl eine gewisse Attraktivität aufwies, im Gegensatz zum römischen *Prekarium.*

116 Bullings Lateinkenntnisse dürften später eine wesentliche Grundlage dafür gebildet haben, dass er eine wissenschaftlich überzeugende Haltung zur Stellung der Ehefrau im römischen Recht auf der Basis einer eigenen Quelleninterpretation zu entwickeln vermochte.

117 *Bulling,* Precarium (1846), Vorwort, S. IV.

118 *Bulling,* Precarium (1846), S. 1.

119 *Bulling,* Precarium (1846), S. 1–2.

In der römischen Gesellschaft unterwarfen sich wirtschaftlich schwächere Personen wohlhabenderen Patronen. Der Schutzsuchende wird dabei als cliens, der Schutzgebende als patronus und diese Form der gesellschaftlichen Bindung insgesamt als clientela bezeichnet.[120] Bulling wendet sich gegen diese Ansicht und beruft sich auf Dionysius von Halicarnassus,[121] der schrieb, dass Patron und Klient keine Zivilklage gegeneinander erheben konnten. Da aber das interdictum de precario eine Klagemöglichkeit des Entleihers gegen den Prekaristen eröffne, könne das Klientel-Verhältnis nicht den Ursprung für das Prekarium bilden. Nach Bulling ist das Prekarium vielmehr als eine frühe Form der Hypothek entstanden, um dem Gläubiger eine »ähnliche reale Sicherstellung des Gläubigers« zu ermöglichen.[122] Das Institut hätte dem nur fiduziarisch, also nach Treu und Glauben, gesicherten Gläubiger die Gelegenheit einer gefahrlosen Rückgabe verschafft.

Inwieweit dies zutrifft, kann nicht mit Sicherheit festgestellt werden. Schon das Rechtsinstitut des Commodatum existierte vor der Hypothek und erfüllte diesen Zweck.[123] Außerdem geht Bulling auf den Streit ein, ob das Prekarium im frühen römischen Recht ausschließlich auf Immobilien oder auch auf bewegliche Sachen anwendbar war. Mit Rückgriff auf Savigny und Niebuhr bejaht Bulling diesen weiten Anwendungsbereich.[124] Das Zitat des Dionysius gilt ihm auch hier als Beleg. So schlussfolgerte Bulling, dass, wenn Patron und Klient keine Zivilklage gegeneinander erheben können, sich das Prekarium dann auch auf bewegliche Sachen beziehen müsse. Denn es stelle keinen Vertrag dar, aus dem geklagt werden könne. Vielmehr sei es etwas »rein Tatsächliches« gewesen, das mit dem Mittel des prätorischen Interdikts besonderen Rechtsschutz erfuhr.

Bulling brachte sich mit beiden Thesen in bewusste Opposition zu dem Jenaer Professor Carl Adolf Schmidt (von Ilmenau), der wiederum Bulling in einer

---

120 *Bleicken*, Die Verfassung der römischen Republik, 8. A. (1999), S. 151.

121 Dionysios von Halicarnassos, der von 54–7 v.Chr. lebte, war ein antiker griechischer Rhetoriker, Schriftsteller und Geschichtsschreiber. Sein Hauptwerk besteht in einer mehrbändigen Abhandlung der Geschichte Roms und dessen Aufstieg zur Weltmacht.

122 *Bulling*, Precarium (1846), S. 3.

123 So *Schmidt* (*von Ilmenau*), Rezension zu Karl Bulling »Das Precarium. Eine römischrechtliche Abhandlung«, Neue Jenaische Allgemeine Literatur-Zeitung 1845, S. 1179–1183, 1179. Interessanterweise traf bereits diese ursprünglich als Universitätsarbeit angelegte Schrift Bullings auf Resonanz in der Wissenschaft. So rezensierte wie gezeigt Schmidt Bullings Arbeit. Auch *Vangerow*, Pandekten, III. Bd., 7. A. (1876), § 691, S. 609, und *Windscheid*, Lehrbuch des Pandektenrechts, II. Bd., 5. A. (1879), § 376, S. 427, Fn. 1f., verweisen noch 30 Jahre später auf Bullings Werk.

124 Somit folgt Bulling *Degener*, Ueber den Begriff des Precarii (1831), S. 10f., und *Unterholzner*, Quellenmäßige Zusammenstellung der Lehre des römischen Rechts von den Schuldverhältnissen, II. Bd. (1840), S. 562.

Rezension zu dessen Werk entgegengetreten ist.[125] Schmidts Meinung nach könne die Passage des Dionysus für keine der beiden Thesen als valides Argument dienen, zumal Bulling den griechischen Dichter falsch zitiere. Etwas polemisch formulierte Schmidt, dass der Grieche nur »im grossen Ganzen male« und aus dem genannten Zitat nichts von dem Gesagten Bullings hervorgehe.

Bulling meint weiterhin, dass das Prekarium zur Zeit des Kaisers Justinian lediglich vier weitere Anwendungsfälle kannte, und zwar im Rahmen der Überlassung einer an den Schuldner mittels sogenannter pignus verpfändeten Sache, bei einem Kauf unter der lex commissaria, also einem Kommissionsgeschäft, als Teil eines Mietvertrags sowie im Rahmen des Prozessrechts, in dem Fall, dass die siegende Partei dem Unterlegenden die streitgegenständliche Sache nur de precario überlassen würde, diese aber jederzeit vindizieren, also herausverlangen könne.[126] Die Zusammenstellung erscheint etwas willkürlich und findet sich in dieser Form auch bei keinem anderen Autor.[127] Bullings Auffassung von der Singularität des Prekariums kann letztlich nicht vollends überzeugen.

Fakt ist, dass die römischen Juristen mit ihren Werken keine Gesetzesbücher abfassen wollten. Ihnen ging es vielmehr darum, allgemeine Rechtssätze aus den Fällen des täglichen Lebens abzuleiten. Die daraus entstehende Kasuistik macht daher Rechtsinstitute wie das Prekarium nicht zu einem eindimensionalen Rechtsinstitut, sondern zeigt, welche vielgestaltigen Formen das Recht annehmen kann, wenn es in erster Linie als Gewohnheitsrecht überliefert und als Fallrecht[128] praktiziert wird. Alles in allem bilden die Diskussion um den Ursprung des Instituts Präliminarien, die hier verlassen werden sollen, um das Kernstück von Bullings Schrift zu betrachten. Dieses liegt in der Auseinandersetzung mit den juristischen Quellen und enthält die umfangreichen Kapitel zwei bis fünf. Ausgehend von der Analyse der Begründung eines Prekariums

125 *Schmidt (von Ilmenau)*, Rezension zu Karl Bulling »Das Precarium. Eine römischrechtliche Abhandlung«, Neue Jenaische Allgemeine Literatur-Zeitung 1845, S. 1179–1183. Später zustimmend *Dankwardt*, Das Precarium und die Emphyteuse, Jahrbücher für die Dogmatik des heutigen römischen Rechts und deutschen Privatrechts 14 (1875), S. 284–340, 321.

126 *Bulling*, Precarium (1846), S. 4–5, der zudem meint, dass das Institut ansonsten zur Zeit der Digestenschriftsteller bereits aus der Praxis verschwunden gewesen sei. Dagegen siehe *Dankwardt*, Das Precarium und die Emphyteuse, Jahrbücher für die Dogmatik des heutigen römischen Rechts und deutschen Privatrechts 14 (1875), S. 284–340, 322, Fn. 3.

127 *Schmidt (von Ilmenau)*, Rezension zu Karl Bulling »Das Precarium. Eine römischrechtliche Abhandlung«, Neue Jenaische Allgemeine Literatur-Zeitung 1845, S. 1179–1183, 1179.

128 Als Fallrecht wird eine Rechtsordnung bezeichnet, in der nicht Gesetzesrecht, sondern bereits entschiedene Fälle die primäre Rechtsquelle bilden. Es ist umstritten, ob das römische Recht eine systematische Einheit im Sinne einheitlicher Gesetze gekannt hat oder in erster Linie auf Fallrecht beruhte. So wird vertreten, dass das Recht von dem damaligen Juristen auf den jeweiligen Fall angewandt und dadurch immer weiter entwickelt wurde, weshalb von Fallrecht gesprochen werden kann, näher dazu *Meder*, Rechtsgeschichte, 6. A. (2017), S. 18–19, 117.

befasst sich der Heidelberger Student mit den Befugnissen des Prekariumnehmers, dessen zu erbringenden Leistungen und den Rechtsmitteln des Prekariumgebers. Das Vorgehen Bullings ist exegetisch und zeichnet daher ein nuancenreiches Bild der Verwendung des Rechtsinstituts. Seine Studie stützt sich auf eine Vielzahl von Quellen und bezieht die zeitgenössische Sekundärliteratur ein. Im Folgenden können daher nur einzelne Argumentationslinien dargestellt werden.

In dem Abschnitt »Begründung eines precarium« macht Bulling deutlich, dass er das Prekarium nur so weit als selbstständiges Institut versteht, wie die Interdikte dies bestimmen.[129] Nach Bulling gehört das Prekarium zu den possessorischen Interdikten, womit die Begründung desselben juristischen Besitz voraussetzt.[130] Dies haben Schmidt und Ubbelohde später bestritten.[131] Die Quellenlage ist nicht eindeutig. Nach Schmidt reichte es aus, dass der Kläger diejenige Person war, die dem Prekaristen die Sache durch Gewährung aus Prekarium verschafft hatte. Das zentrale Argument bildet hier das der Zweckmäßigkeit.[132] Denn auch der Mieter sollte zwar einem Dritten Prekarium an der Mietsache gewähren können, obwohl er nicht Besitzer im damaligen juristischen Sinne war. Gleichzeitig sollte es ihm aber möglich sein, auf dem Weg der Interdiktenklage die de precario überlassene Sache wieder zurückzufordern. Sinn des interdictum de precario sei es, jeden zur Herausgabe der Sache zu verpflichten, dem die Sache vom Kläger prekaristisch überlassen wurde.[133]

Des Weiteren äußert er sich zu dem Streit, ob sich das Prekarium ausschließlich auf körperliche Sachen, sogenannte Fungibilien, oder auch auf Rechte beziehe.[134] Insbesondere erörtert er den Streit, ob mit der Verabredung

129 *Bulling*, Precarium (1846), S. 7.

130 *Bulling*, Precarium (1846), S. 7. *Schmidt (von Ilmenau)*, Rezension zu Karl Bulling »Das Precarium. Eine römischrechtliche Abhandlung«, Neue Jenaische Allgemeine Literatur-Zeitung 1845, S. 1179–1183, 1180, kritisiert Bullings und Savignys diesbezügliche Thesen. Zustimmung erfuhr Bulling dagegen von *Dankwardt*, Das Precarium und die Emphyteuse, Jahrbücher für die Dogmatik des heutigen römischen Rechts und deutschen Privatrechts 14 (1875), S. 284–340, 319.

131 *Schmidt (von Ilmenau)*, Rezension zu Karl Bulling »Das Precarium. Eine römischrechtliche Abhandlung«, Neue Jenaische Allgemeine Literatur-Zeitung 1845, S. 1179–1183, 1180; sowie *Ubbelohde*, Ueber das Precarium an körperlichen Sachen, AcP 9 (1876), S. 221–268, 222, der wiederum auf Jhering und Bruns rekurriert. So schreibt *Jhering*, Ueber den Grund des Besitzschutzes, 2. A. (1869), S. 97, dass sich Savignys Besitzschutztheorie nicht auf das Prekarium anwenden lasse. Bei *Bruns*, Die Besitzesklagen des römischen und heutigen Rechts (1874), S. 181, heißt es, dass vom Kläger nicht juristischen Besitz gefordert werden dürfe.

132 *Schmidt (von Ilmenau)*, Rezension zu Karl Bulling »Das Precarium. Eine römischrechtliche Abhandlung«, Neue Jenaische Allgemeine Literatur-Zeitung 1845, S. 1179–1183, 1180.

133 *Schmidt (von Ilmenau)*, Rezension zu Karl Bulling »Das Precarium. Eine römischrechtliche Abhandlung«, Neue Jenaische Allgemeine Literatur-Zeitung 1845, S. 1179–1183, 1180.

134 *Bulling*, Precarium (1846), S. 9.

eines Prekariums gleichzeitig ein sogenanntes Servitut, also eine Dienstbarkeit, geschaffen wird. Bulling lehnt dies mit dem Hinweis darauf ab, dass die Errichtung einer Dienstbarkeit einer Eigentumsbeschränkung gleichkomme.[135] Dies widerspräche jedoch der Rechtsnatur des Prekariums. Würde dem Prekaristen ein dingliches Nutzungsrecht an der Sache auch nach Widerruf des Prekariums zustehen, so wäre dies ein »juristischer Unsinn, weil nemini res propria servit [weil es niemandem dienen würde]«.[136]

Bulling verneint die Frage, ob zur wirksamen Vereinbarung eines Prekariums die ausdrückliche Bitte des Prekaristen erforderlich sei.[137] Es reiche auch, dass der Geber dem Nehmer die Sache zum prekarischen Besitz anbiete und dieser akzeptiere. Einer gesonderten Bitte des precario rogans bedürfe es nicht, vielmehr wurzele das Prekarium »allein in dem Willen des Gebers«.[138] Drei Voraussetzungen müssten zu seiner wirksamen Errichtung des Prekariums erfüllt sein. Erstens müsse sich der Prekarist der faktischen Sachherrschaft über eine fremde Sache bewusst sein, er müsse diese Herrschaft zweitens als Prekarium, also auf jederzeitigen Widerruf, ausüben wollen und drittens müsse der Geber sich der Person des Nehmers sowie der prekarischen Leihe an sich bewusst sein.[139]

Mithin weicht das Prekarium also von der im römischen Recht verbreiteten Praxis, Rechtsinstitute anhand von Spruchformeln festzulegen, ab. Gleichzeitig bestätigt sich aber darin, dass es sich bei diesem Institut nicht um einen Vertrag handelt. Ferner geht Bulling auf die Frage ein, welche rechtliche Wirkung eine Befristung des Prekariums besitzt.[140] Im Kern dreht sich die Frage darum, ob der Verleiher im Fall einer zeitlichen Befristung des Prekariums die Sache bereits vor Fristablauf zurückfordern kann. Vor dem Hintergrund, dass dieses Institut ein rein faktisches Verhältnis darstelle, in dessen Rahmen sich der Geber in keiner Weise verpflichte, bejaht Bulling diese Frage. So gehöre das freiwillige Rücktrittsrecht so sehr zum Wesen des Prekariums, dass eine Vereinbarung, wonach

135 *Bulling,* Precarium (1846), S. 9.

136 *Bulling,* Precarium (1846), S. 9. *Vangerow,* Lehrbuch der Pandekten, III. Bd., 7. A. (1876), § 691, S. 610, bejaht dagegen mit einem Hinweis auf eine Textstelle bei Pomponius die Möglichkeit, ein Prekarium nicht nur auf Gegenstände, sondern auch auf Rechte beziehen zu können.

137 *Bulling,* Precarium (1846), S. 11.

138 *Bulling,* Precarium (1846), S. 12.

139 *Bulling,* Precarium (1846), S. 12–13; *Schmidt* stimmt ihm bezüglich der Voraussetzung zu, vgl. Rezension zu Karl Bulling »Das Precarium. Eine römischrechtliche Abhandlung«, Neue Jenaische Allgemeine Literatur-Zeitung (295/296) 1845, S. 1179–1183, 1181. *Vangerow,* Lehrbuch der Pandekten, III. Bd., 7. A. (1876), § 691, S. 606, hat darauf hingewiesen, dass einige Autoren der älteren Literatur eine vorausgegangene Bitte für die wirksame Errichtung des Prekariums fordern, wofür es aber keine Belege gebe. Die gegenteilige Ansicht, die allein auf den Willen beider Seiten abzielt, sei vorzugswürdig.

140 *Bulling,* Precarium (1846), S. 14.

die Dauer der Leihe auf eine bestimmte Zeit festgesetzt werde, den Geber nicht rechtlich binde.[141] Davon unberührt bleibt die Frage, ob sich das Prekarium nach dem Ablauf der Zeit stillschweigend erneuert, sofern der precario rogatus die Sache nicht zurückfordert, was von Bulling mit Verweis auf eine Textstelle bei Pomponius bejaht wird.[142] Im Zusammenhang damit steht die Frage, ob das Prekarium sich auch dann stillschweigend erneuert hätte, wenn der Geber in der Zwischenzeit geschäftsunfähig geworden oder verstorben wäre. Nach Auffassung Bullings verhindern beide Ereignisse eine Erneuerung der Leihe.[143] Das zentrale Argument bildet hier der ursprüngliche Wille des Gebers, der für eine Erneuerung ausschlaggebend, aber im Todesfall bzw. der Geschäftsunfähigkeit nicht mehr vorhanden ist.[144] Allerdings merkt Bulling an, dass die Erben, sofern sie die Erbschaft antreten und Kenntnis von den Geschäften des Erblassers erhalten, selbst das Prekarium erneuern können.[145]

Auch zur sogenannten Liberalität äußerte sich Bulling. Mit Liberalität meint er eine Form der Mildtätigkeit oder Freigiebigkeit bzw. Großzügigkeit.[146] Sie kommt nach seiner Meinung in der Unentgeltlichkeit zum Ausdruck.[147] Bulling selbst zieht die Unentgeltlichkeit des Instituts aber in Zweifel, seinen sozialen Anstrich müsste vielmehr allein aus dem Nicht-Widerrufen begründet werden.[148] Denn gerade in der spätantiken römischen Gesellschaft wurde es üblich, für die Zustimmung zum Prekarium Geld zu bekommen.[149] Daher nimmt Bulling an, dass das Prekarium zu einem »Werkzeug wucherischen Erwerbs« hätte werden können.[150]

Auch Bullings Ausführungen zu den Befugnissen des Prekaristen sind interessant. Dazu stellt er fest, dass der Prekarist die Stellung eines Interdikten-Besitzers ausübt, d.h., sein Besitz ist gegen Eingriffe Dritter durch das inter-

141 Ebenso *Vangerow*, Lehrbuch der Pandekten, III. Bd., 7. A. (1876), § 691, S. 606.

142 *Bulling*, Precarium (1846), S. 14; es handelt sich aber nicht um das Fortleben des »alten« Prekariums, sondern um die Begründung eines neuen, siehe auch *Vangerow*, Lehrbuch der Pandekten, III. Bd., 7. A. (1876), § 691, S. 606.

143 *Bulling*, Precarium (1846), S. 15–16; ebenso später *Vangerow*, Lehrbuch der Pandekten, III. Bd., 7. A. (1876), § 691, S. 606.

144 *Schmidt (von Ilmenau)*, Rezension zu Georg Eduard Schmidt, commodatum und precarium, Kritische Jahrbücher für deutsche Rechtswissenschaft 14 (1843), S. 769–793, 774.

145 Vgl. *Bulling, Precarium* (1846), S. 16–17.

146 *Bulling*, Precarium (1846), S. 17; das Prekarium interpretieren auf diese Weise auch *Unterholzner*, Lehre des römischen Rechts von den Schuldverhältnissen, II. Bd. (1840), S. 561, *Dernburg*, Pandekten, II. Bd., 6. A. (1900), § 91, S. 246, und *Dankwardt*, Das Precarium und die Emphyteuse, Jahrbücher für die Dogmatik des heutigen römischen Rechts und deutschen Privatrechts 14 (1875), S. 284–340, 298.

147 *Bulling*, Precarium (1846), S. 17.

148 *Bulling*, Precarium (1846), S. 17.

149 *Bulling*, Precarium (1846), S. 17–18.

150 *Bulling*, Precarium (1846), S. 18.

dictum de precario geschützt. Breiten Raum nimmt bei Bulling die Differenzierung ein, wann der Prekarist juristischer Besitzer und wann lediglich Fremdbesitzer, sogenannter Detentor ist.[151] Die Detention ist eine Besitzmittlung, bei der jemand eine Sache in seiner tatsächlichen Gewalt hat, ohne die Voraussetzungen der civilis possessio oder des Interdiktenbesitzes zu erfüllen.[152] Er ist daher nicht possessor, also Besitzer, im juristischen Sinne.[153] Bloße Detention, also Besitzmittlung, liegt nach Bulling dann vor, wenn der Faustpfandgläubiger seinem Schuldner die verpfändete Sache prekaristisch zum Gebrauch überlässt,[154] oder wenn eine Sache an ein und dieselbe Person gleichzeitig vermietet und prekaristisch verliehen wird, es sich also um einen Fall der Konkurrenz von Conductio und Prekarium handelt.[155] In diesem Zusammenhang verweist Bulling zunächst darauf, dass das Prekarium dem sogenannten Contract »ganz fern steht«.[156] Sodann wendet sich Bulling dem interdictum de precario zu und macht daran fest, dass zwischen precario rogatus und precario rogans keinerlei Rechtsbeziehung besteht:

> »Jeder, welcher ein Precarium ertheilt, behält sich dadurch – wie dies schon in dem Worte precarium selbst liegt – das Recht des willkührlichen Widerrufs vor und zwar des Widerrufs durch das interdicum de precario; denn nur dieses erhebt das Precarium zu einem Rechtsinstitute.«[157]

Daran anschließend referiert Bulling die Regeln, die für die Besitzverhältnisse im Rahmen des Prekariums gelten. Demnach kann von einem abgeleiteten Besitz nicht noch einmal Besitz abgeleitet werden. Das heißt, wenn der Verleiher seinen Besitz selbst nur ableitet, kann der Prekarist nicht selbst Besitzer werden.[158] Des Weiteren wird der Nehmer nur Detentor, wenn ihm die Sache zugleich vermietet und prekarisch verliehen wird.[159]

151 *Bulling,* Precarium (1846), S. 24.

152 Vgl. *Kaser/Knütel/Lohsse,* Römisches Privatrecht, 21. A. (2017), § 19, S. 125, Rn. 17.

153 Vgl. *Kaser/Knütel/Lohsse,* Römisches Privatrecht, 21. A. (2017), § 19, S. 125, Rn. 17.

154 *Bulling,* Precarium (1846), S. 24.

155 *Bulling,* Precarium, S. 25. In diesem Fall behält der Gläubiger die Sache in seinem juristischen Besitz, vgl. *Schmidt (von Ilmenau),* Rezension zu Georg Eduard Schmidt, commodatum und precarium, Kritische Jahrbücher für deutsche Rechtswissenschaft 14 (1843), S. 769–793, 780, Fn. 1.

156 *Bulling,* Precarium (1846), S. 26. Nach der Auffassung von Schmidt wird es jedoch erst infolge der gerichtlichen Intervention gegen den Prekaristen zum Rechtsverhältnis, vgl. *Schmidt,* commodatum und precarium (1841), S. 100. Dies wurde jedoch später von *Windscheid,* Lehrbuch des Pandektenrechts, II. Bd., 5. A. (1879), § 376, S. 427, Fn. 2, widerlegt.

157 *Bulling,* Precarium (1846), S. 28.

158 *Bulling,* Precarium (1846), S. 30.

159 *Bulling,* Precarium (1846), S. 30.

Außerdem kann derjenige, der eine Sache zum Nießbrauch, dem sogenannten ususfructus bekommen hat, diese Sache zwar de precario verleihen, der Prekarist wird aber auch in diesem Fall lediglich Fremdbesitzer, also Detentor.[160] Über ein viertes Problem des Besitzverhältnisses herrschte Streit, und zwar, ob das römische Recht es ermöglichte, dass Verleiher und Entleiher eine Vereinbarung darüber treffen konnten, ob der Prekarist possessio ausüben und lediglich Detentor werden sollte.[161] Er zieht hier einen Vergleich zum Rechtsinstitut der Hinterlegung, der sogenannten Sequestration, bei der diese Frage über eine Auslegung des Vertrags gelöst wird.[162] Bulling verwirft dies aber für das Prekarium, da es keinen Vertrag darstellt. Es würde dadurch die »Natur eines Zwitter-Instituts« annehmen und seinen faktischen Charakter verlieren.[163] Daran anschließend beschäftigt sich der Heidelberger Student mit dem Streit, ob es im römischen Recht eine possessio duorum in solidum, also einen mehrfachen bzw. gemeinschaftlichen Besitz, einen sogenannten Doppelbesitz, an einer Sache gegeben hat.[164] Damit einher geht laut Bulling die Frage, wann precario possessio justa und wann precario possessio injusta gilt, also wann der prekarische Besitz berechtigt und wann er unberechtigt ist.[165] So ist der Prekarist gegen Eingriffe Dritter in seinen Besitz stets durch das interdictum de precario geschützt, weil er damit gegenüber diesen berechtigter Besitzer ist. Gleichzeitig ist der Prekarist gegenüber dem precario dans zur jederzeitigen Rückgabe verpflichtet, weswegen er in diesem Verhältnis stets unberechtigter Besitzer ist.[166]

Im Folgenden geht Bulling auf die Leistungen des Prekaristen ein, insbesondere auf die Haftung des Prekaristen für Beschädigung oder Untergang der entliehenen Sache. So gilt es als unbestritten, dass der Prekarist zwar für Vorsatz und grobe Fahrlässigkeit haftet, umstritten gestaltet sich jedoch die Ersatzpflicht bei leichter

160 *Bulling*, Precarium (1846), S. 30.
161 *Bulling*, Precarium (1846), S. 30.
162 *Bulling*, Precarium (1846), S. 31.
163 *Bulling*, Precarium (1846), S. 34–35.
164 *Bulling*, Precarium (1846), S. 35. Es handelt sich dabei um einen »Schulenstreit« zwischen Sabinianern und Prokulianern, der darin bestand, zu klären, ob derjenige, der, obwohl er durch vi (Gewalt), clam (heimlich) oder de precario (in Form der Bittleihe) die Sachherrschaft verloren hatte, weiterhin juristischer Besitzer sei, vgl. *Dedek*, Der Besitzschutz im römischen, deutschen und französischen Recht, ZEuP 1997, S. 342–365, 349; allgemein zum Schulenstreit zwischen Sabinianern und Prokulianern vgl. *Meder*, Rechtsgeschichte, 6. A. (2017), S. 71f.
165 *Bulling*, Precarium (1846), S. 35.
166 *Bulling*, Precarium (1846), S. 36. Er stellt hierbei die römischen Rechtsquellen, angefangen mit Paulus über Ulpian, Sabinus, Trebatius, Pomponius bis zu Julianus dar, vgl. Precarium, S. 35–37. Eine moderne Aufbereitung dieser Meinungen findet sich bei *Dedek*, Der Besitzschutz im römischen, deutschen und französischen Recht, ZEuP 1997, S. 342–365, 349f.

Fahrlässigkeit.[167] Da das Prekarium keinen Contract darstellt, lehnt Bulling mit der wohl herrschenden Meinung eine Haftung wegen leichter Fahrlässigkeit ab: »Wie wenig die römischen Juristen daran dachten, den Precaristen nach den Grundsätzen civiler Verträge verbindlich zu machen.«[168] Darauf folgt eine kürzere Passage aus den Digesten, die seine These belegen soll. So gäbe auch das prätorische Interdikt bloß die Grundlage für eine Haftung wegen Vorsatzes, aber nicht schon aufgrund von grober Fahrlässigkeit. Eine Haftung wegen leichter Fahrlässigkeit müsse Bulling zufolge deshalb ausscheiden.

Des Weiteren befasst sich Bulling mit den Rechtsmitteln, die dem Prekaristen zur Verfügung stehen. Den Kern dieser Behandlung bildet dabei eine Untersuchung des interdictum de precario. Dabei handelt es sich um ein restitutorisches Interdikt. Mit diesem kann der precario dans auf »kurzem Wege« vom precario accipiens die Rückgabe der Sache, des Prekariums, fordern, wenn dieser die Sache trotz Widerrufs der Bittleihe nicht herausgibt.[169] Daneben ist auch Eigenmacht zulässig, da der Prekarist als »fehlerhafter« Besitzer keinen Besitzschutz gegenüber dem Geber genießt. Das Bedürfnis, den possessor von verpachteten oder anderweitig zur Bewirtschaftung zugewiesenen Staatsländereien gegen unbefugte Eingriffe Dritter zu sichern, dürfte den Ansatzpunkt zur Entwicklung besonderer Besitzschutzverfahren gebildet haben.[170] Der Prätor gewährt gegen Besitzentziehung oder Besitzstörung interdicta, in denen er Verbote und Gebote zur vorläufigen Streitbeilegung ausspricht. Es handelt sich dabei um eine Art einstweilige Verfügung, welche in einem beschleunigten, summarischen Verfahren erlassen wird. Im Vordergrund steht die Erhaltung des Rechtsfriedens und die Beschränkung privater Eigenmacht zur Erhaltung der öffentlichen Sicherheit.[171]

Im klassischen römischen Recht hat die Entscheidung über den Besitz eine bedeutende Funktion in der Vorbereitung des unter Umständen nachfolgenden Streits um das Eigentum: Der Besitzer, der im Interdiktenverfahren den Besitz an der Sache behält, wird auch als Beklagter im anschließenden Vindikationsprozess, der an sich zur Herausgabepflicht der Sache im Fall des Klagegewinns führen wird, nicht unterliegen:

> »Wer im Besitz eines Grundstücks gestört wird oder wem der Besitz daran gewaltsam, durch sogenannte vi, oder heimlich, durch sogenannte clam, entzogen wird oder wer den Besitz darauf lediglich aufgrund einer Bittleihe, der sogenannten precario, an einen anderen übertragen hat, erhält vom Prätor das interdictum uti possidetis.«[172]

167 *Bulling*, Precarium (1846), S. 48.
168 *Bulling*, Precarium (1846), S. 49.
169 *Hausmaninger/Selb*, Römisches Privatrecht (1997), S. 200.
170 *Hausmaninger/Selb*, Römisches Privatrecht (1997), S. 198.
171 *Hausmaninger/Selb*, Römisches Privatrecht (1997), S. 198.
172 *Hausmaninger/Selb*, Römisches Privatrecht (1997), S. 198.

Der Prätor verbietet dabei dem Eigentümer Gewaltanwendung gegen den letzten bzw. unmittelbaren Besitzer, wenn dieser fehlerfrei besitzt. Fehlerfrei besitzt derjenige, der nicht gewaltsam, heimlich oder prekaristisch Besitz vom Prozessgegner erlangt hat. Folglich besitzt der Prekarist von vornherein fehlerhaft. Gegen diesen fehlerhaften Besitz ist auch Eigenmacht erlaubt, wie beispielweise Ulpian schreibt: vim vi repellere (Gewalt darf mit Gewalt zurückgeschlagen werden).[173] Das Interdikt gilt jedoch in beide Richtungen. Das heißt, dass beispielsweise auch der Kläger verurteilt werden kann, wenn er unbefugte Selbsthilfe ausgeübt hat.[174] Daran ist besonders interessant, dass der Prätor nicht das Recht zum Besitz prüft, sondern lediglich denjenigen schützt, dem gegenüber der Prozessgegner gewaltsam, heimlich oder prekaristisch besitzt.[175] Lag einer dieser drei Fälle vor, so kam es zu einem »umständlichen« Verfahren vor dem sogenannten iudex privatus.[176] Die Prätoren (lat. praeire – vorangehen) sind im antiken römischen Recht die höchsten Beamten des Staates. Sie entstammen den alten Adelsfamilien, den Patriziern (lat. patricii).[177] Der Prätor ist es, der über die Zulassung einer Klage (lat. actio) und den Richter (lat. iudex) bestimmt. Bulling führt insbesondere zum interdictum de precario aus, dass zwei Fälle in diesem Interdikt zu unterscheiden seien: zum einen der Fall, dass der Prekarist die Sache immer noch mangelfrei besitzt. In dieser Konstellation bezieht sich die Beweisführung des Klägers allein darauf, dass der Prekarist die Sache precario habe besitzen wollen und, dass er sie wirklich in Besitz genommen hat.[178]

Die andere Konstellation gestaltet sich etwas komplizierter. In dieser ist die Sache inzwischen beschädigt oder vollkommen zerstört. Hier muss der Kläger zusätzlich den Vorsatz des Prekaristen beweisen.[179] Trotz des Erfordernisses eines Verschuldensnachweises sei das Interdikt aber auch in diesem Fall kein deliktisches Verfahren.[180] Im Folgenden kommt Bulling auf eine weitere Klage-

173 *Hausmaninger/Selb*, Römisches Privatrecht (1997), S. 198.

174 *Hausmaninger/Selb*, Römisches Privatrecht (1997), S. 198.

175 Zweck des Interdikts ist also der Schutz gegen verbotene Eigenmacht, die durch vi (Gewalt), clam (heimlich) oder de precario (in Form der Bittleihe) ausgeübt wird, vgl. *Kaser/Knütel/Lohsse*, Römisches Privatrecht, 21. A. (2017), § 21, S. 129, Rn. 6. Dabei ist zu berücksichtigen, dass der Prekarist erst dann verbotene Eigenmacht ausübte, wenn er die Sache trotz Widerruf durch den Geber behielt, vgl. *Dedek*, Der Besitzschutz im römischen, deutschen und französischen Recht, ZEuP 1997, S. 342–365, 344, mit Verweis auf Schubert/*Johow*, Die Vorlagen der Redaktoren für die erste Kommission zur Ausarbeitung eines Bürgerlichen Gesetzbuches, I. Bd. (1982), S. 453.

176 *Hausmaninger/Selb*, Römisches Privatrecht (1997), S. 199.

177 Für einen Überblick zum römischen Staats- und Gesellschaftsaufbau während der früh- und hochklassischen Phase, vgl. *Meder*, Rechtsgeschichte, 6. A. (2017), S. 25–120.

178 *Bulling*, Precarium (1846), S. 53.

179 *Bulling*, Precarium (1846), S. 53, zustimmend *Unterholzner*, Quellenmäßige Zusammenstellung der Lehre des römischen Rechts von den Schuldverhältnissen, II. Bd. (1840), S. 567.

180 *Bulling*, Precarium (1846), S. 54.

möglichkeit des Entleihers zu sprechen, und zwar die actio praescriptis verbis.[181] Bei den actiones handelt es sich um eine eigene Gruppe von Klagemöglichkeiten unabhängig von den Interdikten.

Laut Bulling werden die actiones bei Ulpian und Labeo erstmals erwähnt. Eine Anwendung auf das Prekarium sei aber problematisch, da die actiones ausschließlich für Verträge gelten, das Prekarium, wie bereits ausgeführt, aber keinen Contract darstellt. So meint Bulling, der Prekarist unterliegt einer zivilrechtlichen Verpflichtung, sofern die actio praescriptis verbis auf das Institut angewendet würde,[182] weswegen Ulpian hier zu widersprechen sei.[183] Gleichzeitig weist er aber daraufhin, dass die actio praescriptis verbis eine Lösungsmöglichkeit für den Fall biete, dass der Prekarist verstirbt und der precario dans die entliehene Sache dann herausverlangt. Das prekarische Interdikt sei hier nicht erfolgversprechend, denn dazu müsse der Erbe den »Besitz ergriffen haben, die Qualität der Sache kennen und diese selbst precario besitzen wollen«.[184] Das bloße Antreten der Erbschaft genüge nicht.[185] Um diesen Mangel des Interdikts zu beheben, sei es im Rahmen einer »Analogie zur actio praescriptis verbis« erweitert worden.[186]

In späterer Zeit ist dem Prekaristen laut Bulling noch eine weitere Klagemöglichkeit erwachsen, und zwar die der incerti condictione.[187] Dabei schreibt er aber irrtümlich, dass dem Prekaristen die incerti condictione zusteht.[188] Wie Karl Adolph von Vangerow (1808–1870) später darlegt, müsste es an der entscheidenden Pandektentextstelle nicht incerti condictione sondern incerti actione, heißen.[189] Daher ist dem Prekaristen wohl dann auch eher die actio praescriptis verbis eingeräumt worden.[190]

181 *Bulling,* Precarium (1846), S. 56; ausführlich zur actio praescriptis verbis, *Kranjc,* Die actio praescriptis verbis als Formelaufbauproblem, SZ (RA) 198 (1989), S. 434–468. Zu den verschiedenen Klagearten im Rahmen des Prekariums vgl. *Degener,* Ueber den Begriff des precarii (1831), S. 18 ff., sowie *Levy,* Vom römischen Precarium zur germanischen Landleihe, SZ (RA) 66 (1948), S. 1–30, 2–7, der meint, dass das Prekarium erst zur Zeit Justinians in das Klagensystem eingegliedert wurde, obwohl es dessen Wesen eigentlich widersprochen hätte.

182 *Bulling,* Precarium (1846), S. 59.

183 *Bulling,* Precarium (1846), S. 60.

184 *Bulling,* Precarium (1846), S. 60.

185 *Bulling,* Precarium (1846), S. 60.

186 *Bulling,* Precarium (1846), S. 60 mit Verweis auf Ulpian.

187 *Bulling,* Precarium (1846), S. 65f.

188 *Bulling,* Precarium (1846), S. 66.

189 *Vangerow,* Pandekten, III. Bd., 7. A. (1876), § 691, S. 609f.

190 Während es sich bei der incerti condictio um eine Herausgabeklage handelt, die jederzeit erhoben werden kann, ist die actio praescriptis verbis eine Formularklage, welche lediglich bei Verschulden des Vertragspartners erfolgversprechend ist, vgl. *Schwind,* Römisches Recht, S. 307. Nach Vangerow und Windscheid, die Bulling direkt zitieren, hat dieser die

Zu den Auflösungsmöglichkeiten des Prekariums führt Bulling den Widerruf durch den Verleiher, den Zeitablauf, sofern eine Frist vereinbart worden ist,[191] die sogenannte Consolidation[192] und die Veräußerung der Sache an.[193] Diese Arten der Auflösung erscheinen ihm selbstverständlich: »Ueber alle diese Weisen der Auflösung bedarf es keiner Erörterung.«[194] Ein spezielleres Problem bestehe vielmehr darin, was mit dem Prekarium im Todesfall des Gebers geschehe. Nach dem Dafürhalten des jungen Studenten entspricht es dem Wesen des Rechtsinstituts, dass das Prekarium nicht mit dem Tod des Gebers erlischt.[195] Denn zur Entstehung eines Prekariums sei der Wille des Gebers erforderlich, aber nicht zur Aufrechterhaltung des Rechtsinstituts.[196] Auch wenn der Geber während der Zeit des Prekariums »dem Wahnsinn verfalle«, dauere die Bittleihe fort, woraus Bulling schlussfolgert, dass auch im Todesfall das Rechtsinstitut nicht untergehe. Bullings Ansicht wurde diskutiert, jedoch vertreten andere Autoren die gegenteilige Meinung, mit dem Argument, dass die Aufrechterhaltung des Prekariums stets dem Willen des precario dans unterliege, denn dieser könne jederzeit die Leihe widerrufen.[197] Es erscheint daher eher folgerichtig, wenn die Vereinbarung mit dem Tod des Entleihers zunächst unterging und eine Erneuerung des Instituts maßgeblich vom Willen der Erben abhing.

Zuletzt widmet sich Bulling dem Unterschied zwischen Commodatum und Prekarium.[198] Wesentlich unterscheide sich das Commodatum von dem Prekarium darin, dass der »commodans stets verpflichtet wird«, der precario rogans

Textstelle bei Julian fehlgedeutet, vgl. *Vangerow*, Pandekten, III. Bd., 7. A. (1876), § 691, S. 609; *Windscheid*, Lehrbuch des Pandektenrechts, II. Bd., 5. A. (1879), § 376, S. 428, Fn. 2.

191 Wie gezeigt konnte das Prekarium auch als zeitlich befristet verabredet werden.

192 Eine Consolidation liegt unter anderem dann vor, wenn der vormalige Prekarist Eigentum an der entliehenen Sache erlangt.

193 *Bulling*, Precarium (1846), S. 72.

194 *Bulling*, Precarium (1846), S. 72.

195 *Bulling*, Precarium (1846), S. 72.

196 *Bulling*, Precarium (1846), S. 73. Dieses Problem ist bereits oben angesprochen worden.

197 Vgl. *Schmidt (von Ilmenau)*, Rezension zu Georg Eduard Schmidt, commodatum und precarium, Kritische Jahrbücher für deutsche Rechtswissenschaft 14 (1843), S. 769–793, 780, Fn. 1; ebenso *Vangerow*, Pandekten, III. Bd., 7. A. (1876), § 691, S. 607.

198 In der Besprechung des Werks merkt *Schmidt (von Ilmenau)* kritisch an, dass sich Bulling mit der »billigenden« Wiedergabe der Ergebnisse begnüge, zu welchen Schmidt selbst in seinem Aufsatz in den Kritischen Jahrbüchern gelangt ist, vgl. Rezension zu Karl Bulling »Das Precarium. Eine römischrechtliche Abhandlung«, Neue Jenaische Allgemeine Literatur-Zeitung 295/296 (1845), S. 1179–1183, 1183. Allerdings schreibt *Bulling*, Precarium, Vorwort S. III, selbst, dass die »Parallele zwischen Precarium und Commodatum deshalb eine so spärliche Berücksichtigung gefunden habe«, weil Schmidt diese Materie in seinem Beitrag zu den Kritischen Jahrbüchern bereits erschöpfend dargestellt habe und ihm »nichts neues zu sagen übrig blieb«, vgl. zu den Ausführungen von Schmidt, Rezension zu Georg Eduard Schmidt, commodatum und precarium, Kritische Jahrbücher für deutsche Rechtswissenschaft 14 (1843), S. 769–793, 786–793.

hingegen nie.[199] Entscheidende Abgrenzungskriterien seien der innere Wille der kontrahierenden Personen und der Zweck der Vereinbarung. Wenn nur eine der beiden Personen gebunden werden soll, und zwar der Entleiher, dann handelt es sich um ein Prekarium. Laut Bulling sind die Quellen diesbezüglich nicht eindeutig und stellen auf den guten Glauben, die sogenannten bona fides, ab.[200] Verabreden die Parteien hingegen einen eindeutigen Zweck, weshalb die Leihe erfolgen soll, so handelt es sich um ein Commodatum.[201]

3. Rechtshistorische und literarische Verortung von Bullings Werk

Abschließend soll Bullings Frühwerk in den rechtshistorischen und literarischen Kontext eingebettet werden. Der Autor betrachtet in seiner Publikation allein das römische Recht, weswegen die Schrift der Pandektenliteratur zuzuordnen ist. Denn als Pandektenliteratur pflegt man jene Schrift zu bezeichnen, die in der zweiten Hälfte des 19. Jahrhunderts von den Anhängern des romanistischen Zweigs der Historischen Schule veröffentlicht wurden. Das Wesensmerkmal dieser wissenschaftlichen Strömung war die Rückbesinnung und Neuauslegung des Corpus Iuris und dabei insbesondere auf die Fallsammlungen, die sogenannten Digesten, auch als Pandekten bezeichnet.[202] Bullings Fokussierung auf das römisch-rechtliche Institut bringt es mit sich, dass keine Analyse der germanischen Landleihe und des Abschnitts über das Prekarium im Preußischen ALR stattfindet.

Einige der Fragen und Probleme, die Bulling umrissen hat, sind bis heute virulent geblieben. So gestaltet sich die Frage immer noch strittig, welchen Ursprung das Institut hat. Es wird die These vertreten, das Prekarium sei aus einer außerjuristischen Übung entstanden, d.h. einer faktischen Gebrauchs-

199 *Bulling*, Precarium (1846), S. 76; damit übereinstimmend *Vangerow*, Pandekten, III. Bd., 7. A. (1876), § 691, S. 607. Das Commodatum ist die im römischen Recht als Contract ausgestaltete Leihe. Die Juristen während der römischen Klassik haben an dem Verständnis des Prekariums als ein rein tatsächliches Verhältnis stringent festgehalten. So erkannten sie beispielsweise bei unbeweglichen Sachen die possessio nur dem Prekaristen zu, dem das Land ohne jegliche inhaltliche Beschränkung verliehen war. In den Fällen von Nutznießung, Wegerecht o.Ä. war der Prekarist bloßer Detentor. Er besaß die Sache folglich ausschließlich für jemand anderen. Der *precario dans* blieb Alleinbesitzer, vgl. dazu *Levy*, Vom römischen Precarium zur germanischen Landleihe, SZ (RA) 66 (1948), S. 1–30, 2.

200 *Bulling*, Precarium (1846), S. 76.

201 *Bulling*, Precarium (1846), S. 77; ebenso bereits *Schmidt (von Ilmenau)*, Rezension zu Georg Eduard Schmidt, commodatum und precarium, Kritische Jahrbücher für deutsche Rechtswissenschaft 14 (1843), S. 769–793, 786.

202 Vgl. *Chelonidis*, Impossibilium nulla est obligatio, ZVglRWiss 101 (2002), S. 501–532, 502.

überlassung ohne verpflichtungsbegründende Wirkung.[203] Auch die Einordnung in das oft formelhafte römische Recht ist mitunter fraglich. So behandelt beispielsweise Kaser das Prekarium im Abschnitt Interdiktenbesitz. Dort heißt es, der Prekarist habe »eine bewegliche oder unbewegliche Sache auf jederzeitigen freien Widerruf des Gebers zum Gebrauch oder zur Nutzung entliehen«.[204] Offenbar ist während dieser Zeit mittels eines Prekariums des Öfteren ein Eigentumsvorbehalt realisiert worden.[205] Die Kaufsache verblieb dann bis zur vollständigen Kaufpreiszahlung im Eigentum des Verkäufers, wurde dem Käufer aber als Prekarium überlassen.[206]

4. Fazit

Bullings Schrift stellt ein Werk dar, das sich mit einer hochspeziellen Rechtsmaterie auseinandersetzt. Selbst bekannte Pandektisten wie Vangerow oder Windscheid haben das Prekarium als sehr eigentümlich definiert.[207] Hier zeigt sich bereits Bullings Fähigkeiten, eine Thematik wissenschaftlich zu durchdringen. Zwar kritisiert die zeitgenössische Rezensionsliteratur einige Unzulänglichkeiten in seiner Monographie, allerdings bleibt zu berücksichtigen, dass es sich um das Werk eines Studenten handelt. Deshalb kann nicht erwartet werden, dass Bullings Arbeit einen derartigen Gesamtüberblick über sämtliche Meinungsstände zum Prekarium liefert, auch wenn diese Schrift als Abschluss- und wissenschaftliche Qualifikationsarbeit konzipiert ist. Deutlich wird Bullings Streben nach wissenschaftlicher Selbstständigkeit. Zudem steht das Werk in der Tradition der Historischen Rechtsschule, da sich Bulling mit der Interpretation und der Auslegung römischen Rechts auseinandersetzt.[208] Dies dürfte der Grund dafür sein, dass Bulling die weitere Entwicklung des Instituts nach der Spätantike nicht näher beleuchtet. Denn als Anhänger dieser Denkschule ist für ihn allein die Interpretation des römischen Rechts maßgebend. Bulling rezipiert sehr stark die Ausführungen Savignys über das Prekarium,

203 So jedenfalls *Biavaschi*, Ricerche sul precarium (2006), S. 347; siehe zu diesem Werk auch die Rezension von *Babusiaux*, SZ (RA) 125 (2008), S. 804–814, 805.

204 *Kaser/Knütel/Lohsse*, Römisches Privatrecht, 21. A. (2017), § 19, S. 123, Rn. 14.

205 *Kaser/Knütel/Lohsse*, Römisches Privatrecht, 21. A. (2017), § 24, S. 148, Rn. 13.

206 *Kaser/Knütel/Lohsse*, Römisches Privatrecht, 21. A. (2017), § 24, S. 148, Rn. 13.

207 *Vangerow*, Lehrbuch der Pandekten, III. Bd., 7. A. (1876), § 691, S. 610, sowie *Windscheid*, Lehrbuch des Pandektenrechts, II. Bd., 5. A. (1879), § 376, S. 427.

208 Zwar haben sich andere Gelehrte bereits vor dem Aufkommen der Historischen Rechtsschule mit der Auslegung und Anwendung des römischen Rechts beschäftigt. Kennzeichnend für einen Anhänger der Historischen Schule ist jedoch die Auseinandersetzung mit der Auslegung des Rechts der Pandekten, wie es sich aus dem Corpus Iuris Civilis ergibt.

die allerdings durch die Pandektenwissenschaft am Ende des 19. Jahrhunderts weitgehend widerlegt wurden.

4. Kapitel: Rechtspolitik und Währungsrecht – Bullings Haltung bezüglich der Wirksamkeit von Goldklauseln

»Die Wirksamkeit der Goldklausel«, Bullings dritte Monographie, erscheint im Jahr 1894 bei Rosenbaum & Hart, der im Zusammenhang mit der »Flut an juristischen Neuerscheinungen« im Zuge der BGB-Kodifikation erwähnt wird.[209] Auf insgesamt 76 Seiten setzt sich Bulling mit der Frage nach der Wirksamkeit von Goldklauseln und mit der sogenannten Bimetallismus-Bewegung auseinander.

I. Reichsgoldwährung, Bimetallismus und Wertsicherungsklauseln

Da der Begriff der »Goldklausel« sowohl aus dem allgemeinen wie auch dem juristischen Sprachgebrauch verschwunden ist, seien ein paar einleitende Worte vorangestellt. Als Goldklausel wurde eine Vereinbarung bezeichnet, nach der der Geldschuldner verpflichtet werden sollte, ein bestimmte Menge oder Art von Gold zu leisten. Goldklauseln sind zum Ausschluss von Silbergeldzahlungen bis zum Beginn des Ersten Weltkriegs vereinbart worden. Der Wille, sich vor Silbergeldzahlungen zu schützen, hatte zwei Gründe. Einerseits drohten Geldwertverluste durch Zahlung mit den noch umlaufenden und weiterhin als unbeschränkte gesetzliche Zahlungsmittel geltenden Silbertalermünzen. Denn in Art. 14 § 2 MünzG war im Jahr 1873 ein Wechselkurs von 3 Mark je Taler festgeschrieben. Obwohl der Silberwarenwert in den folgenden Jahren kontinuierlich fiel,[210] gab es keine Änderung der entsprechenden Norm im Münzgesetz. Andererseits wollten sich insbesondere Banken und Versicherungen vor Geldwertverlusten durch Silbergeldzahlungen sowie vor einem wegen zunehmender

209 Vgl. *Hentschler*, Vermittler des Rechts (2015), S. 186–187.
210 Der tiefste Stand war 1902 erreicht, als eine Silbertalermünze nur noch rund 1,19 Mark wert war, vgl. dazu *Helfferich*, Geschichte der deutschen Geldreform (1898), S. 186.

politischer Agitation der Bimetallisten befürchteten Übergang zur Doppelwährung schützen.

1. Hinkende Goldwährung und die Bimetallismus-Bewegung im Deutschen Kaiserreich

Die währungsrechtliche Situation im geeinten Deutschen Kaiserreich 1871 kann als kompliziert bezeichnet werden. Neben den verschiedenen Landeswährungen, die es zu vereinheitlichen galt, wurde intensiv um die Art der Währungssicherung gerungen. Mit der Reichsgründung entstanden währungspolitische Reformbestrebungen, nachdem im Norddeutschen Bund[211] die Unhaltbarkeit der bestehenden Währungsverhältnisse immer deutlicher geworden war.[212] Die notwendige Rechtsvereinheitlichung ermöglichte über die Geldverhältnisse hinaus eine grundlegende gesetzliche Festlegung und Modernisierung der Wirtschaftsverfassung. Der Norddeutsche Bund und später das Reich machten von den auf sie übergegangenen Gesetzgebungskompetenzen regen Gebrauch. Die liberale Reichstagsmehrheit konnte insbesondere in der Anfangsphase bis zur Gründerkrise und Übergang zur Agrarschutzpolitik, häufig gegen den Widerstand des konservativen Bundesrats, zahlreiche Einzelgesetze wirtschaftsliberaler Prägung durchsetzen.[213]

Die Währungsgesetzgebung des Reichs verdient eine nähere Betrachtung, da nur in Ansehung der einschlägigen Vorschriften ersichtlich wird, warum ein Bedarf nach Goldklauseln bestand. Die Reichswährung trat für das gesamte Reichsgebiet durch kaiserliche Verordnung vom 22. September 1875 am 1. Januar 1876 in Kraft. Das geltende Währungsrecht regelte im Wesentlichen das »Gesetz, betreffend die Ausprägung von Reichsgoldmünzen« (GoldG), das »Gesetz, betreffend die Ausgabe von Reichskassenscheinen« (RKsG) und das »Bankgesetz« (BankG). Federführend hinter diesen Gesetzen stand Bullings Freund Ludwig Bamberger.[214] Durch das GoldG wurde 1871 der Übergang von den Silbergulden- und Talerwährungen der Länder zur einheitlichen Goldmarkwährung im Reich eingeleitet. Es sollten 10 und 20 Mark-Reichsgold-

211 Als Norddeutscher Bund wird die Vereinigung aller deutschen Staaten nördlich des Mains bezeichnet (1866 bis 1871).

212 *Ott*, Geld- und Geldwerttheorien (1998), S. 185.

213 *Ott*, Geld- und Geldwerttheorien (1998), S. 186, Fn. 4, verweist hier beispielsweise auf die Mobilisierung der Arbeitskräfte durch das Freizügigkeitsgesetz und die Gewerbe, Berufs- und Koalitionsfreiheit in der Gewerbeordnung.

214 *Ott*, Geld- und Geldwerttheorien (1998), S. 188; *Weber*, Ludwig Bamberger, S. 142–160, 150–152.

münzen als Kurantmünzen geprägt werden (§§ 1–3 GoldG).[11] Den währungsrechtlichen Status dieser Münzen regelte § 8 GoldG:

»Alle Zahlungen, welche gesetzlich in Silbermünzen der Thalerwährung, der Süddeutschen Währung, der Lübischen oder Hamburgischen Kurantwährung, oder in Thalem Gold Bremer Rechnung zu leisten sind oder geleistet werden dürfen, können in Reichsgoldmünzen dergestalt geleistet werden, daß gerechnet wird (es folgen die einzelnen Umrechnungskurse).«

Die Goldmünzen konnten für alle Zahlungen, die abredegemäß in den bisherigen Landeswährungen geleistet werden sollten, zum gesetzlich festgeschriebenen Wechselkurs mit erfüllender Wirkung verwendet werden. Jeder Geldgläubiger musste nach dieser Vorschrift, vorbehaltlich rechtsgeschäftlicher Abweichungen, die neuen Goldmünzen zur Erfüllung seiner Forderung akzeptieren. Die Goldmarkmünzen galten damit als gesetzliche Zahlungsmittel.

Die bisherigen Landesmünzen wurden aber nicht außer Kurs gesetzt, sondern blieben ebenfalls gesetzliche Zahlmittel. Nach den Motiven zum Bundesratsentwurf des Reichsgoldmünzengesetzes sollte durch § 8 GoldG

»während der Übergangsperiode eine Doppelwährung hergestellt [werden], indem die auf gesetzliche Währung lautenden Zahlungsverpflichtungen nach Wahl des Schuldners sowohl in Reichsgoldmünzen als auch in groben Silbermünzen bisheriger Prägung erfüllt werden können«.[215]

Zwar wurden die bisherigen Silberkurantmünzen der Länder mit den neuen Reichsgoldmünzen für den Zahlungsverkehr gleichgestellt, währungsrechtlich handelte es sich aber nicht um eine neben der Goldwährung gleichberechtigt stehende Silberwährung. Denn zum einen musste nach § 10 GoldG die Neuausprägung von Silberkurantmünzen eingestellt werden. Ferner ermächtigte § 11 Absatz 2 GoldG den Reichskanzler zur Einziehung der bisherigen Silbermünzen der Bundesstaaten. Nach den §§ 10, 11 GoldG, die durch die Anträge von Eduard Lasker und Ludwig Bamberger Eingang in das Gesetz fanden, entstand deshalb keine bimetallistische Doppelwährung.[216] Bis zur Außerkurssetzung der letzten noch laufenden Landesmünzen, den Eintalerstücken, am 27. Juni 1907 wird deshalb von einer »hinkenden Goldwährung« gesprochen.[17] Keinen Zweifel am Übergang zur Goldwährung ließ auch Art. 1 MünzG von 1873: »An die Stelle der in Deutschland geltenden Landeswährungen tritt die Reichsgoldwährung.«

Dazu sah mit Inkrafttreten der Reichswährung Art. 14 MünzG eine Zwangskonvertierung aller Geldschuldverhältnisse auf Reichswährung vor. Nach den

215 Stenographische Berichte des Reichstags 1871, I. Bd. (1873), Anl. 50, S. 127.
216 Zu den Anträgen vgl. Stenographische Berichte des Reichstags 1871, I. Bd. (1873), S. 358–368.

Übergangsvorschriften der Art. 15, 16 MünzG konnte zwar weiterhin in bestimmten Landesmünzen bis zu deren Außerkurssetzung gezahlt werden. Davon abgesehen waren aber gemäß Art. 14 § 1 MünzG alle Zahlungen, welche bis dahin in Münzen einer inländischen Währung zu leisten waren, von nun an in Reichsmünzen zu begleichen. Außerdem musste gemäß Art. 14 § 4 MünzG in allen gerichtlich oder notariell aufgenommenen Urkunden, »welche auf einen Geldbetrag lauteten, dieser Geldbetrag in Reichswährung« ausgedrückt werden.

Es bleibt festzuhalten, dass mit dem GoldG und mit dem MünzG ein vollständiges Reichswährungsmünzsystem auf Grundlage der Kurantgoldmünzen geschaffen wurde. In der Folgezeit verbot der Bundesrat zudem auf Grundlage des Art. 13 MünzG den Umlauf verschiedener ausländischer Geldstücke. Gemäß Art. 18 MünzG durften ab dem 1. Januar 1876 des Weiteren nur noch auf Reichswährung lautende Banknoten ausgegeben werden. Das staatliche Landespapiergeld wurde vollständig eingezogen, und die Ausgabe von Banknoten wurde de facto zentralisiert. Denn nach den Bestimmungen des BankG behielten die Länder theoretisch zwar das Recht zur Ausgabe von Geldscheinen, aber wie beschrieben waren nur Mark-Noten und Mark-Münzen gültiges Zahlungsmittel. Die Preußische Bank, die auch bisher schon die meisten Banknoten ausgegeben hatte, wurde zur Reichsbank umgewandelt und faktisch als deutsche Zentralbank etabliert. Mit all diesen Maßnahmen sollte es in Deutschland endlich gelingen, einen homogenen Geldumlauf zu etablieren.[217]

Das Deutsche Kaiserreich ging als erstes Land nach England, das bereits im Jahr 1816 den Wechsel vollzogen hatte, zur Goldwährung über. Aus der internationalen Perspektive entschied sich der deutsche Währungsgesetzgeber damit gegen das Doppelwährungsprinzip Frankreichs.[218] Innerhalb Deutschlands setzte sich so das Interesse der Industrie durch, den freien Kapitalverkehr durch eine stabile Goldwährung international zu fördern. Dies geschah, entgegen den Befürchtungen der Agrarier, ohne eine wechselkursschwache Silberdoppelwährung auf dem Weltmarkt nicht konkurrenzfähig anbieten zu können. Im inländischen Verkehr wollte die hoch verschuldete Landwirtschaft durch weniger wertvolles Geld dem anhaltenden Preisrückgang für ihre Agrarprodukte

217 *Ott*, Geld- und Geldwerttheorien (1998), S. 190, 195.

218 Später führten die Niederlande (1874) und die skandinavischen Länder (1878) Goldwährungen ein. Wegen des Wertverfalls des Silbers seit 1873 stellten auch die USA (1879), Österreich-Ungarn (1892), Russland, Japan und Indien ihre Silberkurantprägungen ein und gingen zur »hinkenden« Goldwährung über. Bereits 1885 hatten die Mitglieder der Lateinischen Münzunion diesen Schritt vollzogen. Die Lateinische Münzunion (eine Währungsunion zwischen Frankreich, Belgien, Italien, Schweiz, Spanien, Griechenland, Rumänien, Österreich-Ungarn, Bulgarien, Serbien, Montenegro und Venezuela) bestand von 1865 bis 1926 mit einem bimetallistischen Währungssystem. Einen guten Überblick zum schrittweisen Wechsel zum Goldstandard im internationalen Kontext gibt *Helfferich*, Zur Geschichte der Goldwährung (1898), S. 6–20.

seit Mitte der 70er-Jahre des 19. Jahrhunderts entgegentreten.[219] Wie gesehen blieb sie damit aber auf währungsgesetzlicher Ebene letztlich erfolglos.[220]

Gegen die Fokussierung auf den Goldstandard richtete sich die sogenannte Bimetallismus-Bewegung, in der sich einige Vertreter der Landwirtschaft engagierten. Als Bimetallismus wird ein Währungssystem bezeichnet, dessen Einheiten sowohl auf Kurantmünzen aus Gold als auch auf solchen aus Silber basieren. Da das Geld an den Wert zweier Edelmetalle zugleich gebunden ist, wird damit deren Wechselverhältnis fixiert. Eine bimetallistische Währung wird aufgrund der doppelten Metallbindung auch als Doppelwährung bezeichnet. Der Bimetallismus erlangte in den 80er-Jahren große Popularität, da viele Agrarier sich von einer bimetallistischen Währung eine Besserung der ungünstigen Lage der Landwirtschaft erhofften.[221] Sie argumentierten, dass gleichzeitig mit dem Verfall der Silberpreise seit den 70er-Jahren des 19. Jahrhunderts ein Steigerung des Goldwerts eingetreten sei. Dies wollten sie belegen, indem sie auf den Preisrückgang einer Reihe wichtiger Produkte hinwiesen.[222] Die juristische Argumentation der Bimetallisten lässt sich gut bei Helfferich nachvollziehen:

> »Eine grosse Anzahl von Zahlungsverträgen, namentlich von landwirtschaftlichen Hypotheken, stamme bereits aus der Zeit vor der deutschen Münzreform, sei also ursprünglich auf Silberwährung gestellt gewesen. Durch die deutsche Münzreform seien die Schuldner genötigt worden, für je 15 ½ Pfund Silber ein Pfund Gold zu zahlen, sowohl bei der Zinszahlung als bei der Rückzahlung des Kapitals. Da aber jetzt 15 ½ Pfund Silber nur soviel wert seien wie ½ Pfund Gold, seien diese ursprünglichen Silberschulden zu Ungunsten der Schuldner ihrem Werte nach genau verdoppelt worden. Es sei Pflicht der Gesetzgebung, dieses alte Unrecht wieder gut zu machen und den Schuldnern wieder zu gestatten, in dem ursprünglich bedungenen Silber zu zahlen.«[223]

219 *Henning*, Deutsche Wirtschafts- und Sozialgeschichte im 19. Jahrhundert, II. Bd. (1996), S. 1015.

220 *Ott*, Geld- und Geldwerttheorien (1998), S. 198. Stattdessen wurde seit 1880 durch Einfuhrzölle versucht, das inländische Preisniveau für Agrarprodukte über dem Weltmarktpreise halten.

221 *Helfferich*, Die juristische Seite der Währungsfrage, DJZ 1896, S. 173–176, 174. Siehe dazu außerdem *Midas*, Die Goldklausel im Währungsverfall (1924), S. 14–16, und *Formel*, Die Goldklausel bei Währungsschwankungen (1949), S. 5, 9.

222 *Helfferich*, Die juristische Seite der Währungsfrage, DJZ 1896, S. 173–176, 173.

223 *Helfferich*, Die juristische Seite der Währungsfrage, DJZ 1896, S. 173–176, 174. Diesbezüglich betont der Autor, dass die juristischen Argumente im Währungsstreit »meist von zweifelhaftem Werte sind«. Aus den Reihen der Privatrechtswissenschaft ergriff nur Gustav Hartmann, der als Professor an verschiedenen Universitäten in der Schweiz und in Deutschland gelehrt hatte, Partei für die Bimetallisten, vgl. *Hartmann*, Internationale Geldschulden, AcP 15 (1882), S. 147–229; zum Bimetallismus im Deutschen Kaiserreich siehe insbesondere S. 217–229.

In der herrschenden juristischen Lehre sind diese Argumente, insbesondere von der Pandektistik, abgelehnt worden, weil sie auf »einer völligen Verkennung des Wesens des Geldes beruhten«. Die Bimetallisten würden das Währungsmetall mit dem Geld selbst verwechseln. In jeder metallbasierten Nominalwährung lauten Geldschulden nicht auf das Metall selbst, sondern auf Geld, das in seinem Wert bzw. seiner Kaufkraft zwar von dem Wert des Metalls abhängt, aber »das Geld als juristische Grösse ruht seinem Wesen nach nicht gerade auf dieser individuellen Metallart«. Es »steht und fällt nicht« mit einer Metallart, sondern kann sich »von ihr ablösen und als rechtlich identische Grösse« fortbestehen.[224]

Den Bimetallisten gelang es, für ihre Bewegung eine Reihe Gelehrter zu gewinnen. Einer der bekanntesten Vertreter der Bimetallismus-Bewegung war Otto Arendt (1854–1936), der in Leipzig und Freiburg Rechts- und Staatswissenschaften studiert hatte. Er wandte sich unter der Anleitung seines damaligen Professors der Nationalökonomie in Freiburg, Wilhelm Lexis, der Währungsfrage zu. Arendt wurde in der Folge »zu einem leidenschaftlichen und unermüdlichen Agitator des Bimetallismus«.[225] Durch seine Schrift »Die vertragsmäßige Doppelwährung« fand er bereits im Jahr 1880 Anschluss an die Bewegung für Bimetallismus. Im Streit zwischen den Anhängern einer Gold- oder Silberwährung trat Arendt für eine Doppelwährung auf Gold- und Silberbasis ein. Da aber jede nationale Doppelwährung gefährdet ist durch das Schwanken der Gold- und Silberpreise auf dem Weltmarkt, befürwortete Arendt eine allgemeine, auf internationalen Verträgen begründete und durch einen Weltmünzbund kontrollierte Welt-Doppelwährung. Er meinte, der Bimetallismus biete die absolute Sicherheit gegen jede künftige Wertschwankung.[226] Im Jahr 1882 wurde Arendt Mitbegründer des »Deutschen Vereins für internationale Doppelwährung«. Ab 1885 gehörte er dem preußischen Abgeordnetenhaus und ab 1898 dem Reichstag als Mitglied der Reichspartei an. Zudem gab er zwischen 1888 und 1898 die Zeitung »Deutsches Wochenblatt« heraus. Arendt darf aufgrund seiner finanzwissenschaftlichen Schriften als Hauptvertreter der bimetallistischen Theorie in Deutschland gelten.[227] Er ist es auch, der in einem Artikel im Deutschen Wochenblatt die Wirksamkeit von Goldklauseln kritisch hinterfragt, denn diese sollten die Erfüllung von Geldschulden durch Silbergeldzah-

224 *Helfferich*, Die juristische Seite der Währungsfrage, DJZ 1896, S. 173–176, 174 mit Bezug auf *Hartmann*, Ueber den rechtlichen Begriff des Geldes (1868), S. 28.

225 *Gelesnoff*, Grundzüge der Volkswirtschaftslehre, 2. A. (1928), S. 280.

226 *Baxa*, Art. Arendt, Otto, in: Stolberg-Wernigerode (Hg.), Neue deutsche Biographie, I. Bd. (1953), S. 345.

227 *Helfferich*, Zur Geschichte der Goldwährung, S. 21; ebenso *Baxa*, Art. Arendt, Otto, in: Stolberg-Wernigerode (Hg.), Neue deutsche Biographie, I. Bd. (1953), S. 345. Die ökonomischen Hintergründe des Bimetallismus können hier nicht besprochen werden. Vgl. dazu *Gelesnoff*, Grundzüge der Volkswirtschaftslehre, 2. A. (1928), S. 279–281.

lung ausschließen, was das Kernziel der Bimetallismus-Bewegung konterkarierte.

Der Bimetallismus-Bewegung war kein großer Erfolg beschieden. Ihre Petitionen scheiterten im Reichstag.[228] Jedoch führte die Agitation bei einem Teil der Bevölkerung zu Furcht vor der Doppelwährung, weil der Silberwert gerade im Vergleich zum Goldwert im Laufe des 19. Jahrhunderts massiv gesunken war. Verwerfungen zwischen dem Wert des »Goldgeldes« und jenem des »Silbergeldes« schienen daher unvermeidlich. Insbesondere Banken und Versicherungen neigten deshalb gegen Ende des 19. Jahrhunderts dazu, Wertsicherungsabreden wie die Goldklausel abzuschließen.

Bei der Verwendung von Goldklauseln spielte noch ein weiterer Gesichtspunkt eine Rolle: mögliche künftige Geldwertveränderungen. Dieses Problem ist in den Reichstagsverhandlungen unberücksichtigt geblieben. In der Privatrechtswissenschaft wurde zum Teil vertreten, dass der Staat die Pflicht habe, »dafür Sorge zu tragen, dass der Wert seines Geldes und mithin der in seinem Gelde ausgedrückten Forderungen ein möglichst konstanter bleibe«, er also für Geldwertstabilität zu sorgen habe.[229] Das Prinzip der Wertkonstanz des Geldes müsse daher für die Währungspolitik ausschlaggebend sein. Gleichwohl sei es für den Gesetzgeber »unmöglich, eine völlige Wertkonstanz des Geldes zu erreichen«.[230] Denn jedes Wirtschaftsgut unterliege den Schwankungen der Produktions- und Marktverhältnissen, so auch der Wert der Edelmetalle. Daher könne man zwar logisch notwendige Wirkungen und Begleiterscheinungen aus den Geldwertschwankungen ziehen. Verhindern ließen sie sich jedoch nicht, schon gar nicht durch Gesetzgebung.[231]

Es ist daher kein Wunder, dass die Münzgesetze darüber keine Bestimmungen enthielten. Der Gestaltungsspielraum des Privatrechts, das Geldschuldverhältnis in Bezug auf Geldwertänderungen zu regeln, wurde durch die Währungsgesetze nicht eingeschränkt. Die Reichswährungsgesetze umfassten im Hinblick auf den privatrechtlichen Zahlungswert des Geldes keine weiterreichenden Regelungen oder einen erkennbaren Willen der Gesetzgeber wie etwa das Preußische Münzgesetz von 1821 oder die Münzverträge im Deutschen Bund. Hier wie dort wurden lediglich gesetzliche Zahlungsmittel und deren Nennwerte bestimmt.

---

228 Allein im Jahr 1886 waren im Reichstag 1161 Petitionen zugunsten des Bimetallismus eingegangen, darunter 800 von landwirtschaftlichen Verbänden, vgl. *Gelesnoff*, Grundzüge der Volkswirtschaftslehre, 2. A. (1928), S. 280.

229 *Helfferich*, Die juristische Seite der Währungsfrage, DJZ 1896, S. 173–176, 175; ebenso *Hartmann*, Internationale Geldschulden, AcP 15 (1882), S. 147–229, 204. Zu der Frage, ob das Recht Geldwertschwankungen vorzubeugen habe, siehe *Gruber*, Geldwertschwankungen (2002), S. 58–72, der einen Überblick über die Antworten verschiedener Privatrechtswissenschaftler auf diese Frage seit dem 19. Jahrhundert gibt.

230 *Helfferich*, Die juristische Seite der Währungsfrage, DJZ 1896, S. 173–176, 175.

231 *Helfferich*, Die juristische Seite der Währungsfrage, DJZ 1896, S. 173–176, 175.

Allerdings hatten sich die Rahmenbedingungen für das Privatrecht durch die reichseinheitliche Ausgestaltung des Geldwesens und die Herstellung eines homogenen Geldumlaufs im deutschen Staatsgebiet erheblich verändert. Für die Nennwertgeltung im privatrechtlichen Zahlungsverkehr wurde vom Reichsgesetzgeber künftige Geldwertstabilität vorausgesetzt. Wie bereits erläutert, enthielten die Währungsgesetze bezüglich unerwartet eintretender Geldwertveränderungen keine Vorschriften.

Der Gesetzgeber wollte das Problem von Geldwertverschlechterungen durch eine stabile Geldordnung überwinden und nicht die privatrechtliche Handhabung von Wertänderungen regeln.[232] So äußerte der preußische Finanzminister von Camphausen im Reichstag, dass die Wertverhältnisse nun einmalig festgelegt seien und er davon ausgehe, »die Zukunft sich selbst zu überlassen«.[233] Künftig sollte über die Goldwertanbindung des Geldes Geldwertstabilität bestehen, Wechselkurs- und Kaufkraftstabilität sollte der sogenannte Goldwährungsmechanismus gewährleisten.[234] Es wird deutlich, dass Fragen der Geldwertveränderungen nicht als Problem des privatrechtlichen Zahlungsverkehrs in das Bewusstsein des Währungsgesetzgebers gelangten.

2. Die Wirksamkeit von Wertsicherungsklauseln

Die Frage nach der Wirksamkeit von Wertsicherungsvereinbarungen wie der Goldklausel war daher keineswegs nur von theoretischer Bedeutung. So fand sie bereits in der ersten Hälfte des 19. Jahrhunderts praktische Anwendung bei Pacht- und Mietverträgen[235]sowie im Hypothekenwesen ab den 70er-Jahren des 19. Jahrhunderts.[236] Die Goldklausel war in drei Variationen als Goldmünzenklausel, Goldwertklausel und Goldmetallklausel denkbar. Eine Goldmünzklausel legt fest, dass die Geldschuld ausschließlich in Goldmünzen zu begleichen ist. Eine Goldwertklausel bestimmt die Höhe einer in Banknoten zu erfüllenden Schuld, indem sie zwischen Goldmenge und Feingehalt einerseits und Währungseinheit andererseits eine Relation festsetzt.[237] Und durch eine Goldmetallklausel sollte der Geldschuldner verpflichtet werden, die Zahlung in einem bestimmten Goldfeingewicht zu leisten. Dabei wurde die Übereignung einer bestimmten Art von Geldstücken vereinbart und nicht in einer Summe nicht

232 *Ott*, Geld- und Geldwerttheorien (1998), S. 195.
233 Stenographische Berichte des Reichstags 1871, I. Bd. (1873), S. 233.
234 Zum Goldwährungsmechanismus, vgl. *Ott*, Geld- und Geldwerttheorien (1998), S. 199–204.
235 *Nußbaum*, Das Geld in Theorie und Praxis des deutschen und ausländischen Rechts (1925), S. 164.
236 *Nußbaum*, Vertraglicher Schutz gegen Schwankungen des Geldwertes (1928), S. 14–38.
237 *Gutzwiller*, Vertragliche Abreden zur Sicherung des Geldwerts (1972), S. 18 Rn. 28.

spezifizierten Geldes. Das Geld wurde dann nicht als Wertvermittler, sondern ausschließlich als Sache gesehen und war nur als solche Vertragsgegenstand. Dabei handelt es sich um das sogenannte Nennwertprinzip.

Im Einzelnen einigten sich die Parteien im Rahmen einer Goldmetallklausel entweder über eine Geldsorten- oder eine Geldstückschuld, in der die Zahlung in Goldfeingewicht zu leisten war.[238] Bei der Geldsortenschuld handelt es sich um eine gewöhnliche Gattungsschuld, d.h., es sind Münzen einer bestimmten Sorte mittlerer Art und Güte, vor allem nach ihrem Edelmetallfeingehalt, zu zahlen. Das Gegenteil dazu bildet die Geldstückschuld, die auf Zahlung konkret bestimmten Geldstücken gerichtet ist. Die gebräuchlichste Form der Wertsicherung im ausgehenden 19. Jahrhundert war die Vereinbarung einer sogenannten unechten Geldsortenschuld durch eine Goldmünzenklausel. Bei diesen wurde ausdrücklich Zahlung in Reichsgoldmünzen ausbedungen, wie eine zeitgenössische Entscheidung des Reichsgericht zeigt: »Alle Barzahlungen müssen in deutscher Reichswährung und unter allen Umständen in Gold geschehen«.[239] Die Bestimmung der Münzsorte stellte hierbei nur eine Nebenabrede zu einer Geldsummenvereinbarung, also der eigentlichen Geldschuld, dar.[240] Wie auch bei der echten Geldsortenschuld waren aber Münzen aus der bestimmten Sorte zu leisten.

Der Drang, solche Wertsicherungsvereinbarungen abzuschließen, beruhte auf der Erinnerung an Geldentwertungen im 18. und zu Beginn des 19. Jahrhunderts. Als Beispiele werden im Schrifttum das sogenannte Assignatenwesen in der französischen Revolution,[241] die Entwertung der preußischen Groschen und der preußischen Tresorscheine nach 1806 oder der österreichischen Bankzettel um die Wende zum 19. Jahrhundert angeführt.[242] Diese Beispiele

---

238 Näher dazu *Ott*, Geld- und Geldwerttheorien (1998), S. 232, der wiederum auf die Pandektenliteratur Bezug nimmt, und zwar auf *Dernburg*, Preußisches Privatrecht (1896), S. 79, und *ders.*, Pandekten, II. Bd. (1900), S. 76–77. Laut *Reinhuber*, Grundbegriffe und internationaler Anwendungsbereich von Währungsrecht (1995), S. 117, kamen diese Klausel nur selten vor. Diese Aussage darf in Anbetracht der Furcht vor einem weiteren Wertverlust des Silbergeldes bezweifelt werden, vgl. dazu *Merfeld*, Die Goldklausel bei Hypotheken und Grundschulden, Beiträge zur Erläuterung des deutschen Rechts (1895), S. 574–601, 574, sowie *Epstein*, Rezension zu Heinz Gollwitzer: Die Gelbe Gefahr. Geschichte eines Schlagworts, Historische Zeitschrift 198 (1964), S. 145–147, 147.

239 RGZ 50, 145 (146).

240 Die eigentliche Geldschuld bestand für den Schuldner darin, dem Gläubiger das in der Schuldsumme ausgedrückte Wertquantum zu verschaffen, vgl. *Ott*, Geld- und Geldwerttheorien (1998), S. 232, Fn. 199; mit Verweis auf den damals führenden Kommentar zum BGB von Gottlieb Planck, *Planck/Silber*, 2. A. (1901), Vor §§ 244, 245, Anm. 2.

241 Zum Assignatenwesen vgl. Schiebe (Hg.), Universal-Lexikon der Handelswissenschaften, I. Bd. (1837), S. 103–104.

242 *Caemmerer*, Wertsicherungs- und Valutaklauseln, in: Leser (Hg.) Gesammelte Schriften, II. Bd. (1968), S. 310–329, 312. Dazu auch *Baasch*, Die Handelskammer zu Hamburg 1665–1915, II. Bd. (1915), 1. Abt., S. 342–362, der einen guten Überblick über das Münzwesen um die Mitte des 19. Jahrhunderts in Hamburg gibt.

lassen sich auf einen gemeinsamen Nenner zurückführen: Banknoten und Scheidemünzen wurden von den einzelnen Territorien vermehrt ausgegeben. Gleichzeitig blieb das Silbergeld allgemeine Währung. Die vermehrte Ausgabe der Noten und Münzen führte daher zu einem Kursverlust derselben gegenüber dem Silberwert. Dabei wurde dann vielfach der Versuch unternommen, einen Zwangsumtauschkurs für diese Scheidemünzen oder Banknoten zu etablieren. Da sich diese Kurse aufgrund der deutschen Kleinstaaterei aber allein auf das jeweilige Territorium bezogen, konnte nicht verhindert werden, dass für den Wirtschaftsverkehr das Silber- und Goldgeld als Rechenwährung entscheidend blieb. Folglich versuchten sich die Gläubiger gegen eine Rückzahlung in entwerteten Zahlungsmitteln zu sichern, indem sie mit dem Schuldner Rückzahlung in Goldmünzen oder in Silbercourant vereinbarten.[243] Hinter der Goldmünzklausel standen also die erlebten Geldentwertungen des 18. und 19. Jahrhunderts. Sie sollte gegen die Entwertung des Papiergeldes schützen.[244] Diese Goldmünzklauseln waren dementsprechend nicht nur als Sortenklausel, sondern gleichzeitig als Wertsicherungsklauseln gemeint, sodass, wenn entsprechende Goldmünzen nicht verfügbar waren, doch jedenfalls der jeweilige Goldgegenwert zu zahlen war.[245]

Mit dem Ziel aller dieser Vereinbarungen, einen befürchteten Geldwertverlust durch Silberzahlungen bei einem Übergang zur Doppelwährung auszuschließen, wurde ihre Wirksamkeit vor allem von den Bimetallisten in Zweifel gezogen. Wie bereits gezeigt, war ihr Wortführer der konservative Reichstagsabgeordnete Otto Arendt, der in einem Artikel aus dem Jahr 1894 in dem von ihm selbst herausgegebenen Deutschen Wochenblatt die Wirksamkeit der Goldklauseln negierte. Bullings Schrift ist die Gegendarstellung zu diesem Artikel.

II. Bullings These von der Wirksamkeit der Klauseln

Bulling sieht in seiner Schrift »Die Wirksamkeit der Goldklausel« solche Wertsicherungsabreden als uneingeschränkt wirksam an und legt seiner Beweisführung folgende Definition der Klausel zugrunde: »Die Beredung, daß der

243 Caemmerer verweist hier auf die Bestimmung I. Theil 11. Abschnitt § 778 ALR: »Das Capital muß in derjenigen Münzsorte, in welcher es gegeben worden, zurückbezahlt werden.« Dieselbe Norm zitiert auch Bulling, worauf an anderer Stelle noch zurückzukommen ist.

244 *Caemmerer*, Wertsicherungs- und Valutaklauseln, in: Leser (Hg.), Gesammelte Schriften, II. Bd. (1915), S. 310–329, 312, sieht hier eine Parallele zu den USA, wo dieselben Erfahrungen während des Bürgerkriegs gemacht wurden.

245 *Caemmerer*, Wertsicherungs- und Valutaklauseln, Leser (Hg.), Gesammelte Schriften, II. Bd. (1915), S. 310–329, 313.

Schuldner die Zahlungsverbindlichkeit in Gold berichtigen soll, sei es, daß sie selbst schon auf Gold lautet, oder daß sie bloß generell Reichswährung oder Mark angiebt.«[246]

Die Vereinbarung diene dazu, sich für den Fall abzusichern, dass eine Doppelwährung eingeführt werde. Eine Goldklausel diene aber gerade nicht dazu, »sich Rückzahlung in Gold schon während der bestehenden hinkenden Währung zu sichern«.[247] Im Folgenden beschreibt der Autor das Ziel einer Goldklausel: »Sie will verhindern, daß der Gläubiger genöthigt sein könnte, auf seine Forderung Silber anzunehmen, und dann in der Lage wäre, für das erhaltene Silber nicht so viel Gold kaufen zu können, wie er zu fordern hat.«[248]

Dahinter steht die Frage, welche Befürchtungen mit einer Münzreform verbunden waren. Diese definiert Bulling als Angst davor, dass gleichzeitig mit der Einführung neuer Münzen gesetzlich bestimmt wird, dass auf bisherige Goldforderungen auch Silber geleistet werden könne. Im Rahmen einer Goldklausel müsse der Vertragspartner daher »auch wenn ein solches Gesetz erlassen wird, zahle ich dir doch Gold« versprechen.[249]

Es sei eine Darlehensforderung daher ungeachtet etwaiger Gesetze wie vereinbart zu begleichen. Bulling macht hierbei deutlich, dass eine Goldklausel den Schuldner gerade nicht dazu verpflichte, »in einer noch unbekannten Münze zu zahlen«. Eine richtige Goldklausel liege erst dann vor, wenn die Abrede den Schuldner dazu verpflichte, die Schuld in Goldmünzen der »jetzigen Goldwährung« zu begleichen. Denn es verstehe sich »von selbst«, dass der Schuldner im Fall einer Währungsreform ebenso viel Gold in der neuen Währung zu zahlen habe, wie er vertragsmäßig schulde.

Das Kernproblem bestehe bei Goldklauseln aber laut Bulling ohnehin nicht in der Frage nach ihrem Inhalt, sondern in der Frage nach ihrer Wirksamkeit. Das entscheidende Kriterium bildet für ihn die Rechtssicherheit. Denn aus der Sicht des Gläubigers reiche die bloße Möglichkeit oder Wahrscheinlichkeit nicht aus, sich vor Gericht erfolgreich auf die Klausel berufen zu können. Er brauche dieselbe Sicherheit wie in den Fällen, in denen er darauf vertrauen kann, dass die Gerichte einen Miet-, Kauf- oder Darlehensvertrag für wirksam erklären. Bulling positioniert sich als Befürworter der Goldklausel, indem er meint, dass die Abrede eine solche Rechtssicherheit gewährte. Diese Schrift »Die Wirksamkeit

246 *Bulling*, Goldklausel (1894), S. 3.

247 *Bulling*, Goldklausel (1894), S. 3. In der zeitgenössischen Privatrechtswissenschaft wird diese Aussage kritisiert, da es sich um eine Selbstverständlichkeit handele, vgl. *Merfeld*, Die Goldklausel bei Hypotheken und Grundschulden, Beiträge zur Erläuterung des deutschen Rechts 1895, S. 574–601, 577; *Hartmann*, Zur Kritik der Goldklausel, Deutsches Wochenblatt 7 (1894), S. 422–425, 422. Auf diese Kritik ist an anderer Stelle noch zurückzukommen.

248 *Bulling*, Goldklausel (1894), S. 4.

249 *Bulling*, Goldklausel (1894), S. 5.

der Goldklausel« dient Bulling daneben als Replik auf einen Artikel des Publizisten und Politikers Otto Arendt (1854–1936), der im Februar des Jahres 1894 im Deutschen Wochenblatt[250] postuliert hatte, dass die Goldklausel rechtlich wirkungslos sei. Jedenfalls könne »sie doch niemals den Erfolg haben, den man sich von ihr verspreche«.[251] Arendt vertrat die Meinung, dass sich Gold und Silber bei Einführung der sogenannten Doppelwährung immer in dem gesetzlich bestimmten Verhältnis bewegen würden. Bulling will mit seiner Schrift nachweisen, dass die Annahmen der Bimetallisten unzutreffend sind. Dazu führt er zunächst an, dass eine »70 jährige Erfahrung« gegen die Annahme spreche, wonach »Gold und Silber immer das gesetzliche bestimmte Verhältniß innehalten« würden.[252] Die Erwägungen Arendts würden lediglich eine Wahrscheinlichkeitsrechnung darstellen.

Die Diskussionen zwischen Befürworter und Kritiker wurden geradezu polemisch geführt. So bezichtigte beispielsweise Arendt die Gegner der Doppelwährung der »Angstmacherei«. Dagegen kritisierte wiederum Bulling an der Bimetallismus-Bewegung, dass man »neu entdeckten Theorien nicht eher Vertrauen schenken« dürfe »als bis die Erfahrung sie bestätigt hat, vor allem nicht auf die Versicherung des Entdeckers hin, der für die Erzeugnisse seines Verstandes stets eine gewisse natürliche Nachsicht haben wird«.[253]

Bullings Schrift dient also zwei Zielen: Einmal soll sie die Wirksamkeit einer Goldklausel beweisen und zum anderen Stellung gegen die Bimetallismus-Bewegung beziehen. Daher setzt er sich mit zwei Problemkreisen auseinander. Zunächst wirft er die Frage auf, ob die Goldklausel nach Einführung der Doppelwährung den Schuldner zur Zahlung von Gold verpflichte. Weiterhin bezieht er Stellung in dem Streit, ob ein Urteil zur Zahlung von Gold auch vollstreckbar sei.

1. Verpflichtung zur Goldzahlung bei Einführung einer Doppelwährung

Mit Bezug auf die Frage, ob die Goldklausel nach Einführung der Doppelwährung die Verpflichtung zur Goldzahlung erzeuge, opponiert Bulling gegen eine Rede Arendts im preußischen Abgeordnetenhaus vom 15. Februar 1894. In dieser stellt Arendt fest, dass die Eintragung einer Goldklausel unzulässig, die Klausel »selbst aber auch rechtlich und thatsächlich wirkungslos« sei. Sowohl Arendts Rede als auch dessen Beitrag im Deutschen Wochenblatt nimmt wie-

250 Das Blatt galt als Sprachrohr der freikonservativen Partei, da Arendt zwischen 1888 und 1898 der Herausgeber der Zeitung war.

251 *Bulling*, Goldklausel (1894), S. 6.

252 *Bulling*, Goldklausel (1894), S. 6.

253 *Bulling*, Goldklausel (1894), S. 7–8.

derum auf zwei Entscheidungen des Kammergerichts Berlin Bezug, nämlich die Beschlüsse vom 11. Juli 1887 und 27. April 1889.[254] Bulling weist darauf hin, dass beide Entscheidungen »im Wege der Beschwerde durch Beschluß, also nicht durch Urtheil« ergangen seien. Damit will er zeigen, dass im Prozess zunächst ein anders geartetes Urteil ergangen war, gegen das Beschwerde erhoben wurde. Denn als sofortige Beschwerde wird im Zivilprozess ein gerichtliches Rechtsmittel bezeichnet, dass in erster Instanz eingelegt werden kann, wenn ein das Verfahren betreffender Antrag zurückgewiesen wurde, über den ohne mündliche Verhandlung hätte entschieden werden können, oder wenn das Gesetz die sofortige Beschwerde als Rechtsmittel ausdrücklich zulässt. Arendt schreibt, dass der Beschluss vom 11. Juli 1887 die Ablehnung des Gerichts illustriere, Goldklauseln zuzulassen. Auch mit Blick auf Bullings Vorgehensweise, der die Beschlüsse im Wortlaut wiedergibt, sollen diese hier nun einer näheren Untersuchung unterzogen werden.

In der Entscheidung vom 11. Juli 1887 ist einer Versicherungsgesellschaft eine Hypothek abgetreten worden. Die Rückzahlungsmodalitäten sahen, dass

> »die Verzinsung und Rückzahlung des Kapitals auf Verlangen der Germania in deutschen Reichsgoldmünzen geleistet werden muß und die Germania Zahlungen in Silbergeld oder anderen Werthen, welche nach zur Zeit bestehenden oder etwa später in Kraft tretenden Gesetzen an Stelle der Reichsgoldmünzen geleistet werden können, anzunehmen nicht verpflichtet ist«.[255]

Mit anderen Worten hatte die Versicherungsgesellschaft also per Vertrag (und im Übrigen per Hypothek über das Grundbuch abgesichert) vereinbart, dass die Rückzahlung eines Kredits auf Verlangen der Gesellschaft in deutschen Reichsgoldmünzen geleistet werden muss. Weiterhin behielt sich die Versicherung vor, die Rückzahlung des Darlehens in allen anderen Werten als Reichsgoldmünzen abzulehnen. Die Vorinstanzen kritisierten, dass die Eintragung der Goldklausel zu einer Mehrbelastung des Gläubigers führe, da das Wertverhältnis der Reichsgoldmünzen zu anderen, insbesondere künftigen Währungen, unmöglich festzustellen sei. Dabei hatten diese Instanzen allein den negativ for-

254 Nur am Rande sei bemerkt, dass Bulling bezüglich der Rede Arendts auf einen Fehler in den stenografischen Berichten hinweist. In der parlamentarischen Debatte zwischen dem preußischen Justizminister und Arendt hatte letzterer sowohl auf die Entscheidung aus dem Jahr 1887 als auch auf jenen Beschluss aus dem Jahr 1889 Bezug genommen. Die stenografischen Berichte geben jedoch das Zitat Arendts aus dem Beschluss des Jahres 1887 fehlerhaft als Teil der Entscheidung aus dem Jahr 1889 wieder. Hervorzuheben ist hierbei, dass Bulling in diesem Zusammenhang auch die Zeitungsberichte der Tagespresse konsultierte, die entgegen den stenografischen Berichten die korrekte Entscheidung aus 1887 wiedergeben. *Bulling* zitiert die »Die Post« Nr. 46 von 1894 und die »National-Zeitung« Nr. 106 von 1894, vgl. Goldklausel, S. 12–13.

255 Beschluss des KG Berlin vom 11.7.1887, abgedruckt in: Johow (Hg.), Jahrbuch für Entscheidungen des Kammergerichts, 7. Bd. 1887–1888, S. 117–120, 118.

mulierten letzten Halbsatz der Klausel ins Auge gefasst. Sie verpflichteten die Parteien des Rechtsstreits, folgende Klausel unter Zession der Hypothek an die Versicherung in das Grundbuch einzutragen: »Die Verzinsung und Rückzahlung des Kapitals muß auf Verlangen der Gläubigerin in deutschen Reichsgoldmünzen geleistet werden.«[256] Die Beschwerde der Versicherungsgesellschaft richtete sich nun darauf, auch den letzten, negativ formulierten Halbsatz der obigen Klausel (»welche [...] verpflichtet ist«) einzutragen.

Auf diesen Antrag bestätigte das Kammergericht noch einmal, dass die Hypothek allein auf Reichswährung lautend eingetragen worden war, d.h. Zahlungen auf die Hypothek konnten nur in der geltenden Reichsgoldwährung mit Erfüllungswirkung geleistet werden. Allerdings hob das Gericht nun hervor, dass unabsehbar sei, wie sich die Höhe dieses Anspruchs entwickeln würde, wenn die Klausel auch gegen später in Kraft tretende Zahlungsmittel geltend gemacht würde. »Derartige Eventualitäten« gingen über die Grenze der Grundbuchgesetzgebung sowie des bestehenden Reichsrechts hinaus. Weder das spezielle Grundbuchrecht noch ein anderes Reichsrecht könnten eine Antwort auf diese Frage geben. Denn das bestehende Recht könne unmöglich die Tilgung älterer Verbindlichkeiten mit Zahlungsmitteln regeln, die erst zukünftig eventuell eingeführt würden.

Deshalb nahm das Kammergericht auch Anstoß an der negativen Formulierung des letzten Halbsatzes. Dadurch werde nur erreicht, die Geltung künftiger Gesetze für die Beteiligten auszuschließen. Derartige Formulierungen, »deren Tragweite positiv in keiner Weise festzustellen ist, sind dem Grundbuche fern zu halten«. Denn Grundbucheintragungen sollten nach dem Grundsatz der Einfachheit und Klarheit des Grundbuchs »auf das je nach Lage des Falles Wesentliche« beschränkt werden. Das Kammergericht bestätigte daher die Formulierung der Vorinstanz. Gleichzeitig lehnte es die von der Versicherung vorgesehene negative Klausel als zu weitgehend und unbestimmt ab. Hervorzuheben ist, dass das Kammergericht die bestätigte Klausel nicht als rechtliches Minus gegenüber dem von der Beschwerdeführerin gestellten Antrag bewertete. Dies spricht wiederum dafür, dass das Kammergericht die politische Dimension dieses Rechtsstreits verkannte.

Die Reaktionen auf diese Entscheidung können unterschiedlicher nicht sein. Bulling versteht sie als Bestätigung der Wirksamkeit der Goldklausel. Andererseits unterstellt er dem Gericht, den Art. 15 § 1 MünzG[257] übersehen zu haben. Das Kammergericht gehe in seiner Annahme aber auch fehl, dass das Gesetz den

256 Beschluss des KG Berlin vom 11.7.1887, abgedruckt in: Johow (Hg.), Jahrbuch für Entscheidungen des Kammergerichts, 7. Bd. 1887–1888, S. 117–120, 118.

257 »An Stelle der Reichsmünzen sind bei allen Zahlungen bis zur Außerkurssetzung anzunehmen: 1) im gesammten Bundesgebiete an Stelle aller Reichsmünzen die Ein- und Zweithalerstücke deutschen Gepräges unter Berechnung des Thalers zu 3 Mark.«

Schuldner bereits dazu verpflichte, in Gold zurückzuzahlen.[258] Auf die Feinheiten der Münzgesetzgebung ist an späterer Stelle noch zurückzukommen. In eine davon abweichende Richtung interpretierte Otto Arendt diese Entscheidung. So schreibt er, dass die Entscheidung einen Beleg für die Unmöglichkeit liefere, sich rechtlich gegen Währungsänderungen zu schützen.

Der zweiten Entscheidung lag folgender Sachverhalt zugrunde: Der Eigentümer eines Grundstücks hatte beantragt, bei mehreren für eine Gläubigerin eingetragenen Hypothekenposten aufgrund einer mit der Gläubigerin getroffenen Vereinbarung den Vermerk in das Grundbuch einzutragen, dass alle Zahlungen in »jetziger Deutscher Reichsgoldwährung« zu leisten seien.[259] Die Vorinstanzen hatten das Begehren des Antragstellers noch mit der Begründung abgewiesen, dass »überflüssige Vermerke von der Eintragung in das Grundbuch fernzuhalten sind«. Dadurch sollte die »Uebersichtlichkeit des Grundbuchs und die Leichtigkeit und Sicherheit des Grundbuchverkehrs« gewahrt werden. Weiterhin seien die in Rede stehenden Forderungen bereits in Reichsgoldwährung in das Grundbuch eingetragen gewesen. Eine weitere Eintragung verstärke daher nicht das Recht des Gläubigers. Diese sei daher überflüssig und nicht eintragungswürdig. Das Kammergericht wendet sich mit seinem Beschluss gegen diese Auffassung der Vorinstanzen. Denn die Vereinbarung, dass sämtliche Zahlungen in Reichsgoldwährung zu erfolgen haben, bedeute für den Gläubiger »mehr Rechte«, sie sei keineswegs »überflüssig«.[260]

Arendt bewertet auch diese Entscheidung mit Rückgriff auf Art. 14 § 4 MünzG[261] wiederum als Beleg für die Unzulässigkeit von Goldklauseln.[262]

258 Er macht dies an der folgenden Formulierung im Beschluss fest: »Durch die inzwischen stattgehabte Eintragung [jene oben wiedergegebene Klausel] ist bei dem Grundbuche kund gegeben, daß die Art der Rückzahlung, welche die bestehende Gesetzgebung zur Zeit anordnet, von den Parteien zugleich zu einer vertragsmäßigen erhoben ist, was rechtlich Bedeutung gewinnen kann, wenn z.B. Deutschland – ohne weitere Aenderung der Gesetzgebung – eine Doppelwährung einführen sollte.«, Beschluss des KG Berlin vom 11.7. 1887, abgedruckt in: Johow (Hg.), Jahrbuch für Entscheidungen des Kammergerichts, 7. Bd. 1887–1888, S. 117–120, 119; *Bulling*, Goldklausel (1894), S. 15.

259 Der Sachverhalt ist wiedergegeben im Beschluss des KG Berlin vom 27.4.1889, abgedruckt in: Johow (Hg.), Jahrbuch für Entscheidungen des Kammergerichts, 9. Bd. 1890, S. 79–80, 79.

260 Im Einzelnen schrieb das Gericht: »Hierdurch haben die Interessenten diejenige Art der Zahlung, welche die bestehende Gesetzgebung zur Zeit anordnet, zu einer vertragsmäßigen erhoben. Diese Abrede würde für den Fall der Einführung der Silberwährung neben der jetzt bestehenden Goldwährung insofern von Erheblichkeit sein, als sie den Schuldner dann verpflichtete, die Zahlungen, anstatt nach seiner Wahl in einer der beiden Währungen, nach Maßgabe der Goldwährung zu leisten.«, Beschluss des KG Berlin vom 27.4.1889, abgedruckt in: Johow (Hg.), Jahrbuch für Entscheidungen des Kammergerichts in Sachen der nichtstreitigen Gerichtsbarkeit und in Strafsachen, 9. Bd. 1890, S. 79–80, 80.

261 Art. 14 MünzG lautete: Von dem Eintritt der Reichswährung an gelten folgende Vorschriften: § 1: Alle Zahlungen, welche bis dahin in Münzen einer inländischen Währung

Arendts Auslegung von Art. 14 § 4 MünzG bildet den Anknüpfungspunkt von Bullings Kritik an dessen Beitrag im Deutschen Wochenblatt, wonach der Autor die Norm unrichtig interpretiere, was im Folgenden einer näheren Untersuchung bedarf:

Arendt zufolge zeige der Wortlaut dieser Norm die Unzulässigkeit von Goldklauseln so klar, dass »ein Zweifel ausgeschlossen« sei. Bulling hingegen verweist darauf, dass Arendt es unterließ, seine These konkret am Gesetzeswortlaut festzumachen. Außerdem enthalte der Paragraph ausschließlich den Begriff Reichswährung und Reichsgoldmünzen seien eben auch Reichswährung genauso wie beispielsweise Thaler.[263] Bulling gibt daher eine Interpretationshilfe für Arendts These. Diese lasse sich nur aufrechterhalten, wenn man das Gesetz so interpretierte, dass »Richter und Notar stets nur generell auf Reichswährung erkennen dürfen«. Dann bleibe »dem Schuldner immer die Wahl der Münzsorte« und Goldklauseln wären stets unzulässig.[264]

Mit anderen Worten sieht Arendt in der Norm den Beleg dafür, dass »Richter und Notar den Geldbetrag stets nur generell in Reichswährung oder Mark aussprechen dürfen«. Damit bereitet er den Reformbestrebungen der Bimetallismus-Bewegung den Weg. Diese wollte, wie gezeigt, die Silberwährung als zweite gesetzliche Währung neben der Goldwährung etablieren. Wird für diesen Fall Arendts Interpretation von Art. 14 § 4 MünzG als Grundlage angenommen,

oder in landesgesetzlich den inländischen Münzen gleichgestellten ausländischen Münzen zu leisten waren, sind vorbehaltlich der Vorschriften Art. 9, 15 und 16 in Reichsmünzen zu leisten. § 2: Die Umrechnung solcher Goldmünzen, für welche ein bestimmtes Verhältniß zu Silbermünzen gesetzlich nicht feststeht, erfolgt nach Maßgabe des Verhältnisses des gesetzlichen Feingehalts derjenigen Münzen, auf welche die Zahlungsverpflichtung lautet, zu dem gesetzlichen Feingehalte der Reichsgoldmünzen. Bei der Umrechnung anderer Münzen werdender Thaler zum Werthe von 3 Mark, der Gulden süddeutscher Währung zum Werthe von 1 $^{5}/_{7}$ Mark, die Mark lübischer oder hamburgischer Kurantwährung zum Werthe von 1 $^{1}/_{5}$ Mark, die übrigen Münzen derselben Währungen zu entsprechenden Werthen nach ihrem Verhältniß zu den genannten berechnet. Bei der Umrechnung werden Bruchtheile von Pfennigen der Reichswährung zu einem Pfennig berechnet, wenn sie einen halben Pfennig oder mehr betragen, Bruchtheile unter einem halben Pfennig werden nicht gerechnet. § 3: Werden Zahlungsverpflichtungen nach Eintritt der Reichswährung unter Zugrundelegung vormaliger inländischer Geld- oder Rechnungswährungen begründet, so ist die Zahlung vorbehaltlich der Vorschriften Art. 9, 15 und 16 in Reichsmünzen unter Anwendung der Vorschriften des § 2 zu leisten. § 4: In allen gerichtlich oder notariell aufgenommenen Urkunden, welche auf einen Geldbetrag lauten, desgleichen in allen zu einem Geldbetrag verurtheilenden gerichtlichen Entscheidungen ist dieser Geldbetrag, wenn für denselben ein bestimmtes Verhältniß zur Reichswährung gesetzlich feststeht, in Reichswährung auszudrücken; woneben jedoch dessen gleichzeitige Bezeichnung nach derjenigen Währung, in welcher ursprünglich die Verbindlichkeit begründet war, gestattet bleibt.

262 Vgl. dazu *Arendt*, Rückzahlung in Gold, Deutsches Wochenblatt 8 (1894), S. 91–92.

263 *Bulling*, Goldklausel (1894), S. 19.

264 *Bulling*, Goldklausel (1894), S. 20.

dann werden Goldklauseln in der Tat wirkungslos. Denn Silbergeld wäre als ein gesetzliches Zahlungsmittel dann nach Art. 14 § 1 und § 4 MünzG nicht zurückweisbar.

Dem hält Bulling die umstrittene Regel der Auslegung entgegen, wonach die Grenze jeder Auslegung der Wortlaut des Gesetzes bildet:

> »Nun ist es aber eine ganz feststehende Regel der Auslegung, deren Befolgung unerläßlich ist, weil sonst die Auslegung jedes Gesetz hinwegräumen könnte, daß, wenn der Wortlaut des Gesetzes klar ist, man einen andern Sinn, als der Wortlaut gestattet, nur annehmen darf, wenn Umstände vorhanden sind, die es gewiß machen, daß der Gesetzgeber sich geirrt hat.«[265]

Und in Art. 14 MünzG finden sich keine Hinweise auf eine bimetallistische Doppelwährung. Arendt geht also fehl, wenn er meint, die Rechtslage bei Einführung einer Doppelwährung bereits auf die Gegenwart des Goldstandards projizieren zu können. Art. 14 MünzG beziehe sich allein auf den geltenden Zustand der Reichsgoldwährung, es seien auch keine Anhaltspunkte ersichtlich, die dafür sprechen, dass der Gesetzgeber sich »anders ausgedrückt hätte, als er wollte«.[266] Bulling kommt daher zu dem Schluss, dass Arendt das Ergebnis seiner Auslegung vorwegnahm. Er habe »unterlegt, nicht ausgelegt«.[267]

Diese Argumentation vertieft Bulling im Folgenden anhand von Art. 14 § 4 MünzG. Er hebt zunächst hervor, dass sich die Norm in § 1 nur auf Reichsmünzen, aber nicht allgemein auf Reichswährung bezieht. Der Kern der drei ersten Paragraphen bestehe darin, eine Antwort auf die Frage zu geben, wie Zahlungsverbindlichkeiten, die nicht auf Reichswährung lauten, bezahlt werden sollen.[268] Aus systematischer Sicht bezieht sich daher auch Art. 14 § 4 MünzG allein auf die Erfüllung von Zahlungsverbindlichkeiten, die nicht auf Reichsmünzen lauten. Einen Hinweis auf die Doppelwährung enthält auch dieser Abschnitt nicht. Der »Zusammenhang« ließe demzufolge keine andere Auslegung zu, so Bulling weiter.

Aus rechtstheoretischer Sicht bestehe der Sinn der Zerlegung eines Gesetzes in »Artikel, Unterabtheilungen als Paragraphen oder Absätze« darin, »Zusam-

265 *Bulling*, Goldklausel (1894), S. 20. Inwieweit Bulling diese Aussage zum Anhänger der sogenannten Sens clair-doctrine macht, wird noch auszuführen sein. Die Sens clair-doctrine oder In-claris-Formel besagt, dass eine Auslegung sich dann verbietet, wenn ein Rechtstext wie beispielswiese ein Gesetz oder ein Vertrag klar und eindeutig formuliert ist, siehe *Meder*, Mißverstehen und Verstehen (2004), S. 17; *ders.*, Grundprobleme und Geschichte der juristischen Hermeneutik, in: Senn/Fritschi (Hg.), Rechtswissenschaft und Hermeneutik (2009), S. 19–37, 24. Zu Bullings Verhältnis zu dieser Regel siehe das 10. Kapitel (S. 251).

266 *Bulling*, Goldklausel (1894), S. 21.

267 *Bulling*, Goldklausel (1894), S. 21 mit Verweis auf Arendts Ausführungen im Preußischen Abgeordnetenhaus, vgl. Stenographische Berichte, S. 468–469.

268 *Bulling*, Goldklausel (1894), S. 26.

mengehöriges artikelweise zusammenzufassen«.[269] Dabei sei der einzelnen Bestimmung der Sinn beizugeben, »den der Zusammenhang mit den übrigen Bestimmungen des Artikels ergiebt«. Von diesem Grundsatz sei nur eine Ausnahme zu machen, wenn das Ergebnis der Auslegung vom wahrscheinlichen Willen des Gesetzgebers abweiche. Der andere Fall sei derjenige, wenn eine Bestimmung »Bedenken erregt, sofern man sie als eine selbständige, in dem Zusammenhang mit den übrigen Bestimmungen nicht hineingehörige, faßt«. Als »Bedenken« definiert der Autor im Folgenden »Unklarkeit oder Ungenauigkeit des Ausdruckes oder wegen Auffälligkeit dessen, was danach der Gesetzgeber gewollt hätte«. Solche »Bedenken« würden aber beim Lesen der Norm im Zusammenhang mit den anderen Absätzen und den vor- sowie nachgehenden Regelungen verschwinden. Bei einer genauen Untersuchung des Art. 14 § 4 MünzG unter diesen Prämissen müsse der Schluss gezogen werden, dass die Norm eine Unzulässigkeit von Goldklauseln nicht begründen könne.[270]

Auch der Blick in die Gesetzgebungsmaterialien bestätige diese Ansicht. Denn im Rahmen der Beratungen zum Münzgesetz hatte der Abgeordnete Otto Bähr mit folgender Begründung für die Einführung des Art. 14 § 4 MünzG plädiert: Die Gerichte sollen verpflichtet werden, »die ältere Währung von Amts wegen in Reichswährung umzusetzen«.[271] Dadurch würde die Justiz dazu beitragen, »die Reichswährung schneller durchzuführen«. Alle Teilnehmer am Wirtschaftsverkehr könnten dann erkennen, dass die Reichswährung gilt.[272] Der Kern der Regel bestehe also darin, die Reichswährung »dem Publikum plausibel zu machen«.

Daher gehe auch Arendts in einer Rede im Preußischen Abgeordnetenhaus vertretener Standpunkt fehl, dass Art. 14 § 4 MünzG »jede andere Eintragung in die Hypotheken, als die in die Reichswährung« für unzulässig erklärt. Dagegen wendet Bulling ein, dass die beiden Entscheidungen zeigten, dass eine Goldklausel in Reichswährung, »also ganz ohne die vermeintliche Verletzung des Münzgesetzes«, ausgedrückt werden kann. Bulling zufolge irrte Arendt also über den Begriff der Goldklausel. Darüber hinaus bestimme das MünzG überhaupt nicht, »in welcher Währung ein Geldbetrag einzutragen sei«. Derlei Regelungen fänden sich allein in den Landesgesetzen über das Hypotheken- und Grundbuchwesen.

---

269 *Bulling*, Goldklausel (1894), S. 27.

270 Obwohl »der Paragraph nicht gerade geschickt gefaßt« sei, so Bullings kritisches Urteil über die Norm, das er an seine Analyse anschließt.

271 Vgl. die Ausführungen *Bährs* im Reichstag, in: Stenographische Berichte der 1. Legislaturperiode, IV. Session, S. 202; wiedergegeben bei *Bulling*, Goldklausel (1894), S. 29.

272 Vgl. die Ausführungen *Bährs* im Reichstag, in: Stenographische Berichte der 1. Legislaturperiode, IV. Session, S. 202, wiedergegeben bei *Bulling*, Goldklausel (1894), S. 29.

Scharf kritisiert Bulling nun auch Arendts generelle These, dass eine Goldklausel im Falle der Einführung der Doppelwährung unzulässig sein soll. Laut Arendts würde ein bimetallistisches Münzgesetz »Gold- und Silbermünzen mit voller und unbeschränkter Zahlkraft ausrüsten«. Dagegen wäre jede »Abrede unzulässig«, es gebe dann keine Mittel mehr, »durch welches ein Gläubiger sich hiergegen schützen könne«.[273] Dem tritt Bulling mit dem Argument entgegen, dass ein bimetallistisches Münzgesetz Goldklauseln verbieten müsse, um deren Unzulässigkeit zu erreichen. Denn allein der Umstand, dass ein solches Münzgesetz beiden Münzsorten die gleiche Zahlkraft gebe, führe noch nicht zu dem Verbot, sich die Zahlung in einer Münzsorte auszubedingen.[274]

Arendts Argumentation sei daher geradezu »willkührlich«, überdies führe er auch keine Gründe für seine Auffassung an, was es andererseits aber auch schwer mache, ihn zu widerlegen. Allein aus der Logik ergebe sich, dass die gleiche Zahlkraft der Münzsorten nicht zur Unzulässigkeit der Goldklausel führe. Außerdem trenne Arendt nicht zwischen den Begriffen unbedingte Zahlkraft und unbedingte Annahmepflicht, worauf an späterer Stelle noch zurückzukommen ist. Darüber hinaus verkenne er die ökonomische Realität. So argumentierte Arendt, dass »der Schuldner regelmäßig die Wahl der Münzsorte« habe. Dieser Grundsatz ergebe sich nicht nur aus dem Vertrag, sondern auch aus dem Gesetz und habe einen wirtschaftlichen Hintergrund.[275] Denn regelmäßig hätten der Staat und die Gläubiger allein Interesse an der »Zahlkraft des Geldes«, die Wahl der Münzsorte könne daher dem Schuldner überlassen bleiben.

Diese Argumente überzeugen Bulling nicht. Er geht von einem Fall in folgender Konstellation aus: Es sei ein Wirtschaftssystem gegeben, das auf einer Doppelwährung beruht, und die Vereinbarung von Goldklauseln sei vollkommen unzulässig. Unter diesen Prämissen würde dann allein dem Schuldner die Wahl obliegen, in welcher Münzsorte er seine Zahlungen vornehmen wolle. Es wäre »volkswirthschaftlich widersinnig«, dem Schuldner das Entscheidungsrecht einzuräumen.[276] Denn es könne dem Gläubiger nicht allein qua seiner Stellung der wirtschaftliche Vorteil der Münzsortenwahl versagt werden.

Zusammenfassend stellt Bulling fest, dass weder Art. 14 noch Art. 15 MünzG ein Verbot von Goldklauseln postuliere und der Bimetallismus ebenso nicht im Widerspruch zur Wirksamkeit der Abreden stehe. Daraufhin fragt er interessanterweise, woraus aber positiv auf die Wirksamkeit von Goldklauseln geschlussfolgert werden kann. Laut Bulling bieten sich diesbezüglich zwei Argumente an. Zunächst bedürfe es eines Blicks in die Landesgesetze. Diese erklären

273 *Arendt*, Rückzahlung in Gold, Deutsches Wochenblatt 8 (1894), S. 91–92, 91.
274 *Bulling*, Goldklausel (1894), S. 34.
275 *Bulling*, Goldklausel (1894), S. 35.
276 *Bulling*, Goldklausel (1894), S. 36.

Goldklauseln über die Münzsorte weder für gültig noch für ungültig. Daraus schließt Bulling auf deren Zulässigkeit, weil »jede Vereinbarung, die nicht verboten ist, erlaubt ist, was aber erlaubt ist, ist rechtswirksam, besteht zu Recht«.[277]

Als Gesetzesbeweise dienen dem Autor zuerst Theil I, Titel 5, §§ 257, 258 des Preußischen Allgemeinen Landrechts (ALR)[278]. Diese Normen enthalten lediglich eine gesetzliche Vermutung, nach der in der »am Ort der Zahlung gangbaren Münzsorte« eine Schuld beglichen wird, sofern »die Münzsorte nicht ausgedrückt ist«. Und für Darlehensverträge bestimmte Theil I, Titel 11, § 778 ALR[279], dass die Darlehenssumme in derselben Münzsorte zurückzuzahlen sei, in der sie ausgezahlt wurde. Bulling schließt aus dieser Regel, dass allein »in dem Bekenntnisse, das Darlehen in Gold empfangen zu haben, die Goldklausel noch nicht enthalten« sei.[280] Dies könne im Umkehrschluss aber vereinbart werden. Dazu beruft sich Bulling auf die Kommentarliteratur zum ALR, namentlich auf Christian Friedrich Koch und Friedrich Carl von Savigny und einige zeitgenössische Gesetze.[281] So schrieb Koch, dass »gemünztes Geld von demselben Metalle« also nicht »Gold für Silber« gezahlt werden darf. Ebenso bestimme § 665 Sächsisches BGB[282], dass eine Geldforderung »in jeder zur Zeit und am Orte der Zahlung gültigen inländischen oder dieser durch Gesetz gleichgestellten ausländischen Münzsorte« beglichen werde. Auch Art. 336 des Allgemeinen Deutschen Handelsgesetzbuchs (ADHGB)[283] und Art. 37 der Allgemeinen Deutschen Wechselordnung (ADWO)[284] postulieren dies. Beide Vorschrif-

277 *Bulling*, Goldklausel (1894), S. 37.

278 § 257: Ist bey einer Geldsumme die Münzsorte nicht ausgedrückt, so wird im zweifelhaften Falle die an dem Orte, wo die Zahlung geschehen soll, gangbare Münzsorte verstanden. § 258: Ueberhaupt aber ist anzunehmen, daß dergleichen Vertrag auf Silbercourant geschlossen worden.

279 § 778: Das Capital muß in derjenigen Münzsorte, in welcher es gegeben worden, zurückbezahlt werden.

280 *Bulling*, Goldklausel (1894), S. 38.

281 *Bulling*, Goldklausel (1894), S. 38 mit Verweis auf *Koch*, Allgemeines Landrecht, Erster Theil, I. Band, 5. A. (1870), S. 77, Fn. 2, sowie *Savigny*, Obligationenrecht, I. Bd. (1851), S. 484, Fn. a.

282 § 665 ADHGB: Ist eine Geldsumme Gegenstand einer Forderung und über die Art der Geldstücke keine Bestimmung vorhanden, so kann in jeder zur Zeit und am Orte der Zahlung gültigen inländischen oder dieser durch Gesetz gleichgestellten ausländischen Münzsorte gezahlt werden.

283 Art. 336 ADWO: Maaß, Gewicht, Münzfuß, Münzsorten, Zeitrechnung und Entfernungen, welche an dem Orte gelten, wo der Vertrag erfüllt werden soll, sind im Zweifel als die vertragsmäßigen zu betrachten. Ist die im Vertrage bestimmte Münzsorte am Zahlungsorte nicht im Umlauf oder nur eine Rechnungswährung, so kann der Betrag nach dem Werthe zur Verfallzeit in der Landesmünze gezahlt werden, sofern nicht durch den Gebrauch des Wortes »effectiv« oder eines ähnlichen Zusatzes die Zahlung in der im Vertrage benannten Münzsorte ausdrücklich bedungen ist.

284 Art. 37: Lautet ein Wechsel auf eine Münzsorte, welche am Zahlungsorte keinen Umlauf hat, oder auf eine Rechnungswährung, so kann die Wechselsumme nach ihrem Werthe zur

ten sahen die Möglichkeit vor, eine Münzsorte zu vereinbaren. Daraus schlussfolgert Bulling die Zulässigkeit der Goldklausel.[285]

Zuletzt kommt Bulling auf den § 216 des Ersten Entwurfs zum BGB (E I)[286] zu sprechen. Einleitend stellt er zunächst fest, dass der Entwurf weder ein Verbot noch die Zulässigkeit der Goldklausel enthalte. In den Motiven heißt es zu dieser Norm, dass eine »rechtsgeschäftliche Bestimmung, durch welche Zahlung in einer bestimmten inländischen oder ausländischen Münzsorte festgesetzt wird, abgesehen von dem Einfluß eines Verbotsgesetzes gegen den Umlauf gewisser Münzsorten, rechtsgültig« sei. Dabei spiele es keine Rolle, ob diese Vereinbarung stillschweigend oder ausdrücklich getroffen wurde.[287] Zwar erklären auch die »besten Gesetzeswerke« der damaligen Zeit die Goldklausel nicht ausdrücklich für zulässig. Gleichwohl treffe sie aber auf einen »durchaus festen Rechtsboden«, da kein Gesetz sie verbiete.[288]

Des Weiteren setzt sich Bulling mit dem Einführungsgesetz einer Doppelwährung auseinander und damit, wie es de lege ferenda aussehen sollte, um Goldklauseln weiterhin anwenden zu können. Die Aufgabe solcher Regeln sieht er darin, »die Zahlkraft der Münzen, welche aus dem alten System übernommen werden, im Verhältnisse zu den neuen zu bestimmen«.[289] Darüber hinaus würden sie auch dazu dienen, »die Zahlkraft zu bestimmen, welche die neuen Münzen für die auf Münzen anderer Währungen lautenden bisherigen Zahlungsverbindlichkeiten haben sollen«.[290] Eine Einführungsbestimmung, die dem ersten Zweck diene, bilde beispielsweise Art. 15 § 1 MünzG[291], der, wenn er in seiner bestehenden Form erhalten bliebe, die Verabredung von Goldklauseln zuließe. Bulling schließt aus bestehenden Regeln und unter der Prämisse, dass sich diese bei Einführung des Bimetallismus nicht ändern, auf die Wirksamkeit der Klausel. Ihm geht es hier also nicht um die Formulierung eines eigenen Reformvorschlags. Im Hintergrund steht die Absicht zu zeigen, dass die Ein-

Verfallzeit in der Landesmünze gezahlt werden, sofern nicht der Aussteller durch den Gebrauch des Wortes »effectiv« oder eines ähnlichen Zusatzes die Zahlung in der im Wechsel benannten Münzsorte ausdrücklich bestimmt hat.

285 *Bulling*, Goldklausel (1894), S. 39.

286 § 216: Ist eine Geldschuld in einer bestimmten Münzsorte zu zahlen, welche sich zur Zeit der Zahlung nicht mehr im Umlaufe befindet, so ist die Zahlung so zu leisten, wie wenn die Bestimmung nicht getroffen worden wäre.

287 Motive, II. Bd., S. 13, zudem wiedergegeben bei *Bulling*, Goldklausel (1894), S. 39.

288 *Bulling*, Goldklausel (1894), S. 40.

289 *Bulling*, Goldklausel (1894), S. 40.

290 *Bulling*, Goldklausel (1894), S. 40.

291 Art. 15 § 1 MünzG: An Stelle der Reichsmünzen sind bei allen Zahlungen bis zur Außerkurssetzung anzunehmen: 1. im gesammten Bundesgebiete an Stelle aller Reichsmünzen die Ein- und Zweithalerstücke deutschen Gepräges unter Berechnung des Thalers zu 3 Mark.

führung einer Doppelwährung keine Vorteile bringt. Denn dann würde sich der Wirtschaftsverkehr durch Goldklauseln vor Silbergeldzahlungen schützen.

Dass Bulling diese Intention verfolgt, lässt sich auch an seiner Argumentation zu Art. 14 § 1 MünzG veranschaulichen. Im Falle der Einführung einer Doppelwährung diene diese dem Zweck (sofern die Regel nicht geändert würde), die Zahlkraft neuer Münzen bezüglich der auf Münzen anderer Währungen lautenden bisherigen Zahlungsverbindlichkeiten festzulegen. Die Kernfrage lautet nach Bulling hier nun, ob derartige Regeln in einem bimetallistischen Währungssystem dispositiver oder zwingender Natur seien, ob das Gesetz also den Wechselkurs zwingend festlegen könne.

Der Autor geht von einem dispositiven Charakter der Regeln aus. Denn zwar seien diese »in Form des Sollens ausgesprochen« worden.[292] Jedoch sei diese Form »auch den dispositiven Gesetzen eigenthümlich, namentlich auch denen des Privatrechts«. Sie würden lediglich »befehlen für den Fall, daß nicht ein Anderes vereinbart ist«.[293] Man müsse immer den Inhalt der Regel im Blick behalten, um erforschen zu können, ob es sich um eine zwingende oder eine dispositive Regel handele. Art. 15 § 1 MünzG stelle allein ein Vermögensrecht dar. Somit handele es sich um eine Regelung des Privatrechts. Denn über sein Vermögen könne jeder frei verfügen, soweit »ihm das Gesetz dazu nicht abgesprochen hat«.[294]

Als weiteres Argument dienen Bulling die Beratungen der Kommission zum § 208 E II[295]. Der Wortlaut der Norm »so kann die Zahlung in Reichswährung erfolgen« verdeutlicht die dispositive Natur der Vorschrift.[296] Hinsichtlich des Art. 14 § 1 MünzG bemerkt der Autor zunächst, dass die Norm den Vertragsparteien das Recht gibt, Zahlung in Reichswährung zu fordern. Der Sinn solcher Normen bestehe aber darin, dass sie »an die Stelle der alten Währung die neue als Inhalt des Vertrages« setzen, »mit der gleichen Wirkung als hätten es die Par-

292 *Bulling*, Goldklausel (1894), S. 41.

293 *Bulling*, Goldklausel (1894), S. 41. Die gegenteilige Auffassung vertrat Arendt. In der Formulierung des Art. 15 § 1 MünzG sah dieser den Beleg für den zwingender Charakter der Vorschrift. Dem hielt Bulling entgegen, dass dispositive Regeln ebenfalls solche Formulierungen aufweisen.

294 *Bulling*, Goldklausel (1894), S. 43.

295 Im Folgenden werden die Normen des Zweiten Entwurfs durch die Abkürzung E II gekennzeichnet. Auf dem Gebiet der unterschiedlichen Methoden für die Wiedergabe einschlägiger Paragraphen hat sich diese Zitierweise als die gebräuchlichste für den Entwurf entwickelt. § 208 E II: Ist eine in ausländischer Währung ausgedrückte Geldschuld im Inlande zu zahlen, so kann die Zahlung in Reichswährung erfolgen, es sei denn, daß Zahlung in ausländischer Währung ausdrücklich bedungen ist.

296 Bulling habe aber die Vorschrift des § 209 E II übersehen, vgl. *Merfeld*, Die Goldklausel bei Hypotheken und Grundschulden, in: Beiträge zur Erläuterung des deutschen Rechts (1895), S. 574–601, 574–577, 580, Fn. 8. Auf diese Kritik ist später zurückzukommen.

teien selbst gethan, woraus dann folgt, daß die Parteien selbst den Vertrag abermals abändern und es beim Alten belassen können«.[297]

Ganz allgemein könnten Gesetze eine Währung nicht von oben herab in das Wirtschaftssystem integrieren. Diese müsste sich »von selbst einbürgern«. Ihre Existenz verdanken solche Vorschriften wie Art. 14, 15 MünzG vielmehr der Tatsache, dass die Vertragsparteien nicht »in allen Fällen das Verhältniß der alten Münzen zu den neuen selbst festsetzen sollen«. Denn der Staat stehe in der Pflicht, »gesetzliches Geld, d. h. dem Gelde gesetzliche Zahlkraft« zu verleihen.[298] Und aus dieser Pflicht resultiere, dass er auch das »Verhältniß der alten Münzen zu den neuen« festzulegen habe. Somit sieht Bulling den Gesetzgeber in der Pflicht, einen gesetzlichen Rahmen vorzugeben. Diese Regeln dürften aber nur dispositiven Charakter haben, um den Wirtschaftsverkehr nicht zu behindern. Denn der Verkehr habe ein »Bedürfniß nach Freiheit«.[299]

Bulling resümiert, dass das Münzgesetz keinerlei Anhaltspunkte für ein Verbot von Goldklauseln biete. Deren Wirksamkeit lasse sich auf zwei »Rechtssätze« stützen. Zum einen sei die Vereinbarung über die Münzsorte Gegenstand der Privatautonomie und daher wirksam. Zum anderen wiesen die entsprechenden Artikel eines Einführungsgesetzes dispositiven Charakter auf. Diese »Rechtssätze« stünden »außer jedem Zweifel fest«. Zusammenfassend schreibt Bulling: »Die Klausel erzeugt daher ganz zweifellos die Verpflichtung zur Goldzahlung nach Einführung einer neuen Währung.«[300] Gläubiger könnten sich darauf verlassen wie auf die allgemeine Wirksamkeit von Kauf- oder Mietverträgen.

297 *Bulling*, Goldklausel (1894), S. 45.

298 *Bulling*, Goldklausel (1894), S. 45.

299 *Bulling*, Goldklausel (1894), S. 45. Diesbezüglich verweist Bulling auf Soetbeer, der in seinem Standardwerk zur zeitgenössischen Münzgesetzgebung schrieb, dass die Konvertierungsbestimmungen nur dazu dienen würden, »der unendlichen der ärgsten Verwirrung vorzubeugen«. Allerdings könne der Gesetzgeber keinesfalls alle Entscheidung vorwegnehmen, »die sonst der Richter treffen müsse«. Es wäre daher »ohne jeglichen logischen Halt« zu schlussfolgern, dass das Gesetz den Parteien stillschweigend untersagt habe, zu vereinbaren, sich der neuen Münzen oder der einen Sorte gar nicht bedienen« zu wollen. Das Gesetz sei lediglich für diejenigen, »die sich der neuen Münzen entweder freiwillig bedienen oder bedienen müssen, aber auch für sie nur sofern sie sich nicht anders vereinbart haben«. Jede andere Deutung des Gesetzes würde nur »Ungewissheiten« hervorrufen, die es aber gerade verhindern soll, vgl. *Soetbeer*, Deutsche Münzverfassung (1874), S. 25. Abschließend wirft Bulling die Frage auf, ob das Münzgesetz insgesamt dispositiver Natur sei, was der Autor verneint. Denn dazu müsste das Münzgesetz eine Vorschrift enthalten, die das gesamte Gesetzeswerk für dispositiv erklärt. Dafür spräche auch ein außerhalb des Münzgesetzes liegender, allgemein gültiger Grundsatz des Zivilrechts, nämlich der, dass »die dem Schuldner obliegende Leistung nur der Art nach bestimmt ist«. Damit zielt Bulling darauf ab, dass die Schuld der Gattung nach bestimmt ist. Das Münzgesetz sehe daher vor, dass der Schuldner die Zahlung also in jedem Fall in Münzen oder Banknoten leisten müsse. Er habe lediglich die »Wahl der Art«.

300 *Bulling*, Goldklausel (1894), S. 47.

Auch die beiden bereits mehrfach angesprochenen Beschlüsse des Berliner Kammergerichts ließen allein diese Deutung zu. Denn sie setzen die Wirksamkeit einer Vereinbarung über die Münzsorte als selbstverständlich voraus, »indem sie kein Wort darüber verlieren«. In den Entscheidungsgründen eines Urteils pflege man auch nicht zu schreiben, dass »ein Kaufvertrag ein gültiger Vertrag sei«. Allein der Fakt, dass der zweite Beschluss dem ersten auffallend stark ähnelt, spreche dafür, dass das Gericht die Wirksamkeit der Vereinbarungen nicht bezweifelt.

Darüber hinaus betrachte das Gericht laut Bulling auch den dispositiven Charakter der Einführungsbestimmungen als selbstverständlich, weil auch »hierüber sich das Kammergericht mit keinem Worte äußert«. Der Autor resümiert, indem sich das Gericht »vollständig über die Grundlagen der Klausel ausschweigt«, erkenne es deren Wirksamkeit an. Denn dies würde ein Gericht nicht machen, »wenn irgend ein ›Hafen‹ noch gefunden werden könnte«. Das Gericht habe die Wirksamkeit als so selbstverständlich angesehen, dass es diese nicht aussprach, weil es »mit Recht annehmen durfte, daß der verständige Leser ihn hinzudenken« würde.[301] Bulling zieht daraus letztendlich den Schluss, dass das Gericht keineswegs, wie Arendt annimmt, in der »Doppelwährung schon von selbst das Verbot einer Vereinbarung über die Münzsorte« sieht.[302] Das Gericht habe in beiden Fällen nicht die »Rechtsbeständigkeit« der Abrede in Zweifel gezogen. Streitgegenständlich gestaltete sich lediglich die Frage nach der Zulassung zur Eintragung. Dazu verweist Bulling auf den Sinn und Zweck der Vereinbarung.

So stehe gerade hinter der Eintragung einer Goldklausel der Gedanke, dass dadurch die Zahlung in Gold für den Fall der Einführung der Doppelwährung gesichert werde. Dabei handele es sich ebenfalls um einen selbstverständlichen Schluss, den jeder »verständige Leser« ziehen müsse.[303] Arendt dagegen nahm an, dass sich aus der »Doppelwährung schon von selbst das Verbot einer Vereinbarung über die Münzsorte« ergebe.[304] Dem hält Bulling entgegen, dass das Kammergericht zwar die Feststellung trifft, wonach ein Vertrag nicht »die Geltung künftiger Gesetze« ausschließen könne.[305] Jedoch würden diese Passagen

301 *Bulling*, Goldklausel (1894), S. 49.
302 *Bulling*, Goldklausel (1894), S. 49.
303 *Bulling*, Goldklausel (1894), S. 49.
304 *Bulling*, Goldklausel (1894), S. 49.
305 Beschluss des KG Berlin vom 11.7.1887, abgedruckt in: Johow (Hg.), Jahrbuch für Entscheidungen des Kammergerichts, 7. Bd. 1887–1888, S. 117–120, 119. Im Einzelnen heißt es dort: »Unterabredungen, welche Aenderungen des bestehenden Rechtes in Betracht ziehen, können unmöglich der zukünftigen Gesetzgebung, wenn sie Tilgung älterer Verbindlichkeiten mit neu eingeführten Zahlungsmitteln vorschreiben sollte, vorgreifen, nicht eine Rückzahlungsmodalität dahin vereinbaren, daß die unter einer veränderten Gesetzgebung fällig werdende Schuld nicht nach dieser, sondern mit Zahlungsmitteln getilgt werden

Geltung allein für zwingende Normen beanspruchen. Da der Autor die Einführungsgesetze einer Doppelwährung für dispositiv hält, ist für ihn die Argumentation des Gerichts ein Beleg für die Zulässigkeit der Goldklausel.[306]

Arendt wiederum meint in dieser Aussage des Gerichts einen Beleg dafür zu sehen, dass ein »rechtlicher Schutz gegen eine Währungsänderung unmöglich ist«.[307] Daher weise die Formulierung, wonach »Unterabredungen unmöglich der zukünftigen Gesetzgebung vorgreifen können«, auf die Unzulässigkeit von Goldklauseln hin. Die Zulässigkeit einer Klausel, nach der eine Zahlung in Reichsgoldmünzen erfolgen müsse, beruhe allein auf der Tatsache, dass es Situationen geben könne, in denen »eine Währungsänderung vorgenommen werden könnte, ohne daß zugleich die Gesetzgebung geändert würde«.[308] Diese Situation sei juristisch möglich, »wirtschaftlich aber ausgeschlossen«. Die Versicherungsgesellschaft habe gemäß Arendt daher lediglich erreicht, im Fall der Einführung der Doppelwährung ohne entsprechende Gesetzesänderungen, Zahlung in Gold fordern zu können. Allerdings zwang auch das Münzgesetz von 1873 jeden Schuldner, »statt in Silber in Gold zu zahlen«. Daher werde auch ein bimetallistisches Münzgesetz Gold- und Silbermünzen mit voller und unbeschränkter Zahlkraft ausrüsten. Jede entgegenstehende Abrede werde das Gesetz für unzulässig erklären, wie gegenwärtig schon Art. 14 § 4 MünzG zeige.

Diese Argumentation sei nach Bulling jedoch eine »Deduktion, die eine Vielzahl Unrichtigkeiten« aufweise. So zwinge das Münzgesetz von 1873 den Schuldner nicht, in Gold zu zahlen. Ferner sage die Regelung des Art. 14 § 4 MünzG nichts zur Frage der Wirksamkeit von Goldklauseln. Sie heranzuziehen, sei »willkührlich«. Des Weiteren gebe der Fakt, dass der Goldwert in einem festen Verhältnis zur Reichswährung stehe, keinen Aufschluss über die Zulässigkeit der Abreden, weil ein »festes Verhältnis« keine Eigenschaft der Reichswährung darstelle. Jede Währung setze Gold oder Silber oder beides in ein festes Verhältnis zur den geltenden Zahlungsmitteln. Gerade deshalb liege die Zulässigkeit von Goldklauseln auf der Hand. Denn wenn das Gesetz diese nicht ausdrücklich verbiete, so müsse man vereinbaren können, dass der Schuldner »eben so viel Feingold oder Feinsilber zurückgeben soll, wie er in den Münzen empfangen hat«.[309] Darüber hinaus setze Arendt die Begriffe »unbedingte Zahlkraft« und »unbedingte Annahmepflicht« in unzulässiger Weise gleich. Zwar stimmt Bulling Arendt zu, dass bei einer Doppelwährung Gold und Silber die gleiche Zahlkraft haben. Jedoch hätte Arendt auch nachweisen müssen, dass »die un-

sollte, welche das Gesetz als solche nicht mehr anerkennt.«, Zitat wiedergegeben bei *Bulling*, Goldklausel (1894), S. 51.

306 *Bulling*, Goldklausel (1894), S. 51–52.

307 *Arendt*, Rückzahlung in Gold, Deutsches Wochenblatt 8 (1894), S. 91–92, 92.

308 *Arendt*, Rückzahlung in Gold, Deutsches Wochenblatt 8 (1894), S. 91–92, 92.

309 *Bulling*, Goldklausel (1894), S. 54–55.

bedingte Zahlkraft die unbedingte Annahmepflicht einschließt«. Nur dann hätte er zu dem Ergebnis kommen können, dass Goldklauseln in einem bimetallistischen Währungssystem unzulässig sind. Diesen Beweis trete Arendt aber nicht an. Er behaupte lediglich, dass die Annahmepflicht bereits in der Zahlkraft enthalten sei, weshalb er erstere nicht mehr nachweisen müsse.[310] Bulling meinte also, Arendts Argumentation sei wiederum ein Sophismus.

Im Folgenden setzt sich der Autor mit Arendts Argumenten gegen den zweiten in Rede stehenden Beschluss des Kammergerichts Berlin vom 27. April 1889 auseinander. Gemäß Arendt irrte das Gericht, als es feststellte, dass im Fall einer Doppelwährung Gold und Silber nicht die gleiche Zahlkraft »für alle in Goldwährung geschlossenen Contracte« hätten. Dagegen wendet Bulling ein, Arendt setze wiederum unzulässigerweise die Begriffe Zahlkraft und Annahmepflicht gleich. Zudem erzeuge er ein neues »Sophisma«, wenn er schreibt, dass das Kammergericht bereits mit dem Beschluss vom 11. Juli 1887 Goldklauseln für »unmöglich« erklärte. Alles in allem löse sich »beinahe die ganze Deduction des Dr. Arendt in Sophismen auf«, betrachte man nur den Wortlaut der Entscheidungen des Kammergerichts.[311] Der aus der Argumentationslehre stammende Begriff Sophismus bezeichnet einen Fehlschluss. Arendt ziehe also »objective, gutgläubige« Fehlschlüsse, »wie sie selbst bei großer logischer Begabung, begünstigt durch dialektische Neigung, ganz unbewußt entstehen, aber durch Gewohnheit zur Methode werden können«.[312] Abschließend setzt sich Bulling mit Arendts Fazit auseinander und kommt zu dem Schluss, dass »das Streben ›Rückzahlung in Gold‹ zu verlangen wirtschaftlich und juristisch vergeblich« sei.[313] Es liege allein »Unwissenheit in der Währungsfrage« begründet.

2. Zur Vollstreckbarkeit von Goldklauseln

Interessant sind auch Bullings Ausführungen zur Vollstreckbarkeit von Goldklauseln. Eingangs stellt er zunächst die beiden Arten der Zwangsvollstreckung von Geldforderungen vor: entweder im Wege der Pfandversteigerung oder in dem der sogenannten Subhastation (Zwangsversteigerung von Immobilien). Laut Bulling sei unter den gegebenen Verhältnissen dem Gläubiger Zahlung in Gold sicher. Denn zwar könne der Schuldner vor dem Hintergrund der hinkenden Währung in Silber zahlen.[314] Aber dem Gold würde meist der Vorzug

310 *Bulling*, Goldklausel (1894), S. 57–58.
311 *Bulling*, Goldklausel (1894), S. 59.
312 *Bulling*, Goldklausel (1894), S. 59.
313 *Arendt*, Rückzahlung in Gold, Deutsches Wochenblatt 8 (1894), S. 91–92, 92.
314 Als »hinkende Währung« wird ein Zustand bezeichnet, in dem der Übergang von einer bimetallistischen in eine monometallistische Währung stattfindet. Zum Zeitpunkt einer

gegeben, weswegen oft nur eine geringe Summe an Silbertalern gezahlt würde. Und außerdem könnten diese Silbertaler stets ohne Verlust in Gold umgetauscht werden. Die Zwangsvollstreckung »bringt heute nur Gold«, so Bulling resümierend. Bei Einführung der Doppelwährung stelle sich die Situation aber etwas anders dar. Dann könne der Erlös aus der Zwangsversteigerung komplett aus Silbermünzen bestehen. Außerdem könne der Gläubiger dieses Silber dann nicht »jedesmal ohne Verlust gegen Gold umtauschen«.[315] Dem Gläubiger würde dann ein Wahlrecht zustehen, und diese Wahl würde er nach dem Kurs des Silbers bzw. des Goldes treffen, je nachdem, welches Metall gerade zu einem niedrigeren Kurs gehandelt würde.

Die Kritik an der Goldklausel rühre daher im Kern vom Zivilprozessrecht her, wie Bulling weiter ausführt. So meinen die Gegner, dass sie »dem Gläubiger für die Zwangsvollstreckung nicht zur Seite« stehe und es daher »ganz nutzlos sei, die Klausel abzuschließen«.[316] Bulling tritt dieser Auffassung mit verschiedenen Argumenten entgegen. Zunächst bestehe der Sinn und Zweck des Zwangsvollstreckungsverfahrens darin, den Gläubiger »pekuniär in die Lage zu versetzen, in der er sein würde, wenn der Schuldner erfüllt hätte«.[317] Dies bezeichnet Bulling als Vollstreckungssicherheit. Dabei diene die Vollstreckung nicht als »Hülfsmittel für die Erfüllung« des Vertrags.[318]

Diesen Sinn einer Zwangsvollstreckung sieht Bulling als »Form der Vollstreckung«. Sie entfalte ihre Bedeutung in erster Linie bei »Geschäften über Lieferung von Quantitäten«. Dabei hebt er hervor, dass der Gläubiger bei einem solchen Geschäft den Vertrag nur abschließt, wenn er hoffen kann, dass der Vertrag erfüllt wird. Dabei wisse er, dass bei Nichterfüllung die Forderung nicht vollstreckt werden kann, wenn sich nicht »Quantitäten der versprochenen Art« im Besitz des Schuldners befänden. Allerdings könne der Schuldner wenigstens auf »Leistung des Interesses« verurteilt werden, wenn er dem »Urtheil, das ihn zur Erfüllung verurtheilt« nicht nachkomme. Dabei wirke »ein nicht juristischer Factor« mit, und zwar der Grundsatz von Treu und Glauben, der den Geschäftsverkehr beherrsche:

> »Die Ehrlichkeit wächst nach Maßgabe des Fortschrittes der Kultur, und so bewirken Treu und Glauben trotz aller Klagen über den Rückgang des moralischen Elementes im Verkehr heute mehr als je die Erfüllung der Verträge, mit einer Vollkommenheit, die

hinkenden Währung ist die monometallistische Währung bereits in Kraft. Gleichwohl gelten die bisher bestehenden und noch durch eine andere Metallart gesicherten Münzen weiterhin als Zahlungsmittel, näher dazu *Knapp*, Staatliche Theorie des Geldes (1905), S. 113–114.

315 *Bulling*, Goldklausel (1894), S. 61.

316 *Bulling*, Goldklausel (1894), S. 61.

317 *Bulling*, Goldklausel (1894), S. 62.

318 *Bulling*, Goldklausel (1894), S. 62.

mit juristischen Mitteln, wie Erzwingbarkeit, auch nicht im Entferntesten jemals zu erreichen wäre, so daß, wenn man in's Geschäftleben sieht und sich die täglichen zahllosen Vertragserfüllungen vergegenwärtigt, man ohne Uebertreibung sagen darf, daß es vielleicht zwei bis drei Fälle auf hundert sein mögen, in denen es an der Erfüllung mangelt.«[319]

Bulling sieht in der Zwangsvollstreckung also ohnehin eine Ausnahme vom normalen Geschäftsleben. Dem Prinzip von Treu und Glauben misst er hohe Bedeutung bei.[320] Dies ist nicht verwunderlich in Anbetracht der Vehemenz, mit der Bulling bis hierhin bereits die Wirksamkeit von Goldklauseln verteidigt. Denn diese Verteidigung bedeutet nichts anderes als ein Plädoyer für die Privatautonomie. Und Privatautonomie sowie das Prinzip von Treu und Glauben sind unzertrennlich in einem modernen Zivilrecht. Das Zwangsvollstreckungsrecht sieht Bulling demgegenüber lediglich als »Sicherheit« für den Gläubiger an, der an einen nicht leistungsfähigen oder -willigen Schuldner geraten war. Diesbezüglich sieht Bulling eine Parallele von Zwangsvollstreckung und Goldklauseln. Denn auch derjenige Gläubiger, der eine Goldklausel in einen Vertrag einfügt, möchte sich gegen eine spezielle Form des Zahlungsausfalls, nämlich gegen die Zahlung in Silber, absichern.

Deshalb müsse eine Goldklausel vollstreckbar sein. Dies gelte auch bei der Einführung eines bimetalllistischen Zahlungssystems. So sei es auch dann möglich, im Rahmen der Pfandversteigerung durch die Festlegung von »Versteigerungsbedingungen« eine Goldklausel vollstreckbar zu machen. In diesen Bedingungen könne Silber ausgeschlossen und beispielsweise ausbedungen werden, dass »die Ansteigerer jeden Betrag von 10 Mk. und darüber in Gold zu berichtigen haben«.[321] Die Zulässigkeit solcher Bedingungen ergebe sich aus verschiedenen Gründen. Zunächst bestehe der Zweck der Zwangsvollstreckung darin, den Gläubiger zu befriedigen. Gerade, wenn eine Goldklausel vereinbart wurde, liege es nun auf der Hand, dass der Gläubiger kein Interesse an der Zahlung von Silber habe.[322] Auf der Grundlage der Privatautonomie müsse es

---

319 *Bulling*, Goldklausel (1894), S. 63.

320 Dies wird im Hinblick auf die Untersuchung, inwieweit Bullings Werk pandektistische Züge trägt noch von Interesse sein, vgl. das 11. Kapitel (S. 269).

321 *Bulling*, Goldklausel (1894), S. 64; Merfeld negiert die Möglichkeit, in den Versteigerungsbedingungen die Zahlung in Silber auszuschließen, denn die Verfahren der Zwangsvollstreckung seien allesamt auf Geldforderungen ausgerichtet. Und im Rahmen dieser Verfahren könne nur »Geld als solches ohne Unterschied der Münzsorte« beigetrieben werden. Die Zwangsvollstreckung richte sich daher nur auf Geld im Allgemeinen, vgl. *Merfeld,* Die Goldklausel bei Hypotheken und Grundschulden, Beiträge zur Erläuterung des deutschen Rechts (1895), S. 574–601, 591–593 (zu Bulling vgl. S. 592).

322 *Bulling*, Goldklausel (1894), S. 64: »Die Zwangsversteigerung erfolgt in Ausübung des Rechtes des Gläubigers; er ist der Versteigerer, er erwirbt die Steiggeldforderung, und der Erlös wird durch Empfangnahme von Seiten des Gerichtsvollziehers, der gesetzlich als sein Bevollmächtigter gilt, sein Eigenthum.«

daher zulässig sein, solche Bedingungen aufzustellen, was noch näher zu betrachten sein wird. Dabei geht Bulling aber offensichtlich davon aus, dass Silber nicht vollkommen ausgeschlossen werden kann, weil es dann ja gesetzliches Zahlungsmittel wäre.

Auch bei der Subhastation bestehe die Möglichkeit, Versteigerungsbedingungen aufzustellen, weil Goldklauseln regelmäßig im Rahmen von hypothekarisch gesicherten Darlehensverträgen vereinbart wurden.[323] In einer derartigen Konstellation biete die Goldklausel in Verbindung mit entsprechenden Versteigerungsbedingungen einen wichtigen Vorteil. Denn dort

> »wird aber der Theil des Erlöses, der in Folge der Bedingung in Silber angenommen werden müßen, ein ganz unverhältnißmäßig kleiner sein, wegen der höheren Werthe der Versteigerungsobjecte und wegen ihrer geringeren Anzahl, indem dieser Theil sich zusammensetzt aus den Verträgen, welche die einzelnen Steigerlöse in der Einerzahl enthalten«.[324]

Wie schon ausgeführt ging Bulling also davon aus, Silbergeld durch Versteigerungsbedingungen nicht vollständig auschließen zu können. Dies begründet er nicht weiter. Mit Blick auf seine bisherigen Ausführungen zu Art. 14, 15 MünzG setzt er aber wohl stillschweigend voraus, gesetzliche Zahlungsmittel nicht vollständig durch Privatabrede abbedingen zu können. Im Übrigen führt er die Zulässigkeit solcher Versteigerungsbedingungen auf §§ 773[325], 778[326] ZPO a.F. zurück. Insbesondere der Wortlaut von § 778 ZPO zeige, dass dem Gläubiger das Recht gegeben werden müsse, »das Urtheil in ein Urtheil auf Leistung des Interesses verwandeln zu lassen«.[327] Damit meint Bulling nichts anderes, als dass das Leistungsinteresse eines durch eine Goldklausel abgesicherten Gläubigers auf die Zahlung von Reichsgold hinausläuft. Mit Blick auf § 778 ZPO müsse ihm daher die Möglichkeit eingeräumt werden, sein Leistungsinteresse irgendwie zu

---

323 In anderen Fällen habe dagegen »sehr selten ein Interesse an ihr bestanden«, *Bulling*, Goldklausel (1894), S. 65.

324 *Bulling*, Goldklausel (1894), S. 65. Er geht hier von dem selbst gewählten Beispiel für eine Versteigerungsbedingung aus, nach der jeder Betrag von 10 Mark und mehr in Gold zu bezahlen sei. Dazu gibt er das Exempel, wenn »100 Grundstücke einzeln versteigert werden würden, so würde der Silbererlös höchstens 100 mal 9 = 900 M. ergeben können«. Dagegen könne das Pfändungsverfahren »unverhältnismäßig viel Silber bringen, z.B. wenn 1000 Gegenstände versteigert werden, leicht 6 bis 7000 Mk., so daß bei ihr das Bedürfniß nach der Vollstreckung durch Verurtheilung in das Interesse besonders leicht eintreten würde«.

325 § 773 Abs. 3 ZPO: Auf die Zwangsvollstreckung zur Erwirkung der Herausgabe oder Leistung von Sachen finden die vorstehenden Bestimmungen keine Anwendung.

326 § 778 ZPO: Durch die Bestimmungen dieses Abschnittes wird das Recht des Gläubigers nicht berührt, die Leistung des Interesses zu verlangen. Den Anspruch auf Leistung des Interesses hat der Gläubiger im Wege der Klage bei dem Prozeßgerichte erster Instanz geltend zu machen.

327 Der Autor setzt sich hierbei ausführlich mit der Entstehungsgeschichte der Normen auseinander, vgl. *Bulling*, Goldklausel (1894), S. 67–70.

befriedigen. Dazu schlägt der Praktiker Bulling vor, Versteigerungsbedingungen zu formulieren.

3. Bullings eigene Zusammenfassung

Abschließend arbeitet er in vier Punkten nochmals jene Thesen heraus, »welche bei Abfassung der Klausel zu beachten sind«. Erstens verschaffe die Goldklausel dem Gläubiger keinen Anspruch auf ungemünztes Gold. Sie soll ihm lediglich im Falle der Einführung einer Doppelwährung die Erfüllung eines Darlehensvertrags, in dem Zahlung von Goldmünzen vereinbart worden war, sichern.[328] Und zweitens gelte bei einem Darlehensvertrag, dass dieser unter der gegenwärtigen Gesetzeslage bereits den Schuldner zur Zahlung in Gold verpflichte. Eine Goldklausel diene dann nur dazu, »ein Zukünftiges, das verändernd in den Darlehnsvertrag eingreifen könnte« abzuwehren.[329]

Drittens bestehe der Sinn einer Goldklausel darin, auszudrücken, dass obige Bestimmung nicht für den Darlehensvertrag Geltung beanspruchen soll. Allein, das Versprechen Gold zu zahlen, bedeute daher keine Goldklausel, denn dies sage schon der Darlehensvertrag. Vielmehr bedürfe eine »richtige Goldklausel« einer Formel, nach der es ausgeschlossen sei, Silber zu zahlen. Daher stellen auch die beiden genannten Klauseln in den Beschlüssen des Kammergerichts nach dem bis hierher Gesagten keine »richtigen Goldklauseln« dar.[330] Denn in beiden Fällen war der Kredit in Goldmünzen ausgegeben worden. Die Bestimmung, dass die Zurückzahlung auch in Gold zu erfolgen habe, »war demnach rein tautologisch«, also eine reine Wiederholung des bereits Bekannten.[331] Bulling stimmt auch den Vorinstanzen zunächst zu, wenn diese feststellen, dass die Darlehensforderung bereits in Goldwährung in das Grundbuch eingetragen worden war, weswegen sich die zusätzliche Vereinbarung einer Goldklausel erübrige. Allerdings sieht er in den Entscheidungen des Kammergerichts einen »höheren Standpunkt«, wenn diese die in Rede stehenden Klauseln für zulässig erklären. Dafür führt er an, dass »eine offenbar absichtlich in den Vertrag eingeschriebene Tautologie nach Absicht der Parteien einen Zweck« haben müsse.

---

328 *Bulling*, Goldklausel (1894), S. 71.

329 *Bulling*, Goldklausel (1894), S. 72.

330 In Rede steht hier insbesondere folgende Formulierung des Gerichts: »[...] daß die Verzinsung und Rückzahlung des Kapitals auf Verlangen der Germania in deutschen Reichsgoldmünzen geleistet werden muß und die Germania Zahlungen in Silbergeld oder anderen Werthen, welche nach zur Zeit bestehenden oder etwa später in Kraft tretenden Gesetzen an Stelle der Reichsgoldmünzen geleistet werden können, anzunehmen nicht verpflichtet ist«, vgl. Beschluss des KG Berlin vom 11. 7. 1887, abgedruckt in: Johow (Hg.), Jahrbuch für Entscheidungen des Kammergerichts, 7. Bd. 1887–1888, S. 117–120, 118.

331 *Bulling*, Goldklausel (1894), S. 72.

Dabei bleibe es aber ungewiss, ob zukünftige Entscheidungen es bei der Zulässigkeit dieser Klauseln belassen würden, sobald die Doppelwährung eingeführt sei.

Viertens kommt Bulling auf den Regelungsgehalt einer Goldklausel zu sprechen. Dieser müsse darin bestehen, dem Gläubiger Zahlung der vereinbarten Menge an Gold auch im Falle der Abschaffung der gegenwärtigen Goldwährung zuzusichern. Die Schwierigkeit bestehe in der Bestimmung der Goldmenge. Die in den Beschlüssen des Kammergerichts formulierten Klauseln schweigen dazu, sie beziehen sich lediglich darauf, Zahlung in Silber auszuschließen, da im Fall der Einführung einer Doppelwährung die entsprechenden Einführungsgesetze »das Verhältniß der Zahlkraft der neuen Goldmünzen zu der Zahlkraft der alten Goldmünzen bestimmen« werden.[332] Von einer diesbezüglichen Ergänzung der bestehenden Goldklauseln könne daher abgesehen werden, wären da nicht noch die Entwürfe zu einem Bürgerlichen Gesetzbuch, insbesondere § 216 E I.[333]

Bulling liefert den Hintergrund dieser Regel gleich mit. Mit Verweis auf die Motive schreibt er, dass die Redaktion diesen Fall als Unmöglichkeit ansah. Dazu kommentiert der Autor, dass die Kommission freilich offenließ, was an die Stelle der weggefallenen Vereinbarung treten solle. Allerdings gaben die Rechtslehrer einige Hinweise. So schrieb Puchta, dass der Gläubiger Anspruch auf Münzen von demselben Feingehalt habe.[334] Und Windscheid sagte, eine Geldleistung bedeute immer die »Verschaffung einer gewissen Quantität edlen Metalles in Münzform«. Wenn zwischen der Zeit der Begründung einer Schuld und deren Erfüllung durch Zahlung ein »Uebergang von der Gold- zur Silberwährung, oder umgekehrt« liege, dann müsse der »Umrechnung dasjenige Verhältniß von Gold und Silber zu Grunde liegen, welches zur Zeit des Ueberganges bestand«.[335]

Obwohl der Erste Entwurf also die Unzulässigkeit von Goldklauseln postulierte, hält Bulling der Redaktion zwei Dinge entgegen. Erstens sei die Regelung des § 216 E I nicht abschließend gewesen. Und zweitens sei diese Regelungslücke durch eine Interpretation der Pandektisten zu schließen, deren Schriften Anhaltspunkte für die Wirksamkeit von Goldklauseln gäben.[336] Zudem habe die Regel des § 216 E I ohnehin keinen Eingang in den Zweiten Entwurf gefunden. Trotzdem mahnt Bulling zur Vorsicht. Denn immer noch könne eine Regel in den Entwurf aufgenommen werden, die das Recht des Gläubigers Gold zu fordern, einschränke. Es empfehle sich daher Vereinbarung zu treffen für den Fall,

332 *Bulling*, Goldklausel (1894), S. 74.
333 § 216 E I: Ist eine Geldschuld in einer bestimmten Münzsorte zu zahlen, welche sich zur Zeit der Zahlung nicht mehr im Umlaufe befindet, so ist die Zahlung so zu leisten, wie wenn die Bestimmung nicht getroffen worden wäre.
334 *Bulling*, Goldklausel (1894), S. 75.
335 *Windscheid*, Lehrbuch des Pandektenrechts, II. Bd., 5. A. (1879), § 256, S. 30–31.
336 Zu Bullings Verhältnis zur Pandektistik siehe das 11. Kapitel (S. 269).

in dem »Goldmünzen der jetzigen Währung nicht mehr im Umlauf sind«.[337] Eine solche Vereinbarung hätte zum Gegenstand, dass der Schuldner so viel Gold zahlen müsse, wie er in der gegenwärtigen Währung zu geben habe. Eine solche Klausel diene auch dem Zweck, »Goldmünzen der neuen Währung nicht auszuschließen«. Schließlich kommt Bulling zu dem Ergebnis, dass eine solche Klausel dem Grunde ihrer Funktion nach eines neuen Namens bedürfe: Silberausschließungsklausel.

III. Rezeption

In der wissenschaftlichen Debatte setzt sich zunächst Ludwig Bamberger mit Bullings Schrift auseinander. Er rezensierte sie in der Zeitschrift »Die Nation« und führt aus, dass diese »dem praktischen Leben im richtigen Moment einen wesentlichen Dienst leistet«.[338] Bulling habe die Schrift genau im richtigen Moment veröffentlicht, nämlich in einer Zeit, in der sich »die Welt der Juristen der Streitfrage« zuwandte. Bamberger wird nicht müde, Bullings Kenntnisse des »ganzen Gebiets der civilistischen Wissenschaft und Gesetzgebung sowie des praktischen Rechtslebens« zu betonen, und dass er diese »mit einer außerordentlichen Feinheit der strengen Deduktion eine gesunde natürliche Einsicht in die Verhältnisse des bürgerlichen Lebens« zu verbinden vermag. Die detailversessene Arbeitsweise Bullings sah Bamberger in dessen Studium der preußischen Kammerverhandlungen und der »bimetallistischen Angriffe, Einwürfe und Anklagen gegen die Anwendung der Goldklausel« bestätigt. Dabei sei der Autor mit der bimetallistischen Literatur bisher nicht vertraut gewesen, weswegen ihn die »Kühnheit der Dialektik verblüfft« habe. Laut Bamberger erschienen die Theorien der Bimetallisten dem geschulten Juristen Bulling »geradezu haarsträubend«. Er habe daher »alles ab ovo angefaßt und aus dem Fundament der Begriffe wieder in seine rechtmäßige Ordnung gebracht« und »Wort für Wort die Behauptungen und Schlußfolgerungen in ihre geheimsten Schlupfwinkel verfolgt und auf fein [sic!] geschliffenes Instrument aufgespießt«.[339]

Das Verdienst Bullings bestehe darin, die »Nützlichkeit und Gültigkeit der Goldklausel und die Nichtigkeit der dagegen erhobenen Einwände vor Augen« geführt zu haben.[340] Bamberger kommt zu dem Schluss, dass »an einzelnen Stellen die Deduktion, zumal für den Laien, vielleicht etwas zu umständlich

337 *Bulling*, Goldklausel (1894), S. 75.
338 *Bamberger*, Die Goldklausel, Die Nation 43 (1894), S. 635–637, 636.
339 *Bamberger*, Die Goldklausel, Die Nation 43 (1894), S. 635–637, 636.
340 *Bamberger*, Die Goldklausel, Die Nation 43 (1894), S. 635–637, 637.

ausgesponnen, für den Juristen aber darum gewiß umso lehrreicher« sei.[341] Bamberger begrüßt zudem, dass Bulling an das Ende der Schrift den Entwurf einer Darlehensurkunde mit Goldklausel stellt, »um gegen die möglichen Bosheiten möglicher bimetallistischer Gesetzgeber hieb- und stichfest zu sein«. Denn man könne zwar den Vertretern der Bimetallisten Recht geben, dass Goldklauseln überflüssig seien. Dies gelte aber nur, weil das »Reich der internationalen Doppelwährung doch niemals kommen wird«.

Die Frage nach der prinzipiellen Wirksamkeit von Goldklauseln wurde nach dem Erscheinen von Bullings Werk in der Privatrechtswissenschaft für beantwortet gehalten. So schrieb Merfeld bereits 1895, dass die Ausführungen Arendts »ausführlich und überzeugend von Bulling in der Abhandlung ›Wirksamkeit der Goldklausel‹ widerlegt« wurden.[342] Merfeld kritisiert Bulling aber auch: Bulling arbeite nicht sauber den Zweck der Klauseln heraus. Es sei »gleichgiltig«, wenn er feststelle, dass die Vereinbarung nicht darauf abziele, »die Rückzahlung in Gold schon während der Fortdauer der bestehenden hinkenden Währung zu sichern«.[343] Für Merfeld bleibt Bulling also im Hinblick auf den Inhalt von Goldklauseln zu sehr im Ungefähren. Im Hintergrund dieser Kritik steht die Unterscheidung von Goldmünz- und Goldwertklauseln, worauf noch zurückzukommen ist.

Im Lichte dieser Norm betrachtet, wäre die Erfüllung einer Nebenabrede wie der Goldklausel laut Merfeld dann zweifelhaft, wenn die verabredete Geldsorte ihre »Eigenschaft als gesetzliches Zahlungsmittel verliert«. Denn dann wäre die Vereinbarung »unmöglich« und »grundsätzlich hinfällig«, es bliebe dann nur die Abrede übrig, »daß eine Summe in gesetzlicher Währung zu zahlen sei«. Schließlich kommt der Autor zu dem Ergebnis, dass Goldklauseln »gegen die künftige Gesetzgebung schützen« sollen und damit »ein dem Inhalt nach unbekannter Umstand in Betracht kommt«.[344] Er resümiert, dass Bulling eine »sorgfältige Fassung« vorschlage, mit der die »meisten Zweifel beseitigt werden«.[345]

---

341 *Bamberger*, Die Goldklausel, Die Nation 43 (1894), S. 635–637, 637.

342 *Merfeld*, Die Goldklausel bei Hypotheken und Grundschulden, Beiträge zur Erläuterung des deutschen Rechts (1895), S. 574–601, 574–575.

343 *Merfeld*, Die Goldklausel bei Hypotheken und Grundschulden, Beiträge zur Erläuterung des deutschen Rechts (1895), S. 574–601, 574–577.

344 *Merfeld*, Die Goldklausel bei Hypotheken und Grundschulden, Beiträge zur Erläuterung des deutschen Rechts (1895), S. 574–601, 574, 582.

345 Allein der Fall bleibe unentschieden, »daß zurzeit der Zahlung keine inländischen Goldmünzen mehr im Kurs sind. Jedenfalls wird aber durch die Zweifel, die sich an die Klausel knüpfen, ihre Zulässigkeit im Allgemeinen nicht beeinträchtigt. Denn es ist Sache der Kontrahenten, ob sie sich den Gefahren der Rechtsunsicherheit, die unklar gedachte und unklar ausgedrückte Bestimmungen mit sich bringen, aussetzen wollen. Es sei dann später Aufgabe der Auslegung, die entstandenen Zweifel aufzulösen. Demnach ist auch bei Auf-

Der Göttinger Professor des Rechts Paul Oertmann fügte in einem Aufsatz aus dem Jahr 1905 zu der Diskussion hinzu, dass die Zulässigkeit von Goldklauseln mittlerweile kaum noch bestritten werde. Die »einstigen Zweifel des bimetallistischen Abg. Dr. Arendt« erfuhren durch Bulling eine »gründliche Widerlegung« und sind seitdem »von keiner Seite wieder aufgenommen worden«.[346]

Dabei ist zu berücksichtigen, dass die Wirksamkeit von Goldklauseln ohnehin in der Privatrechtswissenschaft kaum infrage gestellt worden war. So äußerte sich Otto Arendt zu den juristischen Fragen der Goldklausel nur in dem bereits besprochenen Artikel im Deutschen Wochenblatt. Unterstützung fand er lediglich von Gustav Hartmann,[347] der auch Bullings Schrift im Deutschen Wochenblatt renzensiert. In Replik auf Bambergers Rezension bezeichnet Hartmann Bullings Werk als »haarsträubend«, die Meinung Bullings, Goldklauseln seien auch bei Einführung der Doppelwährung wirksam, stelle eine geradezu »apodiktische« Auffassung dar. Zwar stimme er dem Autor zu, dass Goldklauseln nicht »für die Dauer der jetzigen sogenannten hinkenden Währung« vereinbart würden.[348] Bei der Frage nach der künftigen Zulässigkeit solcher Klauseln verkenne Bulling jedoch »die rechtliche Natur der Währungsänderung überhaupt, die wieder mit dem ganzen Rechtsbegriff des Geldes innigst zusammenhängt«. Bullings Haltung decke sich mit der Adolf Soetbeers, nach der beim Übergang in ein neues Währungssystem »die Konversion der bestehenden Geldschulden dem freiwilligen Uebereinkommen […] und in den auf diese Weise nicht zu regulirenden Fällen dem richterlichen Ermessen« überlassen werde.[349] Denn laut Bulling seien diese Einführungsbestimmungen dann lediglich dispositiver Natur. Dem hält Hartmann entgegen, dass der Rechtssinn des Geldes darin bestehe, »als öffentlich anerkannte feste und dauerhafte Grundlage aller Verkehrsoperationen zu dienen«. Es ergäbe sich daher für die Rechtsordnung die Aufgabe, »Materien von möglichst allgemeinem und gleichmäßigem,

nahme gerichtlicher oder notarieller Protokolle dem Verlangen der Parteien die Goldklausel aufzunehmen, stattzugeben, geeignetenfalls nach Belehrung über die hieraus hervorgehenden Zweifel.«, *Merfeld,* Die Goldklausel bei Hypotheken und Grundschulden, Beiträge zur Erläuterung des deutschen Rechts (1895), S. 574–601, 574, 583.

346 *Oertmann,* Die Goldklausel und ihre Eintragbarkeit, DJZ 1904, S. 333–341, 333–334.

347 Gustav Hartmann (1835–1894) lehrte als Professor an den Universitäten Basel, Freiburg, Göttingen und Tübingen. Er war der einzige Privatrechtswissenschaftler, der die Bimetallismus-Bewegung unterstützte. So verteidigte er die Forderung nach der Einführung einer Doppelwährung, vgl. *Hartmann,* Internationale Geldschulden, AcP 15 (1882), S. 147–229. Laut *Ott* sei es Hartmanns Verdienst, der Bimetallismus-Bewegung einen »rechtswissenschaftlichen Unterbau« gegeben zu haben, vgl. Geld- und Geldworttheorien (1998), S. 234. Daneben befasste sich Hartmann auch mit rechtstheoretischen Fragen auf dem Gebiet des Währungsrechts, vgl. *Hartmann,* Ueber den rechtlichen Begriff des Geldes und den Inhalt von Geldschulden (1868), S. 165–175.

348 *Hartmann,* Zur Kritik der Goldklausel, Deutsches Wochenblatt 7 (1894), S. 422–425, 422.

349 *Hartmann,* Zur Kritik der Goldklausel, Deutsches Wochenblatt 7 (1894), S. 422–425, 423.

stabilem Werth zum Gelddienst zu bestimmen« und die »Werthkonstanz« durch zwingende Regeln zu sichern.[350] Die von Hartmann vertretene Ansicht fand in der Privatrechtswissenschaft keine Unterstützung. Da er bereits 1894 starb, sind von ihm auch keine weiteren Veröffentlichungen zur Goldklausel mehr erschienen.

Die Gerichte und die Lehre beschäftigten sich allerdings mit zwei anderen Fragen bezüglich der Goldklauseln. Einerseits waren die inhaltliche Bedeutung und das dogmatische Verhältnis von Goldmünzklauseln und Goldwertklauseln ungeklärt.[351] Andererseits wurde die Eintragbarkeit von Goldklauseln in das Grundbuch zur Sicherung von Hypotheken in den 90er-Jahren des 19. Jahrhunderts und im ersten Jahrzehnt des 20. Jahrhunderts kontrovers diskutiert, da Goldklauseln im Hypothekenwesen in dieser Zeit weit verbreitet waren.[352]

Gegenstand des ersten Streits war die Frage, ob die in der Praxis gängigen Goldklauseln als Goldmünzklauseln oder als Goldwertklauseln anzusehen waren. Übliche zeitgenössische Formulierungen für Goldklauseln lauteten beispielsweise »Zahlung in Gold in deutscher Reichswährung«,[353] »in deutscher Reichsgoldmünze«,[354] »in deutscher Goldwährung«,[355] »in jetziger Reichsgoldwährung«[356] oder »in deutscher Reichsgoldwährung«[357]. All diesen Beispielen ist gemein, dass sie in das Grundbuch eingetragen wurden und den Gegenstand von Gerichtsentscheidungen bildeten. Das Reichsgericht entschied, dass solche Klauseln als Goldmünzklauseln zu sehen sind, die wirksam in das Grundbuch eingetragen werden können. Diese Rechtsprechungspraxis rief heftige Kritik in der Privatrechtswissenschaft hervor, die noch heute wiederholt wird.[358] Das

---

350 *Hartmann*, Zur Kritik der Goldklausel, Deutsches Wochenblatt 7 (1894), S. 422–425, 423–424.

351 Eingehend dazu *Nußbaum*, Vertraglicher Schutz gegen Schwankungen des Geldwertes (1928), S. 32–38.

352 *Nußbaum*, Das Geld in Theorie und Praxis des deutschen und ausländischen Rechts (1925), S. 164.

353 RGZ, 50, 145; 107, 370; 136, 169.

354 RGZ 101, 141; 107, 400; 121, 110; 131, 78.

355 RGZ 103, 384.

356 RGZ 104, 218.

357 RGZ 108, 176.

358 Zur damaligen Diskussion vgl. *Merfeld*, Die Goldklausel bei Hypotheken und Grundschulden, Beiträge zur Erläuterung des deutschen Rechts 1895, S. 574–601 (zur Frage der Wirkung eingetragener Klauseln insbesondere S. 597–601); *Oertmann*, Die Goldklausel und ihre Eintragbarkeit, DJZ 1904, S. 333–341; *Merfeld*, Erwiderung auf Oertmann, Zur Eintragbarkeit der Goldklausel, DJZ 1904, S. 541–543; *Lesse*, Erwiderung auf Oertmann und Merfeld, DJZ 1904, S. 731–733, und wiederum *Oertmann*, Goldmünzklausel und Goldwertklausel, Versicherung und Geldwirtschaft 1925, S. 313–315. Einen guten Überblick aus wirtschaftswissenschaftlicher Sicht bietet zudem *Formel*, Die Goldklausel bei Währungsschwankungen (1949), S. 6–8. Zur heutigen Kritik siehe *Ott*, Geld- und Geldwerttheorien (1998), S. 204.

Kernargument lautet, dass Goldklauseln nur dann einen wirtschaftlichen Sinn ergeben, wenn sie als Goldwertklauseln ausgestaltet werden. Denn der Gedanke hinter den Klauseln bestand immer darin, sich entweder gegen den allgemeinen Geldwertverfall oder den besonderen Geldwertverfall im Fall der Einführung einer Doppelwährung abzusichern. Dies könne aber nur gelingen, wenn die Klausel den Schuldner dazu verpflichte, den jeweiligen Goldgegenwert zu zahlen, sofern entsprechende Goldmünzen nicht oder nicht mehr verfügbar seien.[359]

Das Reichsgericht und alle vorstehenden Gerichte lehnten es aber stets ab, die obigen Formulierungen als Goldwertklauseln zu definieren. Denn Goldwertklauseln haben einen juristischen Nachteil. Es ist in der Gegenwart nicht bestimmbar, welche Entwicklung der Goldwert nehmen wird. Gemäß § 1115 BGB i. V. m. § 28 S. 2 GBO muss jede Forderung, die in das Grundbuch eingetragen wird, klar und eindeutig bestimmbar sein. Das Reichsgericht sagte nun, dass Goldwertklauseln dieses Bestimmtheitserfordernis nicht erfüllen, weswegen eine Eintragung derselben unwirksam sei, und erklärte die bestehenden Klauseln für wirksam im Sinne von Goldmünzklauseln.[360] Die weiteren Einzelheiten des Streits sind hier nicht weiter von Belang. Bulling positioniert sich nicht eindeutig zu diesen Fragen. Seinen Aussagen lässt sich keine Haltung hinsichtlich der Differenzierung zwischen Goldmünz- und Goldwertklauseln entnehmen. Zwar schreibt er, dass »in jeder Währung Gold oder Silber oder beide in einem festen Verhältnisse zur Währung« stehe. Trotzdem könne mit einem Schuldner vereinbart werden, dass »er mir in bestimmten oder beliebigen Münzen eben so viel Feingold oder Feinsilber zurückgeben soll, wie er in den empfangenen Münzen empfangen hat, und keinem Gesetzgeber wird es einfallen, eine solche Vereinbarung zu verbieten«. Insbesondere könne der Gesetzgeber nicht verbieten, dass der Gläubiger vertraglich festschreiben lasse, »nicht weniger zurückzuerhalten«, als er gegeben habe.[361] Ohne die Termini Goldmünz- bzw. Goldwertklausel direkt zu benutzen, klingt hier also an, dass aus Bullings Sicht Goldklauseln auch den Sinn haben, den Goldwert zu sichern (»ebenso viel Feingold«).

Zur Eintragbarkeit äußert sich der Autor ebenfalls nicht. Zwar rekurriert er auf die beiden Entscheidungen des Berliner Kammergerichts. Die dort streit-

359 So jedenfalls *Caemmerer*, Wertsicherungs- und Valutaklauseln, in: Leser (Hg.), Gesammelte Schriften, 2. Bd. (1915), S. 310–329, 312–313.

360 RGZ 50, 145 (149): »Dann würde nicht mehr ein bestimmter Geldbetrag in Reichswährung, sondern ein gegenwärtig überhaupt nicht zu bestimmender, später nach der von den Parteien an Stelle der Reichswährung gesetzten Privatwillkür zu berechnender Geldbetrag vorliegen.« Bereits das Kammergericht Berlin schrieb in seinem Beschluss vom 11. 7. 1887 (abgedruckt in: Johow (Hg.), Jahrbuch für Entscheidungen des Kammergerichts, 7. Bd. 1887–1888, S. 117–120, 119), dass »Floskeln, deren Tragweite positiv in keiner Weise festzustellen ist, dem Grundbuche fern zu halten« sind.

361 *Bulling*, Goldklausel (1894), S. 54.

gegenständlichen und im Grundbuch eingetragenen Klauseln »Verzinsung und Rückzahlung des Kapitals auf Verlangen der Germania in deutschen Reichsgoldmünzen«[362] und »Zahlungen an Kapital wie an Zinsen in jetziger Deutscher Reichsgoldwährung«[363] wurden vom Gericht als wirksam eingetragen angesehen. Bulling setzte sich mit der grundsätzlichen Wirksamkeit dieser Vereinbarungen auseinander und begrüßte die Entscheidungen des Kammergerichts. In anderen Entscheidungen stellte das Reichsgericht später fest, dass Goldklauseln unabhängig davon, ob sie in das Grundbuch eingetragen seien oder nicht, Wirksamkeit beanspruchen können.[364] Wertsicherungsvereinbarungen wie die Goldklausel waren daher immer wirksam. Die rechtliche Zulässigkeit solcher Klauseln auch nur von Wenigen infrage gestellt wurde, wobei dieser Diskussion durch Carl Bulling ein Schlusspunkt gesetzt worden ist.

IV. Fazit

Mit seinen Ausführungen bekräftigte Bulling den Standpunkt der herrschenden Meinung und stellte diese auf ein dogmatisches Fundament. Leider enthält die Schrift kein Vorwort, weswegen über Bullings Motive zur Abfassung des Buches nur Vermutungen angestellt werden können. Koujouie hat diesbezüglich die These aufgestellt, dass Bulling diese Schrift und die noch zu untersuchende Broschüre zum Pressestrafrecht in kurzer Abfolge nach seiner Pensionierung verfasste, um die Unterbringung seiner Ehefrau in einer Heilanstalt zu finanzieren.[365] Dabei verdient Hervorhebung, dass zumindest die Schrift zur Wirksamkeit von Goldklauseln stilistische Züge eines Gutachtens trägt, sodass es sich dabei durchaus um eine Auftragsschrift handeln könnte. Insbesondere Hochschullehrer des Rechts praktizierten bereits im 19. Jahrhundert eine rege gutachterliche Tätigkeit.[366] So erklärt Bulling auch, dass er die Schrift als Replik auf die Bimetallismus-Bewegung im Allgemeinen und auf Otto Arendts Artikel im Deutschen Wochenblatt im Besonderen konzipiert hat. Zudem galt der Bulling

362 Beschluss des KG Berlin vom 11.7.1887, abgedruckt in: Johow (Hg.), Jahrbuch für Entscheidungen des Kammergerichts, 7. Bd.: 1887–1888, S. 117–120, 119.

363 Beschluss des KG Berlin vom 27.4.1889, abgedruckt in: Johow (Hg.), Jahrbuch für Entscheidungen des Kammergerichts in Sachen der nichtstreitigen Gerichtsbarkeit und in Strafsachen, 9. Bd.: 1889, S. 79–80, 79.

364 RGZ 101, 141; 107, 400; 121, 110; 131, 78.

365 *Koujouie*, Die Frauenfrage als Menschheitsfrage, in: Meder u.a. (Hg.), Frauenrecht und Rechtsgeschichte (2006), S. 193–209, 203.

366 Vgl. die Beiträge von *van Hall*, Friedrich Carl von Savigny als Praktiker, SZ (GA) 99 (1982), S. 285–297, und *Falk*, Jherings Kampf um die Festungsbollwerke, NJW 2008, S. 719–722, die sich ausführlich mit der Gutachtertätigkeit der zwei bedeutendsten Rechtslehrer des 19. Jahrhunderts befassen.

bestens bekannte Ludwig Bamberger als »Vater« und vehementer Verteidiger der Goldwährung im Kaiserreich.

5. Kapitel: Bullings strafrechtliche Schriften als Beleg positivistischen Denkens?

Neben wirtschaftsrechtlichen Themen publizierte Bulling auch zu Fragen auf dem Gebiet des Strafrechts zwei Schriften. Dabei handelt es sich um die kurze Monographie »Der örtliche Gerichtsstand in Preßstrafsachen«, erschienen 1894 im Verlag Rosenbaum & Hart, und den 1895 veröffentlichten Zeitschriftenbeitrag »Kautschukparagraph und richterliche Unabhängigkeit«. Insbesondere die Schrift zum Pressestrafrecht dient einigen als Beleg für Bullings positivistische Haltung. Es gilt daher zu untersuchen, ob diese Schlussfolgerung plausibel ist.

I. »Der örtliche Gerichtsstand in Preßstrafsachen«

1. Einführung

Seit der Mitte des 19. Jahrhunderts war zunächst in den deutschen Territorialstaaten und anschließend auf dem Gebiet des Deutschen Kaiserreichs durch technische Innovationen eine »nationale Kommunikationsgemeinschaft« entstanden. Die Kooperation der nationalen Telegraphengesellschaften und das engmaschige Vertriebsnetz der großen Tageszeitungen sorgten für eine schnelle und gleichmäßige Verbreitung von Nachrichten.[367] Noch vor der Jahrhundertwende vollzog sich in Deutschland daher der Aufstieg der Presse zum Massenmedium und damit der Übergang zur »modernen Kommunikationsgesellschaft«.[368] Diese Emanzipation der Presse ging jedoch nicht Hand in Hand mit einer politischen Liberalisierung. Immer noch befand sich das Justizsystem in einem an der Grenze zur Zensur herrschenden Zustand, der mit einem rigiden Pressestrafrecht einherging.[369]Dabei war das Strafrecht das Rechtsgebiet, wel-

367 *Schulz*, Der Aufstieg der »vierten Gewalt«, HZ 270 (2000), S. 65–97, 66.

368 *Wilhelm*, Das Deutsche Kaiserreich und seine Justiz (2010), S. 299.

369 Das durch das Reichspressegesetz (RPG) ab 1874 reichseinheitlich geregelte Presserecht verbot zwar grundsätzlich Präventivmaßnahmen. Jedoch erlaubte es die vorläufige Be-

ches im Zuge der Reichseinigung im Jahr 1871 als eines der ersten vereinheitlicht worden war, indem zum 1. Januar 1872 das Strafgesetzbuch für das Deutsche Reich in Kraft trat.[370] Neben dem materiellen Strafrecht war das prozessuale Pendant seit dem Inkrafttreten der StPO zum 1. Oktober 1879 ebenfalls reichseinheitlich geregelt.

Bulling setzt sich in seinem Werk mit dem sogenannten örtlichen Gerichtsstand in Pressestrafsachen auseinander. Der örtliche Gerichtsstand meint allgemein, welches Gericht an welchem Ort für die Anklage der Strafsache zuständig ist. Die örtliche Zuständigkeit des Gerichts für Pressedelikte war zu dieser Zeit nicht geregelt. Der sogenannte »ambulante« oder »fliegende« Gerichtsstand der Presse erlaubte es der Justiz, die Verfasser von Druckerzeugnissen nicht nur am Erscheinungsort, sondern an jedem beliebigen Verbreitungsort anzuklagen, wobei sich die Staatsanwaltschaft auf § 7 StPO a. F. berief. Ihrem Charakter nach stellte diese Norm zwar eine Ausnahmebestimmung dar. Sie brachte jedoch für die Autoren und mehr noch für die presserechtlich Verantwortlichen neben der Überwachung durch die Obrigkeit zusätzliche Rechtsunsicherheit mit sich.[371] Zwar wurde von der Vorschrift relativ selten Gebrauch gemacht, die vorkommenden Fälle sorgten aber immer wieder für enormes Aufsehen, nicht zuletzt durch die Presse selbst, die ausführlich über die Vorgänge berichtete.[372] Denn die ortsunabhängige Anklageerhebung belastete das Verhältnis zwischen Presse und Gerichten über Jahrzehnte hinweg erheblich.[373] So vermochte allein die Existenz solcher aus heutiger Sicht geradezu drakonisch anmutender Vorschriften, die Presse nicht unerheblich einzuschüchtern.

Auch in politischen Kreisen regte sich ab dem Anfang der 1890er-Jahre allmählich Unmut über das geltende Recht. So verwies der damalige Justizminister Karl Heinrich Schönstedt darauf, dass der gegenwärtige Rechtszustand »in einem gewissen Grade gegen die Billigkeit verstößt« und entsprechende An-

---

schlagnahmung und sah außerdem eine Ablieferungspflicht von Druckschriften an die Ortspolizeibehörden vor, vgl. *Mallmann*, Presserecht, in: HRG III, Sp. 1902–1924, 1919.

370 Das reichseinheitliche StGB basierte im Wesentlichen auf dem StGB für den Norddeutschen Bund, welches wiederum auf dem Preußischen Strafgesetzbuch von 1851 fußte.

371 Vgl. beispielweise *Stenglein*, Der ambulante Gerichtsstand der Presse, DJZ 1898, S. 500–503, 500.

372 *Wilhelm*, Das Deutsche Kaiserreich und seine Justiz (2010), S. 360.

373 *Wilhelm*, Das Deutsche Kaiserreich und seine Justiz (2010), S. 123, wobei die Meinung innerhalb der Jurisprudenz gespalten war. So meinte beispielsweise *Birkmeyer*, Der Gerichtsstand der begangenen That bei Pressbeleidigungen, DJZ 1899, S. 301–304, 302–303, dass die »Annahme eines ambulanten Gerichtsstandes für die Preßbeleidigungen einfach eine wissenschaftliche Notwendigkeit« sei. Zwar erkennt auch er an, dass ein solch »fliegender« Gerichtsstand eine Vielzahl von Missständen mit sich bringe. Diesen könne aber nur mittels einer gesetzlichen Regelung abgeholfen werden, nicht durch gerichtliche Auslegung, die allein eine Fiktion schaffen würde.

klagen »in der Regel mehr unliebsames Aufsehen und Angriffe in der Presse zur Folge haben, als sie Nutzen bringen«.[374] Dieser Vorstoß traf nicht auf ungeteilte Zustimmung. So antwortete der bekannte Politiker und Jurist Johannes Miquel, dass die Presse mit der Zeit viel gefährlicher geworden sei. Zudem verwies er auf die uneinheitliche Rechtsprechung in den deutschen Bundesstaaten auf dem Gebiet des Presserechts, insbesondere im Hinblick auf den Tatbestand der Beleidigung. Diese Skepsis ging Hand in Hand mit der in politischen Kreisen argwöhnisch betrachteten Justizkritik durch die Presse. Diese kritisierte gerade die Beliebigkeit der Zuständigkeit und die Abschaffung jeglicher Zuständigkeitsgrenzen mit nachteiligen Folgen vor allem für den Angeklagten. Obwohl sich das Reichsgericht mit Entscheidung vom 17. Juni 1892 bereits mit den anerkannten Theorien beschäftigt hatte und entschied, »den Thatort nicht abweichend von den allgemeinen Regeln zu bestimmen« und den Versuch zurückwies, »auch an den Verteilungsorten einen Gerichtsstand für die Presse zu begründen«,[375] besänftigte dies die Kritiker nicht.

2. Bullings Thesen und Argumente zum örtlichen Gerichtsstand

Eingangs weist Bulling darauf hin, dass für Pressestrafsachen kein besonderer Gerichtsstand bestimmt sei. Sodann bespricht er die enge Verzahnung von StPO und StGB. In § 3 StGB der damaligen Fassung heißt es: »Die Strafgesetze des deutschen Reiches finden Anwendung auf alle im Gebiete desselben begangenen strafbaren Handlungen, auch wenn der Thäter ein Ausländer ist.«[376] § 7 StPO knüpft an diese Bestimmungen an, indem die Norm dasjenige Gericht für zuständig erklärt, »in dessen Bezirke die strafbare Handlung im Sinne des § 3 StGB begangen worden ist«.

Nach Bulling reiche es allerdings zur strafrechtlichen Verantwortlichkeit eines Täters nicht, wenn dieser »durch sein Verhalten den Thatbestand der vom Gesetze mit Strafe bedrohten Handlung erfüllt« habe. Er müsse auch »verpflichtet gewesen sein, das Strafgesetz zu befolgen, nämlich die Verbots- oder Gebots-Normen zu befolgen, die in jedem Strafgesetze ausgesprochen wird«.

---

374 Votum Schönstedt vom 2.10.1895, Bl. 168; das Zitat ist abgedruckt bei *Wilhelm*, Das Deutsche Kaiserreich und seine Justiz (2010), S. 467.

375 Vgl. RG St, Entscheidung vom 17.6.1892, Bd. 23, S. 155–160, 158f. Die Entscheidung kann daher als Präjudiz auf diesem Gebiet angesehen werden. Im Einzelnen zu Präjudizien und deren Bedeutung in der Rechtswissenschaft des 19. Jahrhunderts vgl. *Müssig*, Geschichte des Richterrechts und der Präjudizienbindung auf dem europäischen Kontinent, ZNR 2006, S. 79–106, 97–101.

376 *Bulling*, Der Örtliche Gerichtsstand (1894), S. 4.

Dies bezeichnet er als »Befolgen des Strafgesetzes«.[377] Ein solches »Befolgen« sehe auch das Gesetz in § 3 StPO vor. Den dahinter stehenden Gedanken findet er im Recht des Staates, »Gehorsam« von denjenigen fordern zu können, die sich »auf dem Staatsgebiete« aufhalten.[378] Angesichts verschiedener Fachtermini wie vinculum obligationis, die Bulling im Folgenden verwendet, kann bereits aus den einleitenden Passagen geschlussfolgert werden, dass er seine Schrift nicht an ein Laienpublikum richtet. Damit brachte er sich in Gegensatz zu anderen zeitgenössischen Autoren wie beispielsweise Kitzinger, der mit seiner Schrift einer breiten Öffentlichkeit den Gerichtsstand bei Pressedelikten erklären will.[379]

Als vinculum obligationis wird eine bindende Verpflichtung bezeichnet, die nach Bulling z. B. durch den Aufenthalt auf dem Gebiet eines Staates begründet wird. Das bedeutet, jedes Betreten fremden Staatsgebiets umfasst das stillschweigende Befolgen der jeweiligen Strafnormen. Dementsprechend sei eine strafbare Handlung dann gegeben, wenn die Pflicht zum Gehorsam verletzt würde. Diese Pflicht könne aber nur durch ein Tun oder ein Unterlassen verletzt werden, auch im Bereich der Erfolgsdelikte.[380] Denn auch bei Erfolgsdelikten sei der Versuch strafbar, so das entscheidende Argument Bullings.[381] Da aber die Handlung das entscheidende Kriterium für die Feststellung der Strafbarkeit sei, so könne Begehungsort nur jener Ort sein, wo die Handlung vorgenommen wurde und nicht jeder, an dem beispielsweise eine Verbreitung des Presseerzeugnisses stattgefunden hat, mithin also der Erfolg eingetreten ist.

377 Dieses Befolgen konkretisiert er so: »Der Thäter muß, wie man es ausdrückt, das Gesetz, d. h. die Pflicht, es zu befolgen, verletzt haben. Daß diese Pflicht verletzt sein muß, wenn Strafe soll verhängt werden dürfen, ist eine ganz unbedingte Forderung des Rechtes. Es ist dies auch in der Theorie niemals verkannt worden, wenn es in ihr auch nicht immer zum richtigen Ausdrucke gelangt ist. Die ganze juristische Controverse über die örtlichen und zeitlichen Grenzen des Gebietes der Herrschaft der Strafgesetze beruht auf diesem Gedanken. Wenn man dabei fragt und untersucht, wie weit das Recht des Staates zu strafen sich erstrecke, so meint man, wie weit die Verpflichtung sich erstrecke, die Strafgesetze des Staates zu befolgen«, *Bulling*, Der Örtliche Gerichtsstand (1894), S. 4.

378 *Bulling*, Der Örtliche Gerichtsstand (1894), S. 5.

379 Vgl. *Kitzinger*, Der ambulante Gerichtsstand der Presse und die diesbezüglichen Aufgaben des Gesetzgebers (1901), S. 3, sowie dessen 1904 erschienene und sich dann selbstverständlich an ein Fachpublikum richtende Habilitationsschrift »Ort und Zeit der Handlung im Strafrecht«.

380 *Bulling*, Der Örtliche Gerichtsstand (1894), S. 6. Erfolgsdelikte sind solche Delikte, deren Tatbestand einen bestimmten, von der Handlung unterscheidbaren Taterfolg enthält. Abzugrenzen sind diese Delikte von reinen Handlungsdelikten, bei denen der Tatbestand nur ein bestimmtes Verhalten, egal ob aktives Tun oder Unterlassen, und keinen davon getrennten Erfolg voraussetzt.

381 *Bulling*, Der Örtliche Gerichtsstand (1894), S. 6.

Seine Argumentation stützt Bulling erstens auf die Motive zur StPO und zum StGB und zweitens auf das Territorialprinzip.[382] Letzteres besagt, dass der Staat das Recht hat, innerhalb seines Gebietes das Strafrecht auszuüben.[383] Zu diesem Prinzip führt er aus, dass das »Recht der Staatsgewalt auf Gehorsam innerhalb des ganzen Bereiches des Staatsgebietes [...] ganz selbstverständlich dem Staate auch das Recht zu strafen giebt«.[384] Die Staatsgewalt habe daher das Recht auf Gehorsam innerhalb des Staatsgebiets. Etwas missverständlich formuliert Bulling dann, dass § 3 StGB »das Territorialprinzip sanctionirt«.[385] Er meint damit wohl, dass die Norm eine Ausformung des Territorialprinzips auf einfachgesetzlicher Ebene ist, weswegen allein der Handlungsort maßgeblich für den Begehungsort sein kann.

Bullings drittes Argument bezieht sich auf die Auslegung des Wortes »begehen«. Pressedelikte sind zu dieser Zeit vorrangig als Beleidigungsdelikte deklariert, um politische Äußerungen strafrechtlich verfolgen zu können. Häufig sind vermeintliche Beleidigungen und Diffamierungen von Politikern oder öffentlichen Stellen streitgegenständlich, weswegen durchaus von politischer Justiz gesprochen werden kann.[386] Zunächst umschreibt Bulling den schon damals anerkannten Grundsatz des Strafrechts nulla poena sine lege, wonach niemand bestraft werden darf, sofern zum Zeitpunkt der Begehung noch kein entsprechender Straftatbestand existierte.[387] Im Rahmen von Beleidigungen durch Presseerzeugnisse wäre demgemäß die Tathandlung der Abdruck und die Vervielfältigung der Drucksache, also der Ort der Erscheinung. Der Erfolg da-

382 Aus den Motiven gibt er das folgende von ihm selbst mit Auslassungen versehene Zitat wieder: »Die bestehenden deutschen Gesetzgebungen [...] regeln namentlich noch besonders 1. Den Fall, wenn der zum Thatbestande nötige Erfolg des Verbrechens in einem anderen Bezirke eingetreten ist, als demjenigen, wo die That begangen wurde. [...] Der Entwurf hat besondere Vorschriften hierüber für entbehrlich erachtet. Denn es erscheint selbstverständlich, daß es in dem Falle zu 1, nur auf den Ort der That und nicht auf den eingetretenen Erfolg ankommen kann.«, *Bulling*, Der Örtliche Gerichtsstand (1894), S. 7. Er stellt zwar selbst die Aussagekraft von Motiven in Frage, verweist aber gleichzeitig darauf, dass die Auslegung eines Gesetzes niemals entgegen dem Wortlaut der Motive vorgenommen werden kann. Ungeachtet dieser Tatsache beruft sich keine der von *Bulling* zitierten Entscheidungen auf die Motive, obwohl diese Passage für sich genommen ausreichen würde, jede Theorie, nach der der Erfolgsort der Begehungsort sei, zurückzuweisen, vgl. *Bulling*, Der Örtliche Gerichtsstand (1894), S. 8.

383 *Bulling*, Der Örtliche Gerichtsstand (1894), S. 8.

384 *Bulling*, Der Örtliche Gerichtsstand (1894), S. 9. Wo die Schranken des Territorialprinzips konkret sind, lässt Bulling freilich offen. Er schreibt lediglich, dass »kein Recht Berechtigungen ohne Inhalt und ohne Grenzen gewähre«.

385 *Bulling*, Der Örtliche Gerichtsstand (1894), S. 9.

386 Die Presse hegte vor diesem Hintergrund eine unverhohlene Skepsis gegenüber den Gerichten aller Instanzen, vgl. *Wilhelm*, Das Deutsche Kaiserreich und seine Justiz (2010), S. 124.

387 *Bulling*, Der Örtliche Gerichtsstand (1894), S. 10.

gegen bestünde in der Kenntnisnahme durch den Leser, mithin durch die Öffentlichkeit.[388] Nach dieser Argumentation wäre der Erscheinungsort der Begehungsort, da am Erscheinungsort die Tathandlung begangen wird.[389]

Interessant sind auch Bullings Ausführungen zum Begriff der Handlung. Zunächst wiederholt er die Haltung des Reichsgerichts, wonach bei Erfolgsdelikten nicht nur dasjenige Gericht örtlich zuständig ist, in dessen Bezirk die Handlung vorgenommen wurde, sondern ebenso alle Gerichte, in deren Bezirken der Erfolg eingetreten ist. Bei einem Beleidigungsdelikt träfe dies also auf jeden Bezirk zu, in dem der Ausspruch gehört oder gelesen wurde. In der Folge referiert Bulling vier Entscheidungen, die exemplarisch zeigen sollen, wie das Reichsgericht sich verschiedenste Auslegungen des Begriffs Handlung zu eigen macht, um eine Strafbarkeit zu konstruieren.[390] Ohne den Begriff Willkür-Justiz zu verwenden, macht Bulling anhand dieser Urteile deutlich, dass sich das höchste deutsche Gericht in Strafsachen einer sehr flexiblen Handhabung des Begriffs der strafbaren Handlung bedient, um zu einem gewünscht erscheinenden Ergebnis zu kommen. Insbesondere führt er dazu die Entscheidung des Reichsgerichts vom 17. Juni 1892[391] an, auf die noch zurückzukommen ist.[392]

Er argumentiert, die Strafgesetze könnten nur auf jene Anwendung finden, die verpflichtet seien, sie zu befolgen. Daher müsse sich aus dem Territorialprinzip eine Verpflichtung ergeben, deren Verletzung strafbegründend ist. Der Ort der Begehung könne daher nur derjenige sein, an dem diese Verpflichtung verletzt wurde.[393] Weiterhin knüpfe das Reichsgericht den Begriff des Bege-

---

388 Dieser Auffassung zustimmend *Kronecker*, Gutachten über die Frage: »Wie ist im Strafprozeß der Gerichtsstand der begangenen That hinsichtlich der Vergehen der Presse zu regeln?«, in: Verhandlungen des 25. DJT, I. Bd. (1900), S. 22–41, 25. *Stenglein*, Der ambulante Gerichtsstand der Presse, DJZ 1898, S. 500–503, 501–503, hat darauf hingewiesen, dass zwar für Beleidigungen es Voraussetzung der Strafbarkeit sei, dass eine andere Person als die des Täters Kenntnis von der Beleidigung nehme, das »gedruckte Wort aber nicht in Parallele mit dem einzeln gesprochenen Wort stehe, sondern mit dem öffentlichen«. Darüber hinaus sei weder die Verteilung durch die Post noch der Verkauf der Druckerzeugnisse eine vom Täter in Bewegung gesetzte Kraft. Außerdem müsse dann auch nachgewiesen werden, dass das Presseerzeugnis nicht nur an einen Dritten ausgehändigt, sondern auch Kenntnis von dessen Inhalt und damit konkret von der Beleidigung genommen werde.

389 *Bulling*, Der Örtliche Gerichtsstand (1894), S. 12.

390 *Bulling*, Der Örtliche Gerichtsstand (1894), S. 13–17; es handelt sich im Einzelnen um die Entscheidungen RGZ 11, 20; RGZ 20, 147; RGZ 13, 337; RGZ 23, 155.

391 Abgedruckt in RGZ 23, S. 155.

392 Die Entscheidung ist im zeitgenössischen Schrifttum mannigfaltiger Kritik ausgesetzt gewesen, obwohl das Gericht seine Entscheidung mit allen damals anerkannten Theorien zu begründen suchte, vgl. *Jürgens*, Abgestürzte Gerichtsstände, NJW 2014, S. 3061–3067, 3061. So schreibt *Kitzinger*, Der ambulante Gerichtsstand der Presse und die diesbezüglichen Aufgaben des Gesetzgebers (1901), S. 5, dass »jene Entscheidung in ihrer Begründung an greifbaren logischen Gebrechen leidet«.

393 *Bulling*, Der Örtliche Gerichtsstand (1894), S. 17.

hungsorts an den Begriff der Handlung und lehne damit das Territorialprinzip als diejenige Folie ab, auf der die Definition des Begehungsorts zu errichten sei. Dies wird von Bulling mit den folgenden drei Argumenten abgelehnt. Zunächst weist er darauf hin, dass eine strafbare Handlung ausschließlich unter den Oberbegriff »Handlung« fallen könne. Daher müsse zuerst geprüft werden, ob eine Handlung im allgemeinen Sinne vorliege. Erst danach könne die Frage nach einer strafbaren Handlung geklärt werden. Das Reichsgericht gehe in seiner Entscheidung jedoch direkt von dem Begriff der strafbaren Handlung aus. Es verkenne dadurch, wann eine Handlung im eigentlichen Sinne bereits beendet sei. Nur demzufolge gelange das Gericht zur der Erkenntnis, dass es sich bei der streitgegenständlichen Beleidigung um eine strafbare fortlaufende Handlung handele. In Wirklichkeit sei die Handlung mit der Erschaffung des Druckerzeugnisses bereits beendet.

Des Weiteren streiche das Reichsgericht das Element der Schuld aus dem Begriff der Handlung:

> »Der Begriff der Handlung sei zu finden in der bewußten willkürlich durch körperliche Kraft nach den Gesetzen der Causalität hervorgerufenen Einwirkung auf die Außenwelt; ferner in der Bemerkung: als Begehungsort habe unzweifelhaft der Ort zu gelten, an welchem der Thäter die zum Thatbestande erforderliche körperliche Thätigkeit, Muskel- und Nervenbewegung entwickelt habe.«[394]

Laut zeitgenössischer Literatur knüpften diese Ausführungen des RG an den »Ort der Körperbewegung« an.[395] Nach Bullings Auffassung fehlt hier das entscheidende Wort »schuldvoll«, weil wenn die Schuld nicht vorliege, mangele es auch an einer strafbaren Handlung.[396] Nur aufgrund dieses Kunstgriffs sei es dem Reichsgericht möglich, die strafbare Handlung als etwas rein »Objektives« auszulegen. Denn im Normalfall könne der Autor keine Kenntnis darüber haben, an welchen konkreten Orten das Druckerzeugnis verbreitet wird. Nicht zuletzt erfolge diese Auslegung auch entgegen dem allgemeinen Verständnis von dem Begriff der Handlung.[397]

Bulling richtet seine Kritik auch gegen die Ausweitung des Handlungsbegriffs auf die »Thätigkeit der Natur«. Das Reichsgericht gehe sonst als selbstverständlich davon aus, dass menschliche Handlung nur dort stattfinden könne, wo

394 RGZ 23, S. 155.

395 *Kronecker*, Gutachten über die Frage: »Wie ist im Strafprozeß der Gerichtsstand der begangenen That hinsichtlich der Vergehen der Presse zu regeln?«, in: Verhandlungen des 25. DJT, I. Bd. (1900), S. 22–41, 25.

396 *Bulling*, Der Örtliche Gerichtsstand (1894), S. 18. Auch *Stenglein*, Der ambulante Gerichtsstand der Presse, DJZ 1898, S. 500–503, 503, weist darauf hin, dass nur eine Handlung den Tatbestand der Beleidigung erfülle, wenn diese vom Bewusstsein und Willen des Täters umfasst sei.

397 *Bulling*, Der Örtliche Gerichtsstand (1894), S. 19.

sich der Urheber der Handlung befindet. Bei Pressestraftaten mache es aber eine Ausnahme:

> »Die Thätigkeit der Natur, die der Mensch durch irgend eine Naturkraft in Bewegung gesetzt hat, ist rechtlich seine persönliche Thätigkeit, ganz so als hätte er verlängerte Arme und Beine und als wäre die Naturkraft seine persönliche Kraft; und also, schließt das Reichsgericht, ist der Mensch rechtlich da thätig gewesen, wo die Naturkraft thätig war, mithin auch an dem Orte, wo der Erfolg eingetreten ist, und also ist das Delict auch an diesem Orte begangen: er selbst ist hier im Rechtssinn anwesend gewesen.«[398]

Bulling prangert hier einen offensichtlichen Missstand an, da das Reichsgericht Tendenzen einer politischen Rechtsprechung an den Tag legt. Zunächst stelle es einen Widerspruch dar, dass »die Thätigkeit der Natur zugleich die Thätigkeit der Menschen sein könnte«. Dies sei etwas »faktisch Unmögliches«. Auf eine faktische Unmöglichkeit lasse sich »ein Rechtssatz aber nur mittelst einer Fiction« anwenden. Eine solche Fiktion lasse sich nicht einmal aus dem Gesetz ableiten. Um eine Verbindung zwischen dem Erfolg und der »Thätigkeit der Natur« herstellen zu können, brauche es zwar in der Tat eine eigene Tätigkeit des Menschen. Dazutreten müsse aber die Verantwortlichkeit des Täters für die Tätigkeit, also das Verschulden. Die Fiktion des Gerichts »erklärt daher nichts, sie verdunkelt nur den Sachverhalt und führt zu irrigen Folgerungen«.[399]

Nach Bulling müsse der Mensch strafrechtlich zwar grundsätzlich nur dafür verantwortlich sein, »was er persönlich bewirkt hat«.[400] Allerdings könne er auch wegen dessen strafbar sein, »was er durch fremde Thätigkeit bewirkt«.[401] Bulling erkennt also an, dass die Verbreitung der Presseerzeugnisse durch andere als den verantwortlichen Autor realisiert wird und diese Handlungen ihm jedoch zugerechnet werden könnten. Allerdings ließe das Gesetz eine Strafbarkeit dafür nicht erkennen und im Strafrecht seien die Gesetze so eindeutig zu formulieren, dass es nicht Aufgabe der Gerichte sei, durch Auslegung einen neuen Straftatbestand erst zu kreieren. Insbesondere dürfe die Judikatur keine strafrechtliche Fiktion etablieren.

Für diese Fiktion fehle es aber an der gesetzlichen Grundlage. So sei das Argument, die Verbreitung der Presseerzeugnisse stelle eine »Thätigkeit der Natur« dar, offensichtlich fadenscheinig. Die Rechtsprechung möchte auf diesem Weg eine Strafbarkeit auch wegen der Verbreitung erreichen, obwohl das Gesetz dafür keine Grundlage biete. Ohne es direkt auszusprechen, scheint Bulling hier von einer willkürlichen Judikatur auszugehen, die der rechtsstaatlichen Grundlage entbehrt. Zwar erkennt er an, dass der »Gesetzgeber gewisse

398 *Bulling*, Der Örtliche Gerichtsstand (1894), S. 19.
399 *Bulling*, Der Örtliche Gerichtsstand (1894), S. 20–21.
400 *Bulling*, Der Örtliche Gerichtsstand (1894), S. 22.
401 *Bulling*, Der Örtliche Gerichtsstand (1894), S. 22.

Handlungen ihres Erfolges wegen unter Strafe stellen« kann.[402] Jedoch müsse das Gesetz »irgend eine Beziehung nicht des Gesetzgebers, sondern des Thäters zur strafbaren Handlung« ausdrücken. Es reiche nicht, dass dasjenige »was den Gesetzgeber bestimmt hat, die Handlung unter Strafe zu stellen«, den »Strafanspruch« begründet.[403]

Bulling meint also, das Motiv des Gesetzgebers bestehe darin, eine bestimmte Handlung unter Strafe zu stellen. Dies rechtfertige aber nicht, durch richterliche Auslegung jeden dazu passenden Fall subsumieren zu können. Nach Bullings Dafürhalten steht die Verbreitung der Drucksachen in keiner Beziehung zur Tat des Autors. Diese würde nach dem bisher Gesagten allein in der Drucklegung und Veröffentlichung am Erscheinungsort bestehen.[404] Im Kern dreht sich Bullings Argumentation damit um das Thema der Rechtssicherheit, dem gerade auf dem Gebiet des Strafrechts eine wesentliche Bedeutung beigemessen wird. Denn nur die Rechtssicherheit gewähre das Vertrauen in die Unparteilichkeit der Rechtsprechung und die Aufrechterhaltung des Rechtsbewusstseins.[405] Die zeitgenössische Gegenansicht nahm an, dass jede Tätigkeit, die allein durch die Handlung des Täters verursacht wurde, als ein Wirken des Täters selbst anzusehen sei.[406]

Außerdem dürfe es bei der Auslegung des § 3 StPO nicht darauf ankommen, was der Gesetzgeber allgemein dazu bestimmt habe, eine Handlung für strafbar zu erklären. Im Mittelpunkt der juristischen Bewertung dürfe lediglich stehen, was den Ort, wo eine Handlung stattfand, »als den Strafort« kennzeichne. Das Reichsgericht irre daher, sich allein auf generelle Erwägung stützen zu können.[407] Bulling versucht also, ein Umdenken zu erreichen, und zwar solle das Gericht mehr am Einzelfall arbeiten, um den wirklichen Handlungsort herauszufinden. Dies würde dem Wortlaut mehr entsprechen als ein Richterspruch auf der Grundlage einer Auslegung der Motive.

Als weiteres Argument führt der Autor den allgemeinen Sprachgebrauch an, weil nach diesem der »Begriff der Handlung die Wirkung nicht« umfasst. Unter

---

402 *Bulling*, Der Örtliche Gerichtsstand (1894), S. 23.

403 *Bulling*, Der Örtliche Gerichtsstand (1894), S. 23.

404 Zustimmend *Anonymous*, Rezension zu Carl Bulling, geh. Justizrath, Der örtliche Gerichtsstand in Preßstrafsachen, Der Gerichtssaal 50 (1895), S. 478–479, 479.

405 Vgl. *Liszt*, Wie ist im Strafprozess der Gerichtsstand der begangenen That hinsichtlich der Vergehen der Presse zu regeln?, in: ders. (Hg.), Strafrechtliche Aufsätze und Vorträge, II. Bd.: 1892–1904 (1905), S. 299–307, 300.

406 Einen guten Überblick zu diesem Streit bietet *Kitzinger*, Ort und Zeit der Handlung im Strafrecht (1902), S. 105, der aber genauso wie Bulling meint, dass es sich um eine fernliegende Fiktion handele, denn niemand »nähme im gewöhnlichen Leben an, den Marsch des Boten oder das Fahren des Eisenbahnzuges als einen Theil der Thätigkeit des Absenders anzusehen«.

407 *Bulling*, Der Örtliche Gerichtsstand (1894), S. 24.

einer Handlung verstehe man »eine Thätigkeit des Menschen« und unter Wirkung »das Ergebnis der Thätigkeit der Natur, welche durch jene Thätigkeit hervorgebracht« wurde.[408] Bulling hebt diese Abweichung des Reichsgerichts vom normalen Sprachgebrauch bewusst hervor, da der Gesetzgeber nicht nur »allgemein verständlich« reden müsse. Er habe darüber hinaus auch Gesetze, deren Sinn »thunlichst für einen Jeden objectiv« feststehen. Und dasjenige Mittel, »das was ihn in den Stand setzt, dies zu erreichen«, sei nun der Wortlaut des Gesetzes: »Ist es daher einer der obersten Grundsätze für die Auslegung, den sie nur verlassen darf, nach dem höchsten Princip aller Auslegung, wenn gewiss ist, daß der Gesetzgeber sich anders hat ausdrücken wollen.«[409]

Nach Bullings Auffassung hätte das Reichsgericht daher beweisen müssen, dass der Begriff der Handlung in § 3 StPO auch die Wirkung einer Handlung einschließt. Das Gericht habe diese Beweisführung jedoch nicht durchgeführt und sich auf die Aussage beschränkt, dass das Wort Handlung an sich mehrdeutig sei. Damit liege ein Verstoß gegen die Auslegungsregeln vor, da das Reichsgericht das Gesetz über den Wortlaut hinaus interpretiere. Bullings scharfe Kritik gründet sich darauf, dass der Wortlaut die Grenze jeder Auslegung darstellt, denn es dürfe keine Interpretation entgegen dem Wortlaut oder darüber hinaus stattfinden.[410] Genau auf diese Weise versuche das Reichsgericht nun aber Lücken in der Gesetzgebung zu schließen. Es probiere, »Mängel in der Gesetzgebung durch Auslegung zu heben«. Der vorgebliche Mangel bestehe hier darin, dass »die Bestimmungen über die im Auslande, begangenen Handlungen die Strafgesetze nicht auch auf den Fall ausgedehnt haben, wenn die Handlung im Auslande begangen, der Erfolg aber in Deutschland eingetreten ist«.[411] Auch diese Rechtsfortbildung durch das Reichsgericht sieht der Autor also kritisch, weil das Gericht eine Lücke entdeckt habe, die es nur rechtsfehlerhaft schloss.

Zusammenfassend stellt Bulling fest:

> »Örtlich zuständig in einer Preßstrafsache ist nicht das Gericht, in dessen Bezirk das Preßerzeugnis verbreitet worden ist, vielmehr lediglich das Gericht des Ortes, wo

---

408 *Bulling*, Der Örtliche Gerichtsstand (1894), S. 24.

409 *Bulling*, Der Örtliche Gerichtsstand (1894), S. 24–25; in diese Richtung argumentiert auch *Kitzinger*, Ort und Zeit der Handlung im Strafrecht (1902), S. 105.

410 Hierbei gilt es berücksichtigen, dass strafrechtliche Vorschriften nur eingeschränkt der Auslegung zugänglich sind, wie beispielsweise das Analogieverbot zeigt. Bullings Verständnis der Auslegung strafrechtlicher Normen kann im Rahmen dieser Arbeit nicht vertieft werden.

411 *Bulling*, Der Örtliche Gerichtsstand (1894), S. 25–26. Selbst die Befürworter eines ambulanten Gerichtsstands erkannten an, dass der Vielfalt an gerichtlichen Interpretationen bei der Beantwortung dieser Frage Einhalt geboten werden müsse, weswegen es eines Gesetzgebungsakts bedürfe, vgl. *Birkmeyer*, Der Gerichtsstand der begangenen That bei Pressbeleidigungen, DJZ 1899, S. 301–304, 303.

Derjenige, der die Verbreitung bewirkt oder zu ihr mitgewirkt hat, sich befand, als er sie bewirkte oder zu ihr mitwirkte.«[412]

Zudem referiert er jene Berufsgruppen, die nach dem zeitgenössischen Recht als Täter in Betracht kommen.[413] Hinter dieser Aufzählung steht der Gedanke, dass an sich bereits die Veröffentlichung die Tat darstellt und nicht erst die Lektüre durch die Leserschaft. Die von Bulling oben angeführten Beteiligten sollten sich daher nur strafbar machen, sofern ihr Handeln kausal für die Veröffentlichung des Werks war. Die geltenden Regeln seien demgegenüber zu weit gefasst. Schon allein aus Gründen der Rechtssicherheit und Rechtsklarheit müsse der Gesetzgeber daher klarere Regeln schaffen. Der streitgegenständliche § 7 StPO wurde durch Gesetz vom 13. Juni 1892 dahingehend geändert, dass der Gesetzgeber der Norm einen zweiten Absatz anhängte.

3. Rezeption und literarische Verortung

Bullings Schrift ist in der Wissenschaft auf ein weitgehend positives Echo gestoßen. So schreibt ein anonymer Rezensent in der Zeitschrift »Der Gerichtsaal«, dass man mit »dem Verfasser ganz einverstanden sein kann«.[414] Denn man könne einem Täter den Erfolg nur zurechnen, wenn dieser vom Täter gewollt oder vorhersehbar sei. So begründe allein die Veröffentlichung eines Druckwerks die vermeintliche Strafbarkeit des Urhebers, nicht aber die Übergabe desselben an den Leser. Auch sei es zu missbilligen, dass den Verfolgungsbehörden ein Ermessensspielraum eingeräumt werde, wo der Täter anzuklagen sei, denn dies sähe die StPO nicht vor. Der Rezensent stimmt auch mit Bulling darin

---

412 *Bulling*, Der Örtliche Gerichtsstand (1894), S. 26. Allgemein Bulling zustimmend *Meves*, Rezension zu »Der örtliche Gerichtsstand in Preßstrafsachen«, Archiv für Strafrecht 1894, S. 467.

413 Im Einzelnen führt er auf: »[...] über den Redacteur einer periodischen Druckschrift das Gericht des Ortes, wo die Redaction geführt wurde; über den Einsender eines Artikels das Gericht des Ortes, von welchem aus er den Artikel einsandte; über den Verleger das Gericht des Ortes, wo das Verlagsgeschäft geführt wurde; über den Drucker das Gericht des Ortes, wo die Druckerei sich befand; über Denjenigen welcher die Druckschrift gewerbsmäßig vertrieben hat, z. B. den Sortimentsbuchhändler, das Gericht des Ortes, wo das Geschäft betrieben wurde; über den Herausgeber eines einzelnen Werkes das Gericht des Ortes, von welchem aus er das Manuskript vom Verleger oder dem Drucker übersandte«, *Bulling*, Der Örtliche Gerichtsstand (1894), S. 26–27. Damit schließt er alle Tätigkeiten ein, die zum Erscheinen eines Druckerzeugnisses gehören. Freilich geht er nicht genauer auf den Streit ein, wie der Begriff des Erscheinens juristisch zu definieren sei, vgl. *Kitzinger*, Der ambulante Gerichtsstand der Presse und die diesbezüglichen Aufgaben des Gesetzgebers (1901), S. 13; *ders.*, Ort und Zeit der Handlung im Strafrecht (1902), S. 279–280.

414 *Anonymous*, Rezension zu Carl Bulling, geh. Justizrath, Der örtliche Gerichtsstand in Preßstrafsachen, Der Gerichtssaal 50 (1895), S. 478–479.

überein, dass die Handlung bei Pressedelikten das Veröffentlichen sei, weswegen als Gerichtsstand der Veröffentlichungsort zu bestimmen sei.

Ludwig Bamberger, Bullings Kommilitone aus der gemeinsamen Studienzeit in Heidelberg, fällt in seiner Rezension ein ähnliches Urteil. Es sei ein »Zug von künstlich gelehrter Auslegung an die Stelle der früheren Auffassung getreten«. Mit »früher« meint er die Rechtsprechung des Reichsgerichts, das seine bislang »Lösungen mehr den vernünftig praktischen Lebensanschauungen angepaßt hatte«. Dadurch hätten dessen vorherige Urteile »mit dem Gefühl der Billigkeit« und dem »aequum et bonum des schlichten Verstandes« übereingestimmt.[415] Bamberger schätzt also die reichsgerichtliche Auslegung mittlerweile ebenfalls als fragwürdig und nicht nachvollziehbar ein, denn diese Interpretation sei lebensfern. Er verweist zudem auf weitere Fälle, die als Beleg dafür dienen sollen, dass die obergerichtliche Rechtsprechung zu einer Willkür-Justiz tendiere. So schreibt er von einem Urteil über die Strafbarkeit des Versuchs mit untauglichen Mitteln an untauglichen Objekten. In diesem sei der Täter wegen Mordversuchs bestraft worden, weil er mit einem funktionsunfähigen Gewehr auf eine ausgestopfte Puppe geschossen hätte. Dabei nahm der Schütze aber an, mit einem einwandfreien Gewehr auf einen lebendigen Mann geschossen zu haben.

Außerdem führt Bamberger die Entscheidung in einem Prozess wegen Beleidigung gegen eine Münchner Zeitung an, deren Ausgaben unter anderem nach Berlin verschickt worden waren. Deswegen war die Anklage gegen die verantwortlichen Redakteure auch dort erhoben worden.[416] Bambergers mit einer Prise Ironie versehenes Fazit über Bullings Schrift:

> »Nun hat aber der Verfasser der vorliegenden Schrift dem gesunden Menschenverstand den dankenswerthen Dienst geleistet, mit allen Werkzeugen der juristischen Technik nachzuweisen, daß auch diese bei der Auslegung des Reichsgerichts durchaus nicht ihre Rechnung findet. Seine Beweisführung operirt zugleich mit den obersten Grundsätzen des Strafrechts wie mit der Schärfe der Einzelbestimmungen, die Abhandlung ist kurz knapp und rein objektiv. Es darf die Hoffnung ausgesprochen werden, daß sie vielleicht eine heilsame Wirkung auf die künftigen Entscheidungen des Reichsgerichts bei neuem Anlaß derselben Kategorie ausüben werde.«[417]

415 *Bamberger*, Rezension zu Carl Bulling: Der örtliche Gerichtsstand in Preßstrafsachen, Die Nation 5 (1894), S. 70.

416 Bamberger spricht hier den Fall des Freiherrn von Thüngen an, der 1893 in einem »offenen Brief« die damalige Handelspolitik und den Reichskanzler Leo von Caprivi persönlich angriff. Dieser wurde zunächst nur in einer Würzburger Zeitung abgedruckt, dann aber von der Berliner Zeitschrift »Volk« übernommen. Der Reichskanzler stellte sodann einen Strafantrag wegen Beleidigung, woraufhin sich das Berliner Landgericht für zuständig erklärte und von Thüngen zu einer Geldstrafe verurteilte, vgl. dazu ausführlich *Wilhelm*, Das Deutsche Kaiserreich und seine Justiz (2010), S. 360.

417 *Bamberger*, Rezension zu Carl Bulling: Der örtliche Gerichtsstand in Preßstrafsachen, Die Nation 5 (1894), S. 70.

Bamberger konstatiert also genau wie Bulling eine fehlerhafte Gesetzesauslegung des Reichsgerichts. So kämen die »Werkzeuge der juristischen Technik nicht auf ihre Rechnung«. Auch der Berliner Kammergerichtsrat Ernst Kronecker hielt in seinem Gutachten für den 25. Deutschen Juristentag Bullings Ansicht für richtig, da als »Begehungsort nur der Standort des Thäters zur Zeit der That angesehen werden« könne. Trotzdem erwarte er keine baldige Rechtsreform, weil das Reichsgericht die entgegenstehende Auffassung in gefestigter Rechtsprechung verfolge.[418]

Kritisiert wird, Bulling nehme eine unzulässige Trennung von Tatort, Tathandlung und Taterfolg vor.[419] Man müsse auf den hinter einer Publikation stehenden Willen der Verfasser abstellen. Deren Intention sei es, zu beleidigen. Dies werde durch die Verbreitung vorgenommen. Der Taterfolg stelle sich erst durch das Lesen des jeweiligen Presseerzeugnisses ein. Die bestehenden Regeln seien daher richtig.[420]

Wie bereits angedeutet, ist Bulling nicht der einzige zeitgenössische Schriftsteller, der sich mit dem örtlichen Gerichtsstand bei Pressedelikten auseinandersetzt. Neben ihm veröffentlichen der spätere Hallenser Professor für Straf- und Strafprozessrecht Friedrich Kitzinger sowie der Berliner Strafrechtsprofessor Franz von Liszt mehrere Abhandlungen zu diesem Themenkomplex. Auch nach der Wende zum 20. Jahrhundert ist das Pressestrafrecht virulent geblieben. Dabei sind spätere Autoren der Ansicht Bullings gefolgt. So schrieb Franz von Liszt, dass »für alle an Herstellung und Herausgabe der Druckschrift Beteiligten (Verfasser, Herausgeber, Redakteur, Drucker, Verleger) der Gerichtsstand der begangenen Tat nur bei demjenigen Gerichte begründet« wird, »in dessen Bezirk die Druckschrift erschienen ist«.[421]

Schließlich kam es noch zu Lebzeiten Bullings zu einer Reform der einschlägigen Norm. Mit Gesetz vom 13. Juni 1902 wurde der fliegende Gerichtsstand abgeschafft. Seitdem bestimmt § 7 Abs. 2 StPO bis heute, dass die strafprozessuale örtliche Zuständigkeit nicht an jedem Verbreitungsort besteht, sondern am Erscheinungsort sowie – wenn die Tat im Wege der Privatklage verfolgt wird – auch am Wohnsitz des Betroffenen, sofern das Druckwerk dort tatsächlich verbreitet wurde.

---

418 *Kronecker*, Gutachten über die Frage: »Wie ist im Strafprozeß der Gerichtsstand der begangenen That hinsichtlich der Vergehen der Presse zu regeln?«, in: Verhandlungen des 25. DJT, I. Bd. (1900), S. 22–41, 26.

419 *Anonymous*, Rezension zu Carl Bulling: Der örtliche Gerichtsstand in Preßstrafsachen, Deutsches Wochenblatt, 31 (1895), S. 366–368, 367.

420 *Anonymous*, Rezension zu Carl Bulling: Der örtliche Gerichtsstand in Preßstrafsachen, Deutsches Wochenblatt, 31 (1895), S. 366–368, 368.

421 *Liszt*, Wie ist im Strafprozess der Gerichtsstand der begangenen That hinsichtlich der Vergehen der Presse zu regeln?, in: Strafrechtliche Aufsätze und Vorträge, II. Bd.: 1892–1904 (1905), S. 299–307, 306–307.

4. Fazit

Mit der Publikation »Der örtliche Gerichtsstand in Preßstrafsachen« setzte Bulling seine publizistische Tätigkeit fort. Bemerkenswert ist, dass er sich in seinem Werk nicht mit einer bloßen Analyse der Dogmatik begnügt. Seine zuweilen thesenartige Formulierung der Kritikpunkte gibt dem Werk neben der wissenschaftlichen auch eine politische Dimension, zumal der Gegenstand der Schrift im Schnittfeld von Rechtspolitik und Strafrecht bzw. Strafprozessrecht zu verorten ist. Es dürfte daher nicht untertrieben sein, zu behaupten, dass sich Bulling mit dieser Publikation als politischer Schriftsteller weiter etabliert. Seine strafrechtlichen Ausführungen zeigen positivistische Züge, da er vom Gesetzgeber eine eindeutige Legaldefinition des Begehungsortes erwartet, worin er mit anderen zeitgenössischen Autoren übereinstimmt.[422] Rechtswissenschaftlich umstritten war außerdem die intensive Politisierung von Justiz und Rechtsprechung auf dem Gebiet des Presserechts. Die Rechtsprechung kam trotz umfangreicher Kasuistik zu keinem einheitlichen Ergebnis. Mit seiner Kritik entsprach Bulling zudem der zeitgenössischen öffentlichen Meinung.

II. »Kautschukparagraph und richterliche Unparteilichkeit«

Als zweite strafrechtliche und gleichzeitig rechtstheoretische Schrift darf der im Januar 1895 in der Berliner Wochenschrift »Nation« veröffentlichte Artikel »Kautschukparagraph und richterliche Unparteilichkeit« gelten. Darin analysiert Bulling in erster Linie einzelne Bestimmungen der sogenannten Umsturzvorlage, auf die noch zurückzukommen ist. Darüber hinaus setzt er sich mit Fragen der richterlichen Entscheidungsfindung auseinander. Deshalb dürften die Ausführungen Bullings nicht nur aus dem strafrechtlichen, sondern auch aus dem rechtstheoretischen Blickwinkel auf wissenschaftliches Interesse stoßen. Denn die rechtshistorischen und rechtstheoretischen Grundlagen von Bullings Gedankengängen sind bislang weithin unbekannt. Dies hängt in erster Linie mit der Vielschichtigkeit seiner Schriften zusammen, von denen einige nur noch schwer zu beschaffen sind.[423]

---

422 Vgl. beispielsweise *Kitzinger*, Der ambulante Gerichtsstand der Presse und die diesbezüglichen Aufgaben des Gesetzgebers (1901), S. 1, der meint, dass »dieser Mißstand gründlich nur auf dem Wege der Gesetzgebung beseitigt werden kann«.

423 Nur noch wenige Bibliotheken verfügen über Exemplare der Werke Bullings. In digitalisierter Form sind bisher nur die familienrechtlichen Hauptwerke erschienen.

1. Bullings »Kautschukparagraph« im historischen Zusammenhang

a. »Die Nation« – eine Bühne liberalen Gedankenguts

Die Wochenschrift »Die Nation« erschien zwischen 1883 und 1907 in Berlin. Deren Redaktion sah die vordringlichste Aufgabe des Journals in der »Bekämpfung des Staatssozialismus«.[424] Andererseits wurde sie von den Herausgebern aber auch als allgemein »politische Rundschauzeitschrift« konzipiert.[425] Des Weiteren stand sie in der Tradition der Tageszeitung »Tribüne«, die zwischen 1881 und 1883 ebenfalls in Berlin erschien. Als federführender Herausgeber zeichnete der Politiker und Publizist Wilhelm Theodor Barth verantwortlich, der schon die treibende Kraft hinter der »Tribüne« bildete.[426] Dabei standen die Sozialpolitik und die von der Regierung beabsichtigte Verstaatlichung einiger Zweige des privaten Versicherungsgewerbes im Fokus der Herausgeber.[427] Neben Barth war Ludwig Bamberger einer der Köpfe hinter der Zeitung, der diese wohl auch maßgeblich finanzierte.[428] Darüber hinaus unterstützte die von Bamberger mitgegründete Deutsche Bank die »Nation« intensiv durch Großinserate.[429] Die wirtschaftliche Bedeutung Bambergers für die »Nation« kann daher als essenziell angesehen werden. In Abstimmung mit Barth koordinierten beide die Redakteure und verhandelten mit Korrespondenten oder Kommentatoren. Folglich konnte kaum ein Artikel erscheinen, der nicht von den beiden intendiert worden wäre.[430] Insgesamt bietet »Die Nation« ein gutes Beispiel für die Verflechtung von Parteien und Presse, worauf an anderer Stelle noch zurückzukommen ist. Nebenbei sei erwähnt, dass die Zeitung aus dem Blickwinkel der Literaturwissenschaft als eine der »profiliertesten« Publikationen zur Kunst- und Literaturkritik galt.[431]

424 *Kieseritz*, Liberalismus und Sozialstaat (2002), S. 165.

425 *Schlawe*, Literarische Zeitschriften 1885–1910, 2. A. (1965), S. 61.

426 *Kieseritz*, Liberalismus und Sozialstaat (2002), S. 164.

427 Vgl. *Kieseritz*, Liberalismus und Sozialstaat (2002), S. 165. Nicht zuletzt deswegen gehörten diverse zeitgenössische Versicherungsunternehmen zu den tragenden Finanziers der Zeitung.

428 Vgl. *Kieseritz*, Liberalismus und Sozialstaat (2002), S. 165. Neben Bamberger galten der Industrielle Georg von Siemens und der Bankier Hermann Goldschmidt als die wesentlichen finanziellen und ideellen Unterstützer des Blatts.

429 *Seeber*, Zwischen Bebel und Bismarck (1965), S. 117.

430 Als Belege dafür können die Briefwechsel zwischen Bamberger, Barth, Max Broemel, Karl Baumbach, Paul Nathan, Karl Schrader und Alexander Meyer dienen, vgl. *Kieseritz*, Liberalismus und Sozialstaat (2002), S. 166 m.w.N. Baumbach, Schrader und Meyer waren Abgeordnete der Sezession bzw. des Freisinns. Zu Max Broemel ist im Übrigen erwähnenswert, dass er es war, der den Nachruf auf Bamberger schrieb, in welchem auch Bulling Erwähnung findet.

431 *Schlawe*, Literarische Zeitschriften 1885–1910, 2. A. (1965), S. 61.

b. Die Umsturzvorlage als Beispiel reaktionärer und repressiver Gesetzgebung

Die Umsturzvorlage (genauer: »Gesetz, betreffend Änderungen und Ergänzungen des Strafgesetzbuchs, des Militärgesetzbuchs und des Gesetzes über die Presse«) war eine am 5. Dezember 1894 in den Deutschen Reichstag eingebrachte Gesetzesvorlage des Reichskanzlers Chlodwig zu Hohenlohe-Schillingsfürst, die nach ihrer Begründung den »gefährlichen, auf den gewaltsamen Umsturz der bestehenden Verfassung und Gesellschaftsordnung des Deutschen Reiches zielenden Bestrebungen« entgegentreten sollte. Die hinter diesen »Bestrebungen« stehenden Kräfte waren nach Meinung der Verfasser der Umsturzvorlage insbesondere Sozialdemokraten. Die Sozialdemokratie in Deutschland hatte ihre Anfänge in der gescheiterten Märzrevolution von 1848. Zu dieser Zeit entstanden die ersten Arbeitervereine, die aber noch keine nachhaltige politische Wirkung erzielen konnten und 1854 verboten wurden.

Jedoch entstand in den Städten bald aufgrund der raschen Industrialisierung eine breite Arbeiterschicht, die politische Beteiligung einforderte. Die Sozialdemokratie ist dann durch Reichskanzler Otto von Bismarck intensiv bekämpft worden, beispielsweise mittels der Sozialistengesetze.[432] Diese verboten zwischen 1878 und 1890 sozialdemokratische Aktivitäten außerhalb des Reichstags. Trotzdem gelang es der SPD, zum Ende des 19. Jahrhunderts zu einer der stärksten politischen Kräfte im Reich zu werden. Neben der Gesetzgebung dienten daher bereits seit den 1870er-Jahren antisozialistische Kampagnen dazu, Wahlentscheidungen zu beeinflussen oder Ausnahmeregeln gegen die Sozialdemokratie durchzusetzen. Entscheidende Marksteine dieser Entwicklung bildeten einige Attentate und Anarchistenversammlungen in den 1890er-Jahren. Diese veranlassten die Reichskanzlei ab dem Ende des Jahres 1893, über ein gesetzliches Vorgehen gegen Anarchisten und Sozialdemokraten zu beraten.[433]

Dabei bestand Uneinigkeit über die Härte der Maßnahmen, was letztlich zu der Entlassung des Reichskanzlers Leo von Caprivi führte, der selbst erst 1890 Bismarck als Reichskanzler abgelöst hatte.[434] Als neuen Reichskanzler ernannte

432 Im Einzelnen dazu *Mast*, Künstlerische und wissenschaftliche Freiheit im Deutschen Reich 1890–1901 (1980), S. 68.

433 *Wagner*, Politischer Terrorismus und Strafrecht im Deutschen Kaiserreich von 1871 (1981), S. 393.

434 Im historischen Schrifttum wird mittlerweile davon ausgegangen, dass sich die Kampagne des Jahres 1894 nicht allein gegen die Sozialdemokratie, sondern zugleich gegen die Regierung des Reichskanzlers Leo von Caprivi richtete. Offenbar wollte Eulenburg eine Staatsstreichpolitik einleiten und dadurch den Reichskanzler stürzen. Auch der badische Gesandte Ludwig von Jagemann meinte, diese Vorlage sei »nicht Selbstzweck, sondern Mittel zu anderen Zielen«, näher dazu *Röhl*, Deutschland ohne Bismarck (1969), S. 107, Fn. 133; sowie *Wittler*, Vom Sozialistengesetz zur Umsturzvorlage (1983), S. 221–222.

Kaiser Wilhelm II. den ehemaligen bayerischen Ministerpräsidenten Chlodwig von Hohenlohe-Schillingsfürst. Dieser setzte die vom Kaiser gewünschte Linie durch, ein Reichsgesetz gegen die Umsturzbestrebungen einzuführen. Im Rahmen seiner bekannten Königsberger Rede vor den Vertretern der Provinz Ostpreußen rief Wilhelm II. auf »zum Kampfe für Religion, für Sitte und Ordnung gegen die Parteien des Umsturzes«. Offiziell hieß es, der Entwurf solle »lediglich einige Bestimmungen des Strafgesetzbuches verschärfen, nicht aber ein Ausnahmegesetz schaffen«.[435]Er wurde schließlich als Antrag Preußens dem Bundesrat zugeleitet und dort am 29. November 1894 einstimmig beschlossen.

Die Umsturzvorlage bildete direkt nach ihrem Bekanntwerden den Gegenstand mannigfaltiger Kritik und wurde von vielen als Wiederbelebung der Ausnahmegesetzgebung gegen die Sozialgesetzgebung empfunden.[436] Der Reichstag lehnte die Vorlage letztlich am 11. Mai 1895 in zweiter Lesung ab, da die Regelungen den Abgeordneten als zu unbestimmt und die Eingriffe in die Presse- und Wissenschaftsfreiheit als zu weitreichend erschienen.[437] Seinen Namen erhielt die Umsturzvorlage wohl erst im Rahmen der öffentlichen und politischen Diskussion, da sie »doch offensichtlich auf einen Staatsstreich von oben« angelegt war.[438]

c. Zum Inhalt der Umsturzvorlage

Die Umsturzvorlage hatte in erster Linie Änderungen des Strafgesetzbuchs zum Gegenstand. Daneben sollten noch Normen im Militärstrafgesetzbuch und im Pressegesetz modifiziert werden, die hier aber von nachrangiger Bedeutung sind. Hinsichtlich des Strafgesetzbuchs umfasste die Vorlage neue Fassungen der §§ 111, 112, 126, 130, 131 sowie die Einführung der §§ 111a und 129a.[439]

---

435 Selbst während der ministeriumsinternen Diskussionen gingen die Meinungen schon weit auseinander. Mit Blick auf die Mehrheitsverhältnisse im Reichstag trat insbesondere der preußische Innenminister Ernst von Köller für eine Abschwächung der Vorlage ein, während der bekannte preußische Finanzminister Johannes von Miquel für die Beibehaltung der »scharfen« Formulierung votierte und zu erwägen gab, ob »man eine Strafandrohung für Streiks in staatsnotwendigen Betrieben einführen« könne, vgl. dazu *Köhne*, Nationalliberale und Koalitionsrecht (1977), S. 243.

436 Vgl. dazu *Mast*, Künstlerische und wissenschaftliche Freiheit im Deutschen Reich 1890–1901 (1980), S. 68, und *Wilhelm*, Das Deutsche Kaiserreich und seine Justiz (2010), S. 333.

437 *Wagner*, Politischer Terrorismus und Strafrecht im Deutschen Kaiserreich von 1871 (1981), S. 393.

438 *Wagner*, Politischer Terrorismus und Strafrecht im Deutschen Kaiserreich von 1871 (1981), S. 393.

439 Die Umsturzvorlage lässt sich im Wortlaut finden bei Huber (Hg.), Dokumente zur deutschen Verfassungsgeschichte, II. Bd., 3. A. (1961), S. 538–543. Die parlamentarischen Diskussionen zur Vorlage finden sich in: Verhandlungen des Reichstags, 1894/95, I. Bd., S. 224–231.

Zusammenfassend lässt sich sagen, dass nun Handlungen unter Strafe gestellt werden sollten, die die öffentliche Ordnung vermeintlich gefährden könnten. Deutlich hervor tritt dabei der Charakter eines Ausnahmegesetzes, den die Autoren zwar zu vermeiden suchten. Dies gelang ihnen aber letztlich nicht. Denn das Telos der Vorlage bestand nun einmal darin, der Justiz die Möglichkeit zur Abwehr staatsgefährdender Bestrebungen zu geben. Da staatsgefährdende Bestrebungen oft im Schnittfeld der Begriffe »Anarchie«, »Staatsstreich« und nicht zuletzt auch »Umsturz« sowie »Revolution« stehen, rücken derartige Handlungen in die Nähe des Ausnahmezustandes. Dementsprechend wurde in alle Normen eine Vielzahl unbestimmter Rechtsbegriffe eingefügt, was Bulling in seinem Artikel energisch kritisierte und noch näher untersucht wird.

2. Die Umsturzvorlage als Beispiel eines »Kautschukparagraphen«

Bulling entwickelt in seinem Beitrag einen eigenen Standpunkt zur Umsturzvorlage. So sieht er in dieser eine Ansammlung von Kautschuk- oder Gummiparagraphen. Dazu betrachtet eingangs die Art und Weise der richterlichen Rechtsfindung. Er stellt die These auf, dass der schwerwiegendste Fehler eines Gesetzes derjenige sei, dem Richter die »gerechte Anwendung« desselben zu erschweren.[440] Dazu komme es dann, wenn das Gesetz aus Worten bestehe, »die nur unbestimmt und höchst dehnbar sind«. Dann könne auch der Richter die Absicht des Gesetzgebers« nur »errathen«. Gleichzeitig werde es aber dem Richter überlassen, »selbst zu finden, was Rechtens sei«.[441] Dabei sei der Verstand aber kein »unfehlbares Werkzeug«, da er unter dem »Einfluss des Gefühls« stehe. Als Chiffre für diese These dient ihm die Philosophie von Arthur Schopenhauer (1788–1860), der es erreicht habe, einerseits ein philosophisches »System« dafür zu schaffen und andererseits in »seinen eigenen Lehren und seiner Lebensführung den praktischen Beleg« für deren Richtigkeit erbracht zu haben.

Ohne Schopenhauer genauer zu zitieren, führt Bulling weiter aus, dass der Verstand zwar wie eine »Maschine« sei, die sich aber nicht »von selbst« bewege. Angestoßen werde diese »Maschine« erst durch das »Streben nach Wahrheit«, welches der Autor als »Empfindungsstreben« spezifiziert. Allerdings sei die Wahrheitssuche nur eines neben anderen dieser Empfindungsstreben, was dazu führe, dass der Mensch gelegentlich daran gehindert wird, die »Maschine«

440 *Bulling*, Kautschukparagraph und richterliche Unparteilichkeit, Die Nation 16 (1895), S. 221–225, 221.

441 *Bulling*, Kautschukparagraph und richterliche Unparteilichkeit, Die Nation 16 (1895), S. 221–225, 221.

Verstand richtig zu benutzen. Denn gleichzeitig sei der Mensch erfüllt von Irrtümern, die er aber nicht erkennen könne, da ihm dies sein »Selbstgefühl« verbiete. Den besten Beweis dafür liefere das »religiöse Bekenntnis«. Dieses gebe der Mensch in einem Alter ab, »als er selbst noch kein Urtheil hatte«. Trotzdem werde »den besten Gründen gegen dasselbe kein Gehör« geschenkt.[442]

Eine andere Quelle für Irrtümer bilde das Streben, »etwas Vorgestelltes als wahr oder die Wahrheit in einer bestimmten Richtung zu finden«. Wunsch und Hoffnung gäben im Menschen den Ausschlag dafür, dass er sein Handeln entweder »an den idealen Gütern des Menschen« oder am »gewöhnlichen Eigennutz« ausrichte. Der Mensch wird daher von seinem Empfinden bestimmt, welches nur zulasse, Sachverhalte »oberflächlich« zu prüfen. Lediglich die »Fähigkeit zur Selbstkritik« könne den Menschen vor solchen Entscheidungen bewahren.[443] Denn die Selbstkritik zeige, dass »die größte subjektive Gewißheit keinen Beweis für die Wahrheit bildet; und daß man im Stande ist, die Gründe seiner Gewißheit vor sich selber aufzudecken«.[444] Dem diametral gegenüber stehe die »Selbstgewißheit« bzw. in ihrer zeitgenössischen Ausprägung die »Schneidigkeit«. Beschwichtigend fügt Bulling hinzu, dass selbst den schneidigen Menschen das Streben nach Wahrheit immanent sei. Bei ihnen verbinde sich aber diese Suche mit Empfindungen, weswegen sie nicht imstande seien, mehr zu leisten als solche Menschen mit geringerem Verstande.

Bulling setzt diese Gedanken nun in Beziehung zur Position des Richters. So wohne jedem Gesetz der Gedanke inne, dass die Berufung in das Richteramt den Richter nicht »über das Niveau der Menschennatur erhebt«. Der Gesetzgeber wolle deshalb seit jeher dessen Unparteilichkeit mittels gesetzlicher Bestimmungen determinieren.[445] Zwei Bereiche der Rechtsfindung seien insbesondere für die Parteilichkeit des Richters empfänglich: Die Interpretation des Gesetzestextes und die Subsumtion der Handlung unter das Gesetz. Leider liefert Bulling keine Begründung, warum er diese beiden Bereiche als besonders ge-

442 *Bulling*, Kautschukparagraph und richterliche Unparteilichkeit, Die Nation 16 (1895), S. 221–225, 221.

443 Diese Betonung des Empfindens findet sich auch in späteren Artikeln, vgl. *Bulling*, Die Frauenbewegung und das Bürgerliche Gesetzbuch in den §§ 1353 und 1354, IV. Teil, Hamburgischer Correspondent, Ausgabe vom 1. 5. 1898, S. 26, Sp. 3.

444 *Bulling*, Kautschukparagraph und richterliche Unparteilichkeit, Die Nation 16 (1895), S. 221–225, 221.

445 Nach *Bulling*, Kautschukparagraph und richterliche Unparteilichkeit, Die Nation 16 (1895), S. 221–225, 221, soll sich der Richter von Amts wegen enthalten »in Sachen, in welchen er persönlich betheiligt ist oder seine Ehefrau oder Verwandte bis zu einem bestimmten Grade oder in welchen er als Bevollmächtigter thätig gewesen ist oder als Polizeibeamter, oder als Beamter der Staatsanwaltschaft, oder in welchen er als Zeuge oder Sachverständiger vernommen ist u.s.w. und außerdem kann er wegen Besorgniß der Befangenheit abgelehnt werden auf Darlegung von Gründen, die geeignet sind, Mißtrauen gegen seine Unparteilichkeit zu rechtfertigen«.

fährdet ansieht. Jedenfalls habe der Richter »sich zu hüten vor seinem eigenen Gerechtigkeitssinn, vor seinem Gerechtigkeitsgefühle«.[446]

Bulling leugnet nicht, dass jemand, »der die Gerechtigkeit auf Erden verwirklichen« soll, sich allzu leicht eine Meinung bildet »über das, was Recht sein soll, und mit seinem ganzen Rechtsgefühle bestrebt ist, das Gesetz demgemäß auszulegen«.[447] Insbesondere drohe der Strafrichter, dem Irrtum zu unterliegen, einen Unschuldigen zu verurteilen, um »dem Strafgesetze Wirksamkeit zu verschaffen«. Diese Gefahr steige, umso strafbarer die Handlung sei. Gerade bei Gesetzen über »religiöse und politische Bestrebungen« würde das Empfinden des Richters in besonderem Maße berührt, weshalb gerade diese Gesetzesarten anfällig für mögliche Irrtümer des Richters seien.

Neben diesen allgemeinen Erwägungen zum Richterrecht setzt sich Bulling natürlich auch mit den Bestimmungen der sogenannten Umsturzvorlage auseinander. Formal und nach seinem Wortlaut habe diese Vorlage zwar keinen politischen Charakter. Jedoch intendiere sie, »sozialistischen Bestrebungen« entgegenzuwirken. In materieller Hinsicht handele es sich daher sehr wohl um ein politisches Gesetz, in Bullings Worten also um ein »Sozialistengesetz«. Denn die Vorlage verpflichte die Ermittlungsbehörden, die »Reden und Schriften der Sozialisten« und jener Personen, »von denen zu vermuthen ist, daß sie von sozialistischen Ideen beeinflußt sind«, detailliert zu untersuchen. Fielen diese Recherchen positiv aus, so werde die Staatsanwaltschaft verpflichtet, »verfolgend einzutreten«. Auf Richterebene führe die Vorlage dazu, dass sozialistische Verdächtige »von Richtern abgeurtheilt« würden, die »antisozialistisch gesinnt, d.h. mit ihren Gefühlen bestrebt sind, dem Sozialismus entgegenzuwirken«.[448] Eigentlich müsse der Gesetzgeber daher Normen schaffen, die dem Empfinden des Richters einen so engen Einfluss beimessen, dass dessen antisozialistische Neigung keine Auswirkung habe. Die Umsturzvorlage erfülle diese Anforderung nicht.

Sie gefährde daher den Grundsatz der Unparteilichkeit, der drei Voraussetzungen umfasst: Erstens erfordere er, dass die Rechtsnorm per Gesetz bestimmbar sein könne. Zweitens müsse sich der Sinn der Rechtsnorm per Deduktion feststellen lassen. Drittens müsse es per Deduktion möglich sein, dem Richter nachzuweisen, dass er sich geirrt habe, weil der Gedanke der Unpar-

---

446 *Bulling*, Kautschukparagraph und richterliche Unparteilichkeit, Die Nation 16 (1895), S. 221–225, 221.

447 *Bulling*, Kautschukparagraph und richterliche Unparteilichkeit, Die Nation 16 (1895), S. 221–225, 221.

448 *Bulling*, Kautschukparagraph und richterliche Unparteilichkeit, Die Nation 16 (1895), S. 221–225, 221.

teilichkeit auf dem Grundsatz beruhe, dass »ein jeder das Recht haben soll, nur verurtheilt zu werden nach einer Norm, die das Gesetz ausgesprochen hat«.[449]

Jeder »Kautschukparagraph« verstoße gegen diesen »Fundamentalgrundsatz objektiver Gerechtigkeit«. Denn ein solches Gesetz stelle nicht eine Rechtsnorm auf, sondern überlasse es dem Richter, diese zu finden. Der »Kautschukparagraph« gebe dem Richter lediglich einige »Gesichtspunkte«, anhand derer er die Rechtsnorm finden solle. Einer solchen Gesetzgebung liege der Gedanke zugrunde, dass in bestimmten Situationen die anzuwendende Rechtsnorm schwierig zu antizipieren sei und dies daher dem Richter überlassen werde, der, »wenn er den einzelnen Fall vor sich sehe, am besten dazu in der Lage« sei. Dabei verdiene Hervorhebung, dass ein solcher »Kautschukparagraph« weder Unparteilichkeit noch Parteilichkeit ermögliche. Denn der Richter »macht hier selbst das Gesetz«. Noch weitergehender ist der folgende Gedanke Bullings, dass ein »Kautschukparagraph« im Gegensatz zum nullum crimen, nulla-poena-sine-lege-Grundsatz stehe und damit einem weiteren »Fundamentalgrundsatz objektiver Gerechtigkeit« widerspreche. Denn jeder Beschuldigte habe das Recht, nach einer Rechtsnorm abgeurteilt zu werden, »die bereits bestand, als er die Handlung vornahm«. Zwar gäbe es Handlungen, bei der dem Täter »die Strafbarkeit ins Herz geschrieben« sei. Dann könne er sich lediglich darauf berufen, die Bestimmung über das Strafmaß nicht gekannt zu haben, da er seine Schuld kennen müsse. Etwas anderes gelte »aber bei Handlungen, von deren Strafbarkeit man nur wissen kann, wenn man die Bestimmung kennt«. Dort stelle es eine »Ungerechtigkeit« dar, »die Bestimmung erst zu treffen, wenn die Handlung vorgenommen ist«.[450]

Bei werde einem »Kautschukparagraphen« daher das »Verhältnis des Richters zum Gesetz umgekehrt«. Denn hier spreche nicht das Gesetz die anzuwendende Rechtsnorm aus, sondern allein der Richter. Außerdem ergänzt Bulling, dass das Gesetz hierbei die vom Richter aufgestellte Rechtsnorm »respektiren« müsse, dessen Richterspruch also allgemeingültige Rechtskraft entfalte. Darüber hinaus schaffe der Richter hier eine Rechtsnorm mit rückwirkender Kraft, »was eine Abnormalität« sei, so Bulling weiter. Er betont zudem, dass der Gesetzgeber eine derartige Rechtserzeugung »im Strafrecht niemals und sonst nur höchst ausnahmsweise« zulässt. Betont werden muss hierbei, dass Bulling diese Ablehnung richterlicher Rechtsfortbildung allein auf das Strafrecht bezieht. Wie in seinen zivilrechtlichen, insbesondere den familienrechtlichen Schriften deutlich wird, ist ihm bewusst, dass im Zivilrecht eine andere Interpretation von Recht vor-

---

449 *Bulling*, Kautschukparagraph und richterliche Unparteilichkeit, Die Nation 16 (1895), S. 221–225, 221.

450 *Bulling*, Kautschukparagraph und richterliche Unparteilichkeit, Die Nation 16 (1895), S. 221–225, 222.

herrscht als im Strafrecht. So besteht in letzterem beispielsweise kein Raum für die Billigkeit, weil das Analogieverbot gilt. Seine strafrechtlichen Schriften können daher nicht herangezogen werden, um ihn als Gegner der Berücksichtigung von Prinzipien wie Treu und Glauben oder eben der Billigkeit zu kennzeichnen. Das Gegenteil ist der Fall, was an anderer Stelle noch deutlich zu machen sein wird.

Als Folie für einen »Kautschukparagraphen« dient Bulling im Folgenden § 360 Nr. 11 StGB a. F.,[451] der sogenannte Paragraph über den »groben Unfug«.[452] Bulling seziert den Mangel an Definitionen dieser Norm. Es fehle dieser in erster Linie eine Erklärung der enthaltenen Termini. Diesbezüglich verlange das Gesetz vom Richter, »nicht nach seinem Gefühle, auch nicht nach seinem Sprachgebrauche« zu entscheiden, sondern selbst eine Rechtsnorm zu schaffen. Im Rahmen des § 360 Nr. 11 StGB a. F. müsse der Richter einerseits abwägen, dass nur wegen eines »öffentlichen Interesses« Lärm und »Unfug« als strafbewehrte Tatbestände Eingang in das Gesetz gefunden hätten. Andererseits gäbe es aber auch ein Privatinteresse, beispielhaft abgebildet durch »Vergnügungen und Scherz«, die die Rechtsordnung schützen müsse. Er schwanke demzufolge zwischen den Interessen des Einzelnen und dem Interesse der Allgemeinheit. Es sei daher nicht verwunderlich, dass bereits vollkommen unterschiedliche Dinge »für ruhestörenden Lärm und groben Unfug erklärt worden sind«. So fände sich in den zeitgenössischen Werken zum StGB von Oppenhoff[453] und Olshausen[454] ein »bunter Strauß« von Beispielen, die von Gerichten als »Unfug« definiert wurden. Nach Bullings Dafürhalten könne dies aber nicht den Gerichten zum Nachteil gereichen. Denn auch im Ministerium würden, wenn der Gesetzgeber beispielsweise fünf Beamte damit beauftrage, den »Unfugparagraphen« zu

451 § 360 Nr. 11 StGB a. F.: Wer ungebührlicherweise ruhestörenden Lärm erregt oder wer groben Unfug verübt.

452 Als Paragraph über den »groben Unfug« galten in der Rechtsgeschichte verschiedene Normen. Damit werden Regeln bezeichnet, die eine Belästigung der Allgemeinheit unter Strafe stellen, heutzutage z. B. § 118 OWiG. Eine Handlung belästigt beispielsweise dann die Allgemeinheit, wenn sie geeignet ist, die öffentliche Ordnung unmittelbar zu stören.

453 Theodor Oppenhoff (1820–1899) war Landgerichtspräsident und Geheimer Oberjustizrat. Er veröffentlichte 1891 einen Kommentar zum StGB. Zu Oppenhoff siehe *Oppenhoff*, Art. Oppenhoff, Theodor Franz, in: Allgemeine Deutsche Biographie, 52. Bd. (1906), S. 710, sowie *Schollen*, Franz Theodor Oppenhoff. Ein Lebensbild, Zeitschrift des Aachener Geschichtsvereins (ZAGV) 22 (1900), S. 1–8. Zu Oppenhoffs Kommentierung des § 360 Nr. 11 StGB a. F., vgl. Das Strafgesetzbuch für das Deutsche Reich (1891), § 360 Nr. 11, S. 934–936.

454 Philipp Justus von Olshausen (1844–1924) war Oberreichsanwalt und Senatspräsident am Reichsgericht. Sein Kommentar zum Reichsstrafgesetzbuch galt als der führende Gesetzeskommentar im Kaiserreich und erschien in insgesamt 12 Auflagen. Zu von Olshausen vgl. *Thier*, Art. Philipp Justus von Olshausen, in: Stolberg-Wernigerode (Hg.), Neue deutsche Biographie (1999), S. 530–531. Zu Olshausens Kommentierung des § 360 Nr. 11 StGB a. F. vgl. Kommentar zu den Strafgesetzen des Deutschen Reiches, II. Bd. (1892), § 360 Nr. 11, S. 1298–1302.

konkretisieren, fünf Entwürfe verschiedenen Inhalts entstehen. Eine solche »Mannigfaltigkeit der möglichen Normirungen« zeige aber, welche Rechtsunsicherheit ein Kautschukparagraph mit sich bringe. Außerdem könne ein Kautschukparagraph als Chiffre dafür dienen, »wie leicht selbst der gewissenhafteste Richter politischen und religiösen Bestrebungen gegenüber in der Handhabung eines solchen Paragraphen« irren könne.[455] Daraus wird deutlich, welch starke Abneigung Bulling gegen derartige Einflüsse auf die Judikatur empfindet.

Des Weiteren zeigt er, dass die Umsturzvorlage vor allem zwei Arten von Bestimmungen aufweist. Die einen würden zwar Normen aufstellen, diese aber »so unbestimmt lassen«, dass »alles« dem richterlichen Ermessen obliege. »Die Frage nach der Unparteilichkeit« stelle sich daher gar nicht. Bei der zweiten Art von Bestimmungen handelt es sich um »wahre Kautschukparagraphen«.[456] Zu der ersten Gruppe gehören insgesamt fünf Bestimmungen, von denen Bulling zunächst die Vorlage zu § 111a StGB[457] betrachtet, der dem französischen Presserecht nachgebildet sei. Bulling stört sich insbesondere an der seiner Meinung nach oberflächlichen und wenig verständlichen Formulierung der Vorschrift, dass auch die »Anpreisung« bestimmter strafbarer Handlungen bzw. die Darstellung der in der Norm genannten Paragraphen »als erlaubt« unter Strafe gestellt werde. Er kritisiert das Fehlen einer Definition der Phrase »als erlaubt darstellen«. Dadurch könne niemand wissen, welche Handlung nun bereits unter Strafe stünde. Der Wortlaut sei bewusst allgemein gehalten worden, um dem Richter einen weiten Ermessenspielraum einzuräumen und der Vorschrift somit einen breiten Anwendungsbereich zu geben. Es zeige sich, dass die Vorlage dem »Empfinden des antisozialistischen Richters« eine viel zu hohe Bedeutung beimesse.

Ebenso gehöre zu der ersten Gruppe die Vorlage zu § 126 StGB[458]. Auch dieser Norm mangele es an einer entscheidenden Definition, und zwar des Begriffs

455 *Bulling*, Kautschukparagraph und richterliche Unparteilichkeit, Die Nation 16 (1895), S. 221–225, 222.

456 Zu dieser Unterscheidung *Bulling*, Kautschukparagraph und richterliche Unparteilichkeit, Die Nation 16 (1895), S. 221–225, 222.

457 § 111a Umsturzvorlage: Gegen denjenigen, welcher auf die im § 110 bezeichnete Weise ein Verbrechen oder eines der in den §§ 113 bis 115, 124, 125, 240, 242, 253, 305, 317, 321 vorgesehenen Vergehen anpreist oder als erlaubt darstellt, finden die Strafvorschriften Anwendung, die nach §111 Absatz 2 für den Fall der Aufforderung zur Begehung einer solchen strafbaren Handlung gelten. Der Wortlaut der Umsturzvorlage und die Gesetzesbegründung sind abgedruckt bei Huber (Hg.), Dokumente zur deutschen Verfassungsgeschichte, II. Bd., 3. A. (1961), S. 538–543.

458 § 126 Umsturzvorlage: Wer durch Androhung eines Verbrechens den öffentlichen Frieden stört, wird mit Gefängniß bis zu Einem Jahre bestraft. Hat der Thäter in der Absicht gehandelt, auf den gewaltsamen Umsturz der bestehenden Staatsordnung hinzuwirken, oder darauf gerichtete Bestrebungen zu fördern, so tritt Zuchthausstrafe bis zu fünf Jahren ein; auch kann auf Zulässigkeit von Polizeiaufsicht erkannt werden.

»öffentlicher Friede«. Zwar habe die Rechtsprechung diesen Begriff bereits derart umrissen, als nicht die Ansicht eines Einzelnen, sondern einer »Mehrheit von Personen« maßgeblich sein müsse. Jedoch ermächtige die Vorlage trotzdem den Richter, »die Theorie, deren er bedarf, sich selbst nach seinem Ermessen zu bilden«.

Weiterhin enthalte der § 129a StGB[459] eine unbestimmte Rechtsnorm, denn sie stelle bereits die Verabredung von Straftaten unter Strafe. Dabei galt es als große Errungenschaft der Strafrechtswissenschaft, dass der Beginn einer strafbaren Handlung erst mit dem Anfang der eigentlichen Handlungsausführung einsetzt. Die Bestimmungen der Vorlage seien jedoch weitaus schwerwiegender als jene des historischen Gesetzgebers. Denn die Umsturzvorlage postuliere die alleinige Entscheidungsgewalt des Richters anhand dessen »freier Ueberzeugung«, die allein auf dem »eigenen Empfinden« beruhe. Aber gerade das Gebiet des politischen Strafrechts sei besonders anfällig für die Parteilichkeit des Richters. Denn »einem Sozialisten« wird der Richter »gar leicht« etwas »Schlimmes zutrauen«. Denn dessen »Lehre« sei darauf »gerichtet«, womit Bulling nichts anderes meint, als dass die Umsturzvorlage gerade zur Bekämpfung der zeitgenössischen sozialdemokratischen und sozialistischen Bewegungen dienen sollte.[460]

Bulling legt den Fokus nun auf die Vorlage zu § 130 StGB[461], der ebenfalls eine unbestimmte Rechtsnorm enthalte. Zwar solle die Norm nicht dem Wortlaut nach geändert werden. Gleichwohl würden die Materialien zur Umsturzvorlage zeigen, dass der Vorschrift künftig ein neuer bzw. weiterer Sinn beigelegt werden solle. Denn bisher habe es nur als strafwürdig gegolten, »Gewaltthätigkeiten alsbald hervorzurufen oder unmittelbar den Ausbruch von Gewaltthätigkeiten nahe zu bringen«. Die Motive zur Umsturzvorlage rekurrieren jedoch auf die reichsgerichtliche Rechtsprechung und führen darauf aufbauend weiter aus, dass nun auch bereits die Erzeugung einer »zu Gewaltthätigkeiten gegen andere Bevölkerungsklassen geneigte Stimmung« strafbewehrt sein solle. Mit Blick auf die Gesetzgebungshistorie sei dieser Sinn vom Reichstag noch bei der Verab-

459 § 129a Umsturzvorlage: Haben Mehrere in der Absicht, auf den gewaltsamen Umsturz der bestehenden Staatsordnung hinzuwirken, die Ausführung eines Verbrechens verabredet oder sich zur fortgesetzten Begehung mehrerer, wenn auch im Einzelnen noch nicht bestimmter Verbrechen verbunden, so werden sie, auch ohne daß der Entschluß der Verübung des Verbrechens durch Handlungen, welche einen Anfang der Ausführung enthalten, bethätigt worden ist, mit Zuchthaus bestraft.

460 *Bulling*, Kautschukparagraph und richterliche Unparteilichkeit, Die Nation 16 (1895), S. 221–225, 223.

461 § 130 Abs. 1 Umsturzvorlage: Wer in einer den öffentlichen Frieden gefährdenden Weise verschiedene Klassen der Bevölkerung zu Gewaltthätigkeiten gegen einander öffentlich anreizt, wird mit Geldstrafe bis zu sechshundert Mark oder mit Gefängniß bis zu zwei Jahren bestraft.

schiedung des StGB im Jahr 1871 abgelehnt worden.[462] Inwieweit dies einen Rückschluss auf Bullings eigene politische Position zulässt, muss Gegenstand von Spekulationen bleiben.

Zuletzt ressortiere § 131 StGB[463] zu jenen Bestimmungen, welche eine unbestimmte Rechtsnorm enthielten. Diese Norm existierte zwar bereits im geltenden Recht, sollte aber im Rahmen der Vorlage um eine Vermutungsklausel erweitert werden, wonach auch derjenige mit Strafe bedroht werde, der wider besseren Wissens falsche Tatsachen verbreitet, um den Staat zu verunglimpfen.[464] Problematisch sei insbesondere die Frage der Beweisbarkeit. So werde dem Richter ein weiter Ermessensspielraum bei der Frage eingeräumt, wann bewiesen ist, ob der Angeklagte, »die Thatsache für wahr« hielt. Im Übrigen brauche der Angeklagte »es ja auch nicht zu sagen«.[465] Interessant ist in diesem Zusammenhang auch Bullings Hinweis auf die Motive zum StGB, in denen es heißt, dass die Wahrheit bzw. Unwahrheit nur behaupteter Tatsachen nicht den Gegenstand eines öffentlichen Urteils bilden könne, da es keinen Maßstab gebe, an dem dies zu messen sei.[466] Daneben gebe es drei »echte Kautschukparagraphen« in der Vorlage. Dabei handele es sich um die § 112, 126, 199a StGB. Diesen sei gemein, dass sie den Begriff »gewaltsamer Umsturz der bestehenden Staatsordnung« zum Gegenstand haben. Bulling stört der Begriff der »bestehenden Staatsordnung«. Denn eine bestehende Staatsordnung könne nicht schlechthin gestürzt werden, es könne lediglich gelingen, einen Regenten oder eine Regierung zu stürzen. Der Terminus beinhalte daher keine Rechtsnorm. Darüber hinaus begründe auch der dahinter liegende Sinn keine Rechtsnorm, denn es werde zwar deutlich, dass die Bestimmung eine »gewaltsame Verwirklichung sozialistischer Bestrebungen« zur Umgestaltung des Staates verhindern solle. Der Entwurf bliebe aber eine Antwort auf die Frage schuldig, wie diese

462 Bulling meint zudem, es handele sich bei der Norm nicht lediglich um ein »Erzeugniß heimischer Rechtsentwicklung«. Vielmehr stelle die Vorschrift eine »Nachahmung der französischen Gesetzgebung« dar. Zu den gewollten Parallelen zwischen dem StGB und verschiedenen anderen europäischen Strafgesetzbüchern siehe die Motive zu dem Entwurfe eines Strafgesetzbuches für den Norddeutschen Bund (1869), S. 135–136.

463 § 131 Umsturzvorlage: Wer erdichtete oder entstellte Thatsachen, von denen er weiß oder den Umständen nach annehmen muß, daß sie erdichtet oder entstellt sind, öffentlich behauptet oder verbreitet, um dadurch Staatseinrichtungen oder Anordnungen der Obrigkeit verächtlich zu machen, wird mit Geldstrafe bis zu sechshundert Mark oder mit Gefängniß bis zu zwei Jahren bestraft.

464 Der Terminus »annehmen muß« fand im Rahmen der Umsturzvorlage Eingang in die Gesetzgebung, vgl. Huber (Hg.), Dokumente zur deutschen Verfassungsgeschichte, II. Bd., 3. A. (1961), S. 539.

465 *Bulling*, Kautschukparagraph und richterliche Unparteilichkeit, Die Nation 16 (1895), S. 221–225, 223–224.

466 Vgl. Motive zu dem Entwurfe eines Strafgesetzbuches für den Norddeutschen Bund (1869), S. 129.

Umgestaltung überhaupt aussähe. Des Weiteren lasse die Vorlage auch unbeantwortet, welche »Bestrebungen« eine »gewaltsame Verwirklichung in sich tragen«. Denn von allen »sozialistischen Bestrebungen« könne dies keinesfalls angenommen werden. Da das Gesetz alle diese Antworten schuldig bleibe, befände sich der Richter wieder einmal »in der Lage eines Gesetzgebers«. Seine Entscheidung beruhe hier allein auf Zweckmäßigkeitserwägungen mit Blick auf den Erhalt der Staatsordnung.

Des Weiteren bezieht Bulling die §§ 126, 130 Abs. 1 und Abs. 2 StGB in seine Betrachtung ein und stellt fest, dass diese Vorschriften die »Störung des öffentlichen Friedens« als strafwürdige Handlung qualifizieren. Wie Bulling bereits zuvor ausführte, stammt der Begriff der »Störung des öffentlichen Friedens« ursprünglich aus dem französischen Recht. So enthielte der in Frankreich für das Strafrecht maßgebliche Code pénal zwar ebenfalls den Begriff paix publique, aber lediglich als Überschrift. Erst die französischen Pressegesetze hätten den Richter dazu ermächtigt, den Begriff des öffentlichen Lebens zu definieren.

Es zeige sich aber, dass es bislang weder der französischen Judikatur noch der Wissenschaft gelungen sei, Einigkeit über diesen Terminus zu erzielen. Bulling rekurriert hier auf die französischen Juristen Georges Barbier[467] und Victor Alexis Désiré Dalloz[468]. So sieht Barbier nicht allein »trouble matériel« sondern auch einen »trouble moral assez profond, pour impressionner gravement l'esprit public« als erforderlich an, während Dalloz mit Verweis auf den französischen Kassationshof allein auf das »troubler la paix publique« für die Strafbarkeit des »exciter le mépris ou la haine des citoyens« abstellt. Im deutschen Recht erkennt Bulling aber darüber hinaus einen deutlichen Widerspruch, denn hier erfordere § 126 StGB eine »innere Zuversicht einer Mehrheit« im Hinblick auf die Störung des öffentlichen Friedens während § 130 StGB allein auf den »äußeren Frieden der Allgemeinheit« referenziere.[469] Die Konsequenzen dieser Uneindeutigkeit des Gesetzes für die Rechtsprechung veranschaulicht Bulling anhand der diversen Abwägungen, welche der Richter bei der Entscheidungsfindung vorzunehmen habe.

---

467 Georges Barbier war ein französischer Jurist und am Berufungsgericht in Paris (Cour d'Appel de Paris) als Anwalt (Avocat á la Cour d'Appel de Paris) tätig. Zum französischen Pressegesetz äußerte er sich in seinem Werk »Code expliqué de la presse« (1887) und dort zum Begriff des öffentlichen Friedens auf den S. 301ff.

468 Victor Alexis Désiré Dalloz (1795–1869) war ein als Herausgeber und Verleger tätiger Jurist. Er gilt als der Begründer umfassender juristischer Repetitorien in Frankreich. Zu Dalloz vgl. Arabeyre/Halpérin/Krynen (Hg.), Dictionnaire historique des juristes français (2007), Art. Victor Alexis Désiré Dalloz, S. 229–230.

469 *Bulling*, Kautschukparagraph und richterliche Unparteilichkeit, Die Nation 16 (1895), S. 221–225, 224.

Daher bewege sich sein Urteil zwischen den Koordinaten Rechtssicherheit, Wahrung des öffentlichen Friedens, Gefahrenabwehr für die öffentliche Sicherheit und nicht zuletzt einer Abwägung zwischen den Theorien, die ihm die §§ 126 und 130 StGB geben würden. Dabei schwebe über allem die Formel von dem »öffentlichen Interesse« und der Richter werde angesichts seines weiten Spielraums ein weiteres Mal in die Lage des Gesetzgebers versetzt. Auch in Frankreich gäbe es daher immer noch intensive Diskussionen über die derart weiten Befugnisse des Richters.[470]

Als dritte Norm bespricht Bulling den § 130 Abs. 2 StGB[471], denn dieser sei in zweifacher Hinsicht ein »Kautschukparagraph«. Aus Bullings Sicht sei es unmöglich, den Begriff des Angriffs auf eines der genannten Rechtsgüter näher zu definieren. Die Norm nötige den Richter vielmehr, auf der Grundlage eines »ganz vagen, unklaren Begriffs« nach Rechtssätzen zu suchen.[472] Abschließend erklärt Bulling, dass er trotz seiner Ausführungen Vertrauen »zu der Pflichttreue, der Unabhängigkeit und dem gefunden Urtheil der deutschen Gerichte« habe.[473] Ihm gehe es vielmehr darum, zu zeigen, inwieweit die Bestimmtheit von Gesetzen Rechtssicherheit für den Einzelnen erzeugt. Denn »der in die Lage kommen kann, sich gegen das Gesetz zu verfehlen, muß wissen können, was das Gesetz von ihm verlangt«.[474] Gerade diese Voraussetzung erfülle die Umsturzvorlage nicht. Als Folie für diese These dient ihm der Sozialist bzw. der dem Sozialismus Nahestehende, der zwar wisse, dass das »Damoklesschwert über ihm schwebt«, der jedoch nicht wisse, »wohin es fallen kann, und was er zu thun hat, um nicht getroffen zu werden«. Ihm bliebe nichts anderes übrig als zu schweigen.

3. Fazit

Bulling opponiert gegen einen zu weitreichenden Interpretationsspielraum des Richters bei der Auslegung von Gesetzen. Seine Kritik bezieht sich auf das

470 Mit Verweis auf Barbier, Code expliquè de la presse (1887), S. 302. Bulling gibt hier zudem einige Zitate aus den Diskussionen wieder, die aber im Rahmen dieser Arbeit nicht von Belang sind.

471 § 130 Abs. 2 Umsturzvorlage: Dieselbe Strafe trifft denjenigen, welcher in einer den öffentlichen Frieden gefährdenden Weise die Religion, die Monarchie, die Ehe, die Familie oder das Eigenthum durch beschimpfende Äußerungen öffentlich angreift.

472 *Bulling*, Kautschukparagraph und richterliche Unparteilichkeit, Die Nation 16 (1895), S. 221–225, 225.

473 *Bulling*, Kautschukparagraph und richterliche Unparteilichkeit, Die Nation 16 (1895), S. 221–225, 225.

474 *Bulling*, Kautschukparagraph und richterliche Unparteilichkeit, Die Nation 16 (1895), S. 221–225, 225.

wachsende Rechtsbewusstsein der Bevölkerung. Denn aus der Sicht vieler hatte der Gesetzgeber mit der Umsturzvorlage den »Bogen überspannt«. So sprachen damalige Zeitungen von einer »Partei-Justiz« und einer »Diktatur des Staatsanwalts« unter dem Mantel der »Juristerei«.[475] Die Umsturzvorlage diente als Folie, auf der sich die Instrumentalisierung der Justiz durch die Politik abbilden ließ. Aus rechtstheoretischer Sicht sind Bullings Ausführungen nicht wirklich »positivistisch« angelegt. Denn nur, weil der Autor annimmt, dass lediglich eindeutige Gesetze die Unparteilichkeit des Richters gewährleisten können, denkt er noch nicht positivistisch.[476] Die mit dem Positivismus einhergehenden negativen Attribute wie »Lebens-« oder »Realitätsferne« treffen auf ihn nicht zu, da er allein aus Gründen der Rechtssicherheit für klare Gesetzesformulierungen argumentiert und dies lediglich auf dem Gebiet des Strafrechts. Ihm geht es um die Normierung von Straftatbeständen, aus denen der Einzelne ablesen kann, welche Tatbestandsmerkmale die Strafbarkeit einer Handlung begründen, ohne dabei die richterliche Rechtsinterpretation befürchten zu müssen.

475 Monatsschau Politik, Allgemeine Konservative Monatsschrift 52 (1895), S. 71–73.

476 Zum Begriff des Positivismus vgl. *Meder*, Doppelte Körper im Recht (2015), S. 141, 209, 216; *ders.*, Rudolf von Jhering und der Aufstand gegen den rechtswissenschaftlichen Formalismus, JZ 2019, S. 689–696, 690.

II. Teil: Familienrecht und Frauenbewegung

Carl Bulling ist der Nachwelt in erster Linie als familienrechtlicher Autor in Erinnerung geblieben. Dies ist vor allem darauf zurückzuführen, dass er insgesamt drei selbstständige Schriften und diverse Zeitschriftenbeiträge auf dem Gebiet des Familienrechts verfasste, die durch zwei Schwerpunkte gekennzeichnet sind: Die Stellung nichtehelicher Kinder (6. Kapitel) und die Stellung der Frau (7. und 8. Kapitel). Außerdem beteiligte er sich mit einer Publikation (9. Kapitel) und verschiedenen Zeitschriftenartikeln (10. Kapitel) an den Diskussionen innerhalb der Frauenbewegung.

6. Kapitel: Bullings Haltung in der »Unehelichen-Frage«

I. Die Stellung nichtehelicher Kinder am Ende des 19. Jahrhunderts

Nichteheliche Kinder sind im Vergleich mit ehelichen Nachkommen über Jahrhunderte benachteiligt worden. Dies gilt insbesondere in Bezug auf Ihre Stellung gegenüber dem Vater. Das nichteheliche Kind galt lange als sozial unerwünschter Zuwachs der Gesellschaft. Diese gesellschaftliche Geringschätzung prägte auch die rechtliche Stellung der »Unehelichen«.[477] So war in den meisten deutschen Gebieten das nichteheliche Kind allein der Mutter verwandtschaftsrechtlich zugeordnet, während jegliches familienrechtliches Verhältnis zum Vater verneint wurde.

II. Bullings Artikel »Einige Bemerkungen über die rechtliche Stellung der unehelichen Kinder«

Bulling publiziert zur Stellung nichtehelicher Kinder zunächst einen Artikel in der Zeitschrift »Die Frauenbewegung. Revue für die Interessen der Frau«. Dieser enthält die essentiellen Aspekte seines Buchs über die Rechtsstellung nichtehelicher Kinder in einer kondensierten Version und trägt den Titel »Einige Bemerkungen über die rechtliche Stellung der unehelichen Kinder nach Titel 5 Abschnitt 2 des 4. Buches des Entwurfes des bürgerlichen Gesetzbuches«.

477 Eingehend dazu *Buske*, Fräulein Mutter und ihr Bastard (2004), S. 31–54, sowie *Schmidtke*, Nichteheliche Väter (2015), S. 23–46.

1. Zur Zeitschrift »Die Frauenbewegung. Revue für die Interessen der Frau«

Die Zeitschrift »Die Frauenbewegung« gehörte zum radikalen Flügel der bürgerlichen Frauenbewegung und bestand von 1895 bis 1919. Sie gilt als erste radikalfeministische deutschsprachige sowie als zentrale Zeitschrift der ersten Welle der deutschen Frauenbewegung.[478] Gegründet wird sie 1895 von Minna Cauer (1841–1922) mit Unterstützung von Lily von Gizycki (1865–1916, später bekannt als Lily Braun). Nachdem sich Gizycki 1896 aus der Redaktion zurückgezogen hatte und sich fortan in der Sozialdemokratischen Partei engagierte, übernahm Anita Augspurg (1857–1943) ihre Stelle.

Die Zeitschrift existierte unter verschiedenen Titeln insgesamt 26 Jahre und bildete eine Plattform für alle wichtigen Streitfragen feministischer Politik dieser Zeit. In den Artikeln setzten sich die Verfasser insbesondere für eine demokratisch orientierte Wahlberechtigung von Frauen ein. Daneben findet sich auch eine Vielzahl von Artikeln, die zu Reformen im Familienrecht aufforderten. Nicht umsonst berief sich die Redaktion des Blatts auf Minna Cauers Leitspruch, »zu leben für einen Sieg des Geistes, des Rechtes und der Freiheit«.[479] Jederzeit betonte die Redaktion, über den einzelnen Flügeln der Frauenbewegung zu stehen. Denn sie war sich dessen bewusst, dass die Bewegung nur dann ihr Ziel erreichen würde, wenn »die Frauen sich miteinander solidarisieren und miteinander verbunden fühlen«.[480] Beiträge leisteten bekannte Frauenrechtlerinnen wie Lida Gustava Heymann (1868–1943), Marie Elisabeth Lüders (1878–1966), Anna Pappritz (1861–1939), Marie Raschke (1850–1935), Jeanette Schwerin (1852–1899) und Helene Stöcker (1869–1943). Daneben gehörte aber auch ein Kreis progressiver Männer zu der Zielgruppe der Herausgeberinnen.[481]

2. Bullings erste Thesen zur »Unehelichen«-Frage

Zu diesem Kreis männlicher Reformer gehörte auch Bulling, der in seinem Beitrag seine ersten Thesen zu Reformen des Rechts der nichtehelichen Kinder vorstellt.[482] Dazu erläutert Bulling zunächst die historische Entwicklung der

478 *Zelfel*, Erziehen (2004), S. 91.
479 *Zelfel*, Erziehen (2004), S. 91.
480 *Zelfel*, Erziehen (2004), S. 92.
481 *Zelfel*, Erziehen (2004), S. 92.
482 Wie Bullings Kontakt zur Frauenbewegung zustande kam, lässt sich nicht mehr rekonstruieren. Zu vermuten ist, dass Helene Lange hierbei eine zentrale Rolle einnahm, da, wie bereits ausgeführt wurde, Bulling eine Zeitlang im Haus ihres Großvaters in Oldenburg wohnte.

Rechtsstellung nichtehelicher Kinder.[483] So gehörten im altdeutschen Recht die »unehelichen« Kinder weder zur Familie der Mutter noch zu der des Vaters, sie waren rechtlos im klassischen Sinn. Eigentlich habe das BGB diesen Rechtszustand aufgehoben, in dem es dem unehelichen Kind im Verhältnis zu seiner Mutter dieselben Rechte gegeben hat wie dem ehelichen. In Bezug auf das Rechtsverhältnis zum Vater wurde der alte Rechtszustand im BGB jedoch aufrechterhalten. So kommt Bulling zu dem Schluss, dass der II. Entwurf an vielen Stellen »etwas thatsächlich Unrichtiges sagt«. Dies zeige sich beispielsweise an § 1216 E II[484], der die Widersprüchlichkeit und Doppelzüngigkeit des Gesetzgebers illustriere. Denn zunächst erkläre § 12 E II, dass keine Verwandtschaft zwischen einem nichtehelichem Kind und seinem Vater bestehe. Dann aber verbiete § 1216 E II die Ehe zwischen Vater und unehelichem Kind.

Darüber hinaus erkenne der Entwurf zwar den Alimentationsanspruch des Kindes gegen den Vater das »ethische Gesetz« an, das in den Pflichten der Eltern gegen das Kind keinen Unterschied zwischen ehelicher und »unehelicher« Geburt mache. Der Entwurf sei trotzdem unvollkommen. Denn einerseits versuche er, nichtehelichen Kindern eine möglichst schwache Stellung beizumessen. Andererseits »vermochte der Gesetzgeber den Satz, daß der Vater des unehelichen Kindes rechtlich sein Vater nicht sein soll, in seiner rechtlichen Bedeutung nicht durchzuführen«.[485]

Letzteres hält Bulling ohnehin für falsch. Seiner Meinung nach müsse das »ethische Gesetz der Elternpflicht« nun endlich auch durch ein Gesetz zur Geltung gebracht werden.[486] Die jahrhundertelange Rechtsentwicklung in Deutschland steuere unausweichlich auf die Anerkennung verwandtschaftlicher Verhältnisse zum Vater hin. Deshalb könne »im Fortschritte der Zivilisation die Familienlosigkeit des unehelichen Kindes« nicht aufrechterhalten werden. Schon das römische Recht habe das nichteheliche Kind der Frau gegenüber dem ehelichen gleichgestellt. Dieser Rechtssatz müsse auch in Deutschland schlussendlich dazu führen, die Familienlosigkeit des nichtehelichen Kindes der Mutter

483 *Bulling*, Einige Bemerkungen über die rechtliche Stellung der unehelichen Kinder, Die Frauenbewegung 12 (1895), S. 89–91, 89.

484 § 1216 E II: Eine Ehe darf nicht geschlossen werden zwischen Verwandten in gerade Linie, zwischen vollbürtigen oder halbbürtigen Geschwistern sowie zwischen Verschwägerten in gerader Linie. Eine Ehe darf nicht geschlossen werden zwischen Personen, von denen die eine mit Eltern, Voreltern oder Abkömmlingen der anderen Geschlechtsgemeinschaft gepflogen hat. Verwandtschaft im Sinne dieser Vorschrift besteht auch zwischen einem unehelichem Kinde und dessen Abkömmlingen einerseits und dem Vater und dessen Verwandten andererseits.

485 *Bulling*, Einige Bemerkungen über die rechtliche Stellung der unehelichen Kinder, Die Frauenbewegung 12 (1895), S. 89–91, 89.

486 *Bulling*, Einige Bemerkungen über die rechtliche Stellung der unehelichen Kinder, Die Frauenbewegung 12 (1895), S. 89–91, 89.

gegenüber aufzugeben.[487] Diese Rechtsentwicklung müsse sich nun darin fortsetzen, auch eine rechtliche Beziehung zwischen dem nichtehelichen Kind und seinem Vater herzustellen. Bulling begreift Rechtsgeschichte also in einem gewissen Maße als Prozess des gesellschaftlichen Fortschritts im Sinne eines sozialen Wandels. Als Folie, auf der sich so eine Verbesserung des Rechts skizzieren lässt, dient ihm oft das römische Recht, weshalb er durchaus als Anhänger der Pandektistik angesehen werden kann. Dies wird später noch zu vertiefen sein.

Bullings Begeisterung für das römische Recht verstellte ihm nicht den Blick für die Probleme der Rezeption. So wurden trotz der unter Juristen verbreiteten Kenntnisse der Romanistik unhaltbare Zustände über einen langen Zeitraum aufrechterhalten. Dies illustriert er am Beispiel der Unterhaltspflicht der Väter nichtehelicher Kinder: »So gab es zwar im römischen Rechte nur die Bestimmungen über das Konkubinat.« Diese gewährten dem Kind aber zumindest »Alimentationsansprüche und Erbrecht neben dem ehelichen«. In den deutschen Staaten habe man dann aber auch diese Bestimmungen »durch Rechtsanwendungen, die sich logisch nicht rechtfertigen« lassen, »vielfach zu durchlöchern gesucht«.[488] Bulling bezieht sich hier nicht auf konkrete Beispiele. Den Kern seiner Beweisführung bilden rechtspolitische Forderungen. Auf eine pointierte Weise möchte Bulling deshalb darlegen, dass die deutschen Partikulargesetzgeber sowie die Rechtsprechungspraxis mittels Lösungen, die jeder Logik entbehren, die an sich rechtshistorisch begründete Gleichstellung nichtehelicher Kinder verneinen wollen.[489]

Andererseits ist er sich aber im Klaren darüber, dass allein der Bezug zur Rechtsgeschichte die Gleichstellung nichtehelicher Kinder nicht zu begründen vermag. Vielmehr müsse sich das deutsche Recht »selbst produktiv« erweisen.

---

487 *Bulling*, Einige Bemerkungen über die rechtliche Stellung der unehelichen Kinder, Die Frauenbewegung 12 (1895), S. 89–91, 89–90.

488 *Bulling*, Einige Bemerkungen über die rechtliche Stellung der unehelichen Kinder, Die Frauenbewegung 12 (1895), S. 89–91, 90. Bulling meinte, der Gesetzgeber könne sich ein Beispiel an der Rechtsgeschichte nehmen. So postulierte das langobardische Rechtssystem nicht die Vaterlosigkeit des nichtehelichen Kindes. Als das langobardische Recht wird ein germanisches Volksrecht bezeichnet, dessen Grundkodifikation das Edictum Rotharivon 643 bildete. Es galt in den Gebieten des Langobardenreichs, ein frühmittelalterliches germanisches Königreich, das sich ungefähr auf dem Gebiet des heutigen Norditaliens befand. Näher zum langobardischen Recht siehe *Meder*, Rechtsgeschichte, 6. A. (2017), S. 131–134.

489 Diesbezüglich beruft er sich gar auf den Doyen des Deutschen Privatrechts Otto Stobbe. Dieser führte bereits aus, dass ausschließlich das alte deutsche Gewohnheitsrecht eine solche Ungleichbehandlung rechtfertige. Es griffe zu kurz, würde man versuchen, Bulling wegen seines Hinweises auf die logische Rechtfertigung des Rechts als »Begriffsjuristen« zu denunzieren. Denn er will keineswegs die Stellung nichtehelicher Kinder allein aus der Begriffslogik der Wörter ableiten. Dieser Hinweis dient ihm lediglich dazu, zu zeigen, dass die Ungleichbehandlung ehelicher und nichtehelicher Kinder sich jeder nachvollziehbaren Begründung entzieht.

Dabei rekurriert er auf bereits bestehende partikulare Gesetzgebungen, die beispielsweise die erbrechtliche Gleichstellung postulieren. Als weitere Belege des aktuellen Rechts dienen ihm auch die nordischen Rechte, womit Bulling die skandinavischen Rechtssysteme meint. Des Weiteren kannte auch das flämische Recht, eine wesentliche Grundlage für den belgischen Code civil, eine solche rechtliche Zurückweisung des nichtehelichen Kindes nicht. Bei diesen Ausführungen zeigt sich ein weiteres Mal Bullings umfassende Kenntnis der Rechtsquellen. Mit Blick auf die europäischen Entwicklungen könne die Gleichstellung der nichtehelichen Kinder daher lediglich der »Abschluß einer Rechtsentwicklung sein, die sich in Deutschland seit langem Bahn zu brechen gesucht« habe, was nicht zuletzt auch die »Ethik« fordere. Zwar sei es nicht »Zweck des Rechtes« die Ethik zu »verwirklichen«.[490] Gleichwohl dürften Rechtssätze dieser nicht widersprechen. Denn der Gesetzgeber könne »nicht mit dem Vorurteil transigieren, und denen Zugeständnisse machen, die von solchen Rechtssätzen den Vorteil haben«.[491] Dies zeige schon die Tatsache, dass im Gegensatz zu früheren Gesetzen heutzutage die Verwandtschaft zur Mutter anerkannt werde. Dementsprechend fordert Bulling, dem »unehelichen« Kind die vollen »Kindesrechte« eines ehelichen Kindes gegen den Vater einzuräumen. Durchschlagender Grund hierfür ist in Bullings Augen das soziale Elend, in welchem uneheliche Mütter und ihre Kinder regelmäßig lebten. Dieses könne nur dadurch beseitigt werden, dass man die unehelichen Väter in vollem Umfang zum Unterhalt für ihre unehelichen Kinder verpflichte.[492]

Mit Bezug auf die Stellung nichtehelicher Kinder wirft Bulling der Kommission vor, mit dem Entwurf nicht »der Aufgabe eines Gesetzgebers entsprochen« zu haben.[493] Offensichtlich besteht diese für ihn darin, eine gewisse soziale Gerechtigkeit herzustellen. Denn im Folgenden richtet Bulling sein Augenmerk auf die sogenannte »Soziale Frage«. Diese betrachtet er aus dem Blickwinkel des sozialen Elends der nichtehelichen Kinder. So falle der Unterhalt für ein nichteheliches Kind derart knapp aus, dass der Alimentationsanspruch für sich genommen nicht ausreiche, um Männer »von dem Mißbrauche eines Mädchen zurückzuhalten«. Auf der anderen Seite sei der Entwurf wenig dazu geeignet, Alimentationsansprüche gegen die Väter der »bemittelten Klassen« geltend zu machen, aus denen die Mehrzahl der nichtehelichen Väter stammt. Zwar ver-

490 Das Problem, in welchem Verhältnis Recht und Ethik stehen, ist bereits von Savigny diskutiert worden, vgl. *Meder*, Familienrecht (2013), S. 149–152.

491 *Bulling*, Einige Bemerkungen über die rechtliche Stellung der unehelichen Kinder, Die Frauenbewegung 12 (1895), S. 89–91, 90.

492 *Bulling*, Einige Bemerkungen über die rechtliche Stellung der unehelichen Kinder, Die Frauenbewegung 12 (1895), S. 89–91, 90.

493 *Bulling*, Einige Bemerkungen über die rechtliche Stellung der unehelichen Kinder, Die Frauenbewegung 12 (1895), S. 89–91, 90.

neint Bulling wie oben gezeigt, dass das Recht die Ethik verwirklichen sollte. Gleichwohl gesteht er ihm eine soziale Steuerungsfunktion zu:

> »Der Gesetzgeber sollte daher auch, um den Leichtsinn der Männer zu steuern, und dadurch thunlichst eine Quelle zu stopfen, aus welcher das Elend zum großen Teile mit fließt, dem unehelichen Kinde auch gegen den Vater die Rechte eines ehelichen geben.«[494]

Betont werden muss außerdem, dass Bulling den Blick seiner Landsleute für die Regelungen ausländischer Rechtsordnungen schärfen will. So führt er an, dass in Frankreich bereits seit 1893 eine Gesetzesvorlage diskutiert werde, die den nichtehelichen Kindern ein vollständiges Erbrecht neben den ehelichen Nachkommen zusichere. Dies ist deshalb besonders interessant, weil die Zeit um das Ende des 19. Jahrhunderts von einem latent nationalistischen Moment gekennzeichnet ist.

Insbesondere das deutsch-französische Verhältnis gilt seit dem Ende des letzten Kriegs im Jahr 1871 als belastet. Dementsprechend dürfte Bullings Verweis auf die progressiven Regelungen Frankreichs eine gewisse Provokation bedeutet haben. Denn gerade am Ende des 19. Jahrhunderts strebte das Deutsche Kaiserreich unter dem seit 1888 regierenden Kaiser Wilhelm II. eine wirtschaftliche, wissenschaftliche und politische Vormachtstellung in Europa an. Geradezu polemisch fragt Bulling in Bezug auf die französischen und belgischen Regelungen, ob diese »zu hoch für das deutsche Volk« seien.[495] Die Betonung des deutschen Privatrechts sieht er dagegen kritisch:

> »Für den Entwurf ist wohl ohne Frage der Gedanke bestimmend gewesen, es komme hier vorzugsweise darauf an, daß so viel wie möglich das ursprünglich deutsche Recht ohne die Veränderungen, die es im Verlaufe der Jahrhunderte erfahren hat, im Zivilgesetzgebuch seinen Ausdruck finde, während es in der That darauf ankommt, den Forderungen der seitdem unendlich fortgeschrittenen Zivilisation und des seitdem völlig umgestalteten Lebens gerecht zu werden.«[496]

Genau das wird Planck vier Jahre später bestätigen.[497] Die Partikularrechte enthielten zur Unterhaltspflicht sowie zum Erbrecht bezüglich »unehelicher« Nachkommen äußerst einheitliche Vorschriften.[498] Aus diesem Grund ging es

494 *Bulling*, Einige Bemerkungen über die rechtliche Stellung der unehelichen Kinder, Die Frauenbewegung 12 (1895), S. 89–91, 90.

495 *Bulling*, Einige Bemerkungen über die rechtliche Stellung der unehelichen Kinder, Die Frauenbewegung 12 (1895), S. 89–91, 90.

496 *Bulling*, Einige Bemerkungen über die rechtliche Stellung der unehelichen Kinder, Die Frauenbewegung 12 (1895), S. 89–91, 90.

497 *Planck*, Die rechtliche Stellung der Frau nach dem bürgerliche Gesetzbuche (1899), S. 24–26.

498 *Bulling* verweist auf *Stobbe*, Handbuch des Deutschen Privatrechts, V. Bd., 2. A. (1887), S. 152–153, der schreibt, dass es entweder eine gesetzliche Regelung zum Erbrecht nicht-

Planck vor allem um eine Zusammenstellung des Rechtsstoffs und weniger um die Schaffung neuer Bestimmungen, sodass er einer rechtlichen Gleichstellung der nichtehelichen Nachkommen mit ehelichen ablehnend gegenüberstand. Bulling stellt die Begründung in den Motiven infrage, da sie »den Beweis für die gesetzgeberische Notwendigkeit« der Ungleichbehandlung nicht erbracht habe.[499]

Erstens könnten die Motive nicht darlegen, warum »eine Familienverbindung eine durch die Ehe vermittelte Zeugung voraussetzt«. Der eigentliche Grund dafür könne allein historischer Natur sein und im germanischen Recht begründet liegen. Auch lieferten die Motive keine stichhaltige Begründung dafür, dass gegenüber dem Mann an diesem Grundsatz festgehalten wurde, der Frau gegenüber jedoch nicht. Zweitens sei widersprüchlich, wenn die Motive einerseits betonten, dass die bloße Anerkennung einer Verwandtschaft zwischen Vater und Kind für sich genommen noch keine innigen Beziehungen begründe.[500] Andererseits möchte die Kommission die Erziehung des Kindes aber in die Hände des Vaters legen. Drittens wirft er die Frage auf, warum es die Kommission nicht als erforderlich ansah, auch die verwandtschaftliche Beziehung der Mutter zu ihrem nichtehelichen Kind zu negieren.

Bulling kommt zu dem Schluss, dass auch nichtehelichen Kindern die vollen Kindesrechte gegenüber ihren Vätern einzuräumen seien, mithin eine völlige Gleichstellung mit den ehelichen Kindern realisiert werden müsse. Bulling hält nichts von der juristisch theoretischen Vorgehensweise des Entwurfs, die Regelungen zum Recht des unehelichen Kindes allein am alten deutschen Recht zu orientieren und die Erfordernisse der gegenwärtig bestehenden realen Lebensverhältnisse auszublenden. Damit befürwortet Bulling ausdrücklich die Vorgehensweise der bürgerlichen Frauenbewegung, die gesetzlichen Regelungen an den praktischen Lebensverhältnissen ihrer Zeit zu messen und sich bei dieser Bewertung und Rechtsfindung nicht von einer etwaigen juristischen Konstruktion einschränken zu lassen.

---

ehelicher Kinder gäbe oder, wenn dies nicht der Fall sei, dasselbe nicht auf das ursprüngliche deutsche Recht zurückgeführt werden könne, da es dort nicht existiere. Zu Plancks Konzeption des BGB-Familienrechts siehe *Meder*, Gottlieb Planck und die Kunst der Gesetzgebung (2010), S. 69–74, sowie *ders.*, Familienrecht (2013), S. 194–196.

499 Bulling lässt die Quellen sprechen, indem er mehrere Zitate aus den Motiven übernimmt. Von Interesse ist hierbei insbesondere die terminologische Unterscheidung zwischen natürlicher und rechtlicher Verwandtschaft durch die Kommission. Mittels dieses juristischen Kunstgriffs war es gelungen, das Inzestverbot zwischen Vater und nichtehelichem Kind zu etablieren und zugleich jegliche verwandtschaftliche Beziehung zu negieren.

500 Die Motive führen hierzu aus, dass der nichteheliche Vater dem Kind meist »gleichgültig und fremd gegenübersteht«. Denn »er betrachtet das Kind als eine Last und hat kein Interesse an dem Wohlergehen, der körperlichen und geistigen Gesundheit desselben«, vgl. Motive, Bd. IV, S. 851–852.

3. Ausblick

Bulling greift mit dem Artikel »Einige Bemerkungen über die rechtliche Stellung der unehelichen Kinder nach Titel 5 Abschnitt 2 des 4. Buches des Entwurfes des bürgerlichen Gesetzbuches« seiner später monographisch geäußerten Kritik am Recht der nichtehelichen Kinder vor. Deutlich wird bereits hier, dass der Autor das Verwandtschaftsrecht als den ersten Anknüpfungspunkt sieht. Gegen die Regelung des § 15 E II protestierte die Frauenbewegung ebenfalls.[501] Die Bestimmung schien nicht nur in ihrer Aussage gewissenlos, sie verkörperte auch einen geradezu grenzenlosen Glauben an die Macht des Gesetzes. Schließlich beinhaltete diese Forderung nicht weniger als die Deklaration, das Gesetz könne biologische Tatsachen ändern. Diese Linie zeichnete der Gesetzgeber aber nicht zu Ende, was Bulling wiederum an § 1216 E II festmacht.[502] Widersprüchlich sei darüber hinaus, dass der Entwurf jegliche verwandtschaftliche Beziehung zwischen Kind und Vater negiere, dem Kind aber im Übrigen einen Unterhaltsanspruch bis zum vollendeten 16. Lebensjahr gegen den Vater einräume.[503]

III. »Die Rechte der Unehelichen Kinder nach dem Entwurf eines bürgerlichen Gesetzbuches für das Deutsche Reich«

Unter dem Titel »Die Rechte der Unehelichen Kinder nach dem Entwurf eines bürgerlichen Gesetzbuches für das Deutsche Reich« wird im Jahre 1895 ein weiterer Gegenentwurf Bullings zu den Regeln über die Stellung nichtehelicher Kinder veröffentlicht. Es handelt sich um die erste seiner drei größeren familienrechtlichen Werke, die, wie schon die »Wirksamkeit der Goldklausel« und der »Örtliche Gerichtsstand in Preßstrafsachen«, im Berliner Verlag Rosenbaum & Hart erscheint. Dem Titel der Veröffentlichung entsprechend setzt sich Bulling darin mit der Rechtsstellung nichtehelicher Kinder auseinander. Hervorzuheben an dieser Schrift ist, dass Bulling für viele Normen des Zweiten Entwurfs

501 Vgl. *Czelk*, Privilegierung und Vorurteil (2005), S. 101.

502 *Bulling*, Einige Bemerkungen über die rechtliche Stellung der unehelichen Kinder, Die Frauenbewegung 12 (1895), S. 89. Dass der Gesetzgeber trotz der logischen Widersprüche die Verwandtschaft zwischen Vater und Kind leugnen wollte, rief gerade in der Frauenbewegung heftige Reaktionen hervor. Dadurch werde nicht nur die Mutter, sondern »auch das unschuldige uneheliche Kind vor der Welt gebrandmarkt, während der Vater unbekannt bleibt und nur kärgliche Alimente an Mutter und Kind zu zahlen hat«, vgl. *Proelß/Raschke*, Die Stellung der Frau im neuen bürgerlichen Gesetzbuch (1895), S. 43.

503 *Bulling*, Einige Bemerkungen über die rechtliche Stellung der unehelichen Kinder, Die Frauenbewegung, 12 (1895), S. 89, vgl. auch *Czelk*, Privilegierung und Vorurteil (2005), S. 102.

eigene Reformvorschläge unterbreitet, die im Folgenden näher untersucht werden sollen.[504]

1. Bullings Gegenentwurf zum Recht der »Unehelichen« im II. Entwurf

a. Bullings Kernforderung

Bullings Ziel besteht darin, die vollkommene rechtliche Gleichstellung der »unehelichen« mit den ehelichen Kindern zu erreichen. So tritt er dafür ein, dass der letzte Satz aus § 15 E II[505], der die »Nichtverwandschaft ausspricht«, zu streichen sei[506] und begründet dies damit, dass es eine »Forderung des Sittengesetzes« sei, das eigene Kind zu ernähren.[507] Diese Pflicht sei durch die Elternschaft selbst gegeben. Und je weiter ein Volk in der Zivilisation voranschreite, umso weniger solle sich das Recht gestatten, in dieser Hinsicht einen Unterschied zu machen.[508]

Auch der Entwurf zum BGB erkenne dieses »ethische Gesetz« an, indem er den Vater zu Unterhaltsleistungen verpflichte und damit von dem Grundsatz abweiche, dass zwischen »unehelichem« Kind und dem Vater keine Verwandtschaft besteht. Bulling bemüht die Geschichte dieses Rechtsgebiets, um seine Thesen zu untermauern. Wie bereits vorstehend zum Beitrag in der Zeitschrift »Die Frauenbewegung« erläutert, bezieht er sich hier ebenfalls auf die »Fortschritte der Civilisation«, nach denen die »Familienlosigkeit des unehelichen Kindes« nicht aufrechtzuerhalten sei.[509] Denn laut seinen Ausführungen war bereits im römischen Recht das nichteheliche Kind mit den ehelichen Kindern weitgehend gleichgestellt.[510] Zumindest erwarb es Alimentationsansprüche und

504 Um die Übersichtlichkeit zu wahren, wurde für diese Analyse eine Vorgehensweise gewählt, die sich an der Reihenfolge orientiert, in der Bulling die einzelnen Normen bespricht. Diese folgt wiederum dem Zweiten Entwurf zum BGB.

505 § 15 E II letzter Absatz: Zwischen einem unehelichen Kinde und dessen Vater besteht keine Verwandtschaft. Der entsprechende § 1589 BGB lautete ähnlich: Ein uneheliches Kind und dessen Vater gelten nicht als verwandt.

506 *Bulling*, Die Rechte der Unehelichen Kinder (1895), S. 9.

507 *Bulling*, Die Rechte der Unehelichen Kinder (1895), S. 2.

508 *Bulling*, Die Rechte der Unehelichen Kinder (1895), S. 2.

509 Interessanterweise weist Bulling in einer späteren Passage darauf hin, dass die Kommission »uneheliche« Kinder deshalb der Familie der Mutter anschlösse, weil »die destructiven Elemente vornehmlich aus solchen Kreisen hervorgingen, welche von der Familie ausgeschlossen seien«, vgl. Motive, IV. Bd., S. 855. Laut *Bulling*, Die Rechte der Unehelichen Kinder (1895), S. 26, sei es aber nicht klar, welche »Kreise« damit gemeint seien. In Erwägung zieht er die »socialistischen und anarchistischen Kreise«. Damit die Kommission darüber aber eine qualifizierte Aussage treffen könne, müsse zunächst eine Geburtsstatistik in diesen »Kreisen« geführt werden.

510 *Bulling*, Die Rechte der Unehelichen Kinder (1895), S. 2–3.

das Erbrecht gegen seinen Vater. Anhand verschiedener »nordischer Rechte«, des langobardischen und des flämischen Rechts kann er zudem nachweisen, dass das germanische Recht die Vaterschaft für das »außereheliche« Kind nicht rundheraus ablehnt:

> »Es würde hiernach, wenn das bürgerliche Gesetzbuch dem unehelichen Kinde auch dem Vater gegenüber das Recht eines ehelichen giebt, dies nicht etwas Antigermanisches, geschweige etwas Antideutsches sein, vielmehr nur der Abschluss einer Rechtsentwicklung, die sich in Deutschland seit langem, wenn auch nicht mit durchschlagendem Erfolge, Bahn zu brechen gesucht hat, aber ein Abschluß, der die Ethik fordert. Freilich diese zu verwirklichen, ist nicht der Zweck des Rechtes. Aber, wenn Rechtssätze den Forderungen der Ethik widersprechen, so hat der Gesetzgeber sie aufzuheben.«[511]

Des Weiteren entspreche der Entwurf in Bezug auf die Stellung der nichtehelichen Kinder nicht der Aufgabe eines Gesetzgebers, denn einerseits werde in den Motiven das »soziale Elend« der alleinstehenden Mütter beklagt, andererseits den Kindern ein umfassender Unterhaltsanspruch abgesprochen.[512] Im Folgenden verweist er darauf, dass der Gesetzgeber auch eine erzieherische Funktion habe, denn er solle »den Leichtsinn der Männer steuern«, in dem er auch »dem unehelichen Kinde gegen den Vater die Rechte eines ehelichen« gibt.[513] Aus rechtsvergleichender Perspektive komme hinzu, dass beispielsweise bereits Frankreich dem nichtehelichen Kind das Erbrecht gegen seinen Vater zugestanden habe. Nicht ohne Ironie fragt Bulling, ob ein solcher Schritt »zu hoch für das deutsche Volk« sei.

In diesem Zusammenhang verweist er auch darauf, dass die Regelungen zur Stellung nichtehelicher Kinder und ehelicher Kinder gegenüber der Mutter mit der Rechtstradition aller Partikularrechtssysteme breche, denn dort seien diese gleichgestellt gewesen. Lediglich im Hinblick auf die Ansprüche gegen den Vater könne sich der Entwurf auf die partikularrechtlichen Regeln berufen, da diese beide Bereiche uneinheitlich bestimmen würden.[514] Trotzdem sei die Kommission den Beweis schuldig, dass es notwendig gewesen sei, dem nichtehelichen Kind die »Kindsrechte« gegen seinen Vater vorzuenthalten. Gegen die Argumente in den Motiven führt Bulling sodann folgende drei Thesen an: Erstens gäben die Motive keinen Grund, warum eine Familienverbindung eine eheliche Zeugung voraussetze. Dies könne daher nur daran liegen, dass es im historischen deutschen Recht so war. Ebenso wenig würden die Motive den Wider-

511 *Bulling*, Die Rechte der Unehelichen Kinder (1895), S. 4.
512 *Bulling*, Die Rechte der Unehelichen Kinder (1895), S. 5.
513 *Bulling*, Die Rechte der Unehelichen Kinder (1895), S. 5. Zur Diskussion, welche Funktion das Recht hat, siehe *Meder*, Familienrecht (2013), S. 202–204.
514 *Bulling*, Die Rechte der Unehelichen Kinder (1895), S. 6.

spruch in der Bestimmung, dass eine verwandtschaftliche Beziehung zwischen einem nichtehelichen Kind und seiner Mutter, nicht aber zwischen diesem Kind und seinem Vater bestehe, begründen. Dies könne daher ebenfalls nur auf das alte deutsche Recht zurückzuführen sein. Zweitens sei es widersprüchlich, wenn die Motive einerseits sagen, dass eine rechtliche Verwandtschaft zwischen Vater und Kind noch nicht zu einer »innigen« Vater-Kind-Beziehung führt, andererseits die Kommission aber dem Vater die Erziehung anvertrauen möchte. Drittens hinterfragt Bulling, »warum es nicht nöthig ist, der Heiligkeit der Ehe dadurch Rechnung zu tragen, daß die verwandtschaftliche Beziehung auch mit der Mutter abgebrochen wird«.[515]

b. Forderungen zum Namensrecht

§ 1594 E II	Bullings Forderung	§ 1706 BGB[517]
Das uneheliche Kind erhält den Familiennamen der Mutter. Führt die Mutter in Folge ihrer Verheirathung einen anderen Namen, so erhält das Kind den Familiennamen, welchen die Mutter vor der Verheirathung geführt hat.	Das uneheliche Kind erhält, wenn nicht feststeht, wer der Vater ist, den Familiennamen der Mutter und behält denselben, so lange dies nicht feststeht, auch wenn die Mutter in Folge ihrer Verheirathung einen andern Namen führt. Wird aber die Vaterschaft festgestellt, so führt das Kind den Familiennamen des Vaters. Das Kind teilt den Stand der Mutter.[516]	Das uneheliche Kind erhält den Familiennamen der Mutter. Führt die Mutter in Folge ihrer Verheirathung einen anderen Namen, so erhält das Kind den Familiennamen, welchen die Mutter vor der Verheirathung geführt hat. Der Ehemann der Mutter kann durch Erklärung gegenüber der zuständigen Behörde dem Kinde mit Einwilligung des Kindes und der Mutter seinen Namen ertheilen; die Erklärung des Ehemanns sowie die Einwilligungserklärungen des Kindes und der Mutter sind in öffentlich beglaubigter Form abzugeben.

Anhand des Namensrechts lässt sich Bullings pejorative Haltung zum Entwurf gut illustrieren. So solle, wenn der Vater festgestellt sei, das Kind auch dessen Familiennamen erhalten. Lediglich solange die Vaterschaft nicht feststehe, solle

515 *Bulling*, Die Rechte der Unehelichen Kinder (1895), S. 8–9.
516 *Bulling*, Die Rechte der Unehelichen Kinder (1895), S. 10.
517 Die Darstellung in der obigen Synopse wurde gewählt, um die Entwicklungslinien des Nichtehelichenrechts nachzuzeichnen.

das Kind den Namen der Mutter tragen. Bulling begründet dies damit, dass bei festgestellter Vaterschaft das Kind stets darauf hinweisen könne, wer sein Vater sei. Denn die Führung des väterlichen Familiennamens wäre insofern nur »eine Abbreviatur für, Der X ist mein Vater!«.[518] Es sei »Sitte«, sich nach dem Vater zu nennen, denn die Person der Mutter sei meist »offenkundig und leicht bewiesen«, aber nicht die des Vaters. Daher bestehe »im Verkehr das Bedürfnis nach einer Einrichtung«, mit der die Vaterschaft nachverfolgt werden könne. Dieses »Benefizium« müsse daher auch dem nichtehelichen Kind, dessen Vaterschaft bewiesen ist, zustehen.[519] Hierbei ist zu beachten, dass in den Motiven bereits ein Streit wiedergegeben wird, bei dem es darum ging, ob das Namensführungsrecht dem Privatrecht oder dem öffentlichen Recht zuzurechnen sei.[520] Davon unterschieden wurde die Frage, ob auch ein Unterlassungsanspruch gegen denjenigen existiert, der widerrechtlich den Namen eines anderen führt.[521]

Bulling stört, dass die Motive diese Frage in Bezug auf das Namensrecht nichtehelicher Kinder offengelassen haben. In der Tat wies die Redaktion hier darauf hin, dass »Theorie und Praxis« hier noch zu keinem »festen Ergebnis« gekommen seien. Daher dürfe der »wissenschaftlichen Entwicklung« nicht durch eine »gesetzliche Entscheidung« vorgegriffen werden.[522] Er schreibt, dass das BGB gerade auch dazu dienen solle, die durch einen »Mangel von Rechtsnormen veranlaßte Rechtsungewißheit und Rechtsverschiedenheit im Deutschen Reiche« zu beenden. Deshalb sei es »Aufgabe des Entwurfs, Rechtssätze, die noch in der Entwicklung sind, selbst zu entwickeln und in endgültiger Festsetzung zu specialisieren«. Nicht »die Rechtsentwicklung dürfe die Rechtsquelle darstellen«, »sondern das, was sie hervorgetrieben hat, was ihr zu Grunde

518 *Bulling*, Die Rechte der Unehelichen Kinder (1895), S. 10. *Baumgarten*, Die Entstehung des Unehelichenrechts im BGB (2007), S. 100, weist in diesem Zusammenhang daraufhin, dass Bulling eine der »schärfsten« Kritiken geäußert habe.

519 *Bulling*, Die Rechte der Unehelichen Kinder (1895), S. 11, mit Verweis auf eine Entscheidung des Reichsgerichts, in der die Richter im umgekehrten Sinn entschieden haben, dass aus dem Recht auf Anfechtung der Vaterschaft zu klagen auch das Recht erwachse, darauf zu klagen, dem Beklagten die Namensführung zu verweigern, vgl. RGZ, V. Bd., S. 175.

520 Motive, IV. Bd., S. 1005. Bulling meint, der Streit um das Namensrecht sei allein privatrechtlicher und nicht öffentlich-rechtlicher Natur: »Denn statt es sich hier fragte, was für Gesetze über Namensführung in den verschiedenen Ländern bestehen, fragt es sich, was der Gesetzgeber, der neues Recht, und das angemessenste schaffen will, hier zu bestimmen habe; und das Gebiet, in welchem der Gesetzgeber hier steht, ist das des Privatrechts, wo es sich für ihn nicht um eine Theorie der Namensgebung handelt, die öffentlichen Rechts wäre, sondern ganz einfach um die Frage: hat nach allgemeinen Rechtsbegriffen, nach den Begriffen, die Recht und Unrecht bestimmen, der Vater ein Widerspruchsrecht, wenn der Sohn sagt: er ist mein Vater?«, *Bulling*, Die Rechte der Unehelichen Kinder (1895), S. 10–11.

521 Motive, IV. Bd., S. 1005.

522 Zur Technik des BGB-Gesetzgebers siehe *Planck*, Zur Kritik des Entwurfes eines bürgerliches Gesetzbuches für das deutsche Reich, AcP 75 (1889), S. 327–428, 331.

liegt« müsse für den Gesetzgeber maßgebend sein. Er stehe »über der Rechtsentwicklung« und habe »ihr die Wege zu weisen«.[523]

Außerdem stellt Bulling die Bedeutung der öffentlichen Verantwortung des Vaters heraus. Darüber hinaus könne die Pflicht zur Benennung des Kindes nach dem Vater »dem Leichtsinn der Väter« entgegenwirken. Es entspreche der »sittlichen Würdigung«, dass das »Kind eine Unehre nicht treffen kann, sondern nur die Eltern«. Gleichwohl könne der Gesetzgeber diesem Grundsatz nur gerecht werden, »wenn er den Makel dem Kinde abnimmt und ihn neben der Mutter, die nie von ihm frei wird, auch den Vater tragen läßt«.[524] Lakonisch kritisiert Bulling insofern auch die Aussage in den Motiven, eine Ermächtigung zur freiwilligen Namenserteilung durch den unehelichen Vater würde die familienrechtliche Stellung des Kindes »verdunkeln« als »Euphemismus dafür, daß es sich empfehle, die uneheliche Geburt öffentlich kenntlich zu machen«.[525]

Hinsichtlich des zweiten Absatzes seiner vorgeschlagenen Norm, wonach das nichteheliche Kind den Stand der Mutter teilen solle, weist er zunächst darauf hin, dass die Kommission diese Materie der Landesgesetzgebung überlassen wolle.[526] Jedoch komme dem sozialen »Stand« eine überragende Bedeutung zu, wenn es um Fragen der Bildung und der Erziehung, letztlich also des Lebenswegs gehe. Daher müsse der »Entwurf Vorsorge dafür treffen, daß das Kind einem bestimmten Stande angehört«.[527] Wenn das Kind schon nicht den Stand des Vaters teilen soll, so müsse es wenigstens zu jenem der Mutter gehören.

523 *Bulling*, Die Rechte der Unehelichen Kinder (1895), S. 13. Näher zu diesem Zitat siehe das 11. Kapitel (S. 277, Fn. 1064).

524 *Bulling*, Die Rechte der Unehelichen Kinder (1895), S. 13. Er verweist hierbei auf die französische Rechtsprechung, die in Ermangelung einer gesetzlichen Regel »niemals den Anstand gefunden« habe, dem »anerkannten Kinde den Namen des Vaters« zuzusprechen. *Baumgarten*, Die Entstehung des Unehelichenrechts (2007), S. 103, sieht Bulling diesbezüglich im »bürgerlichen Denk- und Moralkorsett« gefangen, da er Termini wie »Leichtsinn der Männer«, »Makel« oder »Unehre« verwendet. Diese Aussagen lassen aber auch noch eine andere Deutung zu: Indem Bulling mittels dieser Begriffe auf eine Verringerung der Zahl außerehelich geborener Kinder hinzuwirken sucht, bejaht er im Endeffekt die erzieherische Funktion des Rechts. Auf diese bis heute virulent umstrittene Materie ist an anderer Stelle noch zurückzukommen, vgl. dazu das 7. Kapitel (S. 179, 181) und das 8. Kapitel (S. 191). Einen guten Überblick zum französischen Recht der nichtehelichen Kinder bietet *Nagórski*, Das Rechtsverhältnis des unehelichen Kindes zu seinem Vater (1908), S. 47f., sowie *Damm*, Stellung der Ehefrau (1983), S. 142–154.

525 *Bulling*, Die Rechte der Unehelichen Kinder (1895), S. 14.

526 *Bulling*, Die Rechte der Unehelichen Kinder (1895), S. 15 mit Verweis auf die Motive, IV. Bd., S. 859. Auf diese Textstelle bezieht sich *Bulling* auch noch einmal in seinem opus magnum zur Stellung der Frau, vgl. Die deutsche Frau (1896), S. 106–107.

527 *Bulling*, Die Rechte der Unehelichen Kinder (1895), S. 16.

c. Forderungen zur Elterlichen Sorge

§ 1595 E II	Bullings Forderung	§ 1707 BGB
Der Mutter steht nicht die elterliche Gewalt über das uneheliche Kind zu. Sie hat jedoch unter den im § 1590 Abs. 2 bestimmten Beschränkungen das Recht und die Pflicht, für die Person des Kindes zu sorgen.	Der Mutter steht die elterliche Gewalt über das uneheliche Kind zu.[528]	Der Mutter steht nicht die elterliche Gewalt über das uneheliche Kind zu. Sie hat das Recht und die Pflicht, für die Person des Kindes zu sorgen, zur Vertretung des Kindes ist sie nicht berechtigt. Der Vormund des Kindes hat, soweit der Mutter die Sorge zusteht, die rechtliche Stellung eines Beistandes.

An Bullings Reformvorschlag zur »elterlichen Gewalt« fällt auf, dass er die Regelung des Entwurfs vollständig ablehnt. Denn allein die Nichtehelichkeit des Kindes gäbe keinen Anlass, die Annahme zu rechtfertigen, dass es dessen Mutter »an der Liebe, an dem Pflichtgefühl und der Einsicht mangele«, die das Gesetz sonst beispielsweise bei Witwen oder geschiedenen Frauen annimmt.[529] Daneben existiere bereits § 1557 E II, wonach das Kind gegen den Missbrauch der »elterlichen Gewalt« durch den Vater geschützt sei. Diese Norm finde nach § 1575 E II sowohl Anwendung auf die eheliche als auch auf die »uneheliche« Mutter.[530] Ein ausreichender Schutz des Kindes werde daher bereits gewährleistet.

Insgesamt ließen nach Bullings Auffassung die Motive nur den Schluss zu, dass die Kommissionsmitglieder das »Leben nicht kennen«, wenn sie feststellten, dass »uneheliche Kinder in körperlicher wie in geistiger Hinsicht nur zu oft verwahrlost werden«.[531] Bulling opponiert gegen diese »Erfahrungen« und beanstandet, dass diesbezüglich keinerlei Belege beigebracht würden.[532] Hinsichtlich der in den »Motiven« behaupteten Gefahr einer »betrüglicherweise« erfolgenden Alimentationsforderung kritisiert er, dass so ein Fall in der Praxis allenfalls »höchst selten vorkommen« könne.[533] Gerade diese Behauptung verdeutliche aber, »wie sehr die »Motive« bemüht gewesen seien, alles zusammenzutragen, was irgendwie gegen die uneheliche Mutter sprechen konnte«.[534]

528 *Bulling*, Die Rechte der Unehelichen Kinder (1895), S. 17.
529 *Bulling*, Die Rechte der Unehelichen Kinder (1895), S. 18.
530 *Bulling*, Die Rechte der Unehelichen Kinder (1895), S. 18–19.
531 *Bulling*, Die Rechte der Unehelichen Kinder (1895), S. 23 mit Verweis auf die Motive, IV. Bd., S. 860–861.
532 *Bulling*, Die Rechte der Unehelichen Kinder (1895), S. 23.
533 *Bulling*, Die Rechte der Unehelichen Kinder (1895), S. 24.
534 *Bulling*, Die Rechte der Unehelichen Kinder (1895), S. 24.

Die These, dass nichteheliche Mütter »in vielen Fällen leichtsinnige und verschwenderische Personen« seien, kommentiert Bulling mit unverhohlenem Sarkasmus. Denn dies gelte gerade dann nicht mehr, wenn die Ehefrau »das Glück hat, daß der Mann sie nachher heiratet, sie natürlich auf einmal eine ganz sittliche Frau ist«.[535] Zwar könne nicht bestritten werden, dass es Fälle gebe, in denen uneheliche Mütter ihre Kinder schlecht behandeln. Aber solche Fälle kämen auch bei ehelichen Müttern vor. Insofern verweist Bulling auf seine eigenen Erfahrungen als Richter.[536] Das, was die »Motive« als Regel hinstellten, seien jedoch Einzelfälle. Die Vormundschaft diene dem Schutz des Kindes dagegen in weit geringerem Maße, da man in der Praxis erlebe, »wie wenig willig die Vormundschaft über ein uneheliches Kind angenommen wird, und wie Mißstände bei seiner Versorgung unaufgeklärt bleiben«.[537] Im Ergebnis übt Bulling also scharfe Kritik an der Begründung der Kommission. Dabei hebt er die vorurteilsbehaftete Haltung des Gesetzgebers gegenüber den nichtehelichen Müttern hervor. Die Kommission stigmatisiere die Mütter als unfähig und ungeeignet. Die Gründe für die Erteilung der elterlichen Gewalt seien aber vielmehr im Interesse der Mutter und in dem des Kindes. Bullings fortschrittlicher Geist und seine tolerante Haltung in diesen Fragen wird hier deutlich.

---

535 *Bulling*, Die Rechte der Unehelichen Kinder (1895), S. 25. Die entsprechende Passage in den Motiven befindet sich im IV. Bd., S. 864.

536 *Bulling*, Die Rechte der Unehelichen Kinder (1895), S. 23. Hervorgehoben werden müssen hier Bullings Ausführungen zur Rolle der Frau in den »unteren Klassen«. Denn diese sei es, »die gegen den verkommenen Mann die Ordnung aufrecht zu erhalten sucht, so daß, wenn sie durch Scheidung oder Tod von ihrem Mann erlöst worden ist, sie sich mit ihren Kindern in anständiger Weise durchzubringen weiß und dieselben zu ordentlichen Menschen erzieht«.

537 *Bulling*, Die Rechte der Unehelichen Kinder (1895), S. 21.

d. Forderungen zur Unterhaltspflicht des Vaters

§ 1596 E II	Bullings Forderung	§ 1708 BGB
Der Vater des unehelichen Kindes ist verpflichtet, dem Kinde bis zu dessen vollendetem sechszehnten Lebensjahre den der Lebensstellung der Mutter entsprechenden Unterhalt zu gewähren. Der Unterhalt umfaßt den gesammten Lebensbedarf sowie die Kosten der Erziehung und der Vorbildung zu einem Berufe. Der Vater ist vor der Mutter und den mütterlichen Verwandten des Kindes unterhaltspflichtig.	Der Vater des unehelichen Kindes ist verpflichtet, dem Kinde bis dahin, daß es sich selbst unterhalten; einen Beitrag zu dem der Lebensstellung zu gewähren. Der Unterhalt umfaßt den gesammten Lebensbedarf sowie die Kosten der Erziehung und der Vorbildung zu einem Berufe. Der Betrag ist zu bemessen nach den Vermögensverhältnissen der Mutter und nach denjenigen des Vaters. Der Vater ist vor den mütterlichen Verwandten des Kindes unterhaltspflichtig. Ist das Kind später außer Stande, sich selbst zu unterhalten, so treten gegen den Vater und dessen Verwandte die Bestimmungen über die Unterhaltspflicht § 1496 ff. ein.	Der Vater des unehelichen Kindes ist verpflichtet, dem Kinde bis zu dessen vollendetem sechszehnten Lebensjahre den der Lebensstellung der Mutter entsprechenden Unterhalt zu gewähren. Der Unterhalt umfaßt den gesammten Lebensbedarf sowie die Kosten der Erziehung und der Vorbildung zu einem Berufe. Ist das Kind zur Zeit der Vollendung des sechszehnten Lebensjahrs in Folge körperlicher oder geistiger Gebrechen außer Stande, sich selbst zu unterhalten, so hat ihm der Vater auch über diese Zeit hinaus Unterhalt zu gewähren; die Vorschrift des § 1603 Abs. 1 findet Anwendung.
§ 1496 E II	Bullings Forderung	§ 1601 BGB
Verwandte in gerader Linie sind verpflichtet, einander Unterhalt zu gewähren.	Diese Normen gelten Bulling zufolge als weiterer Beleg für die Widersprüchlichkeit des Entwurfs, da die Unterhaltspflicht auf die Blutsverwandtschaft gestützt wird (§ 15 E II).	Verwandte in gerader Linie sind verpflichtet, einander Unterhalt zu gewähren.

(Fortsetzung)

§ 1599 E II Der Unterhaltsanspruch erlischt nicht mit dem Tode des Vaters; er kann geltend gemacht werden, auch wenn der Vater vor der Geburt des Kindes gestorben ist. Die Erben des Vaters sind berechtigt, das Kind mit dem Betrag abzufinden, welcher dem Kinde im Falle seiner Ehelichkeit als Pflichttheil gebühren würde. Sind mehrere uneheliche Kinder vorhanden, so wird die Abfindung so berechnet, wie wenn sie alle ehelich wären.	Bullings Forderung Der Unterhaltsanspruch erlischt mit dem Tode des Vaters. Zu ergänzen ist, »dem Kinde ein Erbrecht zu gewähren«.	§ 1712 BGB Der Unterhaltsanspruch erlischt nicht mit dem Tode des Vaters; er kann geltend gemacht werden, auch wenn der Vater vor der Geburt des Kindes gestorben ist. Der Erbe des Vaters ist berechtigt, das Kind mit dem Betrag abzufinden, der dem Kinde als Pflichttheil gebühren würde, wenn es ehelich wäre. Sind mehrere uneheliche Kinder vorhanden, so wird die Abfindung so berechnet wie sie alle ehelich wären.
§ 1601 E II Eine Vereinbarung zwischen dem Vater und dem Kinde über den Unterhalt, für die Zukunft oder über eine dem Kinde zu gewährende Abfindung bedarf der Genehmigung des Vormundschaftsgerichts. Ein unentgeltlicher Verzicht auf den Unterhalt für die Zukunft ist unzulässig.	Bullings Forderung Dieser Paragraph wäre zu streichen.	§ 1714 BGB Eine Vereinbarung zwischen dem Vater und dem Kinde über den Unterhalt, für die Zukunft oder über eine an Stelle des Unterhalts zu gewährende Abfindung bedarf der Genehmigung des Vormundschaftsgerichts. Ein unentgeltlicher Verzicht auf den Unterhalt für die Zukunft ist nichtig.

Bulling sieht in der »Unehelichkeit« keinen Grund zur Verneinung der väterlichen Unterhaltspflicht.[538] Seiner Meinung nach müssten hier allerdings Mutter und Vater gleichermaßen verpflichtet werden. Damit zieht er eine Trennlinie zwischen ehelichen und nichtehelichen Kindern. Während bei ersteren ausschließlich der Ehemann für den Unterhalt aufkommen soll, da er die »Ehelasten trägt«, falle dieser Grund bei letzteren weg.[539] Auch das Kindeswohl erfordere, beide Elternteile zu verpflichten, denn anderenfalls könne die »Befreiung der Mutter leicht zu der Veranlassung führen, sich in der Sorge um das Kind zu

538 Vgl. *Bulling*, Die Rechte der Unehelichen Kinder (1895), S. 27.
539 *Bulling*, Die Rechte der Unehelichen Kinder (1895), S. 28.

versäumen«. Deshalb müsse das Gesetz sie ebenfalls verpflichten. Dadurch werde ein »Antrieb zum Fleiße und zum ordnungsgemäßen Leben« im Gesetz verankert, der der Frau »in der Sorge für das Kind möglicher Weise einen Lebensinhalt« bietet, »der sie befriedigt«.[540]

Auch zur Höhe des Unterhalts machte sich Bulling Gedanken. Er begrüßt Formulierung die Idee des § 1596 E II, dem nichtehelichen Kind einen »standesmäßigen Unterhalt« zuzusichern, der der »Lebensstellung« der Mutter entspricht. Dies stelle einen Fortschritt zur bisherigen Rechtslage dar, die dem Kind nur den »notdürftigen Unterhalt« zubilligte. Bulling geht aber darüber hinaus. Er kritisiert die Haltung der Kommission, den Vater vor der Mutter haften zu lassen und tritt für eine Vorschrift ein, nach welcher die Vermögensverhältnisse von Mutter und Vater zu berücksichtigen seien.[541] Allein den Vater die Unterhaltslast tragen zu lassen, stelle ausschließlich einen »doctrinellen Grund« dar.[542] Dabei handele es sich um das Ergebnis einer verfehlten Rechtsfortbildung. Denn früher, als das Recht nur eine väterliche, aber noch keine elterliche Gewalt kannte, gab es ausschließlich »Pflichten des Vaters«. Demgemäß sei zu dieser Zeit ein Analogieschluss von der ehelichen auf die nichteheliche Vaterschaft gerechtfertigt gewesen. Dieser Grund sei aber mit der Ausweitung des Sorgerechts auf die sogenannte elterliche Gewalt weggefallen. Im Hintergrund steht vermutlich Bullings später erst geäußerte Forderung, die Berufstätigkeit der Frau zu realisieren, wenn diese auch zum Unterhalt verpflichtet würde. Denn dann müsse es ihr ermöglicht werden, ein eigenes Einkommen zu erwirtschaften.

Des Weiteren richtet Bulling sein Augenmerk auf einige Spezialregeln des Unterhaltsrechts. Zunächst bejaht er uneingeschränkt die Unterhaltspflicht der väterlichen Verwandten, da auch die »mütterlichen Verwandten« gegenüber dem Kind nach § 1593 E II[543] verpflichtet seien.[544] Wenn § 15 E II abgeschafft würde, wonach das »uneheliche« Kind nicht mit seinem Vater verwandt sei, so existiere kein rechtlicher Grund, dass die Unterhaltsregel nicht auch gegen die

540 *Bulling*, Die Rechte der Unehelichen Kinder (1895), S. 28.

541 *Bulling*, Die Rechte der Unehelichen Kinder (1895), S. 27.

542 Darauf schließt *Bulling* durch eine Interpretation der Motive, denn dort wird die Unterhaltspflicht mit der Vaterschaft begründet, vgl. Die Rechte der Unehelichen Kinder (1895), S. 30.

543 § 1593 E II: Das uneheliche Kind hat im Verhältnisse zur Mutter und zu den Verwandten der Mutter die rechtliche Stellung eines ehelichen Kindes.

544 *Baumgarten*, Entstehung des Unehelichenrechts (2007), S. 171. Da Bulling sich zudem für eine rechtliche Verwandtschaftsbeziehung zwischen nichtehelichem Kind und der Familie des Vaters aussprach, vermutet Baumgarten, dass er auch einer Unterhaltsverpflichtung der Großeltern väterlicherseits im Todesfall des Vaters affirmativ gegenüberstand, *Baumgarten*, Die Entstehung des Unehelichenrechts (2007), S. 199.

Familie des Vaters gelte.[545] Dann wendet sich Bulling der Frage zu, ob der Unterhaltsanspruch mit dem Tod des Vaters untergeht, was er im Gegensatz zur Kommission bejaht.[546] Als Kompensation möchte er dem Kind dafür ein volles Erbrecht einräumen.[547] So entspreche es zwar der personengebundenen Natur eines unterhaltsrechtlichen Anspruchs, dass dieser mit dem Tod des Unterhaltsberechtigten oder des Unterhaltsverpflichteten untergehe. Gerade deshalb müsse das Kind aber voll erbberechtigt sein.

Die Argumentation der Redaktion sei dagegen vollkommen unjuristisch. Sie zeichne mit der Metapher, dass »mit dem Tode des Vater die Quelle aufgehört habe, aus welcher bisher der Unterhalt des unehelichen Kindes geflossen sei« ein schiefes Bild der rechtlichen Situation. Die Redaktoren würden diese These als Begründung dafür benutzen, dass »den Erben das Recht zustehen« müsse, »das Kind wegen seines ferneren Unterhalts« mit seinem Pflichtteil abzufinden. Dies entspreche insofern »der Gerechtigkeit, als auch das eheliche Kind mehr als seinen Pflichttheil beim Tode des Vaters nicht zu beanspruchen« vermag.[548] Wenn die Kommission nun einerseits dem nichtehelichen Kind einen Abfindungsanspruch zumesse, diesen aber im gleichen Atemzug auf den Pflichtteil begrenze, illustriere dies nur die Widersprüchlichkeit des Entwurfs. Denn zwar sei richtig, dass der Vater auch sein eheliches Kind auf den Pflichtteil setzen könne, was aber allein seiner Entscheidung obliege. Dass bei nichtehelichen Kindern das Gesetz dagegen das Erbrecht von vornherein auf den Pflichtteil begrenzen wolle, zeige einmal mehr wie stark der Gesetzgeber daran interessiert gewesen sei, die Rechtspflichten des Vaters gegenüber einem nichtehelichen Kind zu limitieren.

Abschließend zum Unterhaltsrecht setzt Bulling mit der Möglichkeit auseinander, dass der Vater mit seinem nichtehelichen Kind einen Vertrag über seine Unterhaltspflicht schließen konnte, wie es § 1601 E II vorsah. Er lehnt diese Norm kategorisch ab und rügt vor allem die Ungleichbehandlung unehelicher und ehelicher Kinder, denn bei letzteren gäbe es keine entsprechende Vorschrift.[549] Zudem kritisiert er, dass die Vorschrift eindeutig Väter bevorteile, da

545 *Bulling*, Die Rechte der Unehelichen Kinder (1895), S. 30–31.

546 Die Kommission wollte in § 1599 E II unter anderem festsetzen, dass der Unterhaltsanspruch nicht mit dem Tod erlischt. Gleichwohl könnten die Erben das nichteheliche Kind durch Zahlung des Pflichtteils abfinden, zum konkreten Wortlaut der Norm vgl. die Synopse oben.

547 *Bulling*, Die Rechte der Unehelichen Kinder (1895), S. 31. Bulling ist einer der wenigen zeitgenössischen Autoren, die sich überhaupt mit der Frage eines etwaigen Erbrechts des nichtehelichen Kindes auseinandersetzen, vgl. *Baumgarten*, Die Entstehung des Unehelichenrechts (2007), S. 182–183.

548 Vgl. Protokolle, IV. Bd. (1897), S. 6217.

549 *Bulling*, Die Rechte der Unehelichen Kinder (1895), S. 34–36.

der Wille, einen solchen Vertrag zu schließen, allein im Interesse des Vaters liegen könne.[550]

e. Vaterschaftsfeststellung

§ 1604 E II	Bullings Forderung	§ 1717 BGB
Als Vater des unehelichen Kindes im Sinne der §§ 1596 bis 1603 gilt, wer der Mutter innerhalb der Empfängnißzeit beigewohnt hat, es sei denn, daß auch ein Anderer ihr innerhalb dieser Zeit beigewohnt hat. Eine Beiwohnung bleibt jedoch außer Betracht, wenn es den Umständen nach offenbar unmöglich ist, daß die Mutter das Kind aus dieser Beiwohnung empfangen hat. Als Empfängniszeit gilt die Zeit von dem einhunderteinundachtzigsten bis zu dem dreihundertundzweiten Tage vor dem Tage der Geburt des Kindes, mit Einschluß sowohl des einhunderteinundachtzigsten als des dreihundertundzweiten Tages.	Vater des unehelichen Kindes ist der, gegen den die Vaterschaft gerichtlich festgestellt ist. Dieselbe ist gegen den festzustellen, gegen den erwiesen ist, daß er der Mutter innerhalb der Empfängnißzeit beigewohnt hat. Der Einwand, daß der Mutter auch ein Anderer beigewohnt habe, ist ausgeschlossen. Als Empfängnißzeit gilt die Zeit von dem einhunderteinundachtzigsten bis zu dem dreihundertundzweiten Tage vor dem Tage der Geburt des Kindes, mit Einschluß sowohl des einhunderteinundachtzigsten als des dreihundertundzweiten Tages. Die Vaterschaft kann auf Klage der Mutter nicht rechtswirksam festgestellt werden.[551]	Als Vater des unehelichen Kindes im Sinne der §§ 1708 bis 1716 gilt, wer der Mutter innerhalb der Empfängnißzeit beigewohnt hat, es sei denn, daß auch ein Anderer ihr innerhalb dieser Zeit beigewohnt hat. Eine Beiwohnung bleibt jedoch außer Betracht, wenn es den Umständen nach offenbar unmöglich ist, daß die Mutter das Kind aus dieser Beiwohnung empfangen hat.

Bullings Forderung zur Vaterschaftsfeststellung veranschaulicht, dass er sich im Klaren über die begrenzten Möglichkeiten der Medizin in Bezug auf den biologischen Nachweis einer Vaterschaft war:

550 *Bulling*, Die Rechte der Unehelichen Kinder (1895), S. 36. *Baumgarten*, Die Entstehung des Unehelichenrechts (2007), S. 185, verweist in diesem Zusammenhang darauf, dass die Regelung eigentlich auf breite Zustimmung innerhalb des Schrifttums traf und Bulling diesbezüglich eine Einzelauffassung vertrat. Dies lässt sich darauf zurückführen, dass durchaus Aspekte für eine solche Regelung sprachen, die sowohl im Interesse des Vaters als auch in dem des Kindes lagen. Vermutlich lehnte Bulling diese Lösung deshalb ab, weil damit lediglich ein Instrument zugunsten wohlhabender Väter nichtehelicher Kinder geschaffen worden wäre. Denn nur diese waren zur Zahlung einer entsprechend großen Geldsumme überhaupt in der Lage.

551 *Bulling*, Die Rechte der Unehelichen Kinder (1895), S. 38.

»Die Mutter ist immer gewiß. Die Vaterschaft dagegen ist für das Recht ein Mysterium. Es läßt sich niemals, es sei denn durch ein höchst künstliches Experiment, oder in Folge sonderbaren Zusammentreffens von Umständen, beweisen, wer der Vater ist; und doch kann das Recht die Gewißheit, den Beweis der Vaterschaft nicht entbehren, weil es nicht entbehren kann die Pflichten des Vaters gegen das Kind.«[552]

Trotzdem müsse im Gesetz ein Rechtsgrund festgehalten werden, auf den das »Recht die uneheliche Vaterschaft stützt«. Dieser Rechtsgrund müsse wiederum an »irgend eine Thatsache« anknüpfen, die vielleicht auch nur eine »Wahrscheinlichkeit für die Vaterschaft begründet«, um eine »rechtliche Gewißheit« zu schaffen. Denn bei der Ehe schaffe der Entwurf klare Verhältnisse, wo die »rechtliche Gewißheit« der Vaterschaft an die Eingehung der Ehe geknüpft wird. Allerdings begründet sie nicht mehr »als eine Wahrscheinlichkeit dafür, daß sie einander beigewohnt haben«.[553] Die Konstruktion anhand von Wahrscheinlichkeiten erschiene auffällig, jedoch müsse das Recht zweckorientiert arbeiten, weswegen die eheliche Vaterschaft als »rechtliche Gewißheit« ausgestaltet sei.[554]

Eine tatsächliche Sicherheit könne es aber nicht geben, da beispielsweise der Ehemann niemals einen Beweis erbringen könne, seiner Frau beigewohnt zu haben. Andererseits könne der Richter aber auch nicht »den Beweis fordern, daß die Frau keinem Andern beigewohnt habe«. Da die Beweisführung aber in beide Richtungen nicht möglich sei, gebe es auch im Bereich der ehelichen Vaterschaft keine Passage im Gesetz, wonach der Einwand gegen die Mutter möglich sei, dass ihr ein anderer als der vermeintliche Vater beigewohnt habe. Denn die Ehe begründe eine »Rechtspräsumtion der Vaterschaft«, also eine Vermutung zugunsten der Vaterschaft des Ehemannes. Den Zweck einer rechtlichen Regelung, die die eheliche Vaterschaft klarstellt, sieht Bulling in dem »ethischen Gebot« bzw. dem »Naturgesetz«, das »die Eltern verpflichtet, ihr Kind zu unterhalten und zu erziehen, auch dem Vater gegenüber zu einer Rechtspflicht zu machen«.[555]

Demzufolge sei es ein »ganz selbstverständlicher Fortschritt des Rechts« auch auf dem Gebiet der nichtehelichen Vaterschaft, nunmehr eine eindeutige gesetzliche Regelung festzulegen sei. Als rechtliche Grundlage wählte die Kommission richtigerweise auch hier die »erwiesene Beiwohnung«. Damit basiere die rechtliche Vaterschaft ehelicher wie auch nichtehelicher Kinder letztlich auf einer »Rechtspräsumtion«. Dies macht Bulling daran fest, dass die gerichtliche Praxis »zur Feststellung der Vaterschaft gegen den Beklagten keinen weiteren Beweis, als den der Beiwohnung verlangt«. Weil aber durch die »Beiwohnung die

552 *Bulling*, Die Rechte der Unehelichen Kinder (1895), S. 38.
553 *Bulling*, Die Rechte der Unehelichen Kinder (1895), S. 39.
554 *Bulling*, Die Rechte der Unehelichen Kinder (1895), S. 39.
555 *Bulling*, Die Rechte der Unehelichen Kinder (1895), S. 40.

Vaterschaft nicht faktisch gewiß« gemacht werden könne, vermag nur ein Rechtssatz den Richter dazu zu »nöthigen, für gewiß zu erklären, was nur wahrscheinlich ist«.[556]

Dabei könne eine solche Vermutung nur durch den Beweis des Gegenteils widerlegt werden, nicht aber allein durch die Behauptung, dass »es vielleicht nicht wahr ist«. Daher sei es in einigen Gebieten des Reichs früher inkonsequent gewesen, wenn einerseits jemand zum Vater erklärt wurde, dessen Beiwohnung nachgewiesen war, aber andererseits die Klage der Mutter auf Vaterschaftsfeststellung dann abgewiesen wurde, wenn die Beiwohnung eines weiteren Mannes während der Empfängniszeit nachgewiesen werden konnte. Dies sei nicht folgerichtig, weil aus der bewiesenen Beiwohnung eines anderen nur ein Zweifel an der Vaterschaft des Beklagten hervorgehen kann, so Bulling. Diese Rechtsprechungspraxis verkenne, dass das Recht nur eine rechtliche, aber keine faktische Klarheit schaffen könne und dies auch nur mithilfe einer Vermutung, »die als erwiesen annimmt, was factisch nicht erwiesen werden kann, und die gegen Jemanden bloß deshalb Platz greift, weil er der Mutter beigewohnt hat«.

Bulling meint also, dass die Gerichte solche Klagen auf Vaterschaftsfeststellung nicht einfach deshalb abweisen dürfen, weil erwiesenermaßen zwei oder mehr Männer der Kindesmutter während der Empfängniszeit beigewohnt haben. Denn es bestehe durchaus die Möglichkeit, dass gegen »Mehrere zugleich« die Ermittlung erfolge, wer der Vater sei. Das Gericht müsse daher die Beweise würdigen und dann anhand dieser eine »Rechtspräsumtion«, also eine Vermutung, aufstellen, da die Vaterschaft »nur einen treffen« kann. Den Grund, warum die Judikatur trotzdem an der sogenannten Einrede des Mehrverkehrs (exceptio plurium concumbentium) festhielt, sieht Bulling in einem Irrtum der Richterschaft begründet. So würden die Gerichte denken, dass »eine Rechtspräsumtion nur durch einen Ausspruch des Gesetzgebers, nicht durch eine Norm des Gewohnheitsrechts begründet werden« könne.[557]

556 *Bulling*, Die Rechte der Unehelichen Kinder (1895), S. 41.

557 *Bulling*, Die Rechte der Unehelichen Kinder (1895), S. 42. Bulling gehört hier zu einer Reihe von Autoren, die wie Anton Menger und Ernst Feder die exceptio plurium ablehnen. Dabei würde regelmäßig darauf hingewiesen, dass es sich gar nicht nachweisen lasse, wer der Vater sei, weshalb die bloße Möglichkeit der Vaterschaft den normativen Anknüpfungspunkt bilden müsse. Insgesamt habe die Einrede des Mehrverkehrs in sozialer Hinsicht nur ungünstige Folgen. Allgemein verweisen jene Autoren auf die Belange der unehelichen Kinder und das Interesse der Allgemeinheit an einer Inanspruchnahme eines oder aller in Frage kommenden Väter. Gerade das Interesse der unehelichen Kinder verdiene Vorrang vor der Berücksichtigung etwaiger Belange vor allem des Beklagten. Besonders heftig wird im Schrifttum auch das Argument des Gesetzgebers, die Abschaffung der Einrede fördere die Unsittlichkeit, angegriffen, vgl. *Baumgarten*, Die Entstehung des Unehelichenrechts (2007), S. 214–215.

Bulling zeigt mithin auf, dass es gewohnheitsrechtlich bereits anerkannt war, die Vaterschaft auf eine Annahme zu stützen, dies aber von den Gerichten nicht übernommen wurde. Stattdessen hätten diese nach »allerlei Rechtsregeln« gesucht, um die Vaterschaft wegen »bloßer Beiwohnung« zu rechtfertigen und kamen schließlich auf den römischen Rechtssatz »quisque praesumitur bonus«, der ungefähr bedeutet, dass von jedem Mensch angenommen wird, er sei ein guter Mensch. Bezogen auf die nichteheliche Mutter heißt dies, dass ihr gegenüber angenommen wird, dass ihr kein anderer beigewohnt hat. Jedoch führe diese Regel ebenso wie die »Rechtspräsumtion« nur zu einer rechtlichen, aber nicht zu einer faktischen Klarheit. Diese, zumindest rechtliche, Gewissheit müsse das Recht an eine »Thatsache« knüpfen, die entweder in der Ehe oder in dem Beweis der Beiwohnung bestehe. Darüber hinaus müsse diese »Thatsache« aber rechtlich verbindliche Voraussetzungen aufweisen. Bei einem ehelichen Kind bestünde diese in der wirksamen Eheschließung. Bei nichtehelichen Kindern sieht Bulling zwei Möglichkeiten: entweder durch »gerichtliche Feststellung der Beiwohnung oder durch ein Bekenntnis in einer Form, die den Bekennenden rechtlich bindet«.[558]

Die Kommission liege falsch, wenn sie Einrede des Mehrverkehrs auf das Argument der »Rechtsconsequenz« stütze. So gäbe es zwei Fälle, die die Beweisführung des Gesetzgebers in Frage stellen würden: Erstens werde ein Kind, welches vor der Eheschließung gezeugt, aber nach Eheschließung geboren wurde, dann ein eheliches Kind und ein Kind des Ehemanns, wenn nachgewiesen werde, dass er der Kindesmutter vor der Eheschließung beigewohnt hat, § 1486 E II. Zweitens werde ein Kind, auch wenn es vor der Eheschließung bereits geboren wurde, dann ein eheliches Kind des Ehemanns, wenn ebenfalls der Beweis angetreten werde, dass er der Mutter während der Empfängniszeit beiwohne § 1607 Abs. 1 E II. In beiden Konstellationen schließe der Entwurf die Einrede des Mehrverkehrs aus.[559]

Bulling fragt nun, worin »die Inconsequenz bestehen« würde, wenn die Einrede insgesamt aus dem Entwurf verbannt werden würde. Laut den Motiven seien die beiden oben angesprochenen Fälle Ausnahmetatbestände auf dem Gebiet der Ehe. Für diese Ausnahmeregelungen sprächen die »Würde der Ehe« und die »Erhaltung des Familienstandes«.[560] Solche Argumente könnten aber nicht für das nichteheliche Kind angeführt werden, da hier die Rücksicht auf den »Schutz der Familieninteressen nicht in Betracht kommen« könne.[561] Bulling

558 *Bulling*, Die Rechte der Unehelichen Kinder (1895), S. 43.

559 *Bulling*, Die Rechte der Unehelichen Kinder (1895), S. 43–44. Darüber hinaus war die Exceptio plurium auch bei Kindern ausgeschlossen, die während der Ehe gezeugt und geboren wurden.

560 Motive, IV. Bd., S. 885.

561 Motive, IV. Bd., S. 885.

kritisiert insbesondere, dass die Einrede des Mehrverkehrs vor allem die »Rechtsconsequenz« einer »abstracten Rechtstheorie« und nicht der »geltenden Rechtsbestimmungen« sei. Der Kern von Bullings Kritik betrifft also das Problem, dass die Kommission Rechtssätze aufgenommen habe, die zwar ein inneres »abstractes« System aufweisen würden. Dabei vernachlässige der Entwurf aber die hinter dem Gesetz stehenden Prinzipien:

> »Von Rechtsprincipien bindet ihn nur Eins: Die Gerechtigkeit, aber nicht die Gerechtigkeit, die in den bestehenden Gesetzen verwirklicht ist, sondern die, die sein soll. Handelt es sich darum, ein Ganzes von Gesetzen zu ändern, so hat er sein Augenmerk nicht darauf zu richten, wie die Rechtsprincipien, die den geltenden Bestimmungen zu Grunde liegen, vollkommener als geschehen, durchzuführen seien. Er hat vielmehr zu untersuchen, welche Mißstände das geltende Recht zeigt, bemessen einerseits nach dem Maßstabe des öffentlichen Wohles, also auch nach dem der Gerechtigkeit, da öffentliches Wohl ohne Gerechtigkeit nicht bestehen kann, andererseits nach, dem jetzigen Gesellschaftszustande. Er hat des Weiteren zu untersuchen, welche Rechtsnormen dieser Zustand zur Beseitigung der im Rechte vorhandenen Mängel verlangt, was sein Rechtsbedürfniß, sei; und die Normen, die er darnach für geboten erachtet, hat er auch dann zu erlassen, wenn er in ihnen von den bisherigen Rechtsprincipien abweichen, oder sie völlig aufgeben und neue an ihre Stelle setzen würde. Bei der Frage aber, welche neue Rechtsnormen geboten seien, hat er ebenfalls jenes öffentliche Wohl maßgebend sein zu lassen. Er darf Normen, die ihm wünschenswerth erscheinen, wegen der Wirkung, die sie auf gewisse öffentliche Zustände hätten, nicht erlassen, wenn es der Gerechtigkeit zuwider wäre; Normen dagegen, die zu erlassen, die Gerechtigkeit fordert, muß er in Kraft setzen, wenn auch Nützlichkeitsgründe dagegen sprechen. Für das öffentliche Wohl ist das Gerechte auch immer das Nützliche.«[562]

Daraufhin gibt Bulling fünf Gesichtspunkte vor, die der Gesetzgeber bei der Zulassung der Einrede des Mehrverkehrs abwägen müsste:

Erstens stünden hier Kinder im Brennpunkt der Diskussion, die angesichts der ungeklärten Vaterschaft der »Noth und dem Elende ausgesetzt sind«. Zweitens dürfe sich der Gesetzgeber nicht allein mit dem Argument aus der Affäre ziehen, dass die Mutter infolge der »Unehelichkeit« ein »Makel« treffe und etwaige staatliche Hilfen auch ihr zu Gute kämen. Drittens unterliegt sowohl der eheliche als auch der »uneheliche« Vater der Pflicht, sein Kind zu unterhalten. Und es sei eine »Forderung des Rechts«, dass diese Unterhaltspflicht auch »erzwingbar«sei. Zwar würde eine faktische Gewissheit über die Vaterschaft nicht erreicht, doch wenigstens die Möglichkeit einer rechtlichen Klarheit müsse eingeräumt werden. Die Vaterschaft müsse daher auf die »bloße Wahrscheinlichkeit der Beiwohnung« gestützt und somit eine »Rechtsvermuthung« geschaffen werden, wobei er sich dafür nicht auf das römische Recht stützt. Viertens sei die Exceptio plurium »Unrecht«, denn es existiere letztlich keine

562 *Bulling*, Die Rechte der Unehelichen Kinder (1895), S. 45–46.

Möglichkeit, die Vaterschaft sicher festzustellen. Daher dürfe ihm nicht das Recht eingeräumt werden, die Vaterschaft anzufechten, nur weil neben seiner Beiwohnung noch die Beiwohnung anderer Männer nachgewiesen werden könne. Vielmehr müsse zunächst die Vaterschaft gegen ihn festgestellt werden. Durch die Anwendung des Prinzips der Beweislastumkehr könne er dann den Gegenbeweis antreten.[563] Zwar sei es eine Selbstverständlichkeit, dass nur einer Vater sein könne. Trotzdem müsse, wenn »Mehrere« in Betracht kämen, »Einer« ausgewählt werden. Denn laut Bulling kommt es auf den »wirklichen Vater« hier gar nicht an.[564] Vielmehr müsse der Vormund des Kindes die Wahl treffen, gegen wen die Klage auf Vaterschaftsfeststellung angestrengt werde. Auszuwählen habe er denjenigen, der die »Verpflichtung am besten erfüllen könne und wolle, und weil es auf das Letzte, auf die Gewissenhaftigkeit, vorzugsweise mit ankommt, im Zweifel denjenigen, von dem er weiß, daß er sich für den Vater hält«.[565] Bulling betont also das Amt des Vaters, das für bedeutsamer ist als die Biologie. Fünftens könne die Abschaffung der Exceptio plurium eine Warnung für zwei »Gattungen« von Männern sein. Zunächst für diejenigen, die »in Freiheit lebende Mädchen« den Bordellen vorziehen. Außerdem für jene Herren, die meinen, dass »junge Mädchen« dem Anschein »eines Liebesverhältnisses« nach »zu gewinnen« seien. In beiden Fällen könne die »Vorstellung, die Vaterschaft nicht von sich weisen zu können« abschreckend auf die Männer wirken.[566]

Die Kommission dagegen habe sich von den folgenden drei Erwägungen leiten lassen. Erstens sei es in jedem Fall möglich, dass der Mutter neben dem vermeintlichen Vater noch ein »Anderer« beigewohnt habe.[567] Daher sei die wirkliche Vaterschaft nicht feststellbar, und die Exceptio plurium müsse dem vermeintlichen Kindesvater als »juristische Consequenz« eingeräumt werden. Bullings Kritik richtet sich hierbei auf den Glauben an die Feststellung einer »wirklichen Vaterschaft«, die er aber für unmöglich hält. Daher führe auch das Argument der »Rechtsconsequenz« nicht zum Ziel. Zweitens erkenne die Kommission bei der Ehe die bloße Möglichkeit der Vaterschaft an. Dies sowie die entsprechenden Privilegierungen in den §§ 1486, 1607 Abs. 1 E II führen die Motive auf die »Würde der Ehe« und den »Erhalt des Familienstandes« zurück. Allerdings werde hier verkannt, dass auch bei einer ehelichen Vaterschaft der

563 *Bulling*, Die Rechte der Unehelichen Kinder (1895), S. 47, hierbei verweist er darauf, dass dieses Prinzip auch auf anderen Gebieten Geltung beansprucht, wie beispielweise im Haftpflichtgesetz.

564 *Bulling*, Die Rechte der Unehelichen Kinder (1895), S. 48.

565 *Bulling*, Die Rechte der Unehelichen Kinder (1895), S. 48 mit dem Hinweis darauf, dass eine solche Regelung auch nicht »ungerecht« sei. Er bespricht erst an späterer Stelle, warum er dem Vormund und nicht der Mutter das Recht auf Klageerhebung und Auswahl des Vaters geben möchte.

566 *Bulling*, Die Rechte der Unehelichen Kinder (1895), S. 49.

567 Motive, IV. Bd., S. 885.

Beweis einer »wirklichen Vaterschaft« niemals angetreten werden könne. Drittens würden zwar »socialpolitische Gründe« dagegen sprechen, die Einrede des Mehrverkehrs beizubehalten. Denn es gebe dadurch »eine Anzahl an unehelichen Kindern«, denen es am »Ernährer fehle«. Dies sei laut den Motiven aber zu vernachlässigen, weil die Zahl der nichtehelichen Geburten allgemein zunehme.

Darüber hinaus liege eine Vielzahl sogenannter »Unzuträglichkeiten« vor, die mit einer Abschaffung der Exceptio plurium einhergingen. Erstens sei es eine »schwere Ungerechtigkeit«, jemanden zum Unterhalt für das Kind zu verpflichten, obwohl der Mehrverkehr während der Empfängniszeit nachgewiesen werden könne und die Vaterschaft dadurch in Frage stehe. Dagegen wendet Bulling ein, dass es auch eine Ungerechtigkeit sei, wenn noch ein anderer der Frau während der Empfängniszeit beigewohnt habe, dies aber dem vermeintlichen Vater unbekannt sei bzw. dieser es nicht beweisen könne. Laut den Motiven sei es außerdem in hohem Maße »anstößig«, anzunehmen, dass die Kindesmutter »in der Lage sein würde, unter den mehreren Zuhältern denjenigen auszuwählen, welcher ihr wegen seines Vermögens oder aus sonstigen Gründen als der angemessenste erscheint«.[568] Der Ausschluss der Exceptio plurium stelle gemäß den Motiven zudem einen »Anlaß zur Unsittlichkeit und Liederlichkeit« dar. Frauen, die bereits ein nichteheliches Kind haben, würden sich nunmehr »auch anderen Männern« hingeben, »um ihre und des zu erwartenden Kindes Lage zu verbessern«.[569] Laut Bulling seien solche Fälle jedoch »höchst selten«. So müsse »so ein Mädchen« bereits »vorher sittlich ganz verwahrlost« gewesen sein. Viel häufiger würden in der Praxis die Fälle des Ehebruchs durch die Ehefrau auftreten. Aber auf diesem Gebiet habe der Gesetzgeber nie die Idee, ein nach dem Ehebruch geborenes Kind für »unehelich« zu erklären.[570] Die Kommission habe mit der Beibehaltung der Einrede des Mehrverkehrs nicht beachtet, was gerecht für das Kind sei. Sie stelle allein auf die Perspektive des Vaters ab.

Dass die Exceptio plurium letztlich trotzdem Eingang in den Entwurf gefunden habe, liege an der Rechtsnatur der Vaterschaftsfeststellungsklage und deren rechtshistorischen Wurzeln.[571] Der Kerngedanke des Entwurfs bestehe hier darin, dass »das uneheliche Kind eigentlich einen Vater, einen richtigen

568 Motive, IV. Bd., S. 886. Bulling verweist hier nur darauf, dass er diesen Punkt bereits an einer vorhergehenden Stelle besprochen hat, siehe dazu oben.

569 Motive, IV. Bd., S. 886.

570 *Bulling*, Die Rechte der Unehelichen Kinder (1895), S. 50–53.

571 *Bulling*, Die Rechte der Unehelichen Kinder (1895), S. 54, wobei er anmerkt, dass der Gesetzgeber nicht an den »Charakter gebunden« war, den die Vaterschaftsfeststellungsklage im deutschen Privatrecht und in den Partikularrechten aufwies. Auf diese Trennung von Dogmatik und Rechtsgeschichte ist an anderer Stelle noch zurückzukommen, vgl. 11. Kapitel.

Vater nicht haben soll«. Da aber die Partikularrechtssysteme eine Klage auf Vaterschaftsfeststellung vorsahen, habe die Kommission diese nicht rundheraus ablehnen können. Um deren Anwendungsbereich aber möglichst klein zu halten, zog der Gesetzgeber die »engsten Grenzen«. Im Folgenden tritt Bulling der Meinung entgegen, dass Gesetzgeber durch Normen die »Unsittlichkeit« der nichtehelichen Vaterschaft nicht steuern könne. In diesem Zusammenhang hebt er zunächst hervor, dass die Motive ausschließlich von der »Unsittlichkeit« der Mädchen sprächen und dabei die der Männer vollkommen außer Betracht ließen. Deren Handlungsweise sei aber einem »Betrug sehr ähnlich«, indem sie »durch Täuschung Empfindungen« erregen würden. Daher müssten sie als die wirklichen »Verursacher« davon angesehen werden, »daß das Mädchen fällt«. Der Gesetzgeber habe daher auch gegen den Mann vorzugehen.[572]

Sodann wendet er sich der Formulierung des § 1604 E II zu: »Als Vater des unehelichen Kindes gilt, wer der Mutter innerhalb der Empfängnißzeit beigewohnt hat«. Diese sucht er durch die Formulierung »Vater des unehelichen Kindes ist, der gegen den die Vaterschaft gerichtlich festgestellt ist« zu ersetzen. Für diese Änderung spreche laut Bulling die Einheit der Rechtsordnung. So müssten sich die Regelungen des Entwurfs jenen der ZPO anschließen, nach denen die Rechtsgründe eines Urteils für sich genommen jedoch keine Rechtskraft entfalteten. Dies verdient Hervorhebung, weil beispielsweise der vermeintliche Vater zwar zum Unterhalt für das nichteheliche Kind verurteilt werden konnte. Ungeachtet dessen war ihm nicht die Möglichkeit genommen, die Vaterschaft anzufechten. Daher sieht Bulling den Gesetzgeber in der Pflicht, folgenden Gedanken zu normieren: »Im Processe wegen der Aliementation« sei bereits alles bewiesen worden, »was die Vaterschaft festzustellen vermag«.[573] Dass der Vater dennoch die Einrede des Mehrverkehrs erheben könne, habe einen einfachen Grund. Das nichteheliche Kind solle keinen Vater haben. Denn die Einrede des Mehrverkehrs sei an keine Frist gebunden, weshalb die »uneheliche« Vaterschaft letztlich nicht »rechtswirksam festgestellt werden« könne.[574] Bulling erweitert diesbezüglich sein Reforminteresse auch auf die Zivilprozessordnung. Denn nach § 231 ZPO a.F. war ein Antrag auf Vaterschaftsfeststellung nur dann zulässig, wenn der Antragsteller ein Interesse an einer baldigen Klärung hatte. Dem Kind dürfe der Antrag nicht mit dem Hinweis abgelehnt werden, dass es kein baldiges Interesse an der Klärung habe. Dem § 231 ZPO will der Autor daher hinzufügen, dass »für den Antrag auf Feststel-

572 *Bulling*, Die Rechte der Unehelichen Kinder (1895), S. 55. Leider macht er diesbezüglich keine konkreten Vorschläge, wie eine Reform dieser Normen aussehen müsste, damit auch der »Unsittlichkeit« der Männer Einhalt geboten würde.

573 *Bulling*, Die Rechte der Unehelichen Kinder (1895), S. 57.

574 *Bulling*, Die Rechte der Unehelichen Kinder (1895), S. 58.

lung der Vaterschaft es keines Nachweises eines alsbaldigen Interesses an der Feststellung« bedürfe.[575]

Zuletzt richtet Bulling sein Augenmerk auf seine Idee eines dritten Absatzes zu § 1604 E II, nach dem die Mutter nicht berechtigt sein soll, den Anspruch auf Vaterschaftsfeststellung zu erheben. Dies dürfe allein dem Vormund vorbehalten sein. Er sieht in einer solchen Regelung mehrere Vorteile. Zum einen würden die Gerichte Müttern, die die Anträge selbst vorbringen, oft nicht glauben, weil sie Klägerin ist. Wenn ausschließlich der Vormund den Antrag stellen könne, dann würde die Aussage der Mutter »benutzbar« gemacht werden. Dadurch könne es einfacher werden, »dem Kinde einen Vater zu geben« und »dem Leichtsinn der Männer« entgegenzuwirken. Außerdem könne dies dazu beitragen, die Zahl der »unbedachten und gewissenlosen Aussagen und Eide von Freunden des Beklagten« zu verringern.[576]

f. Vaterschaftsanerkenntnis

§ 1605 E II	Bullings Forderung	§ 1718 BGB
Wer seine Vaterschaft nach der Geburt des Kindes in einer öffentlichen Urkunde anerkannt hat, kann sich nicht darauf berufen, daß ein Anderer der Mutter innerhalb der Empfängnißzeit beigewohnt hat.	Vater des Kindes ist der, der nach der Geburt des Kindes seine Vaterschaft in einer öffentlichen Urkunde anerkannt hat.[577]	Wer seine Vaterschaft nach der Geburt des Kindes in einer öffentlichen Urkunde anerkannt hat, kann sich nicht darauf berufen, daß ein Anderer der Mutter innerhalb der Empfängnißzeit beigewohnt hat.

Das Rechtsinstitut der Vaterschaftsanerkenntnis bewertet Bulling an sich positiv. Seiner Meinung nach müsse, wenn man die Anerkennung eines nichtehelichen Kindes als Rechtsinstitut verstehe, ihr aber die Rechtswirkung eingeräumt werden, »die Vaterschaft gewiß zu machen«. Dies ergebe sich jedoch nicht aus § 1605 E II. Denn die Norm führe nur zu einem Ausschluss der Exceptio plurium, wenn die Anerkennung mittels einer öffentlichen Urkunde erfolge, aber nicht zu einer endgültigen Festlegung der Vaterschaft.[578] Diese Regelung trägt laut Bulling

575 *Bulling*, Die Rechte der Unehelichen Kinder (1895), S. 60.
576 *Bulling*, Die Rechte der Unehelichen Kinder (1895), S. 60.
577 *Bulling*, Die Rechte der Unehelichen Kinder (1895), S. 61.
578 *Bulling*, Die Rechte der Unehelichen Kinder (1895), S. 61–62. Er verweist in diesem Zusammenhang auf die Protokolle, in denen es heißt, dass ein Antrag, wonach die Anerkennung der Vaterschaft durch den Erzeuger »constitutive« also »rechtserzeugende Wirkung« habe und demzufolge nicht mehr die Einrede des Mehrverkehrs erhoben werden könnte, eindeutig abgelehnt worden ist, vgl. Protokolle, IV. Bd. (1897), S. 6253–6254. Gleichzeitig war im Hinblick auf § 1607 E II beantragt worden, dass wenn der Ehemann für

dem Postulat der Kommission Rechnung, wonach verhindert werden soll, die Vaterschaft des nichtehelichen Kindes rechtssicher festzustellen.[579] Bulling führt nun drei Gründe an, die dafür sprechen würden, eine Vaterschaftsanerkennung als endgültige Feststellung zu definieren.

Erstens müsse der Gesetzgeber das Institut der Vaterschaftsanerkennung als geeignetes Mittel ansehen, um Prozessen über die Vaterschaftsfeststellung vorzubeugen. Denn solche Prozesse seien oft »scandalöser Natur« und durch eine »feindselige Stimmung« geprägt. Schon aus dem »sittlichen Grund, die Liebe zwischen Vater und Kind« zu fördern, sei es wünschenswert, dass der Erzeuger die Vaterschaft selbst anerkenne und dieses Anerkenntnis rechtlich bindender Natur sei.[580] Zweitens sei zu berücksichtigen, dass in Gebieten, in denen es keine Möglichkeit zur Erhebung der Klage auf Vaterschaftsfeststellung gebe, nichteheliche Kinder sehr häufig durch ihren Erzeuger anerkannt würden. Laut Bulling sei dies auf das »Gefühl der moralischen Verpflichtung« zurückzuführen. Die Vaterschaftsanerkennung als Rechtsgrund zu definieren, müsse daher dem »Pflichtgefühl der unehelichen Väter« Rechnung tragen.[581] Drittens würden auch die Gesetzesbegründungen erkennen lassen, dass die Kommission mit ihrer pejorativen Haltung einer Fehleinschätzung unterliege.

Des Weiteren zeichne die Kommission ein schiefes Bild der deutschen Rechtstradition, wenn sie auf die »deutschrechtlichen Anschauungen« rekurriert, um zu begründen, warum der Anerkennung keine Rechtswirkung beizumessen sei.[582] Denn zwar kenne das »altdeutsche Recht« tatsächlich die rechtswirksame Vaterschaftsanerkennung nicht, allerdings habe das Institut bereits zu Beginn des 19. Jahrhunderts Eingang in einige deutsche Partikularrechte gefunden. So habe es bereits in Rheinhessen, in der Pfalz und in Baden entsprechende Regelungen gegeben. Zudem hätten Theil II, Titel 1, §§ 1035, 1036 ALR bestimmt, dass ein nichteheliches Kind dann einen Anspruch auf Unterhalt habe, »wenn das Kind zur Begründung seines Anspruchs ein ausdrückliches, in einer öffentlichen Urkunde abgegebenes Anerkenntniß der Vaterschaft von Seiten des Schwängerers beizubringen vermag«.[583] Demzufolge verlange das

ein Kind, welches vor der Eheschließung gezeugt, aber dann während der Ehe geboren wurde, die Vaterschaft mittels öffentlicher Urkunde anerkannt hatte, diese Anerkennung die Feststellung der Vaterschaft bewirkte. Auch dies ist mit dem Hinweis darauf, dass es den Interessen des Kindes widerspreche und es rechtlich bedenklich sei, der Anerkennung »constitutive Bedeutung« beizumessen, abgelehnt worden.

579 *Bulling*, Die Rechte der Unehelichen Kinder (1895), S. 63.

580 *Bulling*, Die Rechte der Unehelichen Kinder (1895), S. 65–66.

581 *Bulling*, Die Rechte der Unehelichen Kinder (1895), S. 66.

582 *Bulling*, Die Rechte der Unehelichen Kinder (1895), S. 68.

583 Näher zur sogenannten Deflorationsklage, vgl. *Baumgarten*, Die Entstehung des Unehelichenrechts (2007), S. 246.

»Rechtsbedürfnis«, dass »Vieles von den Franzosen in unser Recht aufgenommen« werde, wozu eben auch die Vaterschaftsanerkennung gehöre.[584]

Dagegen meinte die Kommission, dass das Institut der rechtswirksamen Vaterschaftsanerkennung die »Ehelosigkeit« und das »Concubinat« gefördert habe.[585] Außerdem werde dadurch das »Familienleben, insbesondere der eheliche Frieden«, gestört.[586] Sie nehme zudem an, dass der Vater die Kindsmutter heiraten werde, um der Vaterschaft »Gewißheit zu geben«. Dem hält Bulling entgegen, dass dieser Gedanke lebens- und realitätsfern sei, weil die wenigsten Väter ihrem Kind auf diesem Weg Legitimität verleihen würden.Der Gesetzgeber ziele jedoch darauf ab, es zu »erleichtern, das Dasein eines unehelichen Kindes vor den Eltern des Vaters und vor seiner Frau geheim zu halten«.[587] Bulling ist sich dabei im Klaren darüber, dass nichteheliche Mütter danach streben, die Anerkennung ihres Kindes zu erlangen. Deshalb dürfe das Gesetz nicht noch zur Geheimhaltung der Vaterschaft beitragen.[588]

Außerdem kenne der Gesetzgeber die realen Lebensverhältnisse nichtehelicher Lebensgemeinschaften nicht. Bulling gibt dazu folgendes Beispiel:

> »Wenn der Mann, dem seine Zuhälterin ein Kind geboren hat, bei der Anmeldung auf dem Standesamt sich als den Vater bezeichnet, so thut er es nicht, um für das Kind zu sorgen, sondern weil er nicht weiß , warum er es nicht thun sollte, da er ganz wie ein Ehemann leben will, und er damit dem Verlangen der Frau entspricht, die einem Mann zu ihrem Kinde haben und gesichert sein will. Später, nach dem Auseinandergehen, die Sorge für das Kind nicht allein zu haben.«[589]

Zunächst plädiert Bulling hier für ein gemeinsames elterliches Sorgerecht der nichtehelichen Eltern. Er erkennt dabei an, dass sich auch in der nichtehelichen

---

584 *Bulling*, Die Rechte der Unehelichen Kinder (1895), S. 69. Er verweist diesbezüglich auf das Handels-, Prozess- und Strafrecht. Außerdem zieht er eine Parallele zur Umsturzvorlage, auf die er auch im Rahmen seines Artikels zu den sogenannten »Kautschukparagraphen« zu sprechen kommt. Zudem sei der Gesetzgeber auch nicht konsequent, denn auch die Adoption sei römisch-rechtlichen Ursprungs, worauf auch die Motive hinweisen, vgl. Motive, IV. Bd., S. 951.

585 *Bulling*, Die Rechte der Unehelichen Kinder (1895), S. 69 mit Verweis auf die Motive, IV. Bd., S. 852.

586 *Bulling*, Die Rechte der Unehelichen Kinder (1895), S. 69 mit Verweis auf die Motive, IV. Bd., S. 852.

587 *Bulling*, Die Rechte der Unehelichen Kinder (1895), S. 70.

588 Dies illustriert er an folgendem Beispiel: »Es dürfte aber richtiger sein, wenn das Gesetz zur Geheimhaltung nicht beiträgt, vielmehr dahin wirkt, daß der zukünftige Schwiegersohn, wenn er nach seiner Vergangenheit gefragt wird, die Wahrheit sage, und der Ehemann einen Fehler in der Ehe seiner Frau bekenne, weil Solches besser ist, als eheliches Zerwürfniß und Ehescheidung, wozu eine Offenbarung von unbetheiligter Seite führt. Auch für die Eltern des unehelichen Vaters und auch für diesen selbst ist es besser, wenn sie wissen, was der Herr Sohn gemacht hat«, vgl. *Bulling*, Die Rechte der Unehelichen Kinder (1895), S. 70.

589 *Bulling*, Die Rechte der Unehelichen Kinder (1895), S. 70.

Lebensgemeinschaft beide Eltern gleichberechtigt um das Kind kümmern sollen. Darüber hinaus verwendet er den heutigen Begriff der »elterlichen Sorge« als Synonym für die zeitgenössische Formel »elterliche Gewalt«. Der Terminus »elterliche Sorge« hat jedoch erst knapp 100 Jahre später, und zwar 1980 mit der Familienrechtsreform der elterlichen Sorge, Eingang in das Gesetz gefunden.

Des Weiteren unterliege der Gesetzgeber in diesem Bereich einer Fehleinschätzung, indem er nicht fragt, wie dem Kind, sondern nur wie dem Vater geholfen werden könne.[590] In den Motiven finden sich hingegen mehrere Möglichkeiten, wie der Vater nach Ansicht der Kommission der »Liebe und Zuneigung zu dem Kinde« Ausdruck verleihen kann. Als solche Mittel werden die Adoption, die Legitimation durch eine nachfolgende Ehe oder die Ehelichkeitserklärung definiert. Als Ehelichkeitserklärung wurde die zu beurkundende Erklärung des Vaters eines nichtehelichen Kindes bezeichnet, das dadurch die Rechtsstellung eines ehelichen Kindes und auch den Familiennamen des Vaters erlangte.[591] Laut Bulling war keine dieser Optionen dazu geeignet, das Kind entsprechend zu versorgen. Allein die Ehelichkeitserklärung vermöge ein adäquates Mittel darzustellen, jedoch auch nur dann, wenn das Gesetz vorschreibe, dass das Kind in die Familie des Vaters aufgenommen und in ihr erzogen würde.[592] Die Idee allerdings, dass der Vater die Mutter heiraten solle, um dem Kind einen rechtlichen Vater zu geben, widerspräche dem sittlichen Charakter der Ehe. Und die Adoption stelle schon deshalb kein geeignetes Mittel dar, weil der Entwurf in § 1626 Abs. 1 E II ein Mindestalter des Adoptierenden von 50 Jahren vorsah. In den Motiven würde klar, dass das Anliegen der Kommission darin bestehe, Gründe gegen die rechtliche Wirksamkeit der Anerkennung zu finden, »wofür sittliche Gesichtspunkte sich als besonders geeignet darboten«.[593]

g. Erbrecht des nichtehelichen Kindes gegen seinen Vater

Den vorletzten Abschnitt in Bullings Schrift bildet ein Kapitel zum Erbrecht des nichtehelichen Kindes gegen seinen Vater, aus dem sich folgende Synopse ergibt:

590 *Bulling*, Die Rechte der Unehelichen Kinder (1895), S. 71. Er darf somit als einer der ersten Autoren angesehen werden, die das Kindeswohl in das Zentrum des Interesses gerückt haben.

591 Zur Definition und zur diesbezüglichen Diskussionen innerhalb der Kommission, vgl. Motive, IV. Bd., S. 852–853.

592 Vgl. *Bulling*, Die Rechte der Unehelichen Kinder (1895), S. 72.

593 *Bulling*, Die Rechte der Unehelichen Kinder (1895), S. 74.

<table>
<tr><td>§ 1605 E II

Wer seine Vaterschaft nach der Geburt des Kindes in einer öffentlichen Urkunde anerkannt hat, kann sich nicht darauf berufen, daß ein Anderer der Mutter innerhalb der Empfängnißzeit beigewohnt hat.</td><td rowspan="2">Bullings Forderung: Einführung eines § 1605a

Das uneheliche Kind, dessen Vaterschaft gerichtlich festgestellt oder anerkannt ist, hat im Verhältnisse zum Vater und zu dessen Verwandten das Erbrecht eines ehelichen Kindes, mit der Ausnahme, daß es im Zusammentreffen mit ehelichen Kindern dem Vater gegenüber nur zur Hälfte erb- und pflichtteilsberechtigt ist.</td><td>§ 1718

Wer seine Vaterschaft nach der Geburt des Kindes in einer öffentlichen Urkunde anerkennt, kann sich nicht darauf berufen, daß ein Anderer der Mutter innerhalb der Empfängnißzeit beigewohnt hat.</td></tr>
<tr><td>§ 1606 E II

Ein uneheliches Kind erlangt dadurch, daß der Vater sich mit der Mutter verheirathet, von der Eheschließung an die rechtliche Stellung eines ehelichen Kindes.</td><td>§ 1719

Ein uneheliches Kind erlangt dadurch, daß sich der Vater mit der Mutter verheirathet, mit der Eheschließung die rechtliche Stellung eines ehelichen Kindes.</td></tr>
</table>

Wie aus dem obigen Reformvorschlag deutlich wird, plädiert er für die Einführung eines gesetzlichen Erbrechts des nichtehelichen Kindes, lehnt aber eine vollkommene erbrechtliche Gleichstellung ab. Denn wie aus der Synopyse ersichtlich wird, gesteht er dem nichtehelichen Kind gegen seinen Vater nur ein hälftiges Erbrecht zu, wenn es auch eheliche Kinder gibt.[594] Zur Begründung führt er an, dass das Erbrecht des BGB auf dem Prinzip der Blutsverwandtschaft aufgebaut sei, nichteheliche Kinder aber allein deshalb davon ausgeschlossen würden, da sie »unehelich geboren« seien. Dies halte er für »ungerecht«, da das Kind »dafür nichts kann« und das Erbrecht des Kindes gegen seine Eltern etwas besonderes darstelle. Denn die Eltern hätten »dem Kinde das Leben gegeben«.[595]

Im Zusammenhang mit dem Erbrecht sieht Bulling jedoch auch die Pflicht und die Möglichkeit des Vaters, sein Kind erziehen. Er meint, die Erziehung solle allein von der Mutter bestimmt werden. Sie habe die »Verantwortlichkeit für die Zukunft des Kindes, so weit sie von der Erziehung abhängt«. Der nichteheliche Vater werde dagegen nicht »moralisch verantwortlich«.[596] Bulling will dem Vater

594 Jedoch solle dem nichtehelichen Kind andererseits ein ungekürztes Erbrecht gegenüber den Verwandten des Vaters zustehen, vgl. *Bulling*, Die Rechte der Unehelichen Kinder (1895), S. 77–78. Im Übrigen ist Bullings Vorschlag aus der rechtstheoretischen Perspektive ein gutes Beispiel für das Regel-Ausnahme-Prinzip.

595 *Bulling*, Die Rechte der Unehelichen Kinder (1895), S. 75.

596 *Bulling*, Die Rechte der Unehelichen Kinder (1895), S. 76. Diese Argumentation wirkt fast schon martialisch, ist aber typisch für Erziehungsdiskussionen am Ende des 19. Jahr-

in erster Linie die Pflicht auferlegen, »durch die Geldleistungen, die das Gesetz bestimmt, zur Erziehung beizutragen«[597] und begründet dies mit einer Dichotomie der Gerechtigkeit. So sei es einerseits ungerecht, wenn das nichteheliche Kind von der Erbfolge in toto ausgeschlossen werde, andererseits wäre eine gleiche Erbteilung ebenso ungerecht, denn der Vater könne dort nicht an der Erziehung des Kindes teilhaben.[598] Bulling geht also offensichtlich von einem validen Interesse des Vaters an der Kindeserziehung aus, was mit Blick auf die gegebenen sozialen Verhältnisse geradezu zukunftsweisend anmuten muss.

h. Zusammenfassung

Bulling kommt zu dem Schluss, dass die gesetzgeberische Konstruktion des Unehelichenrechts »völlig misslungen« sei. Ausgehend von dem »unwahren« Rechtssatz, dass das nichteheliche Kind mit seinem Vater nicht verwandt sei, komme der Gesetzgeber zu »unrichtigen Schlüssen«, die fern des praktischen Lebens stehen würden. Die Kommission versuche hier historische Begebenheiten für die Dogmatik fruchtbar zu machen, was allerdings in einen Missbrauch der Rechtsgeschichte münde.[599] Jede Reform des Unehelichenrechts müsse daher diese Regelung aufgreifen, denn sie bilde den Kern der Ungerechtigkeit.[600]

In diesem Zusammenhang verweist er zudem darauf, dass in früheren Zeiten das »uneheliche Kind rechtlos war, weil es familienlos war«. Im Allgemeinen blieb es auch sein Leben lang familienlos, weil nach dem alten Recht die Familien

hunderts. Es soll wohl suggeriert werden, dass in der Gesellschaft ein permanenter Verdrängungswettbewerb herrsche, der zu gewinnen nur der »Stärkste« imstande sein könne.

597 *Bulling*, Die Rechte der Unehelichen Kinder (1895), S. 75–76.

598 *Bulling*, Die Rechte der Unehelichen Kinder (1895), S. 75. An späterer Stelle ist noch darauf zurückzukommen, wie das Gerechtigkeitsargument aus der pandektistischen Perspektive zu werten ist.

599 *Bulling*, Die Rechte der Unehelichen Kinder (1895), S. 78.

600 Folgende Kritikpunkte am Entwurf kristallisiert *Bulling*, Die Rechte der Unehelichen Kinder (1895), S. 79–80, aus seinen vorhergehenden Ausführungen heraus: »1. die Ungerechtigkeit, daß er dem Vater nicht die sämmtlichen Pflichten auferlegte, die einen Vater treffen, wenn das Kind bei ihm nicht erzogen werden kann, weil es ihm nicht anvertraut werden darf; 2. die Ungerechtigkeit, daß er das Kind aller elterlichen Gewalt entrückt sehen will, weil die elterliche Gewalt zu haben, die dem Vater nicht gegeben werden darf, die Mutter nicht würdig sei; 3. die Ungerechtigkeit, daß er die Verwandten des Vaters von der Alimentationspflicht, die sie nach § 1496ff. treffen würde, entbunden hat; 4. die Ungerechtigkeit, daß die Erben des Vaters das Kind mit dem Pflichttheil sollen abfinden dürfen; 5. die Ungerechtigkeit, daß die Bestimmung des § 1509, wonach auf den Unterhalt für die Zukunft nicht verzichtet werden kann, für uneheliche Kinder nicht gelten soll; 6. die Ungerechtigkeit, daß die Vaterschaft durch Urtheil nicht soll festgestellt werden können und dem Kinde das Recht entzogen sein soll, den Namen des Vaters zu führen; 7. die Ungerechtigkeit, daß sein Vater nicht das Recht haben soll, seine Vaterschaft bindend anzuerkennen; 8. die Ungerechtigkeit, daß das Kind den Vater nicht beerben soll.«

der Kindeseltern in die Aufnahme des Kindes einwilligen mussten, wenn es vor der Eheschließung geboren wurde, was aber so gut wie nie geschah. Bulling sieht diese weitgehende Ausgrenzung der Familie in dem »Egoismus des Familiengeistes« begründet, der andererseits aber »für die damaligen Zeiten« berechtigt war.

Dieser Zustand blieb in weiten Teilen Deutschlands bis zur Kodifikation des BGB mit dem Argument aufrechterhalten, dass nur dadurch die »Sittlichkeit und Heiligkeit der Ehe« gewährleistet werden könne.[601] Nach Bullings Meinung

> »offenbart sich hier eine Richtung in der Rechtsentwicklung, zu welcher der Gesetzgeber nie die Hand bieten sollte, daß man nämlich einen Rechtssatz, nachdem der Grund, der ihn ins Leben gerufen hat, weggefallen ist, dadurch aufrechtzuerhalten sucht, einer des römischen Rechtes entlehnten, an die Stelle setzt, der aber nie im Stande gewesen wäre, jenen Rechtssatz hervorzubringen und der den Gesetzgeber niemals veranlassen würde, den Rechtssatz, wenn er noch nicht bestände, einzuführen. Es ist Solches in Deutschland namentlich da vielfach geschehen, wo die Entwicklung des Rechtes in den Händen der Juristen lag. Nur durch diese Methode ist es zu erklären und zu begreifen, nur sie hat es zu Wege gebracht, daß sich Recht und Gesetz wie eine ewige Krankheit forterben. Eine neue Gesetzgebung, deren Aufgabe ist, das zu entfernen, was sich seit langen Zeiten her von dieser Methode angesammelt hat, kann unmöglich selber die Anwendung von ihr machen«.[602]

Er zieht nun eine Parallele zwischen der Benachteiligung nichtehelicher Kinder und der Geschichte der Geschlechtsvormundschaft. Schon der Privatrechtler Kraut habe festgestellt, dass zwar im gemeinen Recht die Geschlechtsvormundschaft abgeschafft worden sei, diese gleichwohl in den deutschen Partikularrechten aber noch fortbestehe.[603] Mit Bezug auf Kraut argumentiert Bulling, die Geschlechtsvormundschaft sei aufgehoben worden, weil sie die Sicherheit des Rechtsverkehrs gefährdete und Schwierigkeiten sowie Kosten verursachte.[604] Er schlussfolgert, dass sie also »ein paar Jahrhunderte für Nichts bestanden« habe.[605] Gleiches gelte für die Stellung nichtehelicher Kinder. Sie werde »für Nichts« aufrechterhalten. Das »alte Recht« vererbe sich einer Krankheit gleich »von Geschlecht zu Geschlecht«.[606]

---

601 *Bulling*, Die Rechte der Unehelichen Kinder (1895), S. 81–82.
602 *Bulling*, Die Rechte der Unehelichen Kinder (1895), S. 82.
603 *Bulling*, Die Rechte der Unehelichen Kinder (1895), S. 83 mit Verweis auf *Kraut*, Vormundschaft, I. Bd., S. 100, sowie *ders.*, Vormundschaft, II. Bd., S. 291–292.
604 *Bulling*, Die Rechte der Unehelichen Kinder (1895), S. 84 mit Verweis auf *Kraut*, Vormundschaft, II. Bd., S. 319–322.
605 *Bulling*, Die Rechte der Unehelichen Kinder (1895), S. 84.
606 *Bulling*, Die Rechte der Unehelichen Kinder (1895), S. 86. Dabei handelt sich um ein Zitat aus Goethes Faust, das Bulling auch seiner Schrift »Die deutsche Frau und das bürgerliche Gesetzbuch« (S. 60) verwendet hat, um die Fortdauer des Mundiums zu kennzeichnen. Siehe dazu das 7. Kapitel (S. 179).

2. Rezeption der Schrift

Bullings Schrift blieb in der zeitgenössischen Diskussion nicht unberücksichtigt, wovon einige Rezensionen und Beiträge zeugen, von denen im Folgenden eine Rezension von Bamberger und die Dissertation von Nagórski näher untersucht werden.[607]

Wiederum ist es Bamberger, der Bullings Werk in der Zeitschrift »Nation« rezensiert. Er liegt mit Bulling auf einer Linie, wenn er schreibt, dass es eine gesellschaftliche Fehlvorstellung darstelle, die Forderung der Frauenbewegung nach der Besserstellung nichtehelicher Kinder auf eine »laxere Auffassung weiblicher Moralität« zurückzuführen.[608] Vielmehr müsse auch ein Interesse der Männer daran bestehen, dass der Gesetzgeber auf diesem Rechtsgebiet »nicht in Fehler verfalle«. Umso begrüßenswerter findet Bamberger daher Bullings Schrift. Damit habe sich ein Autor mit »männlicher Unparteilichkeit« sowie »juristischem Wissen und Scharfsinn« der Sache angenommen. Der Rezensent stimmt mit Bulling darin überein, dass der Entwurf an vielen Stellen »zu viel Werth auf juristische Konsequenz und zu wenig auf praktische Lebensweißheit gelegt« habe. Er hebt außerdem Bullings Hinweis auf die Widersprüchlichkeit der Regeln hervor, wonach einerseits nach dem Gesetz keine Verwandtschaft zwischen dem nichtehelichen Kind und seinem Vater bestehe, andererseits aber die Ehe zwischen der nichtehelichen Tochter und ihrem Vater verboten werde. Bamberger rät zudem, Änderungen auf dem Gebiet der Regeln über die nichtehelichen Kinder noch kurzfristig in den Entwurf aufzunehmen, da diese »Punkte so viraler Art« seien.

Daneben setzte sich der Jurist Sigmund Nagórski in seiner Dissertation mit Bullings Schrift auseinander. Er befürwortete Bullings Meinung, dass es keine »wirkliche, faktische Vaterschaft mit absoluter Sicherheit« gebe.[609] Mit Bulling lehnt er die Exceptio plurium concumbentium ab. Er kritisiert ebenfalls den Gesetzgeber, der sie mit den vorstehend erläuterten Argumenten verteidigte.

607 Neben diesen Stimmen fand Bullings Schrift auch in den ersten Auflagen des von Planck herausgegebenen und damals führenden Kommentar als Literaturhinweis Erwähnung, Planck (Hg.), Kommentar zum BGB, IV. Bd., 1./2. A. (1901), S. 457; 4. Bd., 3. A. (1904), S. 575. Zu Beginn des 20. Jahrhunderts findet sich ein Hinweis auf die Schrift des Weiteren bei *Traub*, Ethik und Kapitalismus, 2. A. (1909), S. 266. Aus der zeitgenössischen Literatur verdient zudem die Schrift »Das Recht der unehelichen Kinder« des Juristen Hermann Jastrow Beachtung. Dieser nimmt keinen Bezug auf Bulling. Seine Ausführungen illustrieren jedoch die klassische Haltung der Juristenschaft in der »Unehelichen-Frage« um die Jahrhundertwende. Auf den Autor wird im 7. Kapitel (S. 186) zurückzukommen sein, da er sich auch intensiv mit der rechtlichen Stellung der Frau im BGB und in diesem Zusammenhang mit Bulling auseinandersetzte.

608 *Bamberger*, Rezension zu »Die Rechte der Unehelichen Kinder«, Die Nation 9 (1895), S. 142.

609 *Nagórski*, Das Rechtsverhältnis des unehelichen Kindes zu seinem Vater (1908), S. 126.

Auch Nagórski sieht in deren Beseitigung nicht die Gefahr, die »Unsittlichkeit« zu fördern. Momentan stelle das BGB jedoch eine Vermutung der »Vielmännerei« gegen die Mutter auf.[610] Des Weiteren übernimmt er Bullings Forderung, die Unterhaltspflicht auszuweiten, »bis das Kind sich selbst unterhalten kann«.[611] Er kritisiert aber ausdrücklich Bullings Ablehnung der Verträge über die Unterhaltspflicht.[612] Denn durch die Formvorschrift, dass ein solcher Vertrag der Bestätigung durch das Vormundschaftsgericht bedarf, würden die Interessen des Kindes ausreichend geschützt.[613]

Die Regelungen über die Stellung nichtehelicher Kinder sind insbesondere von der Frauenrechtsbewegung kritisiert worden. Wie auch in anderen Bestimmungen wurde darin der Versuch des Gesetzgebers gesehen, die Verbindung zwischen Vater und unehelichem Kind zu negieren, schönzureden oder gar zum Schutz der legitimen Familie zu verleugnen. Da eine nichteheliche Mutter nach einem »sittlichen Fehltritt« unübersehbar schwanger wurde, war sie der Ächtung ausgesetzt und musste die Folgen tragen. Der Vater wurde dagegen vom Gesetzgeber davor geschützt, öffentlich als Vater bekannt zu werden. Auf dieser Kritik basierten die Reformforderungen der Frauen zum Namensrecht, zur verwandtschaftlichen Stellung und zu weiteren Verpflichtungen des nichtehelichen Vaters, die mit jenen Bullings korrespondieren. Insbesondere in den Vorschriften über die Verwandtschaft des nichtehelichen Kindes zu seiner Mutter und zum Namensrecht sah die Bewegung eine Tendenz, dem nichtehelichen Vater durch Anonymität Schutz vor öffentlicher Schmach zu gewähren.[614] Bullings Arbeit rief höchste Wertschätzung seitens der bürgerlichen Frauenbewegung hervor und wurde beispielsweise von Marie Raschke entsprechend gelobt:

> »Im Verlage von Rosenbaum u. Hart ist obige Broschüre erschienen, in welcher ein hervorragender Jurist kritisch und schlagend, beleuchtet, daß der Entwurf eines bürgerlichen Gesetzbuches für das deutsche Reich der Aufgabe ›eines. Gesetzgebers nicht entspricht, indem er, das soziale Elend der unehelichen Kinder und ihrer Mütter nicht aufhebt.«[615]

610 *Nagórski*, Das Rechtsverhältnis des unehelichen Kindes zu seinem Vater (1908), S. 101. Das Gegenteil sei der Fall, so Nagórski weiter. Die Zulassung der Exceptio plurium fördere vielmehr die »Unsittlichkeit«, da sie die »Angriffslust der Männer« stärke, zu einer Anzahl von »Skandalprozessen« führe und eine höhere »Gefahr von Meineiden« in sich berge.

611 *Nagórski*, Das Rechtsverhältnis des unehelichen Kindes zu seinem Vater (1908), S. 134 mit Verweis auf *Bulling*, Recht der Unehelichen Kinder (1895), S. 26–28.

612 *Nagórski*, Das Rechtsverhältnis des unehelichen Kindes zu seinem Vater (1908), S. 140–143.

613 *Nagórski*, Das Rechtsverhältnis des unehelichen Kindes zu seinem Vater (1908), S. 142.

614 Näher dazu *Czelk*, Privilegierung und Vorurteil (2005), S. 102.

615 *Raschke*, Rezension zu »Die Rechte der Unehelichen Kinder«, Die Frauenbewegung (1895), S. 188.

Raschke schreibt weiter, dass Bulling das nordische, langobardische und flämische Recht »verleugnet [sic!]« und »auf das römische Recht zurückgegriffen« habe, welches das nichteheliche Kind mit dem ehelichen zumindest gegenüber der Mutter gleichstellte. Ihre Argumentation greift jedoch zu kurz. Bulling sieht lediglich im römischen Recht eine Rechtsquelle, die besser mit den seinen Vorstellungen eines kindesfreundlichen Familienrechts harmoniert. Raschke illustriert des Weiteren anhand der von ihr gemeinsam mit Sera Proelß verfassten Broschüre »Die Frau im neuen bürgerlichen Gesetzbuch«, wie weit Bulling auf einer Linie mit den Forderungen der Bewegung liegt.[616] Mit Bulling veranschauliche zudem ein männlicher Jurist, mit welch »doppelter Moral« das Gesetzbuch die »Erniedrigung des weiblichen Geschlechts« betreibe. Deshalb empfahl Raschke »allen Menschenfreunden« die Lektüre der Schrift. Bulling habe mit einer »klaren, auch Nichtjuristen leicht verständlichen Sprache den Weg zum wahren Recht« gewiesen. Insgesamt erhielten Bullings Schriften in der Frauenbewegung ein stark positives Echo, was noch auszuführen sein wird.

IV. Fazit

Es wird deutlich, dass Bulling zwei Ziele verfolgt: Einerseits die Besserstellung nichtehelich geborener Kinder, andererseits die der Mütter. Er will dafür sorgen, dass nichteheliche Kinder möglichst einen Vater haben. Er legt den Akzent daher auf das Amt des Vaters und gegen die Biologie. Dabei war den Bemühungen sowohl der Frauenbewegung als auch solcher Reformjuristen wie Bulling wenig Erfolg beschieden. So fand der Gedanke des § 15 E II in einem anderen systematischen Zusammenhang Eingang in das Gesetzbuch. Die Verwandtschaftsbestimmungen waren nun im Familienrecht enthalten. Dort lautete der zweite Absatz des § 1589 BGB: »Ein uneheliches Kind und dessen Vater gelten als nicht verwandt«. Der Wortlaut zeigt, dass Sinn und Zweck der gleiche geblieben sind. Der Gesetzgeber negierte weiterhin jede rechtliche Verwandtschaft zwischen dem nichtehelichen Kind und seinem Vater.

616 Vgl. *Raschke/Proelß*, Die Frau im bürgerlichen Gesetzbuch (1895), in: Meder u. a. (Hg.), Die Rechtsstellung der Frau (2010), S. 690–731. Die Forderungen waren mit Ausnahme des Reformvorschlags zum § 1604 E II weitgehend deckungsgleich.

7. Kapitel: Bullings These vom Fortbestehen des Mundiums im BGB

Ein Jahr nach Veröffentlichung der Monographie über die Stellung nichtehelicher Kinder erscheint 1896 Bullings opus magnum »Die deutsche Frau und das bürgerliche Gesetzbuch« wiederum bei Rosenbaum & Hart in Berlin. Das 170-seitige Werk ist sein umfangreichstes sowie bekanntestes Buch und kann als das wichtigste, weil bedeutendste angesehen werden. Es findet schnell weite Verbreitung und gilt als Pflichtlektüre innerhalb der Frauenbewegung.[617] Hervorzuheben sind Bullings zukunftsweisende Thesen zum Güter- sowie zum Ehescheidungsrecht, wie beispielsweise die Forderung nach der Gütertrennung als gesetzlichem Güterstand, und seine ausgefeilte Methodologie, auf die im 8. Kapitel eingegangen wird.

I. Die Rechtsstellung der Frau bis zur BGB-Kodifikation

Am Ende des 19. Jahrhunderts ist die Frau in den meisten Partikularrechten mittlerweile frei von der Geschlechtsvormundschaft. Als Geschlechtsvormundschaft wird ein Rechtszustand bezeichnet, indem sich die ledige Frau rechtsgeschäftlich durch einen männlichen Verwandten vertreten lassen muss.[618] Auch Frauen, die wirksam rechtsgeschäftlich handeln konnten, hatten nicht notwendigerweise korrespondierende Möglichkeiten, ihre Rechte gerichtlich geltend zu machen, sie verfügten also nicht über die sogenannte Prozessfähigkeit.[619] In engem Zusammenhang mit der Geschlechtsvormundschaft

617 *Raschke*, An die deutschen Frauen, Die Frauenbewegung (1896), S. 13, sowie *dies.*, Das norwegische und dänische Familienrecht, in: Schoenflies u. a. (Hg.), Der Internationale Kongress für Frauenwerke und Frauenbestrebungen in Berlin (1897), S. 290–301, 301.

618 *Lepsius*, Die privatrechtliche Stellung der Frau im Deutschland des 19. Jahrhunderts, L'Homme 1 (2003), S. 110–123, 113.

619 Einen Überblick über einzelne partikularrechtliche Regeln bietet *Lepsius*, Die privatrechtliche Stellung der Frau im Deutschland des 19. Jahrhunderts, L'Homme 1 (2003), S. 110–123, 113.

stehen die sogenannten Rechtswohltaten, deren leitender Grundgedanke der Schutz der Frauen vor Vermögensnachteilen beim Abschluss von Geschäften ist, wobei mit der Schwäche und Unfähigkeit von Frauen im wirtschaftlichen Leben argumentiert wird.[620] Ein anschauliches Beispiel stellt das römisch-rechtliche »Senatus consultum Velleianum« dar, das es Frauen ermöglichte, die »Schwäche ihres Geschlechts« als Einrede geltend zu machen, sofern sie aus einer Bürgschaft in Haftung genommen wurden.[621] Dieses Verdienst klassischen römischen Rechts hatte noch Eingang in das Allgemeine Landrecht für die Preußischen Staaten (ALR) gefunden.

In der wilhelminischen Epoche schreitet der Prozess der Individualisierung der Frau zunehmend voran.[622] Es fehlt allerdings in den meisten Fällen an der ökonomischen Unabhängigkeit, und es findet weiterhin eine Betonung der weiblichen Schutzbedürftigkeit statt.[623] So geht die sich entwickelnde bürgerliche Gesellschaft einher mit einem neuen Familienmodell, und zwar dem der bürgerlichen Familie, die sich auf ein geschlechterdichotomisches Rollenmuster stützt und bis in die Gegenwart hineinwirkt. So bot die bürgerliche Familie der Frau nicht die Entlassung in die Unabhängigkeit als primären Lebensentwurf, sondern vielmehr eine permanente Integration in die Funktion der Familie, was in deutlichem Widerspruch zu den Individualisierungsprozessen der bürgerlichen Gesellschaft steht.[624] Im ausgehenden 19. Jahrhundert spiegelt sich dies am deutlichsten im Eherecht wider, auf das sich Bullings Werk »Die deutsche Frau und das Bürgerliche Gesetzbuch« bezieht.

II. Vom Fortbestehen des Mundiums im II. Entwurf

Ein Kernthema der Monographie Bullings bildet die Auseinandersetzung mit der Frage, ob das Mundium im II. Entwurf fortbesteht. Mundium bedeutet für Bulling das Recht des Mannes, die Frau zu bevormunden.[625] Sämtliche deutsche Partikularrechte enthielten laut Bulling ein solches Recht, im BGB sei es nun durch § 1254 E II[626] (§ 1354) verwirklicht worden, der die Frau verpflichte, »zu

620 *Forster/Lanzinger*, Forschungsdiskussionen zur Geschichte der Ehe: Stationen der Ehe, L'Homme 1 (2003), S. 141–155, 148.

621 Zum *Senatus consultum Velleianum* vgl. *Meder*, Rechtsgeschichte, 6. A. (2017), S. 90–93.

622 Näher dazu *Studer*, Familialisierung und Individualisierung, L'Homme 1 (2000), S. 83–104, 83.

623 *Tönnies*, Gemeinschaft und Gesellschaft (1991), S. 139.

624 *Studer*, Familialisierung und Individualisierung, L'Homme 1 (2000), S. 83–104, 84.

625 *Bulling*, Die deutsche Frau (1896), S. 2.

626 § 1254 E II: Dem Manne steht die Entscheidung in allen das gemeinschaftliche eheliche Leben betreffenden Angelegenheiten zu; er bestimmt insbesondere Wohnort und Woh-

gehorchen, wenn der Mann befiehlt«. Nach »den heutigen Anschauungen« habe eine derartige Ausdrucksweise jedoch »leicht etwas Anstößiges«. Der Gesetzgeber habe in der Absicht »dem mundium das Rauhe zu nehmen«, in § 1254 E II daher eine freundlichere Formulierung gewählt. Doch könne auch eine vornehmere Ausdrucksweise nicht darüber hinwegtäuschen, dass die Munt in Form der ehelichen Vogtei in dem Entwurf noch fortlebe.[627]

Das Mundium sieht er dabei als den systematischen Kern des gesamten Eherechts.[628] Obwohl die Gesetzgebungskommission davon ausging, die Handlungs- und Geschäftsfähigkeit der Ehefrau in das BGB eingeführt und damit das Mundium abgeschafft zu haben, vertritt Bulling die Auffassung, dass das Mundium dennoch in seinen Grundsätzen beibehalten worden sei. Bulling ist mit dem II. Entwurf zunächst insoweit einverstanden, als auch er der Überzeugung ist, es müsse in der Ehe ein gesetzlich normiertes Leitprinzip geben, nach welchem die Ehepartner ihre gemeinsamen Entscheidungen zu treffen hätten:

> »Das Eheleben bringt eine unerschöpfliche Menge einzelner Fragen, für die sich im Voraus besondere Vorschriften nicht treffen lassen, für die es aber doch eine Norm geben muß, nach der die Eheleute sich zu richten und die Gerichte zu entscheiden haben, zumal sie für das Eheleben von großer Bedeutung sein können.«[629]

Dieses Leitprinzip sieht Bulling im II. Entwurf durch die Beibehaltung der Grundsätze der ehelichen Vormundschaft, also des Mundiums, verwirklicht, das er jedoch als ungeeignet und nicht mehr zeitgemäß beurteilt. Vielmehr würden die in der Ehe erforderlichen Entscheidungen durch das Mundium lediglich fingiert. Dadurch, dass dieses dem Mann ein gesetzliches Herrschaftsrecht über die Frau einräume, aus dem die Frau verpflichtet sei, ihrem Mann zu gehorchen, würden Entscheidungen zwangsweise herbeigeführt. Diese Art der Entscheidungsfindung in der Ehe, d. h. diesen von Zwang erfüllten Umgang des Mannes

---

nung. Die Frau ist nicht verpflichtet, der Entscheidung des Mannes Folge zu leisten, wenn sich die Entscheidung als Mißbrauch seines Rechtes darstellt.

627 Das im Jahr 1896 verabschiedete BGB enthielt in den §§ 1353, 1354 nur geringfügig von diesem Entwurf abweichende Vorschriften. § 1353 lautete: »Die Ehegatten sind einander zur ehelichen Lebensgemeinschaft verpflichtet. Stellt sich das Verlangen eines Ehegatten nach Herstellung der Gemeinschaft als Mißbrauch seines Rechtes dar, so ist der andere Ehegatte nicht verpflichtet, dem Verlangen Folge zu leisten. Das Gleiche gilt, wenn der andere Ehegatte berechtigt ist, auf Scheidung zu klagen.« Und § 1354 sah vor: »Dem Manne steht die Entscheidung in allen das gemeinschaftliche eheliche Leben betreffenden Angelegenheiten zu; er bestimmt insbesondere Wohnort und Wohnung. Die Frau ist nicht verpflichtet, der Entscheidung des Mannes Folge zu leisten, wenn sich die Entscheidung als Mißbrauch seines Rechtes darstellt.«

628 Die Gesetzgebungskommission ging interessanterweise davon aus, dass das BGB auf dem Standpunkt der »vollständigen Gleichberechtigung« von Mann und Frau beruhe, vgl. *Planck*, Die rechtliche Stellung der Frau nach dem bürgerlichen Gesetzbuche (1899), S. 5.

629 *Bulling*, Die deutsche Frau (1896), S. 2.

mit der Frau, empfindet Bulling jedoch als mit dem Begriff der Ehe nicht vereinbar. Dabei muss bedacht werden, dass die Kommission mit der Regelung des § 1353 das eheliche Verhältnis als ein Rechtsverhältnis festlegen will.[630] So wurde intensiv darum gerungen, inwieweit das Institut der Ehe gesetzlichen Regeln überhaupt zugänglich ist, weil das Familienrecht sich an der Grenze dessen befindet, was überhaupt verrechtlicht werden kann. Den dogmatischen Weg hierzu sah der Gesetzgeber in der Gewährung von ehelichen Forderungsrechten, die den Gatten gegenseitige Ansprüche auf eine umfassende, grundsätzlich jeden Bereich des Lebens ergreifende Verwirklichung der ehelichen Gemeinschaft sichern sollten. Weite, Umfang und Inhalt dieses Rechtsanspruchs, so heben die Motive hervor, würden durch das »sittliche Wesen der Ehe«, die Umstände des Einzelfalls und aufgrund der ehelichen Gesinnung bestimmt und begrenzt.

Im Folgenden setzt sich der Autor mit den verschiedenen Elementen des Mundiums auseinander, beginnend mit dem Züchtigungsrecht des Mannes. Bulling verweist darauf, dass es bereits im Preußischen ALR Unstimmigkeiten im Hinblick auf das Züchtigungsrecht des Mannes gab.[631] Etwas überraschend kritisiert er diese Ansicht mit dem Argument, dass das Mundium ein historisches Recht sei und dementsprechend die Facetten dieses Rechtsinstituts nur aus der Geschichte begriffen werden könnten. Rechtshistorisch sei das Züchtigungsrecht ein wesentliches Element des Mundiums gewesen.

Nicht unberücksichtigt lässt Bulling Regelungen, die wohl zum Schutz der Frau dienen, in ihrer Wirkung aber lediglich Symbolcharakter gehabt haben dürfen. So hieß es im Stadtrecht Breslaus, den sogenannten Breslauer Signaturen, dass »der Mann künftighin verspricht, seine Frau nur noch mit Ruthen zu züchtigen und strafen, wie es ziemlich ist und einem Biedermann zusteht bei Treue und Ehre«. Nicht ohne Ironie verweist Bulling in diesem Kontext darauf, dass den Mann, so er sich von seiner Frau schlagen ließ, sogenannte Ehrenstrafen träfen.[632] Für Bulling trägt die eheliche Vormundschaft daher »ihren

630 *Lipp*, Die eherechtlichen Pflichten und ihre Verletzung (1988), S. 5.

631 *Bulling* schreibt diesbezüglich, dass ein Ministerialreskript vom 28.1.1812 dieses Rechtsinstitut kritisierte, vgl. Die deutsche Frau (1896), S. 3.

632 Als eine solche galt beispielsweise die Abdeckung des Hauses, vgl. *Grimm*, Deutsche Rechtsalterthümer, 2. A. (1857), S. 723–724. Dort heißt es: »fals etwan ein frauw ihren mann schlagen sollte«, so solle »selbige abgehöret und ausfündig gemacht« werden. Wenn sich der Verdacht dann erhärtet, haben alle Männer »des Fleckens« das Haus des geschlagenen Mannes zu »umringen und falls der mann sich mit ihnen nicht vergleicht und abfindet, schlagen sie leitern an, steigen auf das dach, hauwen ihme die first ein und reißen das dach biß uff die vierte latt von oben an ab; vergleicht er sich aber, so ziehen sie wieder ohne verletzung des hauses ab. falls aber der beweis nicht kann geführt werden, müßen sie ohnverrichter sach wieder abziehen.« Diese Rechtspraxis war wohl selbst noch im 18. Jahrhundert in Übung, vgl. *Stobbe*, Handbuch des Deutschen Privatrechts, IV. Bd., 2. A. (1884), S. 52, Fn. 22 a.E.

Namen mit Recht«. Sie sei eine wirkliche Vormundschaft.[633] Eine solche lasse sich aber nur aus dem deutschen Recht begründen.

In der Tat formulieren einige bekannte Vertreter des Deutschen Privatrechts ähnliche Passagen in ihren Lehrbüchern. So heißt es bei Stobbe, dass die »Frau aus ihrer Familie in die des Mannes« übergehe. Dieser Grundsatz beanspruche Geltung aufgrund dessen, dass »sich die Frau in der Vormundschaft des Mannes« befinde.[634] Bei Gengler findet sich eine Betonung des Genossenschaftsgedankens. Die Ehe mache die Frau zur »Genossin des Mannes«. Damit werde sie »Theilnehmerin an dessen Familien-Namen, Rang, Titel, Gerichtsstand, Bürger- und Heimathsrecht«. So erhebe die Ehe den Mann zum »Eheherrn seiner Frau«.[635] Schließlich definiert Dernburg den Mann als das »Haupt der ehelichen Gesellschaft«. Sein Entschluss gebe den Ausschlag in allen gemeinschaftlichen Angelegenheiten. Eine vormundschaftliche Stellung werde ihm nicht ausdrücklich zugeschrieben. Jedoch seien seine Befugnisse und Pflichten historisch wie dogmatisch auf eine deutschrechtliche Vormundschaft zurückzuführen.[636]

Bulling versucht eingangs zunächst zu ergründen, wie das Züchtigungsrecht des Mannes entstanden ist. Er meint, es sei auf die Gehorsamspflicht zurückzuführen.[637] Diese basiere wiederum auf den germanischen Partikularrechten.[638] Insgesamt sind sich, so Bulling, die Lehrer des Deutschen Privatrechts darüber einig, dass »das Mundium allen deutschen Eherechten zu Grunde liegt«.[639] In seinen Augen sei aber ein solch deutschrechtliches Eherecht nicht mehr zeitgemäß, denn das Mundium entspräche nicht mehr dem Begriff der Ehe, weil es die Einheit in der Ehe zwangsweise herzustellen sucht.[640] Weiter führt er aus, dass das Mundium allein wegen seiner Ungerechtigkeit aufzuheben sei. Zwar sei zum Nachweis der Ungerechtigkeit eine Deduktion aus Begriffen wie Ehe oder Gerechtigkeit wenig zielführend.[641] Jedoch wolle er empirisch vorgehen und verweist in diesem Zusammenhang auf seine richterlichen Erfahrungen:

633 *Bulling*, Die deutsche Frau (1896), S. 3.

634 *Stobbe*, Handbuch des Deutschen Privatrechts, IV. Bd., 2. A. (1884), S. 48. Vertiefend schreibt er weiter: »In älterer Zeit, in der alle Personen weiblichen Geschlechts lebenslänglich unter Vormundschaft standen, ging durch die auf Grund vorangegangener Verlobung erfolgende Trauung das Mundium über das Mädchen von ihrem bisherigen Vormund auf den Ehemann über. Ihr gegenseitiges persönliches Verhältniß wurde dadurch charakterisiert, daß der Mann der Vormund seiner Frau ist und sowohl über ihre Person, wie über ihr Vermögen die Rechte der Vormundschaft ausübt.«

635 *Gengler*, Das deutsche Privatrecht in seinen Grundsätzen, 2. A. (1859), S. 215.

636 *Dernburg*, Preußisches Privatrecht, III. Bd., 4. A. (1896), S. 73.

637 *Bulling*, Die deutsche Frau (1896), S. 4.

638 *Bulling*, Die deutsche Frau (1896), S. 5.

639 *Bulling*, Die deutsche Frau (1896), S. 5.

640 *Bulling*, Die deutsche Frau (1896), S. 6.

641 Er verwendet den Begriff der »Deduktion« in diesem Zusammenhang ausdrücklich, vgl. *Bulling*, Die deutsche Frau (1896), S. 6.

»In den Eheprozessen, in denen ich thätig war, kamen die Beschwerden der Eheleute gegen einander, wenn ich nach der Ursache forschte, stets auf einen Streitpunkt zurück, der alle Streitigkeiten hervorgerufen hatte: Der Ehemann beklagte sich darüber, daß, so milde auch sein Regiment sei, und obgleich er nur da Gebrauch davon mache, wo die bessere Einsicht auf seiner Seite sei, seine Frau sich in das Gehorchenmüssen nicht finden könne und stets mitregieren wolle und auch offen ungehorsam sei; und die Klage der Ehefrau war, daß, so gern sie es auch anerkenne, daß der Mann das Haupt sei und die Frau ihm zu Willen sein müsse, sie doch das fortwährende Herrschenwollen und das ewige Zurückweisen ihrer Meinung, selbst in Dingen, von denen ihr Mann nicht die richtige Einsicht habe, nicht zu ertragen vermöge. Wenn ich dann das Gebiet des Streites festzustellen suchte, so wurde die Frage, ob die Frau sich in das Geschäft des Mannes einmische, in die Angelegenheiten seines Handwerkes, seines Studiums u.s.w. stets verneint; und es ergaben sich die Ungelegenheiten des Hausstandes und die persönlichen Angelegenheiten der Frau ganz ausnahmslos als die einzigen Gebiete, auf denen die Uneinigkeit entstanden war und sich entwickelt hatte und fortbestand.
Und veranlaßte ich dann die Eheleute, mir über die Geschichte ihrer Ehe zu berichten, so trat es klar zu Tage, daß die Kontroverse über Befehlen und Gehorchen auf diesen zwei Gebieten die einzige Quelle alles Uebels war. Sie hatte zu Verstimmungen geführt, zu Mißhelligkeiten, zu Schimpfworten, zu Mißhandlungen, zu innerer Entfremdung und zu dem sogenannten ›böslichen Verlassen‹ und, in dem Bedürfnisse nach Aussprache und Zuspruch und nach Vertrauen, zur Verletzung der ehelichen Treue.«[642]

Für Bulling liegt der Kern des Mundiums außerdem in der Psychologie des Menschen. Denn das Herrschenmögen sei eine der »Schwächen der menschlichen Natur«.[643] In seinen Augen strebt jeder von Natur aus zur Herrschaft. Normalerweise stoße der Mensch auf die »eigensinnige Natur anderer Menschen«, die er nicht verändern könne. In der Ehe brauche der Mann aber »blos zu wollen, und es geschieht und so fühle ich mich hier in meiner kleinen menschlichen Allmacht, im Genusse meiner selbst«. Dieser steigere sich noch, sobald der Ehemann sehe, dass »seine Macht, sein Wille wirkt«. Deshalb liege es auch »in der Natur dieser Schwäche, daß sie den Menschen antreibt, seine Macht nicht brach liegen zu lassen, sondern sie auszuüben«. Es sei dem Menschen »sogar am liebsten«, wenn er sehe, dass »das Gehorchen so ohne alle Ueberwindung, ohne wenigstens einen kleinen innern Kampf, nicht vor sich geht, wovon man in der Bureaukratie die Beispiele hat«. Kein Ehemann müsse sich daher vornehmen, »das Mundium auszuüben; er bedarf dazu gar keines besonderen Motives«. Der Ehemann »thut es schon ganz von selbst, unangesehen der Persönlichkeit seiner jungen Ehefrau«.[644]

Anhand seines Prozessmaterials zeichnet Bulling folgende Linien eines Eheverlaufs nach: Im Anschluss an die Verlobungszeit trete mit dem Beginn der

642 *Bulling*, Die deutsche Frau (1896), S. 6.
643 *Bulling*, Die deutsche Frau (1896), S. 7.
644 *Bulling*, Die deutsche Frau (1896), S. 8.

Ehe ein »Interregnum« ein. Während dieser Phase sei der Ehemann der Frau »zu Befehl und ihre Wünsche ihm Gesetz«, dass »man beinahe denken könnte, die Rollen hätten sich vertauscht«.[645] Im Laufe einer jeden Ehe würden sich aber dann die Verhältnisse »komplizieren«, und es käme zu einer »Krisis«.[646] Der Mann beginne dann irgendwann, von seinen Rechten Gebrauch zu machen. Darin liege aber das Bedenkliche am Herrschen, »daß einer das, was er thun soll, deshalb thut, weil es ihm befohlen ist«.

Die Ehefrau habe jedoch genauso wie der Mann ein »erwachsenes Urtheil, ebenso viel Verstand und vielleicht noch mehr, und das in Dingen, in denen sie jedenfalls an Talent und an Erfahrung ihm überlegen ist«.[647] Aus Bullings Sicht seien insbesondere zwei Dinge für die Ehe »sehr verderblich«. Einerseits könne es dem Mann nicht entgehen, welche »untergeordnete, wenig würdige Stellung seine Frau neben ihm einnimmt«.[648] Trotzdem mache das Mundium die Herrschaft des Mannes zum Wesen der Ehe. In der Ausübung der Eheherrschaft liege daher die Pflichterfüllung des Mannes. Dies habe zur Folge, dass er kein Mitgefühl zeigen könne.[649] Andererseits verführe das Herrschaftsrecht den Mann dazu, seine eigenen Interessen über die der ehelichen Gemeinschaft zu stellen.[650] Bulling kritisiert auch das Recht des Mannes, über die persönlichen Angelegenheiten der Frau zu bestimmen. Er vergleicht den »verständigen Ehemann« mit der staatlichen Pressezensur. Beider Aufgabe sei es, »zu kontrolliren, zu revidiren und dann zu verbieten«.[651]

Schon die Lehrer des Deutschen Privatrechts sind bei diesem Punkt in gedankliche Vorleistung gegangen. So sieht beispielsweise Mittermaier die

645 *Bulling*, Die deutsche Frau (1896), S. 8.
646 *Bulling*, Die deutsche Frau (1896), S. 9, 16.
647 *Bulling*, Die deutsche Frau (1896), S. 10.
648 *Bulling*, Die deutsche Frau (1896), S. 11.
649 *Bulling*, Die deutsche Frau (1896), S. 11.
650 *Bulling*, Die deutsche Frau (1896), S. 12.
651 *Bulling*, Die deutsche Frau (1896), S. 15, er schildert hier einen extremen Fall, in dem der Ehemann seiner Frau die Lektüre wissenschaftlicher Texte verboten hatte, weil diese »zum gründlichen Denken« anregt. Außerdem riefen sie das »Interesse an Fragen wach, die das eigene Urtheil herausfordern und durch die Inanspruchnahme des Gefühles leicht zu freisinnigen Auffassungen führen«. Das Verbot, Bücher religiösen Inhalts zu lesen, erfolgte ebenfalls vor dem Hintergrund, die Frau »mit dem selbständigen Denken möglichst zu verschonen«. Auch der russische Schriftsteller *Fjodor Dostojewski* hat über die Verhältnisse in der deutschen Familie in seinem autobiographischen Roman »Der Spieler« geschrieben. Dort heißt es: »Nun, alles haargenau so wie in den erbaulichen deutschen Bilderbüchlein: überall, in jedem Haus ein ›Fater‹, schrecklich tugendhaft und unglaublich ehrbar. Dermaßen ehrbar, daß man sich scheut, ihm näherzutreten. Ich kann die Ehrbaren, die einem Schrecken einjagen nicht ausstehen. Ein jeder solcher ›Fater‹ hat eine Familie, und abends wird aus belehrenden Büchern vorgelesen. Über dem Häuschen rauschen Ulmen und Kastanien. Sonnenuntergang, ein Storch auf dem Dach, und das alles ungemein poetisch und rührend.«, vgl. Der Spieler, neu übersetzt von *Swetlana Geier* (2012), S. 39–40.

»deutsche Familie nach ihrer ersten und bekannten Gestaltung als die Grundlage der Staatsgesellschaft«. Sie habe sogar eine politische Bedeutung »als eine geschlossene, selbst in Bezug auf den Besitz gewisser Güter unter sich verbundene, auf Familienbürgschaft beruhende Rechtsgenossenschaft«. In dieser Genossenschaft könnten alle »großjährigen Familienmitglieder unter einem Familienhaupte die Interessen der Familie« vertreten, übernähmen gleichzeitig aber gewisse Pflichten.[652]

Daraus resümiert Bulling, dass die Frau durch die Vormundschaft des Mannes im Laufe der Ehe »auf den Rang einer höheren Magd herabsinken« werde.[653] Schließlich trete die Ehe in die von Bulling als »dritte Periode« bezeichnete Phase, in der der Mann dazu neige, die Frau überhaupt nicht mehr anzuhören und ausschließlich von seinem Herrschaftsrecht Gebrauch zu machen.[654] Die Folge sei eine innere Resignation der Frau. Der Mann könne »die Gewalt ganz nach seinem Ermessen« ausüben und frei interpretieren »was im Begriffe der Ehe« liege.[655]

Nach Bullings Auffassung könne die Frau keinesfalls zufrieden sein mit ihrem gegenwärtigen Stand in der Ehe, denn es sei ein »ethisches Empfinden, dieser Herrschaft zu widerstreben«.[656] Denn jeder Mensch wolle »Raum haben zu

652 *Mittermaier*, Grundsätze des gemeinen deutschen Privatrechts mit Einschluß des Handels-, Wechsel- und Seerechts, II. Bd., 7. A. (1847), S. 273–274.

653 *Bulling*, Die deutsche Frau (1896), S. 16.

654 *Bulling*, Die deutsche Frau (1896), S. 17.

655 *Bulling*, Die deutsche Frau (1896), S. 19–20. Dazu gibt *Bulling* einige Beispiele: »Wenn der Mann Mittags nach Hause kommt und er sieht die Frau ernst, so sagt er: Wenn ich aus dem Geschäft komme, verlange ich fröhliche Gesichter; Du hast über Nichts zu klagen. Du hast es sehr gut in meinem Hause. Nach Tisch erklärt er jetzt muß ich ein wenig schlafen; du spiele unterdessen mit dem Kinde, die Magd muß die Schüsseln waschen, sonst kommt Unordnung in die Haushaltung; – daran, daß seine Frau von früh an geschafft hat und vielleicht der Ruhe bedürftiger ist als er, denkt er nicht; ebenso wenig daran, daß es bei ihm nur der Frühschoppen war, der ihn schläfrig machte. Und wenn dann Nachts geläutet wird an der Hausthür, sagt er zu seiner Frau: Hörst Du denn nicht, es läutet schon zum dritten Male; Du weißt ja doch, daß mir das Aufstehen höchst fatal ist, und daß das Mädchen niemals aufwacht. In Bezug auf gesellige Vergnügungen benimmt er sich dem entsprechend. Ist z. B. die Frau in eine Gesellschaft geladen, so sagt er: Du bist aber um 1/2 9 Uhr wieder da; Unregelmäßigkeiten in den Mahlzeiten kann ich durchaus nicht dulden, und ich muß in meiner Gewohnheit bleiben. Und wenn Gäste eingeladen sind, so sagt er: Das letzte Mal hast Du schlecht aufgepaßt; soll ich mich in der Gesellschaft gut unterhalten, so muß ich auf Nichts zu achten brauchen; es ist Sache der Frau, ihre Augen überall zu haben; die Gesellschaft geben wir nicht für Dein Amüsement u.s.w.«

656 *Bulling*, Die deutsche Frau (1896), S. 21, dazu im Einzelnen: »Wenn die Frau bedenkt, was so die Ehe ihr gebracht hat und was alles sie ihr noch bringen kann – und sie bedenkt es jeden Tag und jede Stunde – weil der Druck der Herrschaft ein stetiger ist, aus ihrem Lebensgefühle nicht verschwindet, wie aus dem seinigen das Gehobensein nicht verschwindet, das ihm das Gefühl der Herrschaft bereitet – wenn sie das Alles bedenkt, jeden Tag und jede Stunde, so fühlt sie, daß sie nicht glücklich ist; sie fühlt aber auch, daß sie es niemals werden kann; und hierin hat sie Recht, weil ihrem Widerstreben gegen die Herr-

wirken« und »aus sich heraus die Ursache von einem Geschehen setzen«.[657] Damit meint Bulling wohl, dass jeder Mensch der Nachwelt auf irgendeine Weise in Erinnerung bleiben wolle, denn darauf beruhe »das Streben des Menschen nach Freiheit«, während das Mundium einen Zustand der »vollen Unfreiheit, der Sklaverei« darstelle.[658] Zwar sei er sich im Klaren darüber, dass der Begriff der Sklaverei hier eine extreme Position darstellt, jedoch bleibe er dabei, dass das Mundium eine »sehr milde, eine sehr zivilisierte Form der Sklaverei« sei.[659] Denn das Streben nach Freiheit sei »ethischer Natur«, womit er wohl meint, dass jeder Mensch das Recht auf individuelle Freiheit hat.[660]

Hinzu komme, dass der Mensch nur sinnhaft leben könne, wenn er frei sei und deshalb etwas »Eigenes erstreben könne«.[661] Bulling setzt also das Streben nach Freiheit mit dem Streben nach Sinnhaftigkeit im Leben gleich. Diese Sinnsuche sei gleichzeitig ein »Streben danach, etwas auf der Welt zu verursachen« und eine »ethische Pflicht«, die sowohl für den Mann als auch die Frau

---

schaft ein ethisches Empfinden zu Grunde liegt, das sich nicht tilgen läßt, weil es durch die menschliche Natur selbst gegeben ist; und das ist für die Frage nach dem Rechte in der Ehe von der allergrößten Wichtigkeit.«

657 *Bulling*, Die deutsche Frau (1896), S. 21.

658 *Bulling*, Die deutsche Frau (1896), S. 22–24.

659 *Bulling*, Die deutsche Frau (1896), S. 24.

660 *Bulling*, Die deutsche Frau (1896), S. 24–25.

661 »Es giebt kein Streben ohne ein Erstrebtes und also auch kein Streben nach Verursachung ohne etwas, was zu verursachen erstrebt wird; und wie das Streben nach Verursachung durch das Wesen des Menschen selbst gegeben ist, so ist auch das, was er zu verursachen erstrebt, durch sein Wesen gegeben, hat den Grund in seinem Wesen. Indem daher der Mensch unaufhaltsam und unwiderstehlich zu verursachen strebt, strebt er unaufhaltsam und unwiderstehlich solches zu verursachen, wozu der Antrieb in seinem Wesen liegt, Solches zu verwirklichen, oder wie der bereits geläufige Ausdruck ist, sein Wesen zu verwirklichen. Auf etwas Anderes kann das Streben nach Verursachung gar nicht gerichtet sein. Der Mensch fühlt dies Streben in sich und fühlt sich genöthigt, ihm zu folgen. Aber er weiß nicht, woher es in ihn kommt; er weiß nur, weil er es fühlt, daß ein Antrieb in ihm ist, der ihn unwiderstehlich und unaufhaltsam antreibt, jenem Streben zu folgen; und er weiß auch nicht, woher dieser Antrieb in ihn kommt. Aber er empfindet ihn als den Antrieb einer Macht, die über ihm steht, und die er vergebens sich zu erklären sucht, und die ihm völlig unbegreiflich ist, und darum sagt er, und mit Recht, weil es gar nicht anders sein kann, daß Gott diesen Antrieb in ihn gelegt hat, gelegt in sein Empfinden, in sein Herz, in sein Gewissen; und er bezeichnet es, und ebenfalls mit Recht, als seine Pflicht, diesem Antriebe zu folgen; und demgemäß nennt er alles das seine Pflicht, was zu wirken er sich unwiderstehlich gedrungen fühlt, ohne daß er dafür einen andern Grund anzugeben vermag, als daß Gott ihm Solches auferlege, daß in Gehorsam gegen ihn er nach seinem Empfinden und Gewissen nicht anders zu handeln vermöge; und darin hat er wieder Recht; denn nach einem andern Merkmale kann er garnicht verfahren, wenn er so viel wie möglich, nach bestem Können, sein Wesen verwirklichen, das thun will, was Gott als sein Wesen in ihn gelegt hat; wenn auch Andere ihm dazu helfen, ihn belehren können, so kann doch, was seine Pflicht von ihm fordert, die Entscheidung darüber, die zuverlässigste Entscheidung, nur er selbst treffen«, *Bulling*, Die deutsche Frau (1896), S. 25.

Geltung beansprucht.[662] Dies sei das Wesen des Menschen.[663] Seine erkenntnistheoretischen Ausführungen bringen ihn zu dem Schluss, dass ein Bemühen um Freiheit im Ergebnis zu »Glück und Unglück« führt.[664] Seiner Meinung nach könne der Mensch nur »Glück« empfinden, wenn er frei sei von seiner Pflichterfüllung, denn er setze diese »über alles und finde in ihr die größte Befriedigung«.[665] Im Folgenden gelingt es Bulling, den Bogen zurück zum Mundium zu schlagen, denn dieses Gesetz gelte genauso in die umgekehrte Richtung. Wer nicht frei sei in der Pflichterfüllung, bei dem müsse ein Gefühl von »Unbefriedigtsein eintreten«, was gerade der Fall bei der Frau sei, die unter dem Mundium stehe.[666] Daraus leitet Bulling sechs Konsequenzen für das weibliche Empfinden ab.

Erstens würde sie sich früher oder später gegen die Herrschaft des Mannes auflehnen, entweder heimlich oder offen. Beide Wege würden das eheliche Zusammenleben belasten. Denn wenn sie offen die Herrschaft des Mannes kritisiere, so riskiere sie den Konflikt, täte sie es aber im Stillen, so ließe sich die »Unwahrheit schwer auf die Dauer verbergen«.[667] Zweitens sei jede Handlung der Frau letztlich auf den Willen und die Herrschaft des Mannes zurückzuführen. Deshalb sei es unmöglich, dass »sie ihn lieben kann«.[668] Drittens könne die Frau angesichts der allgegenwärtigen Herrschaft des Mannes ihn nicht einmal achten, da sie zwar »seine Genossin sein soll«, aber rechtlich als »Sklavin« behandelt werde.[669] Viertens könne die Frau nicht einmal das Hauswesen mit »Lust und Liebe« gestalten, da sie nicht frei sei in der Pflichterfüllung.[670] Fünftens leide auch die Erziehung der Kinder unter der ehelichen Vormundschaft. Denn der unausweichliche Konflikt über die Unfreiheit der Frau übertrage sich auf die Kinder.[671] Sechstens suche jeder Mensch, sich »in seiner freien Zeit Interessen hinzugeben, die entsprechend der eigenen Individualität Erholung geben«. Da

662 *Bulling*, Die deutsche Frau (1896), S. 26.

663 *Bulling*, Die deutsche Frau (1896), S. 26. Bulling selbst weist darauf hin, dass er sich mit der Formel »Wesen des Menschen« in Gegensatz zu den zeitgenössischen Religionslehrern und Ethikern bringt, die stattdessen von der Bestimmung des Menschen sprechen.

664 *Bulling*, Die deutsche Frau (1896), S. 27.

665 *Bulling*, Die deutsche Frau (1896), S. 27–28.

666 *Bulling*, Die deutsche Frau (1896), S. 28.

667 *Bulling*, Die deutsche Frau (1896), S. 29–30.

668 *Bulling*, Die deutsche Frau (1896), S. 30.

669 *Bulling*, Die deutsche Frau (1896), S. 30.

670 *Bulling*, Die deutsche Frau (1896), S. 30.

671 *Bulling*, Die deutsche Frau (1896), S. 31. Von Interesse sind hier auch Bullings Ausführungen zur Rolle von Kindern in der Ehe und zur Bedeutung der Mutter. So seien Kinder ein »Einigungsband« zwischen den Eheleuten, und die Mutter habe ein »ungleich besseres Verständnis der Kindernatur«. Außerdem »verstehe sie sich besser auf die Erziehung«. Bulllings eigene Ehe blieb kinderlos, gleichwohl trifft er trotzdem im Ergebnis nachvollziehbare und mittlerweile sozialwissenschaftlich belegte Aussagen.

die Frau aber niemals frei sei, könne sie solchen Interessen auch nie nachgehen, was aber die Ehe permanent belaste. So suche sie sich Ablenkung im »gesellschaftlichen Verkehr und in den sogenannten Vergnügungen«.

Polemisch fügt Bulling hinzu, dass dies genau der Punkt sei, »in welchem der Mann sich nicht beklagt«. Denn »gerade auf diesem Niveau wollte er die Frau haben«.[672] Fazitartig schließt er diese Ausführungen damit, dass sie nicht Ergebnis »sporadischer« Beobachtungen, sondern aus der richterlichen Praxis entstanden seien.[673] So führten die Eheleute in einer »Mundiums-Ehe« einen permanenten »Kampf«, und zwar darum, dass der Mann sein Recht auf Gehorsam einfordere und die Frau dieses zurückweise.[674] Die Folgen seien »Mangel an Liebe, Mangel an Achtung, Entfremdung, Uneinigkeit, Streit, Unfriedfertigkeit, Beleidigungen, Mißhandlungen, bösliches Verlassen und letztlich Untreue«. Insgesamt »zerstöre« das Mundium das Institut der Ehe.[675]

Die Frau habe »schuld« daran, dass es »um das Mundium so schlecht steht«, bemerkt Bulling ironisch.[676] Es sei ihr Streben nach Freiheit, das die Mundiumsehe gefährde. Das Kernproblem liege aber tiefer, und zwar in einer prinzipiellen Ungerechtigkeit.[677] Der Gesetzgeber setze die falschen Prioritäten, indem er die »Nationalität des Rechtes« betone. Dabei verkenne er, dass dem Mundium kein gesetzgeberischer Gedanke mehr zugrunde liegt. Es sei, so Bulling weiter, lediglich ein Rückstand aus der Geschlechtsvormundschaft.[678] In diesem Zusammenhang sei darauf verwiesen, dass die Frage nach dem gesetzgeberischen Gedanken typisch für die Anhänger der Historischen Rechtsschule war. Es ist eines der wesentlichen Verdienste dieser Schule, erkannt zu haben, dass wenn Recht durch den Gesetzgeber geschaffen wird, dahinter ein Ideal stehen muss. Darauf ist an anderer Stelle noch zurückzukommen.[679] Allein der Gedanke, dass eine Norm existieren müsse, auf deren Grundlage die Einheit des ehelichen Willens hergestellt werden könne, reiche dafür nicht aus:

> »Das beste Prinzip ist jedenfalls ein solches, welches die Einheit des Willens in der Ehe nicht blos fingiert oder sie zwangsweise herstellt, sondern ein Prinzip, in Befolgung dessen die Eheleute wirklich einig werden; und ein solches spricht das Gesetz, welches das Mundium aufhebt, wenn auch nicht ausdrücklich, so doch jedenfalls stillschweigend aus. Es lautet: Einigt Euch, sucht Euch zu einigen: und dies Prinzip vermag nicht nur viel besser und vollkommener, als das Mundium die Einheit des Willens in der Ehe

672 *Bulling*, Die deutsche Frau (1896), S. 32.
673 Auf die diesbezüglich empirisch-induktive Methode Bullings ist an anderer Stelle noch zurückzukommen, vgl. dazu das 11. Kapitel (S. 278).
674 *Bulling*, Die deutsche Frau (1896), S. 32.
675 *Bulling*, Die deutsche Frau (1896), S. 32.
676 *Bulling*, Die deutsche Frau (1896), S. 33.
677 *Bulling*, Die deutsche Frau (1896), S. 34.
678 *Bulling*, Die deutsche Frau (1896), S. 34–35.
679 Siehe ausführlich dazu das 11. Kapitel (S. 269, 279).

herzustellen, sondern ist auch das einzige, welches eine wirkliche Einheit zu bewirken vermag.«[680]

Bulling will die Einheit der Ehe also auf die gegenseitige Rücksichtnahme und Einsicht zurückführen. Trotzdem erfordern die gesellschaftlichen Verhältnisse eine gesetzliche Regelung, die die Abschaffung des Mundiums ausspricht. Denn das »Herrschenwollen des deutschen Mannes« bildet seit jeher eine wesentliche Grundlage der deutschen Ehe: »Das Herrschen lässt kein Mann, kein deutscher Mann.«[681]

Nach seinen richterlichen Erfahrungen bestehe keine praktische Notwendigkeit, dem einen Ehegatten per Gesetz die Herrschaft einzuräumen. Vielmehr führe allein die Vormachtstellung des Mannes über die Frau qua Natur dazu, dass er diese auch gegenüber seiner Ehefrau einfordere. Da der Staat ein Interesse an dem harmonischen Zusammenleben in der Gesellschaft habe, sei es unerlässlich, die »Lebensordnung in der Ehe« zunächst gesetzlich zu regeln.[682] Denn die Ehe könne keinen Gesellschaftsvertrag darstellen, der von den Parteien ausgehandelt werde.[683] Nach dieser Theorie sei die eheliche Lebensgemeinschaft ein von der »Lebensthätigkeit eines jeden abzusonderndes Objekt«.[684] Doch »giebt es zwischen ihnen kein drittes Leben, welches Träger einer solchen Gemeinschaft sein könnte«.[685] Bulling nutzt diese Argumentation, um zu zeigen, dass es im Kern keinen gemeinsamen Willen gibt, sondern ausschließlich die beiden Einzelwillen der Eheleute, die zu einem Konsens finden müssen. Seiner Meinung nach ist das Prinzip der Lebensgemeinschaft daher anhand der folgenden vier Prämissen zu errichten:

680 Die Begründung für diese These sieht Bulling in der Psychologie des Menschen: »Jeder Mensch sucht, ohne es sich zum Grundsatz machen zu brauchen, in Frieden zu leben, insbesondere mit dem, von welchem er sich voraussichtlich auf längere Zeit nicht trennen kann. So wird der Ehemann, wenn er die Herrschaft nicht mehr hat, sich von vornherein eines friedliebenden Verhaltens befleißigen. Er wird, wo er früher befahl, wünschen und sich bestreben, liebenswürdig zu sein, und wo er früher sagte: die Gründe gehen dich nicht an, sie sind meine Sache, wird er seiner Frau seine Gründe mittheilen und wird ihre Gegengründe hören; und wenn im Austausch der Meinungen die Eheleute sich nicht einigen, so wird es selten geschehen, daß nicht einer nachgiebt, nicht weil die Gründe des Andern ihn überzeugen, sondern weil er sieht, wie ungern der Andere ja sagt; und in der Folge wird, weil er diese Nachgiebigkeit nicht vergißt, der Andere nun um so bereiter sein, ein ander Mal auch seinerseits nicht minder generös zu handeln. Und jetzt ist auch ein gegenseitiges Berathen möglich.«, vgl. *Bulling*, Die deutsche Frau (1896), S. 36.

681 *Bulling*, Die deutsche Frau (1896), S. 38.

682 *Bulling*, Die deutsche Frau (1896), S. 39.

683 *Bulling*, Die deutsche Frau (1896), S. 39.

684 *Bulling*, Die deutsche Frau (1896), S. 40.

685 *Bulling*, Die deutsche Frau (1896), S. 40.

Erstens könne sich kein Ehegatte die Ziele des anderen zu eigen machen. Es ist lediglich möglich, dem anderen dabei behilflich zu sein, diese zu erreichen.[686] Zweitens habe jeder Ehegatte zum Wohl des anderen beizutragen.[687] Drittens müssen die Ehegatten einen gemeinsamen Weg finden, die gegenseitigen Bestrebungen miteinander zu kombinieren.[688] Die sich dadurch bildende Gemeinschaft sei eine echte eheliche Gemeinschaft. Bulling führt zu diesem Gedanken weiter aus, dass nur eine solche »echte Gemeinschaft [...] von dem Willen des anderen Ehegatten« getragen werde. Nur dann könne »jeder unabhängig von dem Andern in voller Freiheit seine Pflicht erfüllen«. Allerdings gebe es »Angelegenheiten«, die entweder beide Eheleute betreffen, aber von nur einem allein erledigt werden könnten. Um Streit vorzubeugen, schwebt Bulling ein Ehemodell vor, das eine Einteilung nach »Geschäftskreisen« vorsieht.[689] Diese Geschäftskreise will er auch in das Gesetz schreiben. Die Einteilung möchte er entsprechend den zeitgenössischen gesellschaftlichen Verhältnissen und den Aufgaben in der Ehe vornehmen.

Dabei sei das »Departement des Mannes« die Berufstätigkeit. Der Frau sei »als ihr Geschäftskreis die Führung des Hauswesens zuzuweisen und außerdem die Erziehung der Kinder«.[690] Auf diesem Weg würde die »größte Ungerechtigkeit« des Mundiums beseitigt. Diese bestehe darin, dass der Mann frei seinem Berufe nachgehen könne und dafür Achtung erfahre, während dies nicht für die Tätigkeit der Frau im Hauswesen und bei der Kindererziehung gelte.[691] Mit dieser Einteilung in »Geschäftskreise« könne die Frau frei werden in ihren persönlichen Angelegenheiten. Dies wiederum habe Folgen auf drei Ebenen, von Bulling als Klassen bezeichnet, die im Folgenden zu erläutern sind.

Die erste betrifft die Erwerbstätigkeit der Frau. Indem das Mundium abgeschafft würde, könne die Frau allein bestimmen, wie sie von dem Recht Gebrauch mache, ihre persönlichen Angelegenheiten zu regeln.[692] Dies umfasse auch das Recht, einer Berufstätigkeit nachzugehen. Sofern die Ehefrau dann aber eine solche ausübt, sei sie verpflichtet, mit ihrem Einkommen »zur Ermögli-

686 *Bulling*, Die deutsche Frau (1896), S. 40.
687 *Bulling*, Die deutsche Frau (1896), S. 40.
688 *Bulling*, Die deutsche Frau (1896), S. 40–41.
689 *Bulling*, Die deutsche Frau (1896), S. 44.
690 *Bulling*, Die deutsche Frau (1896), S. 44. Sein Ehemodell dürfte insgesamt dem egalitären Ernährermodell zuzuordnen sein, vgl. zu den Ernährermodellen *Meder*, Familienrecht (2013), S. 33–35.
691 *Bulling*, Die deutsche Frau (1896), S. 45. Es ist bemerkenswert, dass *Bulling* hier die Haushaltstätigkeit der Frau betont und dafür plädiert, dieser Achtung zu zollen. Diese These darf als wegweisend bezeichnet werden, sie findet sich bei keinem anderen zeitgenössischen Autor.
692 *Bulling*, Die deutsche Frau (1896), S. 46.

chung der ehelichen Lebensgemeinschaft« beizutragen,[693] was Bulling als Ausfluss des Gerechtigkeitsgefühls ansieht. Die zweite Ebene betrifft die Art der Berufsausübung. Jedes Mädchen und jede Frau habe das Recht, sich seinen »Lebensplan« frei zu gestalten. Aufgrund der damaligen sozialen Verhältnisse stand dem »weiblichen Geschlecht aber kaum ein anderer Beruf« zur Auswahl als eine Anstellungim Hauswesen, weshalb sich junge Mädchen möglichst rasch zu verheiraten suchten. Diese gesellschaftliche Einstellung bewertet Bulling als »kurzsichtig«.[694] Denn beide Geschlechter hätten die gleichen Bestrebungen, die er in zwei »Gattungen« einteilt: Zum einen das Streben nach theoretischer Erkenntnis, zu der er Religion, Ethik, Naturwissenschaft und Philosophie zählt, und zum anderen das »praktische Streben«, womit er die Übertragung der theoretischen Erkenntnisse auf das reale Leben meint.[695]

Er bezeichnet diese »Bestrebungen« als »allgemein« und jedem Menschen innewohnend, da sie der Allgemeinheit zu Gute kämen.[696] Bulling versteht es, den Humanitätsgedanken mit erkenntnisphilosophischen Gesichtspunkten zu kombinieren, um daraus abzuleiten, dass nicht nur der Mann »an der Verwirklichung der allgemeinen Interessen der Menschheit zu betheiligen« sei, sondern ebenso die Frau. Denn »das ist ihr Menschenrecht«.[697] Dabei dürfe es auch nicht auf das Argument der physiologischen Nachteile ankommen. Denn Mann und Frau seien gleich veranlagt, »das Wesen des Menschen ist in der Frau nicht anders als im Mann«.[698] Bulling spitzt seine Argumentation dann auf folgenden Punkt zu: Es könne daher

> »für die Wissenschaften nur erwünscht sein, wenn die Frauen ihre Bestrebungen mit denen des Mannes vereinigen. Die Frauen haben ihre Legitimation dazu bereits dargethan. Sie haben auf dem Gebiete der Geisteswissenschaft bereits so Bedeutendes geleistet, daß man sagen darf, wo eine solche Fähigkeit vorhanden ist, Männer zu überflügeln, ist jedenfalls auch die Fähigkeit vorhanden, es den Männern in ihren Durchschnittsleistungen gleich zu thun«.[699]

693 *Bulling*, Die deutsche Frau (1896), S. 47. Er tritt hier also eindeutig für die Berufstätigkeit der Frau ein.
694 *Bulling*, Die deutsche Frau (1896), S. 50.
695 *Bulling*, Die deutsche Frau (1896), S. 51–52.
696 Auch aus erkenntnisphilosophischer Sicht interessant schreibt er dazu: »Sie heben den Menschen, obgleich er es ist, der sie hervorbringt, über sich selbst empor in den Bereich der Ideen, welche in letzter Instanz über ihn entscheiden, und in welchen all seine Bestrebungen ihre Wurzel haben, und bringen ihn in Kontakt mit dem Unendlichen; und indem sie aus dem Wesen des Menschen selbst und aus der menschlichen Natur hervorgehen und deshalb allen Menschen gemeinsam sind, bilden sie das Medium, in welchem er sich im Zusammenhang und Eins fühlt mit allen anderen Menschen, woraus die wahre Humanität entspringt.«, *Bulling*, Die deutsche Frau (1896), S. 52–53.
697 *Bulling*, Die deutsche Frau (1896), S. 53.
698 *Bulling*, Die deutsche Frau (1896), S. 53.
699 *Bulling*, Die deutsche Frau (1896), S. 54.

Bullings Ausführungen lassen nur einen Schluss zu: Er plädiert für die uneingeschränkte Zulassung der Frauen zum Universitätsstudium. Des Weiteren macht Bulling Ausführungen zur zentralen Rolle der Mutter bei der Kindererziehung. So habe der Staat ein »ganz besonderes Interesse« daran, dass die Mutter die Kinder zu freien Individuen erziehe. Das, »was der Vater lehre«, sei dagegen zu vernachlässigen, denn der Vater sei bei der Erziehung ein »Stümper«.[700] Folgender Satz Bullings kann als paradigmatisch gelten: »So ist es denn zu einer Art Lehrsatz geworden, dass große Männer außergewöhnliche Mütter gehabt haben.«[701] Wesensmerkmal dieser Frauen sei es gewesen, dass sie sich über die niedere Rolle, auf die das Mundium »sie hinabzudrücken suchte«, erhoben hätten. Mit Verweis auf den bekannten Erziehungswissenschaftler und Pädagogen Johann Heinrich Pestalozzi (1746–1827) führt Bulling weiter aus, dass »der Mensch zum Menschen nur durch Erziehung wird«.[702]

Die dritte Ebene der persönlichen Angelegenheiten der Frau betrifft laut Bulling den »Genuss«, worunter er Erholung und Zerstreuung versteht. Denn »ohne Genuss könne der Mensch nicht sein«.[703] Da der Mann auf diesem Gebiet über die volle Freiheit verfüge, könne selbige der Frau nicht verwehrt bleiben. Sie allein müsse entscheiden dürfen, wie viel Zeit sie ihrer Pflichterfüllung widme. Bulling ist allerdings realistisch genug zu erkennen, dass unter den damaligen sozialen Gegebenheiten die Frau ein angemessenes Einkommen nicht wird erzielen können. »Der Aufwand für sämmtliche Bedürfnisse« der Frau gehöre daher zu den »Ehelasten« des Mannes.[704] Lakonisch bemerkt er dazu, dass »der Mensch nicht allein vom Brode menschenwürdig« leben könne.[705]

Zwar erkennt er an, dass die »Autorität« auch in der Ehe nicht »unentbehrlich« sei, weil es Ehen gebe, in denen »auch mit der Lupe von ihr Nichts zu bemerken ist«. Trotzdem steht er einer gesetzlichen Verankerung der Eheherrschaft ablehnend gegenüber, weil dadurch die »Autorität bleiben und sich noch vermehren wird«. Zudem sei »Autorität […] nicht dann am größten, wenn man

700 *Bulling*, Die deutsche Frau (1896), S. 55.
701 *Bulling*, Die deutsche Frau (1896), S. 55.
702 *Bulling*, Die deutsche Frau (1896), S. 55; *Pestalozzi*, Meine Nachforschungen über den Gang der Natur in der Entwicklung des Menschengeschlechts, hg. von Löwisch (2002), S. 50. Freilich war Pestalozzi nicht der erste, der einen solchen Gedanken formulierte. Schon so verschiedene Autoren wie Kant, Herder oder später Rousseau äußerten sich ähnlich, vgl. *Kant*, Über Pädagogik (1803), S. 7; *Herder*, Ideen zur Geschichte der Menschheit, 2. Theil, in: Müller (Hg.) Sämmtliche Werke zur Philosophie und Geschichte (1806), 4. Theil, S. 200–201, und *Rousseau*, Emil oder über die Erziehung (1905), S. 14. Unabhängig davon verweist Bulling zudem auf den Theologen August Tholuck (1799–1877), dem das auch von *Bulling* rezitierte Postulat zugeschrieben wird, dass »aus der Kinderstube die Welt regiert« werde, vgl. *Heindl*, Repertorium der pädagogischen Journalistik und Literatur, S. 42.
703 *Bulling*, Die deutsche Frau (1896), S. 55.
704 *Bulling*, Die deutsche Frau (1896), S. 56.
705 *Bulling*, Die deutsche Frau (1896), S. 56.

die Macht benutzt, um Befehlen Nachdruck zu geben«. Vielmehr werde demjenigen Ansehen entgegengebracht, der durch den Gebrauch von Macht »das Wohl Anderer fördert und so neben dem Gefühle der Abhängigkeit von der Macht die Gefühle des Dankes, der Ehre und des Ansehens einflößt«. Damit zeige der Mensch eine »besondere moralische Würdigkeit« und bestimme andere »zur Willfährigkeit und Folgsamkeit«. Dem diametral gegenüber stehe das patriarchalische Regiment, das auf dem Prinzip der Furcht beruhe.[706]

In der Mundiumsehe begründet der Mann seine Macht auf dem gesetzlichen Herrschaftsrecht. Steht ihm dieses nicht mehr zu, so könnten gegenseitige »Sympathie, Wohlwollen und Liebe« an dessen Stelle treten.[707] Die Gehorsamspflicht der Frau lasse sich dagegen nicht einmal auf das römische Recht zurückführen. Denn die Manus war bereits in der klassischen Zeit des Alten Roms außer Übung und die von manchen in die Quellen hineininterpretierte reverentia der Frau lässt bei genauer Betrachtung keinen Schluss auf eine »Pflicht zur Folgsamkeit« zu.[708] Zwar müsse angesichts der gegebenen sozialen Verhältnisse hingenommen werden, dass der Mann aufgrund seiner Berufstätigkeit noch »ein Übergewicht in der Ehe« habe.[709] Jedoch müsse jeder Beruf dem Menschen eine »Lebensstellung« und einen gesellschaftlichen Rang geben. Davon sei momentan lediglich der »Beruf der Frau« ausgenommen. Ihr Beruf sei der der Hausfrau und Erzieherin der Kinder. Damit werde ihr Wirkungskreis von vornherein auf das Haus beschränkt. Sie trete durch ihren Beruf nicht nach außen, und er könne »ihr daher keine Lebensstellung geben«.[710] Dies sei nur erreichbar, indem die Tätigkeit der Frau gesellschaftliche Anerkennung erfahre.

Bulling missbilligt also die Geringschätzung der weiblichen Haushaltstätigkeit und postuliert eine gesellschaftliche Aufwertung der haushaltsführenden Ehefrau. Auch hier bildet sein zentrales Argument die Pflichterfüllung. So seien sowohl Frau als auch Mann verpflichtet, ihr Leben in der Ehe »gemeinschaftlich zu machen«.[711] Dazu gehöre, dass der Mann die »Vortheile, die ihm seine Lebensstellung giebt« mit der Frau teile. Vor allem müsse er sie in seine »gesellschaftlichen Kreise« einführen, denn »ohne gesellschaftlichen Verkehr« könne »Niemand leben«.[712]

706 *Bulling*, Die deutsche Frau (1896), S. 56–57.
707 *Bulling*, Die deutsche Frau (1896), S. 57.
708 *Bulling*, Die deutsche Frau (1896), S. 58. Die Frage nach der Kontinuität bzw. Diskontinuität der rechtlichen Eheherrschaft seit der römischen Antike wird im 11. Kapitel (S. 269) näher ausgeführt.
709 *Bulling*, Die deutsche Frau (1896), S. 58.
710 *Bulling*, Die deutsche Frau (1896), S. 59.
711 *Bulling*, Die deutsche Frau (1896), S. 59.
712 Denn ohnehin müsse die Frau auch »im Verkehr mit Andern bestehen«, *Bulling*, Die deutsche Frau (1896), S. 59.

Daher werde sich die Frau auch nach der Abschaffung des Mundiums »ihrer Abhängigkeit vom Manne bewusst sein«. Denn sie verdanke ihre gesellschaftliche Stellung ihrem Mann. Deshalb sei es umso verwunderlicher, dass der Gesetzgeber sich des Mundiums bedient habe, um dem Mann die »Autorität« zu sichern.[713] Als Erklärung bleibe lediglich die psychologische Ebene, denn das »Herrschenmögen liege wohl sehr im deutschen Charakter«.[714] Bulling kommt zu dem Schluss, dass »der Deutsche die Freiheit weniger liebe, als das Herrschen, und somit keinen Sinn hatte für das, was er der Frau nahm«.[715]

Des Weiteren sehe er nämlich auch aus der rechtshistorischen Perspektive keine Berechtigung mehr für die Existenz des Mundiums. Seiner Meinung nach trägt das Festhalten des Gesetzgebers am Mundium einer verfehlten Rechtsfortbildung Rechnung.[716] Eine Parallele zieht der Autor hier zur Rechtsstellung nichtehelicher Kinder. Diese hatten nach den alten Bestimmungen kein Erbrecht gegenüber ihren Eltern, weil deren Verwandten nicht in die Verbindung eingewilligt hatten. Mittlerweile sei aber die Einwilligung der Eltern bei der Eheschließung obsolet geworden.

Nun müssten juristische Theorien anstelle der praktischen Notwendigkeit zur Begründung solcher Rechtsinstitute dienen. So halte der Gesetzgeber an der Benachteiligung nichtehelicher Kinder fest, indem er auf die »Sittlichkeit und Heiligkeit der Ehe« rekurriere.[717] Für das Mundium werde dagegen fälschlicherweise das römische Recht bemüht, wobei Bulling an späterer Stelle seine Kritik an der Argumentation der Wissenschaft und des Gesetzgebers konkretisiert. Im Mundium sieht er das Exempel, an dem sich das Auseinanderfallen von Recht und Leben mit besonderer Deutlichkeit beobachten lasse. Es zeige, dass »sich Recht und Gesetz wie eine ewige Krankheit forterben«.[718] Dazu könne

713 *Bulling*, Die deutsche Frau (1896), S. 59.

714 *Bulling*, Die deutsche Frau (1896), S. 59–60. So sei das gesamte Staatsleben von einem Geist des »Herrschens und des Beherrschtwerdens« durchzogen.

715 *Bulling*, Die deutsche Frau (1896), S. 60; siehe zu diesem Zitat auch *Meder*, Das mundium und die rechtliche Konstruktion des Geschlechterverhältnisses in der Entstehungsphase des BGB, in: Hermann u. a. (Hg.), FS Nehlsen (2008), S. 683–706, 695–698.

716 *Bulling*, Die deutsche Frau (1896), S. 60. In diese Richtung hat *Riedel*, Gleiches Recht für Frau und Mann (2008), S. 302, Bulling bereits interpretiert.

717 *Bulling*, Die deutsche Frau (1896), S. 61.

718 *Bulling*, Die deutsche Frau (1896), S. 60. Bulling hat dieses Zitat schon in seiner Schrift »Die Rechte der Unehelichen Kinder« (S. 86) verwendet. Siehe dazu das 6. Kapitel (S. 158). Dabei handelt sich um ein Zitat aus Goethes Faust: »Es erben sich Gesetz und Recht wie eine ewige Krankheit fort, Vernunft wird Unsinn, Wohltat Plage; weh Dir, daß Du ein Enkel bist.«, vgl. *Goethe*, Faust I (2012), S. 55. Dieses Wortspiel erfreute sich um die Wende zum 20. Jahrhundert großer Beliebtheit, vgl. *Meder*, Das mundium und die rechtliche Konstruktion des Geschlechterverhältnisses in der Entstehungsphase des BGB, in: Hermann u. a. (Hg.), FS Nehlsen (2008), S. 683–706, 696–697 mit Bezug auf *Repgen*, Die soziale Aufgabe des Privatrechts (2001), S. 425, Fn. 509, sowie *Ehrlich*, Soziologie und Jurisprudenz (1906), S. 12.

es kommen, wenn Normen Wirksamkeit entfalten, obwohl die Gründe ihrer Existenz längst weggefallen sind. Die in der heutigen Wissenschaft dazu anerkannte Antithese fragt, ob das Recht hinter dem gesellschaftlichen Wandel immer einen Schritt zurückbleiben muss. Es wird also diskutiert, ob Recht diesen Wandel in seinen Normen nur abbilden bzw. einen Ist-Zustand darstellen oder ob ihn auch antizipieren darf. Dahinter steht die Frage, inwieweit das Gesetz auch eine Erziehungsfunktion übernimmt und sich somit quasi zum Steuerungselement gesellschaftlicher Prozesse aufschwingt.[719]

Bulling hat dieses Problem ebenfalls gesehen, und zwar im Zusammenhang mit dem Mundium. Ursprünglich sei es eingeführt worden, weil sich die Frauen in der Fehde nicht selbst haben verteidigen können, was bereits von den Lehrern des Deutschen Privatrechts, namentlich Wilhelm Theodor Kraut und Georg Phillips, vertreten worden ist.[720] Die nicht gegebene Prozessfähigkeit sei aber schon bald weggefallen. Trotzdem wollte man weiterhin an der Geschlechtsvormundschaft festhalten und Frauen rechtlich wie minderjährige Kinder behandeln. Zur Rechtfertigung verwies man nun aber nicht mehr auf die Verteidigung vor Gericht, sondern auf weibliche Schwäche und Unerfahrenheit im Geschäftsverkehr. Am Ende ist die Geschlechtsvormundschaft dann doch beseitigt worden, vor allem weil sie mit dem wachsenden Bedürfnis nach Sicherheit im Rechtsverkehr zunehmend in Konflikt geriet.[721]

Aus dieser Darstellung des Mundiums, die an die Literatur zum deutschen Privatrecht anknüpft, zieht Bulling Konsequenzen für die Legitimation der ehelichen Vormundschaft: So lasse sich das Mundium weder auf die Handlungsunfähigkeit noch auf die unzureichende Geschäftstüchtigkeit der Frau

719 Umrissen hat diese Diskussion schon *Meder*, Individualisierung von Lebensverläufen und Verantwortungskooperationen, in: Heimbach-Steins (Hg.), Jahrbuch für christliche Sozialwissenschaft 53 (2012), S. 139–169, 158. In diesem Beitrag geht es u. a. um Art. 3 Abs. 2 Satz 2 GG, wonach der Staat die »tatsächliche Durchsetzung der Gleichberechtigung von Frauen und Männern fördert und auf die Beseitigung bestehender Nachteile hinwirkt«. Nach diesen Worten lassen sich Normen durchaus als Werkzeug verstehen, um Rollenzuschreibungen entgegenzuwirken, die eine Geschlechterbenachteiligung bedeuten. Demzufolge könnte Recht also eine Steuerungsfunktion dann wahrnehmen, wenn die Beseitigung von Nachteilen im Raum steht, welche in rollenkonformem Verhalten begründet liegen. Allerdings findet sich die Grenze der erzieherischen Funktion des Rechts nach heute überwiegender Auffassung jedenfalls dort, wo Reformen auf möglichst radikale Gesellschaftsveränderungen abzielen. Denn die Aufgabe des Rechts sei es, einen Ausgleich zwischen möglichst vielen Mitgliedern der Gesellschaft zu finden, vgl. dazu *Mikat*, Zur Bedeutung Friedrich Carl von Savignys für die Entwicklung des deutschen Scheidungsrechts im 19. Jahrhundert, in: Giesen/Ruthe (Hg.), Geschichte, Recht, Religion, Politik (1984), S. 292–324, 293 f. Auch die Frauenbewegung hat die Diskussion um die Funktion des Rechts bereits geführt, siehe dazu *Meder*, Familienrecht (2013), S. 202–204. Im Übrigen siehe auch das 6. Kapitel (S. 136) und das 8. Kapitel (S. 191).

720 *Bulling*, Die deutsche Frau (1896), S. 62.

721 *Bulling*, Die deutsche Frau (1896), S. 61.

zurückführen, weil sonst auch unverheiratete Frauen oder Witwen in der Geschäfts- oder Handlungsfähigkeit beschränkt sein müssten. Dies sei aber seit Abschaffung der allgemeinen Geschlechtsvormundschaft nicht mehr der Fall.[722] Auch die minderjährige Frau unterliege nicht dem Mundium. Sie werde nämlich nicht wegen geschlechtsspezifisch motivierter Einschränkungen der Handlungsfähigkeit, sondern wegen ihrer Minderjährigkeit bevormundet.[723] So bleibe als Grund für das Fortleben des Mundiums nur die Tatsache, dass es dem Ehemann die Möglichkeit eröffne, seine Herrschaft im eigenen Interesse auszuüben. Dabei legt Bulling den Akzent auf die Geschlechtsbezogenheit des Mundiums, welches dem Mann allein aufgrund seiner Eigenschaft als Ehemann ein »unbeschränktes Herrschaftsrecht über die Frau und unter gewissen Voraussetzungen auch deren Vermögen gebe«.[724] Rechtfertigen ließe sich ein solcher Zustand nach der Abschaffung der allgemeinen Geschlechtsvormundschaft nicht mehr.

Schließlich stellt Bulling die Frage, warum bislang alle Versuche zur Abschaffung der Geschlechtsvormundschaft erfolglos blieben.[725] Der Grund liegt aus seiner Sicht darin, dass die Debatten um die Beseitigung dieses Rechtsgebiets auf zu hohem Abstraktionsniveau geführt wurden und dabei die Lösungen, die sich bei der konkreten Anwendung der Normen ergeben, weitgehend ausgeblendet blieben. Praktische Bedeutung könne nach seiner Meinung die »Abschaffung« des Mundiums erst entfalten, wenn auch die Bestimmungen, die auf diesem aufbauen, geändert würden. Denn die eheliche Vormundschaft beruhe »nicht auf einer besonderen gesetzlichen Bestimmung, vielmehr gesetzliche Bestimmungen auf ihr«, sie seien ihr entnommen und lebten in den Gesetzen noch fort »zur Normirung der Fälle, die das Gesetz unnormirt gelassen hat«.[726] Auch wenn sich der Autor in der Frage des Verhältnisses von Recht und Gesellschaft letztlich nicht eindeutig positioniert, lassen seine Ausführungen zum Mundium und die folgenden Darlegungen den Schluss zu, dass er einer erzieherischen Funktion des Rechts offen gegenüber steht. Seiner Meinung nach darf das Recht also den gesellschaftlichen Wandel antizipieren und ihn mitgestalten.[727] An Kontur gewinnt diese Auseinandersetzung, wenn bedacht wird, dass

722 *Bulling*, Die deutsche Frau (1896), S. 61.

723 *Bulling*, Die deutsche Frau (1896), S. 4. Mit dieser Auffassung nimmt *Bulling* aber wohl eine Sonderstellung ein. Die überwiegende Anzahl der Germanisten nahm an, dass Töchter ebenfalls dem Mundium unterfallen, vgl. *Beseler*, System des gemeinen deutschen Privatrechts, 2. A. (1866), S. 549.

724 *Bulling*, Die deutsche Frau (1896), S. 4.

725 *Bulling*, Die deutsche Frau (1896), S. 67.

726 *Bulling*, Die deutsche Frau (1896), S. 67.

727 Im Übrigen würde sich Bulling damit auf einer Linie mit dem Juristen-Sozialisten Anton Menger befinden, der die Vorstellung vertrat, dass der Gesetzgeber künftige Entwicklungen antizipieren und in seine normativen Entscheidungen einbinden sollte, dazu näher *Repgen*,

der federführende Redakteur des Zweiten Entwurfs, Gottlieb Planck (1824–1910), davon ausgegangen war, dass in den meisten Ehen die Gleichberechtigung von Frau und Mann bereits gelebt wurde. Das Entscheidungsrecht des Mannes sei allein deshalb aufgenommen worden, weil der Mann immer noch das »Haupt der Ehe« sei und außerdem in Streitsituationen einer der Ehegatten ein Entscheidungsrecht haben müsse.[728]

Bulling erkennt daher zwar eine frauenfreundliche Ausdrucksweise und gleichzeitig aber ein methodisches Problem, das im Umgang des Gesetzgebers mit »Rechtssätzen des modernen Rechtsbewußtseins« wurzele.[729] So wundert er sich darüber, dass moderne Rechtssätze zwar aufgenommen, im Ergebnis aber die Bestimmungen des alten Rechts fortgeführt würden. Der Entwurf sei daher zwar nicht in politischer, aber in rechtlicher Hinsicht rückschrittlich. Bulling liegt es fern zu unterstellen, dass der Gesetzgeber Politik und Recht absichtlich in Gegensatz bringen wollte. Das Problem liege vielmehr in einer Fehleinschätzung der Bedeutung abstrakt formulierter Entscheidungsnormen: Der Gesetzgeber habe verkannt, dass sich für allgemein gehaltene Normen viel leichter Zustimmung finden lasse, weil noch offen sei, wie sie letztlich konkret angewendet würden. Die Mehrheit der Kommissionen habe fortschrittlichen Rechtssätzen zwar zugestimmt, sich aber für die davon betroffenen Fälle ihre Ansicht vorbehalten. So sei ein konservatives und rückschrittliches Werk in modernem Gewand entstanden.[730]

Der Entwurf bietet in der Tat eine Vielzahl von Beispielen, an denen sich das merkwürdige Wechselspiel von »Ausnahme« und »Regel« beobachten lässt. So entspricht etwa der allgemeine Rechtssatz der »elterlichen Gewalt«, wonach nicht nur der Vater, sondern beide Elternteile die »Gewalt« über ihre Kinder ausüben, den Anforderungen des »modernen Rechtsbewußtseins«. Die konkreten Anwendungen dieses »Grundsatzes« vermitteln Bulling zufolge aber ein ganz anderes Bild. Ihnen lasse sich entnehmen, dass die BGB-Verfasser keine

---

Das BGB und seine Kritiker, ZNR 22 (2000), S. 325–357, 334, Fn. 72. Siehe auch das 6. Kapitel (S. 136) und das 8. Kapitel (S. 191).

728 *Planck*, Die rechtliche Stellung der Frau nach dem bürgerlichen Gesetzbuche (1899), S. 11. Planck hatte wiederholt betont, das BGB beruhe auf dem Gleichheitsprinzip. Andererseits solle aber dem Mann als »Haupt der Ehe« in »allen das gemeinschaftliche eheliche Leben betreffenden Angelegenheiten« die Entscheidung zustehen, eingehend dazu *Meder*, Das mundium und die rechtliche Konstruktion des Geschlechterverhältnisses in der Entstehungsphase des BGB, in: Hermann u. a. (Hg.), FS Nehlsen (2008), S. 683–706, 696; zu *Planck* siehe auch *Meder*, Gottlieb Planck und die Kunst der Gesetzgebung (2010), sowie *Coester*, Gottlieb Planck (1824–1910). Ein Vater des neuen bürgerlichen Rechts, in: Loos (Hg.), Rechtswissenschaft in Göttingen (1987), S. 299–315. Zu familienrechtlichen Entwicklungstendenzen im 19. Jahrhundert siehe *Dörner*, Industrialisierung und Familienrecht (1974).

729 *Bulling*, Die deutsche Frau (1896), S. 74.

730 *Bulling*, Die deutsche Frau (1896), S. 74.

neue »elterliche«, sondern die alte »väterliche Gewalt« kodifiziert haben, worauf an anderer Stelle noch zurückzukommen ist.[731] Andererseits darf die Begrenztheit normativer Wirkungsmöglichkeiten nicht vergessen werden. So waren auch schon im 19. Jahrhundert die Realstrukturen von Ehe und Familie mit dem Instrumentarium normativer Kategorien nur schwer erreichbar.[732] Dies dürfte nicht zuletzt das Ergebnis der zunehmenden Privatisierung des Familienlebens sein.

III. Bulling in der Auseinandersetzung mit Leonard Jacobi und Hermann Jastrow

Bulling ist zwar der einzige Jurist, der sich gegen die Eheherrschaft des Mannes wandte. Jedoch stellen seine Ausführungen bei Weitem nicht die einzigen Äußerungen seitens der Juristenschaft dar. Beispielhaft für die Auffassungen anderer zeitgenössischer Juristen stehen die Schriften Leonard Jacobis (1832–1900) und Hermann Jastrows (1849–1915). Um ein Verständnis für den juristischen Zeitgeist zu entwickeln, werden im Folgenden beide näher untersucht.

1. Jacobis Haltung in der Frauenfrage

Leonard Jacobi (1832–1900) lehrte als Professor der Rechte an der Universität Berlin und führte zudem den Titel eines Justizrats.[733] In seinen Werken widmet er sich mietrechtlichen, strafrechtlichen sowie rechtstheoretischen Themen und wendet sich im Zusammenhang mit der Veröffentlichung des I. Entwurfs des BGB dem Familienrecht zu.[734] Mit Blick auf die Kodifikation des BGB fußt sein

731 *Bulling*, Die deutsche Frau (1896), S. 75. Zu Bullings Ausführungen über die elterliche Gewalt vgl. das 8. Kapitel (S. 211).

732 Darauf hat bereits *Buchholz*, Savignys Stellungnahme zum Ehe- und Familienrecht, ius commune 8 (1979), S. 148–191, 177, hingewiesen. Bulling dürfte sich im Klaren darüber gewesen sein, dass sich Sachprobleme, die in familiären Zusammenhängen wurzeln, nicht durch Formvorschriften lösen lassen. Zum Zusammenhang von Formgeboten und innerfamiliären Sachproblemen vgl. *Gernhuber*, Ruinöse Bürgschaften als Folge familiärer Verbundenheit, JZ 1995, S. 1086–1096, 1095.

733 Zu Jacobi vgl. *Teichmann*, Jacobi, Simon Leonard, in: Bettelmann (Hg.), Biographisches und deutscher Nekrolog (1903), S. 241–242, 241. Leben und Werk Jacobis sind weitgehend unerschlossen und bedürfen einer eigenständigen Untersuchung.

734 Vgl. *Jacobi*, Entstehung und Inhalt des Entwurfs eines bürgerliches Gesetzbuches für das Deutsche Reich (1888); *Jacobi*, Empfiehlt es sich, die Ehescheidungsgründe in der vom Entwurfe des bürgerlichen Gesetzbuchs beabsichtigten Weise zu beschränken? in: Verhandlungen des XX. DJT, II. Bd.: Gutachten (1889), S. 110–234; *ders.*, Das persönliche

Denken auf dem Grundsatz, dass die Rechtsordnung, »die Ordnung der Lebensverhältnisse des Einzelnen durch Rechtsgeschäfte zulasse«. Daher müsse sie dem Einzelnen auch den nötigen Rechtsschutz gewähren. Sonst sei dieser auf Selbsthilfe angewiesen.

»Die Möglichkeit einer festen Rechtsordnung beruht gerade darauf, daß sich das gesellschaftliche Leben und die Selbstbestimmung des Einzelnen bewegt und abwickelt in bestimmten, typischen Arten von Geschäften, welche nicht willkürlich sind, sondern gegeben durch bestimmte wirthschaftliche Bedürfnisse und die durch den Gang der Kulturentwicklung herbeigeführte, in der Weiterentwickelung begriffene Gestaltung der Lebensverhältnisse.«[735]

Jacobi beteiligte sich bereits früh an den Diskussionen um das BGB. Schon in einem Vortrag in der Juristischen Gesellschaft in Berlin, der später als Monographie abgedruckt wurde, begrüßte er die Vereinheitlichung des Familienrechts:

»In vielen Fällen ist die wirkliche Anwendung des lokalen Rechts lediglich abhängig von der zufälligen Kenntnis oder Nichtkenntnis der häufig wechselnden Einzelrichter. – Die Unifizirung ist unter diesen Umständen um so unbedenklicher, als in Anbetracht der Freiheit, durch Ehe- und Erbverträge, durch Testamente und Vermächtnisse die gesetzlichen Normen abzuändern, von einer Zwangslage der Betheiligten nicht die Rede sein kann.«[736]

Hinsichtlich der Geschäftsfähigkeit der Ehefrau meint er, dass diese durch die Ehe überhaupt nicht beschränkt werde.[737] Der damaligen allgemeinen Auffassung folgend behauptet er, die Ehefrau brauche dem Mann »nicht Folge zu leisten, soweit sich die Entscheidung des Mannes als Mißbrauch seiner Rechte darstellt«.[738] Seine familienrechtlichen Thesen präzisiert er in der Schrift »Das persönliche Eherecht des Bürgerliches Gesetzbuches für das Deutsche Reich«, in der sich Jacobi mit Bulling auseinandersetzt. Sie erschien im Jahr 1896 im Berliner Verlag I. Guttentag.

Jacobi erkennt zunächst an, dass die Ehefrau dem Mann nicht gleichberechtigt sei, sondern letzterer ein Verfügungsrecht besitze und die Frau Folge zu

---

Eherecht des Bürgerlichen Gesetzbuches für das Deutsche Reich (1896); *ders.*, Die sittliche Pflicht im Bürgerlichen Gesetzbuch (1900).

735 *Jacobi*, Miethe und Pacht (1889), S. 4; siehe eingehend dazu *Repgen*, Die soziale Aufgabe des Privatrechts (2001), S. 95–97.

736 *Jacobi*, Entstehung und Inhalt des Entwurfs eines bürgerlichen Gesetzbuches für das Deutsche Reich (1888), S. 40.

737 *Jacobi*, Entstehung und Inhalt des Entwurfs eines bürgerlichen Gesetzbuches für das Deutsche Reich (1888), S. 41.

738 *Jacobi*, Entstehung und Inhalt des Entwurfs eines bürgerlichen Gesetzbuches für das Deutsche Reich (1888), S. 41.

leisten habe.[739] Gleichwohl sei die Frau gegen den ehemännlichen Missbrauch dieses Verfügungsrechts geschützt. In diesen Zusammenhang rezipiert Jacobi die zeitgenössische Haltung, nach der sich entsprechend dem Wortlaut des § 1353 BGB das Entscheidungsrecht des Mannes nur auf diejenigen Angelegenheiten beschränke, »welche das gemeinschaftliche eheliche Leben betreffen«.[740] Unter Verweis auf die §§ 1402, 1451 BGB a. F. habe die Ehefrau »so gut wie der Mann volle Freiheit in Besorgung ihrer persönlichen Freiheit, unbeschadet der für das Familienleben zu leistenden Beiträge und zu entfaltenden Thätigkeit«.[741] Im Einzelnen gehörten zu diesen Freiheiten die Berufstätigkeit, der Aufbau eines eigenen Vermögens, die Teilnahme am öffentlichen Leben, wissenschaftliche und soziale Bestrebungen sowie die Sorge um den Erhalt der eigenen Person. Greife der Ehemann ohne »Noth« in eines dieser Freiheitsrechte ein, so liege ein Missbrauch vor.

Des Weiteren verpflichte § 1353 BGB a. F. beide Ehegatten in gleichem Maße zur ehelichen Lebensgemeinschaft. Deshalb müssten beide einen Konsens bei denen das Familienleben betreffenden Angelegenheiten finden. Einschränkend gelte aber, wenn keine Übereinstimmung gefunden werde, dass der Mann zur »einseitigen Entscheidung berechtigt« sei.[742] Die Forderung der Frauenbewegung nach der Abschaffung dieses Letztentscheidungsrechts des Ehemannes lehnt Jacobi ab. Dazu argumentiert er, dass es beispielsweise einen Unterschied zwischen der Ehe und der »gewöhnlichen societas und communio« gebe.[743] So könne erstere nicht einfach gekündigt werden, wenn kein Einverständnis unter den Eheleuten mehr erreicht werde.[744] Polemisch meint er weiter, dass in diesem Fall eine Losentscheidung nicht angebracht sei. Zu dieser Frage könne auch der Gesetzgeber nicht schweigen und den Eheleuten die Klärung überlassen. Da aus

---

739 *Jacobi*, Eherecht (1896), S. 56. Darauf antwortete Bulling in seinem Artikel »Die Frauenbewegung und das Bürgerliche Gesetzbuch in §§ 1353 und 1354«. V. Teil, Hamburgischer Correspondent, Ausgabe vom 8. 5. 1898, S. 26–27, 26, Sp. 1.

740 *Jacobi*, Eherecht (1896), S. 57.

741 *Jacobi*, Eherecht (1896), S. 57.

742 *Jacobi*, Eherecht (1896), S. 57.

743 Inwieweit Jacobi Pandektist war, bleibt einer eigenständigen Untersuchung vorbehalten.

744 *Jacobi*, Eherecht (1896), S. 58. Er verfasste darüber hinaus ein umfangreiches Gutachten für den Deutschen Juristentag, indem er sich mit den Scheidungsgründen des BGB auseinandersetzte, vgl. *Jacobi*, Empfiehlt es sich, die Ehescheidungsrecht in der vom Entwurfe des bürgerlichen Gesetzbuchs beabsichtigten Weise zu beschränken?, in: Verhandlungen des XX. DJT, II. Bd.: Gutachten (1889), S. 110–234. Auch auf dem folgenden Juristentag äußerte er sich in den familienrechtlichen Diskussionen um den Güterstand, wobei er für den Güterstand der Erwerbsgemeinschaft Partei ergriff, vgl. Verhandlungen des XXI. DJT, III. Bd. (1891), S. 265–268, 278–280. Zu den weiteren Einzelheiten von Jacobis Argumentation vgl. *Repgen*, Die soziale Aufgabe des Privatrechts (2001), S. 418, 437, Fn. 586.

Sicht Jacobis bisher kein besserer Vorschlag vorliege, erscheine »die Normirung des BGB nicht ungerechtfertigt«.[745]

Jacobi geht zunächst von der Richtigkeit des Gesetzestextes des BGB aus. Allerdings sei durch »sachgemäße Auslegung und Anwendung« der den »Anforderungen des modernen Rechtslebens entsprechende Sinn« zu ermitteln.[746] Er verweist darauf, dass die Diskussion um die Auslegung von Gesetzen durch die Kodifikation eine besondere Note erhalten habe. Denn die BGB-Verfasser hätten »in einer Reihe der wichtigsten Fragen nicht selbst bestimmt, was Recht sein soll, sondern dies dem richterlichen Ermessen« anheim gestellt.[747] Damit sei die Rechtsfindung der »Wissenschaft und Rechtspraxis« überlassen worden.[748]

Jacobi illustriert anhand Bullings Kritik an solchen geplanten Rechtslücken im Familienrecht des II. Entwurfs, dass eine derartige Gesetzgebungstechnik nicht auf ungeteilte Zustimmung stieß.[749] Wie oben bereits erläutert, meint Bulling aus dem Rechtsgefühl der Mehrheit der Menschen schlussfolgern zu können, dass Gesetzeslücken »gehasst« werden. Denn die Bevölkerung vertraue allein auf das geschriebene Recht. Die richterliche Rechtsfindung könne dagegen nicht nachvollzogen werden, da sie sich nicht an für den Nichtjuristen erkennbaren Maßstäben orientiere. Welche Position Jacobi dazu einnimmt, wird aus seinen Ausführungen nicht klar. Rein deskriptiv schildert er Bullings Haltung. Andererseits schreibt er, dass die Kritik an der Gesetzgebungstechnik auch nach der Verabschiedung des BGB »nicht ihre Berechtigung eingebüßt« habe.[750] Dass er zudem einem weiten Auslegungsrecht des Richters kritisch gegenüberstand, ist vorstehend erläutert worden.

2. Jastrows Haltung in der Frauenfrage

Hermann Jastrow (1849–1915) war in Berlin als Amtsgerichtsrat tätig und trug ebenso wie Bulling den Titel[751] Geheimer Justizrat.[752] Er setzte sich in seinen

745 *Jacobi*, Eherecht (1896), S. 58.
746 *Jacobi*, Eherecht (1896), S. 11.
747 *Jacobi*, Eherecht (1896), S. 11.
748 *Jacobi*, Eherecht (1896), S. 11.
749 *Jacobi*, Eherecht (1896), S. 11, Fn. 6 mit Verweis auf *Bulling*, Die deutsche Frau (1896), S. 74.
750 *Jacobi*, Eherecht (1896), S. 11.
751 Zum Rangsystem in der Justiz des Deutschen Kaiserreichs vgl. *Ormond*, Richterwürde und Regierungstreue (1994), S. 63–66.
752 Zu Jastrow vgl. *Lehmann*, Die Ehefrau und ihr Vermögen (2006), S. 242–247; *Hinz*, Mutter- und Vaterbilder (2014), S. 86–88; *Klemm*, Frauenbewegung und Familienrecht 1848–1933 (1999), S. 102–105; *Repgen*, Die soziale Aufgabe des Privatrechts (2001), S. 510, sowie *Pahlow*, Die gescheiterte Rechtseinheit, in: Schmoeckel/Schubert (Hg.), Handbuch zur Geschichte des deutschen Notariats seit der Reichsnotariatsordnung von 1512 (2012), S. 139–168.

Schriften mit einem breiten Themengebiet auseinander. Seine Arbeitsschwerpunkte lagen auf dem Notariats-, dem Prozess- und dem Familienrecht. Besonders interessant ist Jastrows Haltung zu den Ehewirkungen.

Jastrow kritisiert nicht die Existenz des ehemännlichen Letztentscheidungsrechts, aber dessen Normierung im Gesetz. Die »Ausgestaltung« des Gedankens von § 1354 BGB a. F. hätte er lieber der »allgemeinen Volksanschauung und der Vernunft des Richters überlassen«, weil man die Ehe nicht »in eine feste Formel bringen« könne.[753] Das Entscheidungsrecht des Ehemannes sei auch nicht auf Gesetzesformulierungen zurückzuführen, sondern auf dessen natürliches »Uebergewicht«, das auf der »Natur der Thatsachen« beruhe. Dagegen seien selbst gesetzliche Regelungen über die Gleichberechtigung der Geschlechter »machtlos«.[754] Es wird deutlich, dass sich Jastrows und Bullings Haltungen in gleich zweifacher Hinsicht diametral gegenüberstehen. Während Bulling das Entscheidungsrecht missbilligt und für dessen Abschaffung durch eine gesetzliche Regelung plädiert, betont Jastrow dessen gesellschaftliche Verankerung und die Wirkungslosigkeit entgegenstehender Regeln.

Dabei ist hervorzuheben, dass Jastrow meint, die Stellung der Frau sei nicht so schwach, wie sie die Frauenbewegung darstelle. So würden sich beispielsweise energische und willensstarke Frauen mühelos gegen ihre Männer durchsetzen können, weil der Ehemann über kein Mittel verfüge, seine Frau an der Durchsetzung ihres Willens zu hindern.[755] Das ehemännliche Entscheidungsrecht sei ohnehin durch das Recht auf Verweigerung der Gefolgschaft im Falle des ehemännlichen Missbrauchs des Verfügungsrechts abgeschwächt worden. Auch hielt er die Diskussion um die Vermögensrechte der Frau für überflüssig. Seiner Meinung nach würden Frauen ohnehin ihr Vermögen dem Mann anvertrauen, weil folgender Grundsatz gelte: »Wem ich mein Leben vertraue, dem traue ich auch mein Gut.«[756] In diesem Sinne sei der Güterstand der Verwaltungsgemeinschaft vorteilhaft, weil dieser die Ehefrau optimal schütze.[757] Die Regelungen zum Verfügungsrecht der Ehefrau entsprächen auch dem Regel-Ausnahme-Prinzip. Die Regel laute, die Frau sei frei in der Verfügung, die Be-

753 *Jastrow*, Recht der Frau (1897), S. 19–20.

754 *Jastrow*, Recht der Frau (1897), S. 20, kritisiert dabei die Forderungen der Frauenbewegung. Auf S. 38 nimmt er von seiner Kritik ausdrücklich Emilie Kempin aus, deren Haltung er als »besonnen« und »die Sachlage richtig erkennbar« kennzeichnet.

755 An dieser Aussage *Jastrows* ist festgemacht worden, dass er an die normative Kraft des Faktischen glaubt, vgl. *Steckler*, Die Rechtsstellung der Frau als Unternehmerin und ihre Bildungschancen in der Wissenschaft, in: Detmers (Hg.), Männerwelt Wirtschaft (2001), S. 60.

756 *Jastrow*, Recht der Frau (1897), S. 37. Laut *Klemm*, Frauenbewegung und Familienrecht 1848 bis 1933 (1999), S. 103, handelt es sich dabei um ein altfränkisches Sprichwort.

757 *Jastrow*, Recht der Frau (1897), S. 37–38.

schränkungen stellten lediglich Ausnahmetatbestände dar.[758] Insgesamt bringe das BGB der Ehefrau drei Vorteile: Erstens gehöre alles, was die verheiratete Frau mit eigener Arbeit erwirtschafte, ihr als Vorbehaltsgut. Zweitens sei die Ehefrau eines »Trunkenboldes« nicht mehr rechtlos. Drittens verfüge die Ehefrau nun über einen Teil der elterlichen Gewalt und die Witwe über diese gesamt. Daraus lässt sich schließen, dass sich Jastrow der Ungleichstellung von Frau und Mann bewusst war. Zugleich aber meinte er, dass die Gleichberechtigung nicht per Gesetz eingeführt werden könne, da die gesellschaftliche und wirtschaftliche Stellung des Ehemannes zu stark überwiege.

3. Zwischenfazit

Jacobi und Jastrow stehen beispielhaft für die zurückhaltende Position der Juristenschaft am Ende des 19. Jahrhunderts. Beide postulieren, dass das Letztentscheidungsrecht des Ehmannes an die zeitgenössischen Lebensverhältnisse anknüpfe. Die Forderung der Frauenbewegung nach Gleichberechtigung in der Ehe sei dagegen weltfremd. Bulling hat später Jacobi und Jastrow geantwortet, was noch auszuführen sein wird.

758 *Jastrow*, Recht der Frau (1897), S. 39–54.

8. Kapitel: Bullings familienrechtliches Reformkonzept

Neben der Beweisführung zum Fortbestehen des Mundiums entwickelt Bulling in der Schrift »Die deutsche Frau und das bürgerliche Gesetzbuch« einen eigenen Gegenentwurf zum Familienrecht, der einer näheren Untersuchung unterzogen wird.

I. Ehe

1. Verlöbnis

In den Blick geraten hier zunächst Bullings Ausführungen zum Rechtsinstitut des Verlöbnisses. Seine diesbezüglichen Darlegungen muten aus heutiger Sicht unerwartet umfangreich an, weil das Verlöbnis in der Gegenwart nahezu belanglos ist.[759] Unter den damaligen gesellschaftlichen Verhältnissen wurde diesem Rechtsinstitut eine erhebliche Bedeutung beigemessen. So galt es für eine Frau als schwere Schande, wenn der Mann das bereits eingegangene Verlöbnis löste. Auf Interesse stoßen müssen in diesem Zusammenhang insbesondere Bullings Ausführungen zum sogenannten Kranzgeld. Dabei handelte es sich um eine finanzielle Entschädigung, die eine Frau von ihrem ehemaligen Verlobten einfordern konnte, wenn sie auf Grund eines Eheversprechens mit ihm Geschlechtsverkehr hatte und er anschließend das Verlöbnis löste.

Im Einzelnen beschäftigt sich Bulling mit der Norm des § 1203 des II. Entwurfs, die er als »großen Fortschritt« bewertet, da sie die »Unverbindlichkeit des Verlöbnisses« als Rechtssatz ausspreche.[760] Ebenfalls einverstanden zeigt er sich mit § 1204 Abs. 1 E II, wonach der Verlobte, der von dem Versprechen zu-

---

759 Die diesbezüglichen Ausführungen *Bullings* umfassen 28 Seiten, vgl. Die deutsche Frau (1896), S. 68–96. Zuletzt zur Geschichte des Verlöbnisses *Dammer*, Verlöbnis als Einrichtungsgarantie (2017), S. 36–52.

760 *Bulling*, Die deutsche Frau (1896), S. 68.

rücktritt, dem anderen Verlobten sowie dessen Eltern jenen Schaden ersetzen muss, der dadurch entstanden ist, dass in Erwartung der Eheschließung Aufwendungen gemacht worden sind. Aufheben möchte Bulling hingegen die Vorschriften des § 1204 Abs. 2 E II[761] und des § 1205 E II[762].

Zur Begründung führt Bulling an, dass im Rahmen einer Verlobung beide Personen in der »Zuversicht« auf die Eheschließung handeln. Diese beiderseitige Überzeugung lasse keinen Raum für einen geheimen Vorbehalt.[763] Denn die Verlobung gründe sich auf beiderseitig unsicheren Prämissen, »auf Gefühlen, Wünschen und schwankenden Vermuthungen«.[764] Gleichzeitig böten der »intime Verkehr« sowie der gesellschaftliche Kontakt mit der jeweils anderen Familie die Gelegenheit zu einer »Nachprüfung des Entschlusses«. Gleichzeitig habe der Staat ein Interesse an einem »glücklichen Eheleben« und deshalb sei ein gesetzliches Rücktrittsrecht von der Verlobung gerechtfertigt, sofern die Verlobten die Erkenntnis erlangen, dass sie einem Irrtum unterlagen. Die Verlobungszeit sei daher eine Probezeit, denn es sei »moralisches Unrecht«, wenn beide an das Verlöbnis gebunden wären. Die Eingehung eines unbedachten Verlöbnisses sei »moralisch zu missbilligen«, dessen Auflösung aber niemals.[765] Da die Unverbindlichkeit dementsprechend ein Kernelement der Rechtsnatur des Verlöbnisses bilde, seien die eingangs dargestellten Normen nicht haltbar. Dafür spreche, dass wenn der Gesetzgeber die Unverbindlichkeit betone, er nicht gleichzeitig Gründe normieren dürfe, die zum Rücktritt berechtigen.

Hier könnte der Schluss gezogen werden, dass Bulling die §§ 1204 Abs. 2 und 1205 E II dahingehend verkennt, dass sie nur Gründe normieren, die ein Freiwerden von der Ersatzpflicht für im Vertrauen auf die Eheeingehung gemachte Aufwendungen rechtfertigen, aber keine allgemeinen »Rücktrittsgründe« von dem Verlöbnis festsetzen. Doch Bulling gelangt durch Auslegung der Motive zu einem von dem Wortlaut des § 1203 E II abweichenden Ergebnis. Denn mit dem Verweis auf die Motive sei das Verlöbnis doch verpflichtend »und es kommt in jedem einzelnen Fall auf das richterliche Ermessen an, ob ein wichtiger Grund vorliegt oder nicht«.[766] Damit nehme der Entwurf aber altes, überwunden geglaubtes Recht auf, weil der beschriebene Rechtszustand bereits »überall da, wo die Auflösungsgründe nicht gesetzlich bestimmt waren« als überholt galt. Dies

761 § 1204 Abs. 2 E II: Die Ersatzpflicht tritt nicht ein, wenn ein wichtiger Grund für den Rücktritt vorliegt.

762 § 1205 E II: Giebt ein Verlobter durch sein Verschulden dem andern Verlobten gerechtfertigten Grund zum Rücktritt, so ist er, wenn der Rücktritt erfolgt, nach Maßgabe des § 1204 Abs. 1 zum Schadensersatz verpflichtet.

763 *Bulling*, Die deutsche Frau (1896), S. 69.

764 *Bulling*, Die deutsche Frau (1896), S. 70.

765 *Bulling*, Die deutsche Frau (1896), S. 71.

766 *Bulling*, Die deutsche Frau (1896), S. 73 mit Referenz zu den Motiven, IV. Bd., S. 4.

sei typisch für die Methode der Kommission, »Rechtssätze des modernen Rechtsbewußtseins« aufgenommen, »aber für die von ihm beherrschten Fälle Bestimmungen des alten Rechtes« getroffen zu haben.[767]

Im Folgenden wendet sich Bulling dem § 1206 E II und damit dem sogenannten Kranzgeld zu.[768] Als Kranzgeld wurde eine finanzielle Entschädigung bezeichnet, die eine »unbescholtene« Frau von ihrem ehemaligen Verlobten einfordern konnte, wenn sie auf Grund eines Eheversprechens mit ihm Geschlechtsverkehr hatte und er anschließend das Verlöbnis löste.[769] Bulling kritisiert dieses Rechtsinstitut und möchte die Vorschrift vollständig umformulieren:

> »Hat der Verlobte der Verlobten beigewohnt und sie ein Kind geboren, das aus dieser Beiwohnung herrühren kann, so ist ihr für die Nachtheile, die ihr daraus, daß sie geboren hat, erwachsen sind und in Zukunft erwachsen können, eine billige Entschädigung ein für alle Mal dem Verlobten gegenüber zuzusprechen.«[770]

Mit der Kodifizierung des Kranzgeldes habe der Gesetzgeber eine »moralische Pflicht zur Rechtspflicht erhoben«.[771] Damit würde er aber »etwas Unsittliches für klagebegründend, also für rechtmäßig erklären«.[772] In der Folge spreche der Entwurf eine »Belohnung« auch für unsittliches Verhalten aus, »obgleich ein Schaden nicht entstanden sei«. Dies bedeute gleichzeitig eine Privilegierung der Verlobten, da »andere Mädchen etwas Derartiges nicht einklagen können«. Das Kranzgeld würde demzufolge zu einer Senkung des »Sittlichkeitsniveaus der Frauen« führen.[773] Bulling betrachtet die geplante Regelung aus einem anderen Winkel. Er meint, die »anständigen Frauen, auf die es allein« ankomme, würden die Bestimmung als »entwürdigend« zurückweisen.[774]

767 So könnten »liberale Grundsätze« dem Entwurf an vielen Stellen entgegengehalten werden. Bulling führt diese merkwürdige Technik auf die Zusammensetzung der Kommission zurück. Dort sei die Mehrheit zwar nicht »politisch, aber rechtlich konservativ und rückschrittlich« gewesen, *Bulling*, Die deutsche Frau (1896), S. 74.

768 § 1206 E II: Hat eine unbescholtene Verlobte ihrem Verlobten die Beiwohnung gestattet, so kann sie, wenn die Voraussetzungen des § 1204 oder des § 1205 vorliegen, unbeschadet der dort bestimmten Ersatzansprüche, eine billige Entschädigung in Geld verlangen, auch wenn sie einen Vermögensschaden nicht erleidet.

769 *Schumann*, Kranzgeld, in: HRG III, 2. A., Sp. 216–217, siehe dazu auch *Baumgarten*, Entstehung des Nichtehelichenrechts (2007), S. 257–259.

770 *Bulling*, Die deutsche Frau (1896), S. 79.

771 *Bulling*, Die deutsche Frau (1896), S. 79, siehe dazu auch die eingangs erwähnten Überlegungen Bullings zum Verhältnis von Recht und Ethik.

772 *Bulling*, Die deutsche Frau (1896), S. 80. Befremdlich mutet an, dass Bulling ein Kind hier als Schaden einstuft.

773 *Bulling*, Die deutsche Frau (1896), S. 80. Dahinter steht bei Bulling offensichtlich der Gedanke, dass das Gesetz auch eine erzieherische Funktion wahrnimmt, siehe dazu das 6. Kapitel (S. 136) und das 7. Kapitel (S. 181).

774 *Bulling*, Die deutsche Frau (1896), S. 81.

Die Erwägungen des Gesetzgebers seien dagegen darauf zurückzuführen, dass er einerseits das »alte Recht« habe aufrechterhalten wollen. Denn nach kanonischem Recht sei ein Verlöbnis durch »Beiwohnung zur Ehe geworden«. Andererseits wollte er aber das Verlöbnis für unverbindlich erklären. Dass diese beiden Standpunkte unvereinbar seien, verkenne die Kommission indes und kodifiziere dagegen ein »Mittelding«, das moralischen Schaden durch Schadensersatz in Geld auszugleichen sucht, womit aber niemandem geholfen werde.[775] Bulling sieht die Vorteile seines Vorschlags darin, dass dieser sowohl die Unverbindlichkeit des Rechtsinstituts als auch die Verantwortlichkeit des Verlobten hervorhebe.[776] Dieser habe ein »Unrecht« gegen die Frau begangen und müsse daher nun für »all das Mißgeschick, das damit dem Mädchen erwächst« geradestehen.[777]

Die Höhe des Ersatzanspruchs möchte Bulling wiederum durch den Richter bemessen lassen, denn nur dieser könne eine Betrachtung »der ganzen Sachlage nach Wahrscheinlichkeit« vornehmen, »wobei dessen Taktgefühl die letzte Entscheidung giebt«.[778] Hinsichtlich der Vaterschaftsfeststellung müsse genügen, wenn der Kindsmutter der Nachweis der »Beiwohnung« durch den Verlobten gelinge.[779] Der Beklagte müsse dagegen beweisen, dass er nicht Kindsvater ist, was angesichts der damaligen Methoden zur Vaterschaftsfeststellung mit erheblichen Schwierigkeiten verbunden gewesen sein dürfte. Den Anspruch auf Schadensersatz will Bulling der Frau auch dann einräumen, wenn sie missbraucht und infolge dessen schwanger geworden ist. Denn das »sittliche Unrecht« sei in diesen Fällen »nicht minder schwer als im Falle der Verführung der Verlobten«.[780] Darüber hinaus spricht er auch dem »unbescholtenen Mädchen«, das »verführt«, also missbraucht wurde, einen Ersatzanspruch zu.[781]

---

775 *Bulling*, Die deutsche Frau (1896), S. 82.

776 *Bulling*, Die deutsche Frau (1896), S. 83.

777 *Bulling*, Die deutsche Frau (1896), S. 84.

778 *Bulling*, Die deutsche Frau (1896), S. 85. Allerdings könne die Höhe der Entschädigung nicht nach den Verhältnissen bemessen werden, die im Falle der Heirat eingetreten wären. Denn das würde eine Fiktion der Ehe bedeuten und damit dem unverbindlichen Charakter der Ehe widersprechen. Daher dürfe weder auf »Ausstattung« noch auf »Alimentation« geklagt werden. Bulling schwebt also kein monatlicher Unterhaltsanspruch der Kindsmutter gegen den Kindsvater vor. Die Basis für die Bemessung müsse vielmehr ein Vergleich bilden zwischen der Situation, in der sich die Kindsmutter befinden würde, wenn es weder zur Heirat gekommen noch sie schwanger geworden wäre und der Situation, in der sie sich angesichts der Schwangerschaft befinde. Darüber hinaus müsse die Bemessung der Höhe aber auch eine Prognose der Umstände umfassen, die die Frau erwartet.

779 *Bulling*, Die deutsche Frau (1896), S. 86. Bulling verweist in diesem Zusammenhang auf seine Schrift »Die Rechte der Unehelichen Kinder nach dem Entwurfe eines bürgerlichen Gesetzbuches für das Deutsche Reich« (1895).

780 *Bulling*, Die deutsche Frau (1896), S. 87.

Interessant sind zudem Bullings Ausführungen zu § 1207 E II[782], den er komplett streichen möchte. Zur Begründung führt Bulling an, dass die Kommission mit dieser Norm wiederum die Rechtsnatur der Verlobung verkenne. So sehe sie in dem Rechtsinstitut ein Rechtsgeschäft, welches man wie einen Vertrag rückabwickeln könne. Das Wesen der Verlobung sei aber durch die Unverbindlichkeit gekennzeichnet.[783] Außerdem verkenne die Kommission hier die Dogmatik des Schenkungsrechts. Laut der Motive stehe hinter § 1207 E II der Gedanke, dass die Schenkungen im Rahmen des Verlöbnisses »als Zeichen der Liebe und Zuneigung gemacht werden«. Werde die Verlobung nun aufgelöst, entspräche es im Zweifel dem Willen des Gebers, die Schenkungen zurückzufordern. Bulling führt dagegen an, dass eine Schenkung nur dann »wegen Nichteintritts einer Voraussetzung« zurückgefordert werden könne, »wenn der Schenker sie durch eine Erklärung seines Willens von dieser Voraussetzung abhängig gemacht« habe.[784] Es bedarf also einer ausdrücklichen Erklärung, dass die Schenkung unter einer Bedingung steht, anderenfalls könne kein wirksamer Widerruf erfolgen. Er verweist in diesem Zusammenhang auf die Intention des Gesetzgebers, das römische Recht zu rezipieren. So sei es in der klassischen Zeit üblich gewesen, dass derjenige, »den die Schuld der Aufkündigung treffe«, die Schenkungen zurückzugeben hatte.[785] Allerdings habe die Kommission kein Verständnis für das römische Schenkungsrecht. Denn bereits dieses enthalte die höhere Bedeutung des Schenkens, die von der Kommission freilich verkannt werde. Dem Schenken lägen Gedanken zugrunde, die sich mit Begriffen wie Zuneigung, Zugehörigkeit und dem Verständnis des »individuellen Seins des Anderen« umreißen lassen.[786] Diese Metaebene des »persönlichen Empfindens« könne der Gesetzgeber in die »Vermögenssphäre unter die Regeln von Mein und Dein« verweisen.[787]

781 *Bulling*, Die deutsche Frau (1896), S. 89. Er stört sich insbesondere an dem Wortlaut des § 770 Abs. 2 E II, wonach ein Ersatzanspruch der Frau zustehe, die »durch Anwendung hinterlistiger Kunstgriffe zur Gestattung des Beischlafes verleitet« worden sei. Laut der Protokolle zum BGB wäre der Begriff der »Verführung« aber zu weit gefasst, vgl. Protokolle, IV. Bd. (1897), S. 694–695. Dem tritt Bulling mit dem Argument entgegen, dass es in erster Linie auf die Beweisführung im Einzelfall ankomme.

782 § 1207 E II: Unterbleibt die Eheschließung, so kann jeder Verlobte von dem anderen dasjenige, was er ihm geschenkt oder zum Zeichen des Verlöbnisses gegeben hat, nach den Vorschriften über die Herausgabe einer ungerechtfertigten Bereicherung zurückfordern. Im Zweifel ist anzunehmen, daß die Rückforderung ausgeschlossen sein soll, wenn das Verlöbnis durch den Tod eines der Verlobten ausgelöst wird.

783 *Bulling*, Die deutsche Frau (1896), S. 90–91.

784 *Bulling*, Die deutsche Frau (1896), S. 90.

785 *Bulling*, Die deutsche Frau (1896), S. 92.

786 *Bulling*, Die deutsche Frau (1896), S. 94.

787 *Bulling*, Die deutsche Frau (1896), S. 94. Insbesondere sei der Verlobungsring kein Geschenk, sondern ein Zeichen dafür, dass die Verlobung geschlossen ist. Zur Geschichte des

2. Einwilligungsrecht der Eltern bei der Heirat der Kinder

Danach wendet sich der ehemalige Richter dem in § 1211 E II normierten Einwilligungsrecht der Eltern bei der Heirat der Kinder zu.[788] Dass die Mutter über kein Mitbestimmungsrecht verfüge, sei, so Bulling, eine »Rechtskränkung« und könne auch ihrem Ansehen gegenüber den Kindern schaden.[789] Wiederum kommt er auf das Mundium zu sprechen, denn es sei eine logische Folge der Mundialehe, dass die Mutter kein Einwilligungsrecht habe, da die Frau »neben dem Manne keinen [rechtlich zu berücksichtigenden] Willen« habe.[790] Als Argument für seinen Reformvorschlag führt er den Code civil des französischen Rechts an. Dort verfüge die Mutter trotz des bestehenden Mundiums über ein Einwilligungsrecht. Auch das protestantische Kirchenrecht mache die Eheschließung von der Zustimmung der Mutter abhängig.[791]

Verlobungsrings führt Bulling im Folgenden aus, dass es im römischen Recht üblich gewesen sei, zu Verträgen ein Handgeld zu geben, welches häufig in Gestalt eines Rings gegeben wurde. Und da die Verlobung bei den »Römern, wie auch bei den Juden und den Germanen« ein Kaufvertrag war, trug der Bräutigam einen Ring. Dies galt auch für das altdeutsche Recht, wo es später zur Gewohnheit wurde, dass der Bräutigam statt des Brautvaters oder des Vormunds der Braut selbst einen Ring oder eine kleine Geldsumme zur Verlobung überreichte. Auf diesem Weg wurde die Braut selbst »Kontrahentin« des Kaufvertrags. Mit Verweis auf Stobbe sei es im Lauf des 13. Jahrhunderts üblich geworden, dass auch die Frau dem Mann einen Ring überreichte. Der Ring diente zu dieser Zeit auch einer Schutzfunktion. Denn mit ihm konnte sie nachweisen, dass sie unter dem Schutz eines Mannes stand. Laut Bulling entstand auf diesem Weg die Hörigkeit der Frau, vgl. Die deutsche Frau (1896), S. 95–96.

788 § 1211 E II: Ein eheliches Kind bedarf bis zum vollendeten fünfundzwanzigsten Jahre zur Eingehung einer Ehe der Einwilligung des Vaters, ein uneheliches Kind bedarf bis zum gleichen Lebensalter der Einwilligung der Mutter.

789 *Bulling*, Die deutsche Frau (1896), S. 96.

790 *Bulling*, Die deutsche Frau (1896), S. 97.

791 *Bulling*, Die deutsche Frau (1896), S. 97 mit Verweis auf *Dernburg*, Preußisches Privatrecht, III. Bd., 4. A. (1896), § 14 S. 38. Dass Bulling hier gleichzeitig schreibt, dass dem Vater und Ehemann das Letztentscheidungsrecht zukomme, mutet patriarchal an. Jedoch sind zweierlei Überlegungen zu berücksichtigen: zum einen Bullings Idee einer Einteilung der Ehe in Geschäftsbereiche, nach der beide Ehegatten in jedem Bereich Mitbestimmungsrechte haben würden, aber der jeweilige »Geschäftsführer« über ein Letztentscheidungsrecht verfügt. Dementsprechend würde der Bereich der Eheschließung der Kinder dem Ehemann zugeordnet. Zum anderen sind es Praktikabilitätsgründe, die Bulling hier zu dieser Formulierung bewegt haben dürften. Denn es erscheint wenig zielführend, wenn bei entgegengesetzten Entscheidungen der Eltern erst ein gerichtliches Urteil über die Heiratsabsichten des Kindes zustande kommen müsste.

3. Eheliche Lebensgemeinschaft

Als essenziell sind Bullings Thesen zur Ausgestaltung der ehelichen Lebensgemeinschaft zu bewerten, die die §§ 1253–1262 E II betreffen. Zu § 1253 E II möchte er zunächst folgenden Zusatz hinzufügen:

> »Zur Herstellung der Lebensgemeinschaft liegt dem Manne der gesammte Vermögensaufwand ob, welchen seine und der Frau Bedürfnisse erfordern. Der Frau liegt die Fürsorge für das Hauswesen ob, nicht blos durch Anordnung, sondern auch, soweit erforderlich, durch persönliche Besorgung der Angelegenheiten desselben.«[792]

Außerdem sei die Aussage des § 1254 E II, »Dem Manne steht die Entscheidung in allen das gemeinschaftliche Leben betreffenden Angelegenheiten zu« eine Fortsetzung der ehelichen Vogtei, also der Gehorsamspflicht der Frau.[793] Dass die Kommission den Begriff des Gehorsams nicht nenne, liege allein darin begründet, dass er als Beschreibung des personenrechtlichen Verhältnisses zwischen Erwachsenen mittlerweile als »anstößig« empfunden werde.[794]

Trotzdem könne die Wortwahl des II. Entwurfs »Entscheidung in allen das gemeinschaftliche Leben betreffenden Angelegenheiten«, aber nichts anderes als die weibliche Gehorsamspflicht bedeuten. Damit habe der Gesetzgeber eine Grundsatzregelung für die eheliche Lebensgemeinschaft getroffen. Durch die eheliche Verbindung von Frau und Mann werde automatisch jede Angelegenheit zu einer gemeinsamen, außer das Gesetz schreibe eine Ausnahme vor.[795] So möchte Bulling die Norm durch folgende Formulierung ersetzen:

> »Dem Manne steht ein Recht der ehelichen Vogtei nicht zu. In allen Angelegenheiten, welche die Bedürfnisse des Mannes, die Bedürfnisse der Frau oder diejenigen der Kinder betreffen, steht dem Manne die Entscheidung in so weit zu, als bei der Angelegenheit ein Vermögensaufwand in Frage kommt, welcher dem Manne zur Last fällt. Soweit nicht hierdurch eine Beschränkung gegeben ist, steht der Frau die Entscheidung in allen das Hauswesen betreffenden Angelegenheiten zu. Sie hat die Entscheidung auch darüber, ob eine Angelegenheit ihre persönliche Besorgung erfordert. Der Mann bestimmt Wohnort und Wohnung.«[796]

Das Herrschaftsrecht des Mannes stellt aus Bullings Sicht einen permanenten Zwang für die Ehefrau dar. Dies sei aber mit dem Begriff der Ehe nicht verein-

792 *Bulling,* Die deutsche Frau (1896), S. 99.
793 *Bulling,* Die deutsche Frau (1896), S. 100.
794 *Bulling,* Die deutsche Frau (1896), S. 101.
795 *Bulling,* Die deutsche Frau (1896), S. 101.
796 *Bulling,* Die deutsche Frau (1896), S. 100. Wie bereits dargelegt, sei der Gedanke der Vormundschaft des Mannes über die Frau so tief im deutschen Recht verwurzelt, dass es einer Aufhebungsbestimmung bedarf, um das Mundium endgültig beseitigen zu können, vgl. Die deutsche Frau (1896), S. 67.

bar.[797] Nur weil das Gesetz nicht ausdrücklich von ehelicher Vogtei oder Mundium spreche, sage dies noch nichts über den Inhalt der Norm aus. Es sei ein Element der Gesetzgebungstechnik, »Jemandem ein Recht beizulegen«, ohne es »mittelst eines technischen Wortes« auszusprechen. Der Gesetzgeber umschreibe in diesen Fällen das Recht dann mit der »Angabe dessen Inhaltes«.[798] Daher hätte die Kommission auch schreiben können, dass »die Frau dem Manne zu gehorchen« bzw. »der Mann das Recht auf Gehorsam« habe.[799]

Da eine solche Formulierung aber nicht mehr dem Zeitgeist entspreche, habe der Gesetzgeber einen Ausdruck gewählt, der den Schein »des gegenseitigen Berathens« wahrt.[800] Zwar rede der Entwurf lediglich von einem Entscheidungsrecht in »allen das gemeinschaftliche Leben betreffenden Angelegenheiten« und beziehe sich damit nicht auf »alle Angelegenheiten«. Dies liege aber laut Bulling allein daran, dass der Frau nach den güterrechtlichen Vorschriften sogenannte Vorbehaltsgüter eingeräumt werden könnten.[801] Denn an sich habe die Ehefrau gegenüber ihrem Mann keine Rechte[802]:

> »Die Rechte also, die der Entwurf hier der Frau gegeben hat, in der Absicht sicherlich, das Rauhe des Mundiums abzuschwächen, es humaner und besser aussehend zu machen, sind in Wahrheit ohne Inhalt – sie gehören aber zu denen, auf welche man scheinbar als auf eine fortschrittliche Weiterbildung des Rechtes hinweisen kann, weil erst ein näheres Eingehen auf den Inhalt der Bestimmungen den Irrthum aufzudecken vermag.«[803]

Auf dem Gebiet des ehelichen Namensrechts fordert Bulling, die Regelung des § 1255 E II zu erweitern. Die Frau solle am »Stand des Mannes« teilnehmen. Außerdem müssten beide Ehegatten das Recht haben, ihren Familiennamen zu behalten oder einen Doppelnamen zu bilden.[804] Bei der Normierung des Stan-

797 *Bulling*, Die deutsche Frau (1896), S. 5.

798 *Bulling*, Die deutsche Frau (1896), S. 101.

799 *Bulling*, Die deutsche Frau (1896), S. 101.

800 *Bulling*, Die deutsche Frau (1896), S. 101.

801 *Bulling*, Die deutsche Frau (1896), S. 101. Als Vorbehaltsgüter innerhalb einer Gütergemeinschaft wurden jene Güter der beiden Ehegatten bezeichnet, die nicht in das eheliche Gesamtgut fielen, sondern im Alleineigentum eines der Ehegatten verblieben. Bei der Verwaltungsgemeinschaft galt als Vorbehaltsgut dasjenige Gut der Frau, welches nicht der Verwaltung und Nutzung des Ehemannes unterfiel. Vorbehaltsgüter konnten per Rechtsgeschäft vereinbart oder von Gesetzes wegen angeordnet werden. In letzterem Fall wurde auch von Sondergut gesprochen, vgl. dazu *Ogris*, Vorbehaltsgut, in: HRG V, Sp. 1036–1038.

802 *Bulling*, Die deutsche Frau (1896), S. 102–103. So trete die Ehefrau nach außen hin mehr als »Geschäftsführerin des Hauswesens«, denn als selbstständige Rechtspersönlichkeit auf.

803 *Bulling*, Die deutsche Frau (1896), S. 103.

804 *Bulling* verwendet nicht den Begriff Doppelnamen, sondern schreibt: »Zu § 1255: Die Frau erhält den Familiennamen des Mannes. Hier wäre hinter: ›die Frau‹ zu sagen: nimmt Theil am Stand des Mannes und hinter ›Mannes‹ wäre hinzuzusetzen: Die Frau ist befugt, ihren

desrechts sei die Kommission von der »irrigen Annahme« ausgegangen, dass der Erwerb des Standes allein einen Gegenstand des öffentlichen Rechts bilde. Deshalb habe man keine Regelungen im BGB getroffen und diese Materie an die Landesgesetzgeber verwiesen. Dies sei aber sowohl ein Bruch mit der Tradition des römischen Privatrechts als auch mit der des »altdeutschen« Rechts. Denn in all diesen Rechtsordnungen werde die Frau als die »Genossin des Mannes« wahrgenommen.

Auch in den späteren deutschen Gesetzestexten wie dem Preußischen ALR und dem Sächsischen BGB sei dieses Rechtsgebiet im Privatrecht geregelt worden. Es überzeuge daher nicht, dass es keinen Eingang in das Eherecht des Entwurfs gefunden hat. Dass die Kommission trotzdem von einer Regelung abgesehen hat, könne demzufolge lediglich an »doktrinären« Gründen liegen. Dadurch habe sie aber die weitreichende Bedeutung einer solchen Norm verkannt. Zwar erkennt auch Bulling einen öffentlich-rechtlichen Einschlag des Standesrechts an. Gleichwohl hätte es im BGB geregelt werden müssen, weil es durch ein stark privatrechtliches Element gekennzeichnet sei. So begründe es ein »Privatrecht« sowohl für das Kind als auch für die Frau, da beide am Stand des Mannes partizipieren sollen. Im Endeffekt sei das Standesrecht also eine Privatrechtsbestimmung.[805] Die skizzierte Argumentation Bullings zeigt, dass er das Familienrecht an der Schnittstelle von öffentlichem Recht und Privatrecht verortet.[806] Darüber hinaus sucht er diese Trennung, jedenfalls in Bezug auf das Standesrecht, zu überwinden, was noch auszuführen sein wird.

Darüber hinaus formuliert Bulling eine weitere Änderung des Namensrechts[807] und fordert die Aufhebung der Bestimmung über die sogenannte Schlüsselgewalt

Familiennamen beizufügen. Der Mann hat die gleich Befugniß.«, *Bulling*, Die deutsche Frau (1896), S. 105.

805 *Bulling*, Die deutsche Frau (1896), S. 106–107. Darauf, dass diese Annahme »völlig irrig« sei, hatte er bereits in seiner Schrift zur Stellung nichtehelicher Kinder hingewiesen, vgl. Die Rechte der Unehelichen Kinder (1895), S. 15.

806 Zu dieser Diskussion vgl. *Meder*, Öffentliches Recht und Privatrecht im Entstehungsprozess des modernen Familienrechts, in: Witzleb (Hg.), FS Martiny (2014), S. 927–943.

807 In den Motiven schrieb die Kommission zum Namensrecht: »Es ist eine natürliche Folge der Innigkeit und der das ganze Leben umfassenden Bedeutung der ehelichen Gemeinschaft, daß beide Ehegatten denselben Familiennamen führen. Die Stellung des Ehemannes bringt es mit sich, daß die Ehefrau den Familiennamen des Ehemannes erhält, und zwar ist dieselbe, diesen Namen zu führen nicht nur berechtigt, sondern, wie sich aus dem Prinzipe des § 1272 (Verpflichtung zur Lebensgemeinschaft) ergiebt, auch verpflichtet.« Bulling meint, lediglich der letzte Satz sei zutreffend. Die hervorgehobene »Einigkeit der Einigkeit der ehelichen Gemeinschaft« könne aber eher zum Ausdruck gebracht werden, indem sich »der Name aus den Namen der beiden Ehegatten« zusammensetzt, vgl. Die deutsche Frau (1896), S. 107. Es ist beachtlich, wie progressiv der Autor hier denkt, insbesondere unter Berücksichtigung der Tatsache, dass das Recht auf den Doppelnamen in der Ehe erst im Jahr 1994 infolge der Rechtsprechung des BVerfG Eingang in das Gesetz gefunden hat.

der Frau[808](§ 1256 E II[809]). Die Schlüsselgewalt müsse zusammen mit dem Mundialprinzip gestrichen werden, da sie ohne das Mundium obsolet geworden sei.[810] Aus demselben Grund fordert er, § 1257 Abs. 2 E II[811] und das sogenannte ehemännliche Kündigungsrecht nach § 1258 E II[812] aus dem Gesetz zu löschen.

Dahinter steht Bullings Gedanke, mit der Streichung dieser beiden Normen die wirtschaftliche Betätigungsfreiheit der Frau zu stärken. Sie soll auch im Rahmen des Eheverhältnisses selbst Rechtsgeschäfte abschließen können, ohne dass diese vom Ehemann widerrufen werden können. In diesem Zusammenhang fordert er auch, die Bestimmung des § 1262 E II streichen. Nach der Vorschrift galt eine Eigentumsvermutung zugunsten des Ehemannes bezüglich aller »im Besitze eines oder beider Ehegatten befindlichen beweglichen Sachen«.[813] Dazu gehörten insbesondere Wertpapiere. Ausgenommen waren lediglich die im persönlichen Gebrauch der Frau befindlichen Gegenstände, ihr Schmuck und ihre Kleider. Bulling sah in § 1262 E II eine zweifache Ungerechtigkeit. Schon das römische Recht stellte die Vermutung auf, dass »Alles, was die

808 Als Schlüsselgewalt wird eine besondere Rechtsmacht der Ehefrau bezeichnet, die sie als Leiterin des Haushalts dazu berechtigt, die hierfür notwendigen Rechtsgeschäfte vorzunehmen und entsprechende Verbindlichkeiten einzugehen. Für diese wird aber nicht sie, sondern ihr Ehemann als Familienoberhaupt rechtlich verpflichtet, vgl. *Brauneder*, Schlüsselgewalt, in: HRG IV, Sp. 1446–1450. Einen guten Überblick zu reichsgerichtlichen Entscheidungen im Zusammenhang mit Fragen der Schlüsselgewalt bietet *Damm*, Stellung der Ehefrau, S. 79–109.

809 § 1256 E II: Die Frau ist unbeschadet der Vorschriften des § 1254 berechtigt und verpflichtet, dem gemeinschaftlichen Hauswesen vorzustehen. Zu Arbeiten im Hauswesen und im Geschäfte des Mannes ist die Frau verpflichtet, soweit eine Thätigkeit nach den Verhältnissen der Ehegatten üblich ist.

810 *Bulling*, Die deutsche Frau (1896), S. 107–108. Diese Ansicht wird noch heute beispielsweise von *Brudermüller*, Schlüsselgewalt und Telefonsex, NJW 2004, S. 2265–2270, 2269, vertreten.

811 § 1257 E II: Rechtsgeschäfte, die die Frau innerhalb dieses Wirkungskreises vornimmt, gelten als im Namen des Mannes vorgenommen, wenn nicht aus den Umständen ein anderes sich ergiebt.

812 § 1258 E II: Hat sich die Frau einem Dritten gegenüber zu einer von ihr in Person zu bewirkenden Leistung verpflichtet, so kann der Mann das Rechtsverhältniß ohne Einhaltung einer Kündigungsfrist kündigen, es sei denn, daß der Mann der Verpflichtung zustimmt, oder das Vormundschaftsgericht auf Antrag der Frau die Zustimmung des Mannes ersetzt hat. Das Vormundschaftsgericht kann die Zustimmung ersetzen, wenn der Mann durch Krankheit oder durch Abwesenheit an der Abgabe einer Erklärung verhindert ist, oder die Verweigerung der Zustimmung sich als Mißbrauch seines Rechtes darstellt. Die Zustimmung sowie die Kündigung kann nicht durch einen Vertreter erfolgen; ist der Mann in der Geschäftsfähigkeit beschränkt, so bedarf er nicht der Zustimmung seines gesetzlichen Vertreters. Das Kündigungsrecht des Mannes ist ausgeschlossen, solange die häusliche Gemeinschaft aufgehoben ist.

813 Eine solche Regel gab es bereits im römischen Recht, die sogenannte praesumptio Muciana. Danach wurde vermutet, dass die von der Frau während der Ehe erworbenen Sachen aus Zuwendungen ihres Mannes rührten. Da außerdem Schenkungen unter Ehegatten nichtig waren, blieben die der Frau vom Manne geschenkten Sachen Eigentum des Mannes, näher dazu *Kaser/Knütel/Lohsse*, Römisches Privatrecht (2017), S. 332.

Frau besitzt [...] ihr vom Manne geschenkt« worden, »also Eigenthum des Mannes« sei. Zwar habe das deutsche Recht stets Schenkungen unter Ehegatten erlaubt. Gleichwohl habe der Satz Eingang in die deutschen Partikularrechte gefunden und sei letztlich auch in das BGB übernommen worden, da er sich hervorragend mit dem Mundialprinzip vertrage.

Des Weiteren enthalte die Regel aber auch dahingehend ein »Unrecht [...] als sie dieselbe der Rechtsregel beraubt, auf die sich sonst jeder Mensch berufen darf«. So könne eine Sache, die ein Mensch besitzt, ihm nur abgenommen werden, wenn der andere beweisen kann, dass sie ihm gehört. Durch die gesetzliche Vermutung des § 1262 E II komme es aber gerade dann zu Beweisschwierigkeiten, wenn der Ehemann stirbt und die Frau nachweisen muss, was ursprünglich in ihrem Eigentum stand.[814] Der Autor sieht daher auch in dieser Bestimmung ein falsch verstandenes Relikt juristischer Rechtsfortbildung. Es benachteilige die Frau, ohne dies rechtlich begründen zu können. Darüber hinaus erkennt Bulling in dieser allein zugunsten des Mannes bestehenden Eigentumsvermutung einen Bruch der allgemeinen Rechtsregel, dass der Besitz einer Sache immer eine Eigentumsvermutung zugunsten der besitzenden Person begründe.

814 Als Beispiel dienen Bulling »Werthpapiere« und »Ordrepapiere mit Blankoindossament«, da bei diesen die Ungerechtigkeit am deutlichsten hervortrete: »Solche Papiere und überhaupt ihre Werthsachen und das Geld, das sie durch ihre Arbeit sich erworben, oder das sie geschenkt erhalten oder geerbt hat, kann sie stets in ganz sichern Verschluß gehabt haben, und darüber, daß sie allein es besaß, gar kein Zweifel bestehen, und doch soll, wenn der Mann stirbt, ihr das Alles genommen werden können, falls sie nicht nachzuweisen vermag, wie sie es erworben hat; und wie schwierig kann ein solcher Beweis sein, gegenüber einer Vermuthung! Trotz ihrer praktischen Brauchbarkeit und trotz der Gunst, die sie dem Manne erweist, ist demnach die Rechtsvermuthung auszuheben. Daß man ohne sie auskommen kann, zeigt das sehr praktikable französische Recht, das aber durch das Mundialprinzip sich nicht hat abhalten lassen, in Beweisfragen des ehelichen Güterrechts die Ehefrau milder zu behandeln, als den Ehemann.«, *Bulling*, Die deutsche Frau (1896), S. 110–111.

II. Gesetzliches Güterrecht

Aus seinem Verständnis der Ehe leitet Bulling eine eigene Idee des gesetzlichen Güterrechts ab.[815] So tritt er für die Einführung der Gütertrennung als gesetzlichem Güterstand anstatt der Verwaltungsgemeinschaft.[816] Denn dieser entspräche dem Wesen der Ehe am meisten. Die Gütertrennung ist ein Rechtszustand, in dem die Eheleute güterrechtlich so zu behandeln sind, als seien sie unverheiratet geblieben. Bulling schreibt diesbezüglich, dass als gesetzlicher Güterstand die Gütertrennung festzulegen sei. Außerdem müsse § 1264 bestimmen, dass »die Frau in der freien Verfügung ihrer Güter nicht beschränkt« werde.[817]

Mit der Forderung nach der Gütertrennung als gesetzlichem Güterstand liegt Bulling auf einer Linie mit der zeitgenössischen Frauenbewegung, was insofern

---

815 Die Forschungen zum Streit um die Kodifikation eines gesetzlichen Güterstands sind vergleichsweise weit vorangeschritten, vgl. *Schmid,* Die Entstehung der güterrechtlichen Vorschriften im Bürgerlichen Gesetzbuch (1990); *Malsbenden,* Die rechtliche Stellung der Frau im ehelichen Güterrecht vom ALR zum BGB (1991); *Lehmann,* Die Ehefrau und ihr Vermögen (2006); *Stierstorfer,* Das erste einheitliche deutsche Güterrecht (2010) und *Kitsakis,* »Breadwinners« und »Housekeepers« (2012).

816 Als Verwaltungsgemeinschaft wird ein Güterstand bezeichnet, der bei eigentumsmäßiger Gütertrennung dem Ehemann neben der Verwaltung seines eigenen Vermögens auch die Verwaltung des von der Ehefrau in die Ehe eingebrachten Vermögens überträgt. Die Bezeichnung als »Gemeinschaft« führt aus heutiger Sicht daher in die Irre. Weder hinsichtlich des Eigentums noch der Vermögensverwaltung liegt eine solche vor, vgl. *Ogris,* Verwaltungsgemeinschaft, in: HRG V, Sp. 877–879. Zu reichsgerichtlichen Entscheidungen im Zusammenhang mit der Verwaltungsgemeinschaft und damit zu deren Handhabung in der Rechtspraxis siehe *Damm,* Stellung der Ehefrau, S. 52–78. Zu Bullings Vorschlag siehe Die deutsche Frau (1896), S. 111. Die Gesetzgebungskommission hatte sich nach intensiven Diskussionen für die Verwaltungsgemeinschaft als gesetzlichem Güterstand entschieden. Erwogen wurde auch den Landesgesetzgebern auf diesem Gebiet die Hoheit zu überlassen. Vor diesem Hintergrund ist *Kitsakis* zu der Erkenntnis gelangt, dass ein progressiverer Güterstand als die Verwaltungsgemeinschaft nicht vermittelbar gewesen wäre, vgl. »Breadwinners« und »Housekeepers« (2012), S. 307–308. Planck selbst hatte die Rechtsvereinheitlichung zum obersten Ziel erklärt, da das Gesetzbuch »nicht nach den subjektiven Ansichten der Verfasser über das Theoretisch Beste«, sondern »auf Grund der bisher in Deutschland geltenden Rechte aufgebaut werden« solle, vgl. *Planck,* Die rechtliche Stellung der Frau nach dem bürgerlichen Gesetzbuche (1899), S. 25. Zu Plancks familienrechtlichen Erwägungen siehe auch *Meder,* Gottlieb Planck und die Kunst der Gesetzgebung (2010), S. 65–72. Einen Überblick zu dem Streit, ob der Güterstand überhaupt im BGB kodifiziert werden oder es vielmehr bei dem bestehenden Regionalsystem bleiben sollte, bietet *Malsbenden,* Die rechtliche Stellung der Frau im ehelichen Güterrecht vom ALR zum BGB (1991), S. 35–40.

817 *Bulling,* Die deutsche Frau (1896), S. 111. Allgemein ist das Güterrecht von dem Gedanken geprägt, dass es dem Wissen und dem Willen der Bevölkerungsmehrheit zu entsprechen hat. Dabei kam erschwerend hinzu, dass diese Mehrheit es damals nicht gewohnt war, »in vermögensrechtlicher Hinsicht ihre Interessen zu erkennen und zu vertreten«, vgl. *Oekinghaus,* Die gesellschaftliche und rechtliche Stellung der deutschen Frau (1925), S. 167.

verwundert, als ein derart ausgerichtetes Güterrecht prinzipiell keine Komponenten eines sozialen Ausgleichs kennt,[818] weil die Berufstätigkeit der Frau am Ende des 19. Jahrhunderts kaum ausgeprägt war. Die Gütertrennung hätte also in erster Linie die durch Erbschaft oder auf sonstige Weise zu Vermögen gekommenen Frauen vor der Vermögensverwaltung durch den Mann geschützt. Verlierer eines solchen gesetzlichen Güterstands wären mittellose Frauen gewesen, die im Scheidungsfall kaum Ansprüche auf einen Teil des ehelichen Vermögens gehabt hätten.

Nach Bullings Auffassung unterstütze die im II. Entwurf vorgesehene Verwaltungsgemeinschaft jedoch den bevormundenden Charakter der Ehe in Bezug auf die Stellung der Frau, denn diese stehe in direktem Zusammenhang mit dem Mundium. Bulling argumentiert zur Gütertrennung folgendermaßen: Zwar sei jeder Ehegatte verpflichtet, das Wohl des Ehegatten und damit die eheliche Lebensgemeinschaft insgesamt zu fördern. Dazu müssten beide Ehegatten ihr Vermögen als Gemeinschaftsvermögen kollektivieren und zunächst einmal frei über ihr Vermögen verfügen können. Hinter den Diskussionen um den gesetzlichen Güterstand stehe die Frage, welcher Güterstand dem Wesen der Ehe am meisten entspreche. Auf den ersten Blick sei dies die Gütergemeinschaft, weil die eheliche Lebensgemeinschaft jedem Ehegatten die Pflicht auferlege, »sein Leben dem andern dadurch gemeinschaftlich zu machen, daß er dessen Bestrebungen nach seinem wahren Wohle so viel wie möglich fördert«. Dazu gehöre auch, das Vermögen zu vergemeinschaften. Daher dürfe der Gesetzgeber die Eheleute nicht hindern, die Gütergemeinschaft zu vereinbaren.

»Von selbst eintretend« müsse das Gesetz aber die Gütertrennung bestimmen. Als Begründung zitiert Bulling »eine der besten Autoritäten, die es giebt, und die der Verdacht, von der Frauenbewegung infizirt zu sein, längst nicht mehr hat erreichen können, und die über solchem Verdachte heute noch erhaben stände: Puchta«.[819] Dieser habe bereits gezeigt, dass die Gütertrennung dem Wesen der Ehe keinesfalls widerspreche, wie es von den Befürwortern der Verwaltungsgemeinschaft ins Feld geführt worden sei.[820] Es überrascht nicht, dass

818 Diese Kritik wurde ebenfalls von Frauenrechtlerinnen wie Marianne Weber und Emilie Kempin geäußert, siehe dazu *Meder*, Familienrecht (2013), S. 211–212.

819 *Bulling*, Die deutsche Frau (1896), S. 112–113. Dass Bulling schreibt, Puchta könne nicht im Verdacht stehen, »von der Frauenbewegung infizirt« zu sein, wurde bereits fehlinterpretiert. So erbringe die Passage den Beweis dafür, dass Bulling sich von der Frauenbewegung habe distanzieren wollen, *Stierstorfer*, Das erste einheitliche deutsche Güterrecht (2010), S. 292–296, insbesondere 293. Das Gegenteil ist der Fall, was noch auszuführen sein wird, vgl. das 9. Kapitel (S. 219) und das 12. Kapitel (S. 292).

820 Bulling hat folgendes Zitat Puchtas wiedergegeben: »Der sittliche Begriff der Ehe ist: Gemeinschaft aller Lebensverhältnisse. Es ist daher eine sittliche Anforderung, daß die Ehegatten auch ihr Vermögen als gemein betrachten. Diese Gemeinschaft des Vermögens kann eine rechtliche Form annehmen. So hat das deutsche Recht eine rechtliche Gütergemein-

Bulling sich auf Puchta bezieht. Denn dieser war Romanist und im klassischen römischen Recht galt die Gütertrennung als gesetzlicher Güterstand. Bullings Standpunkt korrespondiert jedoch nicht mit den Forderungen eines Teils der bürgerlichen Frauenbewegung.[821]

Interessant ist zudem Bullings Forderung, die Vorschrift des § 1326 E II[822] zu streichen. Er verweist darauf, dass es Ergebnis des § 1253 E II sei, dem Mann sämtliche Kosten der Eheführung, die sogenannten Ehelasten aufzuerlegen. Sofern der Entwurf dieses Prinzip konsequent verfolge, dürfe die Frau keinen »pekuniären« Pflichten unterworfen werden. Dies gelte im Übrigen auch für § 1270 E II[823] im Rahmen der Verwaltungsgemeinschaft. Hier möchte Bulling die

---

schaft als rechtliche Folge der Ehe, und man könnte denken, dies sei die einzige vollkommene Form des ehelichen Güterrechts. Aber die Sache hat eine andere Seite, welche man gewöhnlich übersieht. Das Verhältniß unter den Ehegatten während der Ehe wird durch diese rechtliche Form gar nicht gesteigert oder veredelt. Dieses Resultat kann aber ebensogut auch ohne Gütergemeinschaft erreicht werden. Die Gütergemeinschaft äußert ihre Wirkungen bei Weitem mehr theils gegenüber Dritten, z. B. Gläubigern, theils für die Gatten nach Aufhebung der Ehe. Es wäre ein Irrthum, zu glauben, das System der Gütergemeinschaft garantire eine größere Innigkeit des ehelichen Bundes, als das entgegengesetzte. Das römische Recht nimmt einen andern Standpunkt ein. Es ist von dem Bewußtsein durchdrungen, daß die Ehe eine Gemeinschaft des ganzen Lebens ist. Dessen ungeachtet läßt es in dem Vermögen durch die bloße Ehe keine Veränderung eintreten, die Vermögen beider Ehegatten sind rechtlich auseinander gehalten; die Gemeinschaft wird als eine Sache der freien Gesinnung behandelt, es wird keine rechtliche Nothwendigkeit an deren Stelle gesetzt. Dadurch wird jene Folge vermieden, daß die Gemeinschaft weniger für die Ehe selbst, als außerhalb derselben wirksam wird. Es ist nicht zu, leugnen, daß dieses System der Vermögensgetrenntheit unter Umständen nachtheilige Folgen haben kann, unter Ehegatten nämlich, welche von der darin liegenden Freiheit einen schlechten, unsittlichen Gebrauch zu machen geneigt sind, die sich des Rechtes bedienen, um eine schlechte Gesinnung ins Werk zu setzen, z. B. dem andern Ehegatten das Seinige abzulocken, sich auf seine Kosten zu bereichern suchen. Solchen Auswüchsen muß das Recht zuvorkommen, die Freiheit beschränken, wo sie das Verhältniß gefährden würde. Dies ist im römischen Rechte in den hauptsächlichen Beziehungen geschehen, z. B. durch das Verbot der Schenkungen. Manche Punkte werden so behandelt, wie wenn keine Vermögensgetrenntheit, sondern eine rechtliche Gütereinheit bestände.« *Bulling*, Die deutsche Frau (1896), S. 112–113 mit Verweis auf *Puchta*, Vorlesungen, II. Bd., 6. A. (1874), § 413.

821 So plädieren beispielweise Raschke und Proelß dafür, diesen Güterstand gänzlich abzuschaffen, vgl. Die Frau im neuen BGB (1895), S. 12. Zu Bullings Stand innerhalb der Frauenbewegung vgl. das 9. Kapitel (S. 219).

822 § 1326 E II: Die Frau hat aus den Einkünften ihres Vermögens sowie aus dem Ertrag ihrer Arbeit oder eines von ihr selbständig betriebenen Erwerbsgeschäftes dem Manne einen angemessenen Beitrag zur Bestreitung des ehelichen Aufwandes zu leisten. Für die Vergangenheit kann der Mann die Leistung nur insoweit verlangen, als die Frau ungeachtet seiner Aufforderung mit der Leistung im Rückstande geblieben ist. Der Anspruch des Mannes ist nicht übertragbar.

823 § 1270 E II: Auf das Vorbehaltsgut finden die bei der Gütertrennung für das Vermögen der Frau geltenden Vorschriften entsprechende Anwendung; die Frau hat jedoch einen Beitrag zur Bestreitung des ehelichen Aufwands nur in so weit zu leisten, als der Mann nicht schon durch die Nutzungen des eingebrachten Gutes einen angemessenen Beitrag erhält.

folgende Formel anfügen: »Die Frau hat jedoch keinen Beitrag zur Bestreitung des ehelichen Aufwandes davon zu leisten.«[824] Kritisch betrachtet er auch § 1279 Abs. 1 S. 1 E II[825], weil allein die innere Willensrichtung des Mannes darüber entscheide, ob er für sich oder für die eheliche Lebensgemeinschaft erwerbe. Die Ehefrau laufe bei verlustreichen Geschäften immer Gefahr mitzuhaften, aber an Gewinnen nicht beteiligt zu werden.[826]

Einen wegweisenden Reformvorschlag unterbreitet Bulling im Folgenden zur Norm des § 1294 E II[827], die er durch diese Vorschrift ersetzen wollte: »Die Frau darf über das eingebrachte Gut ohne Einwilligung des Mannes verfügen.«[828] Dabei darf nicht vergessen werden, dass diese Regelung auch nach Bullings Systematik zum Güterstand der Verwaltungsgemeinschaft gehört, die er neben der Gütertrennung als gesetzlichem Güterstand als Wahlgüterstand in das BGB aufnehmen will.[829] So kollidiere seiner Meinung nach das Verfügungsrecht der Frau nicht mit dem Verwaltungsrecht des Mannes.[830] Des Weiteren liefern weder die Motive zum ersten noch zum zweiten Entwurf einen plausiblen Grund, der Frau das Verfügungsrecht zu versagen.[831]

Zur Vermeidung der Begriffe »Mundium« und »eheliche Vogtei«, bediene sich die Kommission der »Dinglichkeit des Verwaltungsrechts«, um der Frau das

824 *Bulling*, Die deutsche Frau (1896), S. 116.

825 § 1279 E II: Erwirbt der Mann mit Mitteln des eingebrachten Gutes bewegliche Sachen, so geht mit dem Erwerbe das Eigenthum auf die Frau über, es sei denn, daß der Mann nicht für Rechnung des eingebrachten Gutes erwerben wollte. Dies gilt insbesondere von Inhaberpapieren und Orderpapieren, die mit Blankoindossament versehen sind.

826 *Bulling*, Die deutsche Frau (1896), S. 117.

827 § 1294 E II: Die Frau bedarf zur Verfügung über eingebrachtes Gut der Einwilligung des Mannes.

828 *Bulling*, Die deutsche Frau (1896), S. 132.

829 *Bulling*, Die deutsche Frau (1896), S. 115.

830 *Bulling*, Die deutsche Frau (1896), S. 132.

831 *Bulling*, Die deutsche Frau (1896), S. 133. Im Übrigen, so Bulling, seien jedoch diese Passagen in den Bänden zu den beiden Motiven »sehr lesenswert«. Dort hieß es: »Die Beschränkung des Verfügungsrechtes der Ehefrau stellt sich vielmehr als Ausfluß des durch die eheliche Nutznießung und Verwaltung begründeten eigenthümlichen dinglichen Rechtes des Ehemannes dar. Die Natur des dinglichen Rechtes bringt es mit sich, daß dasselbe gegen Beeinträchtigung durch einseitige Verfügung desjenigen, dessen Recht belastet ist, gesichert werden muß. Zur Erreichung dieses Zieles ist bei gewöhnlichen dinglichen Rechten eine Beschränkung des Verfügungsrechtes des Belasteten in der Art, daß er ohne Einwilligung des Berechtigten über das belastete Gut überhaupt nicht verfügen kann, nicht erforderlich. Es genügt, daß der Berechtigte sein Recht gegen jeden Dritten verfolgen kann. Bei der ehelichen Nutznießung und Verwaltung ist dagegen die Sachlage im Hinblick auf die Bestimmungen der §§ 1293, 1311 eine besondere. Hier bringt die dingliche Natur des ehemännlichen Rechtes, als eines von der Verfügung des Belasteten unabhängigen Rechtes, es mit sich, daß der Ehefrau das Recht entzogen werden muß, ohne Einwilligung des Mannes direkt oder indirekt zu verfügen, weil sonst das Recht des Ehemannes durch ihre Verfügung beeinträchtigt werden könnte.«, vgl. Motive, IV. Bd., S. 225.

Recht auf Eigentumsverfügungen vorzuenthalten. Nicht ohne Ironie merkt Bulling an, dass »sich das Recht hier wie eine Krankheit vererbt«, denn diese »Dinglichkeit« könne nur ein »Gedankending« sein.[832] Es sei sehr unklar, weshalb dieses Argument die Validität habe, die Geschäftsfähigkeit der Ehefrau derart beschränken zu können, dass sie nicht einmal über ihr eigenes Vermögen verfügen könne. Denn die Frau »ist dann faktisch geschäftsunfähig«.[833] Allerdings erkennt Bulling an, dass die Verwaltungsgemeinschaft schwerlich ohne das Herrschaftsrecht zu konstruieren sei.[834] Doch wenn das Mundium abgeschafft werde, brauche das Gesetz diesen Güterstand, weil es »immer genug Frauen« geben werde, die »sehr gern die Verwaltung ihres Vermögens ihrem Mann überlassen«.[835]

Mehrfach ist Bulling wegen seiner güterrechtlichen Ausführungen als Anhänger des Patriarchats charakterisiert worden.[836] Dieses schiefe Bild verdient eine Korrektur. Denn zentrales Element eines patriarchalischen Ehemodells wäre es, wenn der Ehemann für den Unterhalt der ehelichen Gemeinschaft aufkommt und im Gegenzug die Ehefrau Gehorsam schuldet. Andererseits kann sein Entwurf aber auch nicht als früher Vorläufer des Doppelversorgermodells betrachtet werden, denn dazu bieten die damaligen gesellschaftlichen Verhältnisse noch keine ausreichende Grundlage.[837] So ist es für eine Frau dieser Epoche kaum möglich, einer selbstständigen Arbeit nachzugehen und dadurch ihren Lebensunterhalt selbst verdienen zu können. Bulling hat daher vor allem eine

832 *Bulling*, Die deutsche Frau (1896), S. 134.

833 *Bulling*, Die deutsche Frau (1896), S. 135.

834 *Bulling*, Die deutsche Frau (1896), S. 136.

835 *Bulling*, Die deutsche Frau (1896), S. 136. Leider führt er hier nicht aus, ob diese Beobachtungen auf seine richterlichen Erfahrungen zurückgehen.

836 *Riedel*, Gleiches Recht für Frau und Mann (2008), S. 314, schreibt, dass »Bulling keinesfalls eine vollständige Gleichstellung verfolgt« und *Stierstorfer*, Das erste einheitliche deutsche Güterrecht (2010), S. 296, meint, dass Bulling von derselben Stellung der Frau in der Gesellschaft ausging wie Gottlieb Planck, der bekanntlich als Doyen des patriarchalischen Ernährermodells im BGB gilt.

837 *Meder*, Familienrecht (2013), S. 33–37, 234, 243, unterscheidet die folgenden Modelle: das patriacharchalische Ernährermodell, in dessen Rahmen der Mann für den Familienunterhalt sorgt, während die Frau den Haushalt betreut, das egalitäre Ernährermodell, bei dem der Mann grundsätzlich weiterhin den Familienunterhalt verdient und die Frau einer geringfügigen Tätigkeit nachgeht und weiterhin den Haushalt besorgt sowie die Entwicklungen nach der Wende zum 21. Jahrhundert, durch die neue materiale Wertvorstellungen sich im Vordringen befinden. »Patriarchalisches« und »egalitäres« Ernährermodell beruhen demnach auf einer Reihe gemeinsamer Merkmale. Dazu gehören die strikte Trennung von häuslicher und außerhäuslicher Tätigkeit, die Annahme einer Stabilität der Ehe und die Ableitung der vermögensrechtlichen Stellung der Frau aus der Erwerbstätigkeit des Mannes. Während aber das »patriarchalische« Ernährermodell die Auflösung einer Ehe entweder ganz ausschließt oder nur unter engen rechtlichen Voraussetzungen für zulässig erklärt, strebt das »egalitäre« Ernährermodell nach einer Erleichterung der Scheidung, vgl. *Meder*, Familienrecht (2013), S. 261.

Besserstellung der Frau auf dem Wege des Güterrechts und im Rahmen der zeitgenössischen sozialen Umstände im Blick. So würden sich für die Frau ganz neue ökonomische Perspektiven ergeben, wenn sie über das von ihr eingebrachte Gut frei verfügen könne, ohne einen monetären Beitrag zur ehelichen Lebensgemeinschaft leisten zu müssen.

Bullings güterrechtliche Vorschläge sind überwiegend als progressiv anzusehen. Eine ausgesprochene Weitsicht kennzeichnet seine Ausführungen. So nutzt er die Schlüsselfunktion des Güterrechts, um die finanziellen Voraussetzungen für eine Besserstellung und wirtschaftliche Unabhängigkeit der Ehefrau zu schaffen. Denn allein theoretisch im Gesetz verbriefte Gleichstellungsrechte würden leerlaufen, wenn die Ehefrau weiterhin wirtschaftlich abhängig sei und nicht einmal frei über das von ihr in die Ehe eingebrachte Gut verfügen könne.[838] Des Weiteren sei der Unterhalt für die eheliche Lebensgemeinschaft durch den Mann zu leisten.

Indem Bulling die Frau von der Pflicht freistellt, die Ehelasten zu tragen und ihr gleichzeitig ein volles Verfügungsrecht über ihr Vermögen einräumt, ist sein Vorschlag beinahe als sehr frauenfreundlich einzustufen. Andererseits ist dieser Gedankengang Bullings nur konsequent, wenn bedacht wird, dass ihm eine Einteilung der Ehe in Geschäftsbereiche vorschwebt. Das bahnbrechende Moment in seinem Vorschlag besteht daher auch in seiner Formulierung des § 1264. Allerdings lassen Bullings Überlegungen einen Punkt außer Betracht. Seine Vorschläge adressieren nicht das Problem, dass die Gütertrennung die nicht berufstätige und vermögenslose Ehefrau schutzlos stellt.

III. Scheidungsrecht

1. Bullings Haltung zum Institut der Scheidung

Im Hinblick auf die Regelungen des II. Entwurfs zur Auflösung der Ehe spricht sich Bulling ausdrücklich für die Möglichkeit der Scheidung aus. Eine Diskussion zur Scheidung könne sich nur auf die verschiedenen festzulegenden Scheidungsgründe beziehen, nicht jedoch auf ihre grundsätzliche Existenzberechtigung. Wenn es an »Liebe und Achtung« in der Ehe fehle, dann müsse eine Ehe geschieden werden.[839] Mögliche Scheidungsgründe misst er an einem von ihm selbst aufgestellten Prinzip, nach welchem die Ehegatten nur dann zur Weiterführung der Ehe verpflichtet seien, wenn eine Lebensgemeinschaft in

838 Vgl. dazu auch *Malsbenden*, Die rechtliche Stellung der Frau im ehelichen Güterrecht vom ALR zum BGB (1991), S. 2.

839 *Bulling*, Die deutsche Frau (1896), S. 136, 138.

Liebe und gegenseitiger Achtung noch möglich sei. Bulling wendet sich gegen das Prinzip der Kommission, wonach von einer grundsätzlichen Unauflöslichkeit der Ehe ausgegangen wird, da seines Erachtens nach die Lebensgemeinschaft der Ehegatten nur dann unauflöslich sei, wenn sie sich noch als wirkliche Lebensgemeinschaft darstelle.

Bulling geht davon aus, dass der Zweck der Ehe sich nicht im äußerlichen Zusammenleben der Eheleute erschöpft. Das Prinzip der Lebensgemeinschaft sei in einem weiteren Sinne zu verstehen. Jeder Ehegatte müsse danach streben, »das Leben des Andern sich gemeinschaftlich zu machen, das wahre Wohl des Andern vor dem eigenen zu fördern«. Nur dort, wo eine solche Lebensgemeinschaft nicht mehr möglich sei, solle die Ehe geschieden werden. Als Beispiel gibt Bulling jene Ehen an, »wo Liebe und Achtung geschwunden sind«.[840] Als notwendige Folge dieses Prinzips möchte Bulling den Scheidungsgrund der »gegenseitigen Uebereinkunft« zulassen, der im Entwurf nicht vorgesehen ist.[841] Dabei erkennt er durchaus das Interesse des Staates am Bestand der Ehe an, weil er es nicht gestatten dürfe, dass »die Eheleute beliebig ihre Ehe wieder trennen«. Deshalb bedürfe es insofern auch einer Regelung, dass eine Scheidung nur unter Vorbringung eines »Beweises«, also eines Grundes erfolgen könne.[842]

Da es aber Gründe innerhalb eines ehelichen Verhältnisses gebe, die keinem Beweis zugänglich seien, müsse es die Möglichkeit der Scheidung aufgrund gegenseitiger Übereinstimmung geben. Als Begründung führt Bulling zum einen an, dass es Vorgänge gebe, die das »geheimste Eheleben betreffen«. Diese könnten einen Ehegatten »in seinem tiefsten Empfinden empören und ihn mit Verachtung« gegen den anderen Ehegatten erfüllen. Wenn dies erkannt werde, habe die Möglichkeit einer Lebensgemeinschaft aufgehört, weshalb eine Scheidung aufgrund beiderseitigen Einvernehmens erforderlich wäre.

Andererseits gebe es Situationen, in denen »der eine Ehegatte in seinem Verhalten gegen Andere moralisch verwerfliche Handlungen« begangen habe, die den anderen »mit Abscheu erfüllen«. Auch in diesen Fällen müsse eine Scheidung möglich sein, wenn beide nicht länger an der Lebensgemeinschaft festhalten wollen. Zuletzt sei ein »nicht zu besiegender Feind der Lebensgemeinschaft die Unfriedfertigkeit«. Diese könne nicht bewiesen werden und auch das Gesetz erkenne sie nicht als Scheidungsgrund an. Gleichwohl müsse gerade dann, wenn ein Ehegatte dem anderen die »Ehe zur Hölle« macht, diese bei einer Übereinkunft geschieden werden können.[843]

840 *Bulling*, Die deutsche Frau (1896), S. 136–137.
841 *Bulling*, Die deutsche Frau (1896), S. 137.
842 *Bulling*, Die deutsche Frau (1896), S. 137.
843 *Bulling*, Die deutsche Frau (1896), S. 140.

Die Beweisführung bei einer Scheidung wegen gegenseitiger Übereinkunft solle ausschließlich durch die Kundgabe des korrespondierenden Willens bei Gericht erfolgen. Als formelle Voraussetzung schlägt Bulling des Weiteren eine Fristenregelung wie im Code civil vor, wonach der beiderseitige Wille zur Ehescheidung mehrfach vor Gericht zu erklären sei. Dadurch könne der Richter »die Gewißheit gewinnen, daß der Wille feststeht und nicht zu ändern ist, [...] weil hinter diesem Willen ein Empfinden steht, das den Willen so fest macht«. Das Empfinden mache den Eheleuten »das Zusammenleben widerwärtig« und damit die Lebensgemeinschaft unmöglich. Bulling sieht in der Scheidung aufgrund beiderseitiger Einwilligung den besten, weil »vollkommensten« Scheidungsgrund. Denn er erbringe den Beweis, dass »die Lebensgemeinschaft unmöglich ist«.[844]

Kritisch betrachtet der Autor insbesondere die von ihm als »Hauptbestimmung« im Scheidungsrecht bezeichnete Regel des § 1463 E II[845]. Diese möchte er durch folgende Bestimmung ersetzen:

> »Die Ehescheidung erfolgt auf Grund beiderseitiger Einwilligung, wenn die Eheleute dreimal in Zwischenräumen von drei Monaten vor dem Präsidenten des Gerichtes über ihre Gründe befragt sind und jedesmal erklärt haben, daß sie geschieden sein wollen.«[846]

Damit sieht Bulling das Scheidungsrecht als abschließend geregelt an, weil »es in Wirklichkeit nur einen Scheidungsgrund« gebe, »auf welchen alle einzelnen Gründe zurückkommen: daß es an Liebe und Achtung fehlt«.[847]

Zudem kritisiert Bulling die fehlende Bestimmtheit der relativen Scheidungsgründe, bei deren Vorliegen es nach dem II. Entwurf dem Ermessen des Richters überlassen ist, eine Scheidung für begründet zu erachten oder nicht. Er vertritt die Auffassung, dass der Gesetzgeber die Scheidungsgründe selbst bestimmen müsse und sie nicht der subjektiven Überzeugung eines Richters überlassen dürfe. Sonst würde der Richter zum Gesetzgeber und könne »irgend ein deutsches Ehescheidungsgesetz, das er für das richtige hält, sich zur Norm zu

844 *Bulling*, Die deutsche Frau (1896), S. 139–140.

845 § 1463 E II: Ein Ehegatte kann auf Scheidung klagen, wenn der andere Ehegatte durch schwere Verletzung der durch die Ehe begründeten Pflichten oder durch ehrloses oder unsittliches Verhalten eine so tiefe Zerrüttung des ehelichen Verhältnisses verschuldet hat, daß dem Ehegatten die Fortsetzung der Ehe nicht zugemuthet werden kann. Als schwere Verletzung der Pflichten gilt insbesondere grobe Mißhandlung.

846 *Bulling*, Die deutsche Frau (1896), S. 141.

847 *Bulling*, Die deutsche Frau (1896), S. 141. Für einen Vergleich mit dem modernenn Konsensual- und Zerrüttungsprinzip vgl. den folgenden Abschnitt zu Bullings Modell einer verschuldensunabhängigen Scheidung.

nehmen«. Die Vorschrift stelle daher einen »echten und höchst bedenklichen Kautschukparagraphen« dar.[848]

Die erforderliche Bestimmtheit werde auch nicht dadurch herbeigeführt, dass die Motive die Beispiele »Beleidigung, Mißhandlung, Verbrechen, Verweigerung der ehelichen Pflicht« sowie »Nötigung der mit Gebrechen behafteten Frau zum Beischlafe«[849]nennen. Diese Aufzählung illustriere lediglich, dass der Entwurf »es ganz dem Befinden des Richters« überlasse, »aus welchem Grund er die Scheidung aussprechen will«.[850] Den absoluten Ehescheidungsgründen stimmt Bulling inhaltlich zu, möchte sie jedoch um Fälle ergänzen, in denen ein Ehegatte während der Ehe bestimmte Straftaten beging.[851]

Die von den Motiven als relativer Scheidungsgrund aufgeführte Verweigerung der »ehelichen Pflicht« erkennt Bulling nicht an. Denn darin sieht er die gesetzliche Verpflichtung der Frau, sich dem Mann hingeben zu müssen, im Zweifel auch gegen ihren Willen. In diesem Zusammenhang spricht Bulling von der Ehefrau als »gekauftem Mädchen«.[852] Diese Herabwürdigung treffe im Verhältnis der Geschlechter allein die Frau, da umgekehrt die Frau den Mann nicht zur geschlechtlichen Hingabe zwingen könne. Folglich verberge sich in dieser Regelung ebenfalls eine weitere Ungleichbehandlung der Geschlechter. Daher sei auch die Verweigerung der ehelichen Pflicht als Scheidungsgrund abzulehnen,

---

848 *Bulling*, Die deutsche Frau (1896), S. 143. Zum Kautschukparagraphen siehe dort auch schon Bullings Ausführungen auf S. 75; im Ganzen vgl. *Bulling*, Kautschukparagraph und richterliche Unparteilichkeit, Die Nation, 16 (1895), S. 221–225. Vgl. zu diesem Artikel im Übrigen das 5. Kapitel (S. 108).

849 Motive, IV. Bd., S. 572–577. Bulling zitiert hier fälschlicherweise die Seiten 578ff., auf denen aber von der Trennung von Tisch und Bett als Alternative zur Scheidung gesprochen wird.

850 Er veranschaulicht dies anhand der Diskussionen um die Frage, ob auch die Konvertierung eines Ehegatten einen Scheidungsgrund darstellen soll: »Nach S. 572 soll Religionswechsel kein Scheidungsgrund sein. Kann das aber den Richter hindern, ihn doch anzunehmen, wenn er sieht, ganz klar sieht, nach seiner Auffassung, daß der Religionswechsel Zerrüttung des ehelichen Verhältnisses zur Folge hat? Denn Motive hindern ihn nicht, Recht vor Recht gehen zu lassen«, vgl. *Bulling*, Die deutsche Frau (1896), S. 143.

851 Im Einzelnen schreibt er dazu: »In jedem Falle aber, auch wenn der § 1463 bestehen bliebe, wären den absoluten Scheidungsgründen folgende hinzuzufügen: 1. Bestrafung wegen der unkeuschen Handlungen der §§ 174 und 176 des Strafgesetzbuches, also wenn der Ehegatte nach der Feststellung im Urtheile: als Vormund oder Lehrer unzüchtige Handlungen an seinen Pflegebefohlenen oder Schülern vorgenommen hat, als Beamter oder Arzt an den seiner Obhut anvertrauten Personen, oder unzüchtige Handlungen an einer Frauensperson mit Gewalt oder an willenlosen in bewußtlosem Zustande befindlichen Personen oder an Kindern unter 14 Jahren. 2. Verurtheilung des Ehegatten wegen des Vergehens des § 180 des Strafgesetzbuches, gewohnheitsmäßiger Kuppelei. 3. Entmündigung wegen Trunksucht. Die hier unter 1. genannten unsittlichen Handlungen müssen Scheidungsgrund sein, weil es gegen alle Regel wäre, wenn nicht eine ordentliche, rechtschaffene Frau gegen ihren Mann, der Solches vorgenommen hätte, mit Verachtung und Abscheu erfüllt wäre.«, *Bulling*, Die deutsche Frau (1896), S. 142–143.

852 *Bulling*, Die deutsche Frau (1896), S. 146.

denn »wie das Band der Ehe selbst«, solle »auch der Akt der Beiwohnung ein Sittlicher« sein, was nur dann der Fall sein könne, wenn beide freiwillig agierten. Auch die »prinzipielle Weigerung der Frau« solle nicht zur Scheidung berechtigen. Sonst müsse auf der anderen Seite »auch Impotenz ein Scheidungsgrund sein«. Deshalb plädiert Bulling auch hier für die ausdrückliche Gesetzesregel: »Die Verweigerung der ehelichen Pflicht ist kein Scheidungsgrund.«[853]

2. Bullings Modell einer verschuldensunabhängigen Scheidung

Zu fragen bleibt, ob Bulling, indem er eine Scheidung aufgrund gegenseitiger Übereinkunft fordert, bereits den Fall einer verschuldensunabhängigen Scheidung entwirft, der erst mit der großen Familienrechtsreform 1976/77 realisiert wurde. Die Scheidung aufgrund beiderseitigen Einvernehmens sei laut Bulling als »bester« und »vollkommenster« Scheidungsgrund anzusehen, denn dieser trete den nahezu vollständigen Beweis an, dass die Lebensgemeinschaft unmöglich sei. Ohne den Begriff zu verwenden, entwickelt Bulling also das Modell einer Konsensualscheidung bzw. einer verschuldensunabhängigen Scheidung, wobei er einschränkend die Mitwirkung des Gerichtspräsidenten bei einer solchen Scheidung fordert.[854]

Dieses Scheidungsmodell fand erst wesentlich später Eingang in das Gesetz. Danach erfolgt eine Auflösung der Ehe allein aufgrund des übereinstimmenden Willens der Eheleute. Bullings Konzept einer Konsensualscheidung lässt sich indes nicht schablonenartig auf das Modell der verschuldensabhängigen Scheidung übertragen, welches der Gesetzgeber am Ende der 1970er- Jahre kodifizierte. Eine solcher Versuch müsste allerdings auch als lebensfern gelten, übersieht er doch, dass die beiden Modelle unter vollkommen unterschiedlichen Prämissen entwickelt wurden. Trotzdem gibt es gewisse Überschneidungen. Beispielsweise führt die Scheidung wegen beiderseitiger Übereinkunft dem Grunde nach zu einer verschuldensfreien Scheidung nach dem Zerrüttungsprinzip.

Was Bulling aber gerade nicht vorschwebte, ist eine Scheidung aufgrund des einseitigen Verlangens eines Ehepartners. In diesen Situationen werde der Ehegatte versuchen, »den anderen umzustimmen«. Dann sei auch der scheidungswillige Partner »verpflichtet, sich umstimmen zu lassen, wenn es möglich ist«.[855] Bei diesen Erwägungen muss berücksichtigt werden, dass Bulling auch den Schutz der Ehefrau im Blick hatte. Denn eine einseitige Scheidungserklä-

---

853 *Bulling*, Die deutsche Frau (1896), S. 145–146.
854 *Bulling*, Die deutsche Frau (1896), S. 146–147.
855 *Bulling*, Die deutsche Frau (1896), S. 139.

rung, die unter bestimmten Voraussetzungen Wirksamkeit entfaltet, hätte damals wahrscheinlich zu heftigen sozialen Verwerfungen geführt. Allerdings enthalten Bullings Ausführungen in Bezug auf die Rechtsfolgen einer Scheidung leider keine Aussage. So blenden alle seine familienrechtlichen Schriften den nachehelichen Unterhalt im Scheidungsfall und die diesbezügliche Vermögensauseinandersetzung aus.[856] Solche Bemerkungen wären gerade im Hinblick auf die verschuldensunabhängige Scheidung wünschenswert gewesen.

IV. Strafbarkeit der Vergewaltigung in der Ehe

Betont werden müssen Bullings Ausführungen zur Strafbarkeit der Vergewaltigung in der Ehe. Er bezieht sich auf § 177 Abs. 1 StGB a. F.[857], wonach der Ehemann eine strafrechtliche Privilegierung erfuhr. Er konnte nicht wegen Vergewaltigung angeklagt werden, wenn er seine Ehefrau zum Geschlechtsverkehr nötigte, sondern lediglich wegen einfacher Nötigung. Diese war aber nur mit einer Strafe von höchstens einem Jahr Gefängnis bedroht. Bulling fordert, »das ›außerehelich‹ zu streichen«.[858]

Das Merkmal »außerehelich« ist erst über 100 Jahre nach der Forderung Bullings im Zuge einer Novellierung des StGB im Jahr 1997 aus dem Gesetz gestrichen worden. Eine rechtshistorische Untersuchung der dazu in dem Zeitraum 1700–1914 vertretenen Rechtsmeinungen zeigte, dass eine völlig gefestigte strafrechtliche Meinung ein Recht des Ehemannes annahm, die Ehefrau gegen ihren Willen durch Einsatz körperlicher Gewalt zum Geschlechtsverkehr und mittelbar auch zur Schwangerschaft zwingen zu dürfen. Dieses Recht ist auch dann noch fast unbestritten angenommen worden, als das allgemeine zivilrechtliche Züchtigungsrecht des Mannes bereits aus dem BGB verschwunden war.[859]

856 Auf das Fehlen dieses Komplexes hat bereits *Riedel* hingewiesen, vgl. Gleiches Recht für Frau und Mann (2008), S. 320.

857 § 177 Abs. 1 StGB a. F.: Mit Zuchthaus wird bestraft, wer durch Gewalt oder durch Drohung mit gegenwärtiger Gefahr für Leib oder Leben eine Frauensperson zur Duldung des außerehelichen Beischlafs nöthigt, oder wer eine Frauensperson zum außerehelichen Beischlafe mißbraucht, nachdem er sie zu diesem Zwecke in einen willenlosen oder bewußtlosen Zustand versetzt hat.

858 *Bulling*, Die deutsche Frau (1896), S. 147.

859 *Duncker*, Gleichheit und Ungleichheit (2003), S. 676. In den 1990er-Jahren wurde die Änderung der Vorschrift als seit über 50 Jahren überfällig bezeichnet, vgl. *Riedel*, Gleiches Recht für Frau und Mann (2008), S. 319, Fn. 1130 mit Verweis auf *Tröndle/Fischer*, StGB, 52. A. (2004), § 177, Rn. 2.

V. Elterliche Gewalt

Nach der Vorstellung des BGB-Gesetzgebers von 1900 waren Kinder schicksalhaft ihren Eltern anvertraut. Der Begriff der elterlichen Gewalt wurde wörtlich verstanden.[860] Dies spiegelt sich bereits in der Terminologie wider. Während lange Zeit überhaupt der Begriff der väterlichen Gewalt gebräuchlich war, hatte sich der Terminus elterliche Gewalt erst im Zuge der Kodifizierung des BGB etabliert. Bis zum begrifflichen Wandel hin zur heute bekannten elterlichen Sorge sollte es indessen noch knapp 80 Jahre dauern.

Obwohl der BGB-Gesetzgeber bereits 1896 von dem eindeutigen Begriff der väterlichen Gewalt abgerückt sei, blieben die Rechte der Mutter hinter denen des Vaters zurück, so Bulling.[861] Der Gesetzgeber habe der Mutter lediglich eine beschränkte rechtliche Stellung zugebilligt, die mit der eines verschwenderischen oder trunksüchtigen Vaters vergleichbar sei. Daher sei die elterliche Sorge der Mutter quasi inexistent. Als weiterer Beleg dafür dient ihm ein Hinweis darauf, dass die elterliche Sorge der minderjährigen Mutter nicht weiter beschränkt sei als die der volljährigen Mutter. Der Entwurf gesteht der Mutter daher nur ein geringstmögliches Elternrecht zu, was die §§ 1529[862], 1565[863] und 1585[864] E II zeigen würden. Der Vater habe dagegen alles, »was die elterliche Gewalt nur zu geben vermag«.

Bulling kommt zu dem Schluss, dass die »elterliche Gewalt« der Mutter derjenigen eines »wegen Verschwendung oder Trunksucht entmündigten Vaters« entspreche. Er führt diese Beschränkung der elterlichen Gewalt der Mutter wiederum auf das Mundium zurück.[865] Denn dieses erschöpfe sich nicht in der

---

860 *Frank*, 100 Jahre BGB, AcP 200 (2000), S. 401–425, 414. Eine monographische Untersuchung zur historischen Entwicklung der elterlichen Gewalt am Ende des 19. Jahrhunderts steht aus.

861 *Bulling*, Die deutsche Frau (1896), S. 147.

862 § 1529 E II: Neben dem Vater hat während bestehender Ehe die Mutter das Recht und die Pflicht, für die Person des Kindes zu sorgen; zur Vertretung des Kindes ist sie jedoch nicht berechtigt. Bei einer Meinungsverschiedenheit zwischen den Eltern geht die Meinung des Vaters vor.

863 § 1565 E II: Die elterliche Gewalt des Vaters ruht, wenn er geschäftsunfähig ist. Das Gleiche gilt, wenn der Vater in der Geschäftsfähigkeit beschränkt ist oder wenn er nach § 1772 einen Vormund erhalten; es steht ihm jedoch neben dem gesetzlichen Vertreter die Sorge für die Person des Kindes in gleicher Weise zu wie nach § 1529 der Mutter neben dem Vater.

864 § 1585 E II: Ruht die elterliche Gewalt der Mutter wegen Minderjährigkeit, so hat sie das Recht und die Pflicht, für die Person des Kindes zu sorgen; zur Vertretung des Kindes ist sie jedoch nicht berechtigt. Der Vormund des Kindes hat ihr gegenüber die Stellung eines Beistandes.

865 Beispielsweise verteidigte *Jastrow*, Recht der Frau (1897), S. 96–104, jedoch die gesetzlichen Regelungen zur elterlichen Gewalt, die seiner Meinung nach lediglich das zeitgenössische Familienbild wiedergeben würden. Eingehend dazu *Hinz*, Mutter- und Vaterbilder (2014), S. 87, und *Klemm*, Frauenbewegung und Familienrecht 1848–1933 (1999), S. 104.

Gehorsamspflicht der Ehefrau gegenüber ihrem Mann, sondern erstrecke sich ebenfalls auf das Elternrecht. Dort diene es als Grundlage für die Zuweisung eines Entscheidungsrechts an den Kindsvater, obwohl die »Pflichterfüllung« der Mutter gerade in der »mütterlichen Liebe« bestehe. Laut Bulling sei die Kommission aber derart bestrebt, an der ehelichen Vormundschaft festzuhalten, dass nicht einmal das Elternrecht eine Ausnahme habe darstellen können. Er sieht aber gleichzeitig, dass eine solche Ausnahme die gesamte Gesetzesbegründung in Frage gestellt hätte, denn »macht man einmal ein Loch, so bricht sehr leicht das Ganze Mundium zusammen«.[866]

Bullings Reformvorschlag mutet demgegenüber fast schon radikal an, weil er dafür eintritt, dass sowohl der Mutter als auch dem Vater die volle elterliche Sorge eingeräumt wird. Unter Bezugnahme auf seine bereits dargestellte Einteilung der Ehe in »Geschäftskreise« sei der »Frau die volle elterliche Gewalt zu geben«, was auch dem »Begriffe der elterlichen Gewalt« entspreche. Als elterliche Gewalt definiert Bulling die »Pflicht der Eltern, ihr Kind zu unterhalten und zu erziehen«, weshalb die Bereiche der elterlichen Gewalt gut voneinander zu trennen und auf die Elternteile aufzuteilen seien.

Außerdem spreche noch ein anderer Grund für die Teilung der elterlichen Gewalt in Unterhaltspflichten und Erziehungspflichten, nämlich, dass »eine Angelegenheit dann am besten besorgt wird, wenn sie der, dem sie obliegt, in voller Freiheit und Verantwortlichkeit besorgen kann, seine Geltung auch in der Erziehung hat«. An so manchem Kind habe das »vulgäre Sprichwort: viele Köche verderben den Brei, eine traurige Bewahrheitung gefunden«. Daher möchte er die Unterhaltspflicht, von ihm als ökonomische Pflicht bezeichnet, dem Vater aufgeben und die Erziehungspflicht der Mutter. Der Ehefrau liege ohnehin »als Ehelast die persönliche Mühewaltung ob«. Dementsprechend habe sie auch die »Mühewaltung der Ernährung und der Erziehung des Kindes«. Folglich müsse ihr auch in Angelegenheiten der Ernährung und Erziehung die Entscheidung zustehen.[867] Es sei zwar »wünschenswerth«, dass sich die Eltern über die Erziehung beraten. Wie eingangs bereits ausgeführt, verstehe sich aber der »Mann nicht auf die Erziehung«. Er wisse nichts von der »Kunst«, dass »das Kind, was ihm als Norm gelehrt wird, in sein Pflichtempfinden aufnimmt«. Die Natur habe diese Fähigkeit der Frau beigegeben.[868]

In Beachtung dieser Grundsätze formuliert Bulling dann seinen Gesetzesvorschlag zur elterlichen Gewalt:

---

866 *Bulling*, Die deutsche Frau (1896), S. 150.

867 *Bulling*, Die deutsche Frau (1896), S. 154–155.

868 *Bulling*, Die deutsche Frau (1896), S. 156. An anderer Stelle hatte Bulling den Mann bereits als »Stümper« in Bezug auf dessen Erziehungskompetenz bezeichnet.

»Es wäre hiernach der § 1529 durch folgende Bestimmung zu ersetzen:
Die Verwaltung des Vermögens des Kindes und die Nutznießung des Vermögens, sowie die Vertretung des Kindes liegt dem Vater ob, mit dem Rechte der Entscheidung.
Die Mühewaltung für den Unterhalt und die Erziehung des Kindes liegt der Mutter ob. Sind in Betreff des Unterhaltes und der Erziehung die Eltern verschiedener Meinung, so geht die Meinung des Vaters vor, so weit es sich um Kosten handelt, die ihm zur Last fallen, sowie in Betreff der Bestimmung des Berufes des Kindes; im Uebrigen aber geht die Entscheidung der Mutter vor, auch in Bestimmung der Religion des Kindes, in der Erziehung der Knaben indessen nur bis zur Vollendung des schulpflichtigen Alters.
Ist Einer der Eltern in seinem Geschäftskreise verhindert, so vertritt ihn der Andere, auch mit dem Rechte der Entscheidung.
Gegen jede Entscheidung steht dem andern Theile die Beschwerde wegen Mißbrauchs zu.«[869]

Konsequent möchte Bulling der Mutter für den Fall, dass der Vater sterben sollte, die volle elterliche Gewalt zuweisen und gleichzeitig die Bestimmungen über die nach den §§ 1576 bis 1584 E II in diesem Fall erforderlichen Anordnung eines Beistands streichen.[870] Denn es sei eine Selbstverständlichkeit, dass nach der Aufhebung des Mundiums »die Frau während der Ehe die volle elterliche Gewalt neben dem Manne habe«.[871]

Interessanterweise möchte Bulling darüber hinaus eine Rechtspflicht insofern in das Gesetz schreiben, als jeder Elternteil »verpflichtet sei, einen Mißbrauch der elterlichen Gewalt durch den anderen dem Vormundschaftsgericht anzuzeigen«.[872] Insgesamt sind die Parallelen zwischen der Gestaltung des Ehe- und des Elternrechts offenkundig. Allerdings führt die Zuordnung weiter Teile der Kindererziehung in den »Geschäftskreis« der Frau zu einem interessanten Ergebnis. Denn so ergibt sich ein Übergewicht der Ehefrau, weswegen diese Vorschläge Bullings bereits als matriarchal gekennzeichnet worden sind.[873]

VI. Vormundschaftsrecht

Schließlich widmet sich Bulling in seiner Schrift dem Vormundschaftsrecht. Dabei wendet er sich gegen den im § 1664 des I. Entwurfs festgelegten Ausschluss der Frau von der Übernahme einer Vormundschaft. In seiner Begrün-

869 *Bulling*, Die deutsche Frau (1896), S. 158–159.
870 *Bulling*, Die deutsche Frau (1896), S. 160.
871 Beschränkt werde die elterliche Gewalt dann nur noch insofern, als »nach dem Tode des Mannes der Frau die elterliche Gewalt zur alleinigen Ausübung verbleiben muß, nicht anders, als wie es sich mit dem Manne verhält, wenn die Frau gestorben ist«, *Bulling*, Die deutsche Frau (1896), S. 160–161.
872 *Bulling*, Die deutsche Frau (1896), S. 159.
873 Vgl. *Duncker*, Gleichheit und Ungleichheit (2003), S. 539, Fn. 2277.

dung weist Bulling darauf hin, dass mit der Zulassung der Frauen als Vormund einem gesellschaftlichen Zweck gedient sei. Männer würden durch die Übernahme »öffentlicher Angelegenheiten« bereits stark beansprucht. Die Zulassung von Frauen zur Übernahme von Vormundschaften könne Männer daher merklich entlasten.[874]

Vor allem seien es aber die mütterlichen Fähigkeiten, die seines Erachtens nach Frauen sogar besser als Männer in den Stand versetzen, den Anforderungen einer Vormundschaft gerecht zu werden. In Frauen sieht Bulling nämlich jene potenziellen Vormünder, die nicht nur die Angelegenheiten des Kindes regelten, sondern dem Kind auch eine gewisse Obhut und Geborgenheit vermitteln könnten.[875] Dieser Umstand könne sich auf die Kinder nur positiv auswirken, da der Vormund in erster Linie für das »Wohl des Mündels« sorgen solle.[876]

Unter den zeitgenössischen Autoren befindet sich niemand, der dermaßen vorausschauend die Gestaltung eines familienrechtlichen Abschnitts am Kindeswohl ausrichtet wie Bulling. Noch im römischen Recht sei die Unfähigkeit der Frauen zur Übernahme von Vormundschaften damit begründet worden, dass sie keine fremden »Schuldverbindlichkeiten« wirksam übernehmen konnten.[877] Ein solches Argument könne aber nicht als Begründung dienen, denn die Vormundschaft sei kein öffentliches Amt mehr, wie es noch im römischen Recht der Fall war. Zurückzuführen sei die Gesetzgebung der Kommission daher in diesem Bereich ebenfalls auf das Mundium.

Ohne in einem Resümee seine Thesen zusammenzufassen, beschließt Bulling dann sein Werk mit folgenden Worten:

> »Deshalb dürfen denn die Frauen, solange das Mundium zu Recht besteht, sich keine Hoffnung darauf machen, zur elterlichen Gewalt nach dem Tode des Mannes zu gelangen oder zur Vormundschaft zugelassen zu werden oder überhaupt in irgendeiner erheblichen Weise zu Berufen von Männern. Aber das Mundium wird fallen, wenn auch nicht auf den ersten Schlag, weil trotz Allem, was man dafür anführt, daß wir im Zeitalter der materiellen Interessen stehen, es dennoch die idealen Bestrebungen sind und es immer sein werden die die Welt regieren, die Welt der Menschen, und unter

---

874 *Bulling*, Die deutsche Frau (1896), S. 165.

875 *Bulling* betont des Öfteren die wesentliche Bedeutung der Mutter bei der Kindererziehung.

876 *Bulling*, Die deutsche Frau (1896), S. 165–166. Vertiefend argumentiert Bulling, dass gerade Frauen es seien, die Mitleid und Mitgefühl für das Kind haben werden, wofür das bloße Pflichtgefühl kein Auge hat, weshalb man ihnen den Vorzug geben müsse. Ferner verstehe sich die Frau auf die Erziehung, während dem Mann dazu die Beobachtungsgabe und die Geduld fehle. Er könne lediglich unterrichten, aber nicht erziehen. Dem Kind müsse es aber nicht »bloß äußerlich gut gehen, sondern auch innerlich«. Dazu könne er das Kind aber, wie gezeigt, gerade nicht an einen Mann verweisen.

877 *Bulling*, Die deutsche Frau (1896), S. 166–167. In Rede steht hier das sogenannte *Senatus Consultum Velleianum*, das zu den Rechtswohltaten gezählt wird.

ihnen eine ist von nie versiegender, unerschöpflicher Ausdauer und Kraft: die nach Freiheit in der Pflichterfüllung.«[878]

VII. Rezeption des Werks

Bullings Schrift fand vor allem in der Frauenbewegung große Resonanz, was noch auszuführen sein wird. Daneben beschäftigte sich aber auch die Rechtswissenschaft mit dem Werk, wie zunächst der Artikel Ludwig Bambergers »Die Frauenfrage« zeigt. Es handelt sich weniger um eine Rezension als um ein Plädoyer zur Stärkung der Rechtsposition der Ehefrau. Der bekannte Politiker setzt sich darin mit der »guten Sache« der Frauenbewegung auseinander, die Ehefrau aus dem Zustand der »Abhängigkeit und Unselbständigkeit« herauszuführen. Für die Bewegung sei mit Carl Bulling nun »im entscheidenden Moment ein Vertheidiger aufgestanden«, dessen Stimme die Kommission nicht überhören sollte.

An Bullings Schrift hebt Bamberger im Folgenden hervor, dass er gerade nicht die Aufgabe des Gesetzgebers darin sehe, »Urzustände« aufrechtzuerhalten oder wiederherzustellen. Der Kommission macht er dabei den Vorwurf, aus einer »gelehrten Romantik« für die »Vergangenheit zu schwärmen«. Bulling frage dagegen, »was gerecht, nützlich und vernünftig« sei und sage, dass eine solche Vorgehensweise nicht »undeutsch« sein könne.

Der Kommission macht er dann den Vorwurf, Frauen nicht am Gesetzgebungsprozess beteiligt zu haben. Es wäre »so übel nicht gewesen, einige erfahrene kluge Frauen zuzuziehen«, zumal man auch die »lieben Agrarier« nicht vergessen habe und Frauen die Mehrheit der Bevölkerung bilden würden.[879] Ohne Planck zu nennen, entgegnet er dessen Gedanken von der Rechtseinheit, dass »hinter dieser Einheitsfassade« zahlreiche Lücken existierten. Durch diese könne sich wieder das alte Recht Bahn brechen, könnten die »alten deutschen Absonderungen in hellen Haufen wieder ins Freie laufen«.[880] Zwar sei die Vereinheitlichung des Rechts zu begrüßen, umso mehr müssten die Bestrebungen aber nun darauf hinauslaufen, nun auch ein »zeitgemäßes deutsches Recht herzustellen«.[881] Voltaire zitierend meint er abschließend, dass das »Bessere zwar des Guten Feind ist«, aber wo das Bessere dem Schlechten entgegentrete, sei das Bessere das Gute.

878 *Bulling*, Die deutsche Frau (1896), S. 169–170.
879 Der Verweis auf die »lieben Agrarier« bezieht sich mit hoher Wahrscheinlichkeit auch auf Bambergers Erfahrungen aus den Diskussionen um die Goldklausel, vgl. das 4. Kapitel (S. 58, 88).
880 *Bamberger*, Die Frauenfrage, Die Nation 22 (1896), S. 331–333, 332.
881 *Bamberger*, Die Frauenfrage, Die Nation 22 (1896), S. 331–333, 333.

Ausführlich wurde Bullings Schrift von Carl Th. Schulz in dessen Monographie »Wider die eheliche Pflicht« rezipiert, der zudem angab, sich mit Bulling im Vorfeld der Abfassung besprochen zu haben.[882] Inhaltlich setzte sich der Autor in erster Linie mit der Pflicht zum Geschlechtsverkehr auseinander, die er scharf kritisierte. Schulz, bei dem nicht klar ist, ob er Jurist war,[883] sieht in dieser Pflicht eine Unterwerfung der Frau und eine Nötigung zu Geschlechtsverkehr gegen ihren Willen.[884] Im Anschluss an Bulling leitet er die eheliche Pflicht aus der Lebensgemeinschaft der Ehe ab. Dabei missbilligt er insbesondere, dass über »die Frage, ob Mißbrauch überhaupt vorliegt oder nicht, künftig das subjektive Ermessen des Richters allein entscheiden soll«.[885] Daneben moniert er die strafrechtliche Privilegierung des Ehemannes im Rahmen des § 177 StGB a. F. Unter Berufung auf Bulling müsse dieser Missstand abgeschafft werden, da die »durchschnittlich schwächere« Frau sich nicht wehren könne.

Der Königsberger Privatdozent Eduard Hubrich meinte hingegen, dass Bulling ein »einseitig gefärbtes Bild von der Barbarei der Männer und der Sklaverei der Frau« zeichne. Der Gesetzgeber müsse das Institut der Ehe aufgrund der »auflösenden Tendenz unserer Zeit« eher stärken, als der »Frauenemanzipation« den Boden zu bereiten.[886] Ebenfalls kritisch rezensierte Hermann Jastrow die Schrift Bullings. Seiner Meinung nach sei das Übergewicht des Ehemannes darauf zurückzuführen, dass er die Familie ernähre. Daher wohne diesem Übergewicht nichts »Willkürliches, durch Gesetz Geschaffenes« inne, sondern beruhe schlicht auf den sozialen Verhältnissen. Diese umzukehren, vermag eine »genau gezirkelte Gleichberechtigung der Frau in Gesetzesparagraphen« nicht zu erreichen. Solch ein Versuch sei zum Scheitern verurteilt, er offenbare nur die »Machtlosigkeit des Gesetzgebers«. Laut Jastrow werde der Mann »als Familienernährer immer auch das Familienoberhaupt bleiben«.[887] Zustimmend äußert er sich zum Recht der Frau, an den »allgemeinen geistigen Bestrebungen der Nation« teilzunehmen, ohne näher auszuführen, was er damit konkret meint. Einer solchen Teilhabe stehe jedenfalls § 1354 nicht entgegen, weil die Norm keine andere »Schranke« enthielte, »als diejenige, die sich aus der Natur der Verhältnisse« ergebe, auch wenn die Vorschrift nicht existiere. Wie oben erläutert hat Jastrow seine Haltung in der Frauenfrage später ausführlich in der

882 *Schulz*, Wider die eheliche Pflicht, S. 13.

883 So *Duncker*, Gleichheit und Ungleichheit (2003), S. 657, 675, der Schulz im Übrigen als »Außenseiter« bezeichnet, da seine Forderungen so ausführlich geraten waren, dass sie sowohl entfernt von denen Bullings und der Frauenbewegung einerseits und andererseits der zeitgenössischen männlichen Juristenschaft andererseits standen.

884 *Schulz*, Wider die eheliche Pflicht, S. 64, 92.

885 *Schulz*, Wider die eheliche Pflicht, S. 92.

886 *Hubrich*, Kritiken. Die deutsche Frau und das Bürgerliche Gesetzbuch von Carl Bulling, DJZ 1896, S. 277.

887 *Jastrow*, Rezension zu Carl Bulling, Archiv für Öffentliches Recht 1897, S. 615–617, 616.

Monographie »Das Recht der Frau nach dem Bürgerlichen Gesetzbuch. Dargestellt für die Frauen« konkretisiert.

VIII. Resümee

In seiner Auseinandersetzung mit dem Eherecht des II. Entwurfs sieht Carl Bulling als die eigentliche Grundlage dieses Rechtsgebiets das Mundium an. Dieses stelle zugleich die Grundlage aller deutschen Eherechte und die Quelle zahlreicher Missstände in der Ehe dar und sei nunmehr zu überwinden. An die Stelle des Mundiums soll die Lebensgemeinschaft treten, die auf dem freien Eigenwillen der Ehepartner beruhe. Dieser Grundsatzbestimmung folgen die Anwendungen auf unterschiedliche Bereiche des Familienrechts, wobei zu den einschlägigen familienrechtlichen Normen des BGB-Entwurfs Gegenvorschläge formuliert und umfassend begründet werden. Bulling gelang mit dieser Schrift ein anspruchsvoller Gegenentwurf zum BGB, der in der heutigen Wissenschaft auf eine Stufe mit den Arbeiten von Anton Menger oder Otto von Gierke gestellt wird.[888] Sie begründete zudem seinen Ruf als wichtigster antipatriarchaler Kritiker und führender Familienrechtsreformer. Bulling erbrachte den Nachweis, dass die Frauen sich aus der Herrschaft des Mannes auch durch familienrechtliche Reformen befreien könnten. Andere zeitgenössische Reformvorhaben wie das Wahlrecht sind daher für ihn nachrangig bzw. lassen sich ohne Abschaffung der Geschlechtsvormundschaft erst gar nicht verwirklichen.

888 Vgl. dazu *Meder*, Familienrecht (2013), S. 197.

9. Kapitel: Bulling und die Auseinandersetzungen innerhalb der Frauenbewegung

I. Carl Bulling und die Frauenbewegung

1. Bekannte Vertreterinnen der bürgerlichen Frauenbewegung

Wie im 7. und 8. Kapitel bereits umrissen wurde, blieb Bulling der Nachwelt in erster Linie als einer der wenigen männlichen Unterstützer der Frauenbewegung in Erinnerung. Mit Helene Lange verfasste er eine Broschüre als Replik auf einen Artikel Emilie Kempins. Auf diese Publikation wird noch zurückzukommen sein. Im Vordergrund soll zunächst die deutsche Frauenbewegung und deren Rezeption Bullings stehen.

Die Frauenbewegung ist in den 1890er-Jahren keine homogene Gruppe von Frauen, die sich auf ein Programm von Zielen festgelegt hat. Vielmehr handelt sich um mindestens zwei heterogene bürgerliche bzw. proletarische Gruppierungen.[889] Sie unterscheiden sich wesentlich in Bezug auf ihre Ziele und Arbeitsweise. Während die bürgerliche Frauenbewegung vorrangig die weibliche Abhängigkeit zu verringern sucht, strebt die proletarische Bewegung vornehmlich die Durchsetzung des weiblichen Stimmrechts an.[890] Hinzu kommt, dass innerhalb des bürgerlichen Teils der Bewegung zwischen einem rechten, auch als gemäßigt bezeichneten, Flügel und einem linken, als radikal bezeichneten, Flügel differenziert wird. Bulling ist innerhalb der Frauenbewegung dem bürgerlichen Teil zuzuordnen und dort dem gemäßigten Spektrum. Als Beleg

889 Zur Anfangszeit der Frauenbewegung siehe *Twellmann*, Die Deutsche Frauenbewegung (1972), S. 194–201; *Karl*, Die Geschichte der Frauenbewegung (2011), S. 17–100; speziell zum bürgerlichen Teil der Bewegung am Ende des 19. Jahrhunderts siehe *Greven-Aschoff*, Die bürgerliche Frauenbewegung in Deutschland 1894–1933 (1981), S. 22–69, wo Bulling allerdings keine Erwähnung findet.

890 Daher hat sich für diese Gruppe die Bezeichnung Stimmrechtsbewegung etabliert. Die Forderung nach Gleichberechtigung wurde von der proletarischen Frauenbewegung bei weitem nicht mit derselben Intensität und Vehemenz gefordert wie von Seiten der bürgerlichen Bewegung, vgl. *Szymanski*, Theorie und Lebenswirklichkeit (2013), S. 188.

dafür kann seine enge Zusammenarbeit mit Helene Lange gelten, die als Wortführerin des bürgerlichen Flügels bezeichnet werden darf.[891] Wie der Kontakt Bullings zur Frauenbewegung zustande kam, lässt sich nicht mit letzter Sicherheit rekonstruieren. Vermutlich spielte Helene Lange hierbei eine entscheidende Rolle.[892] Jedenfalls wohnte er eine Zeitlang im Haus des Oldenburgers Nicolas tom Diek, dem Großvater von Lange. Neben seinen familienrechtlichen Publikationen, die die Positionen der Bewegung aufnehmen, kann als gesichert gelten, dass er einen Vortrag auf dem Kongress der Frauenbewegung im Jahr 1897 in Stuttgart gehalten hat.

Die Frauenbewegung setzte sich anfangs kaum mit den BGB-Entwürfen auseinander. Während der erste BGB-Entwurf von dem bürgerlichen Teil der Bewegung so gut wie nicht beachtet wurde, erschienen nach der Veröffentlichung des zweiten BGB-Entwurfs und vor allem der Reichstagsvorlage zum BGB 1895/96 zahlreiche Schriften und Petitionen bezüglich der Reformforderungen der Frauenbewegung und einzelner Autorinnen aus deren Umfeld. Zu erwähnen sind hierbei die drei umfassenden Gegenentwürfe aus der Frauenbewegung zum BGB-Familienrecht.[893] Dabei handelt es sich im Einzelnen um den Entwurf von Sera Proelß und Marie Raschke: »Die Frau im neuen bürgerlichen Gesetzbuch«,[894] den Entwurf des Rechtsschutzvereins für Frauen in Dresden: »Das deutsche Recht und die deutschen Frauen. Kritische Beleuchtung des Entwurfs eines bürgerlichen Gesetzbuchs«[895] und den Entwurf des Bundes Deutscher Frauenvereine.[896] Als bedeutendes Reformkonzept gelten Bullings Schriften »Die

891 *Greven-Aschoff*, Die bürgerliche Frauenbewegung in Deutschland 1894–1933 (1981), S. 54–60.

892 *Koujouie*, Die Frauenfrage als Menschheitsfrage, in: Meder u. a. (Hg.), Frauenrecht und Rechtsgeschichte (2006), S. 193–209, 205. Auch der Briefwechsel zwischen Bamberger und Bulling gibt darüber keinen Aufschluss, da dieser nur bis einschließlich 1869 in den Archiven vorhanden ist.

893 Die Forderungen der Frauenbewegung klangen am Ende des 19. Jahrhunderts utopisch und wurden oft verspottet. Doch seit den 1950er-Jahren fanden diverse Reformen des Familienrechts statt, deren Ziel in der Gleichberechtigung der Geschlechter bestand. Bemerkenswert ist, dass die Gegenentwürfe der Frauenbewegung die heutige Sichtweise oft schon vorwegnahmen. Die Frauenbewegung hat nachfolgenden Generationen sämtliche Voraussetzungen zur Umsetzung der beabsichtigten Rechtsreform geschaffen, näher dazu *Meder*, Familienrecht (2013), S. 197.

894 Abgedruckt bei Meder u. a. (Hg.), Die Rechtsstellung der Frau (2010), S. 690–731.

895 Abgedruckt bei Meder u. a. (Hg.), Die Rechtsstellung der Frau (2010), S. 757–791.

896 Abgedruckt bei Meder u.a. (Hg.), Die Rechtsstellung der Frau (2010), S. 258–287. Drei Punkte in den o.g. Entwürfen sind hervorzuheben: An erster Stelle steht die Anerkennung der Frau als selbstständige Rechtspersönlichkeit. Daraus abgeleitet werden die Folgen der Anerkennung für die inhaltliche Ausgestaltung des Ehe- und Familienrechts. Bis heute nicht entschieden ist die Diskussion, inwieweit die Forderungen darüber hinaus zu einem System, also einer eigenen rechtstheoretischen Position zusammengefasst werden können. Mithin steht also eine Antwort auf die Frage aus, ob es bereits um 1900 Ansätze zur

deutsche Frau und das bürgerliche Gesetzbuch« und »Die Rechte der Unehelichen Kinder«. Beide Werke genossen bei der bürgerlichen Frauenbewegung großes Ansehen. So lag die Schrift zur Rechtsstellung der Frau auf der Berliner Protestversammlung am 16.2.1896 zum Verkauf aus, wo die bekannte Vertreterin der Bewegung Minna Cauer zum »recht eifrigen« Kauf aufforderte.[897]

In der Zeitschrift »Die Frauenbewegung« wurde Bulling zudem durch den Berliner Verein Frauenwohl für die »Liebe und Hingabe« gedankt, mit der er sich für die Stärkung der Rechte nichtehelicher Kinder einsetzte. Er habe sich der Kommission des Vereins mit besonderer »Bereitwilligkeit und Aufopferung an Zeit und Kraft« zur Verfügung gestellt.[898] Im Namen desselben Vereins dankte an anderer Stelle auch die Frauenrechtlerin Henriette Goldschmidt dem »treuen Beamten und Freund der gerechten Frauensache« Bulling für seinen »allzeit freundlichen Rat und seine Teilnahme«.[899] Deutlich wird auch an diesen Passagen, dass Bulling seine Thesen nicht abgeschottet und extern, also abgeschnitten von der Frauenbewegung entwickelte. Für einen engen Kontakt mit der Frauenbewegung spricht ebenfalls, dass Marie Raschke[900] Bulling als »unseren juristischen Mitstreiter« bezeichnete und auf ihn rekurriert:

> »Es ist ein verhängnisvoller Irrtum vieler Frauen anzunehmen, die Fragen des Eherechts wären nicht von so einschneidender Bedeutung. Sie beachten nicht, dass die freie Pflichterfüllung den Menschen adelt, erst die frei und voll entwickelten Kräfte das wahre Menschentum ausmachen. Die Kräfte der Frauen können sich aber erst frei entfalten, wenn das Gehorsamsrecht des Mannes, die Bevormundung der Frau im Staate gesetzlich aufgehoben, wenn die Frau dem Manne gesetzlich gleichgestellt ist. Unser juristischer Mitstreiter, der Geh. Justizrat Karl Bulling, hat dies so vortrefflich in

Formulierung einer »feministischen« Rechtstheorie gegeben hat, dazu *Meder*, Familienrecht (2013), S. 197.

897 Die Nachfrage auf dieser Versammlung trug dazu bei, dass der Druck einer zweiten Auflage von Bullings Schrift erforderlich war, vgl. Meder u.a. (Hg.), Die Rechtsstellung der Frau (2010), S. 82.

898 *Anonymous*, Sitzungsbericht des Vereins Frauenwohl Berlin vom 18.12.1895, Die Frauenbewegung (1896), S. 8.

899 *Goldschmidt*, Verein Frauenwohl, Die Frauenbewegung (1896), S. 138–139, 139.

900 Marie Raschke (1850–1935) war eine der führenden Juristinnen der deutschen Frauenbewegung. Bekanntheit erlangte sie als eine der ersten Frauen, die Jura als Gasthörerinnen studierten. Frauen waren bis 1908/09 zu einem universitären Studium in Deutschland nicht zugelassen und konnten daher auch nicht die juristischen Staatsexamina ablegen. Universitäre Abschlüsse in diesem Fach waren deutschen Frauen damals nur in der Schweiz möglich, wo Raschke im Jahr 1899 an der Universität Bern promoviert wurde. Auf der Grundlage ihres juristischen Studiums suchte Raschke einen neuen juristischen Beruf als Frauenberuf zu etablieren, den Beruf einer Lehrerin für Rechtskunde. Zu Raschke vgl. *Cordes*, Marie Munk (2014), S. 893–898; sowie *Berneike*, Frauenfrage (1995), S. 67–80.

seinem Werke: ›Die deutsche Frau und das bürgerliche Gesetzbuch‹ ausgeführt, dass ich dieses Werk auch den ausländischen Schwestern warm empfehlen möchte.«[901]

Wie die Mehrheit des bürgerlichen Teils der Bewegung und Bulling postuliert Raschke also die Abschaffung der Geschlechtsvormundschaft. Sie lässt allerdings Fragen nach Änderungen im Güterrecht unbeantwortet. Diese können aber auch unter den Begriff »Kräfte der Frau« subsumiert werden, sodass derartige Reformen erst nach der eherechtlichen Gleichstellung verfolgt werden sollten.

Mit Marie Stritt[902] brachte eine weitere bekannte Vertreterin ihre Bewunderung für Bulling im Rahmen ihres Vortrags auf der Generalversammlung des Bundes deutscher Frauen zum Ausdruck:

»Mit Recht bezeichnete der um unsere Sache so hoch verdiente Geheime Justizrath Bulling auf dem Stuttgarter Frauentag, und später im Hamburgischen Correspondent, dies Entscheidungsrecht des Mannes als die neue prinzipielle Anerkennung der bisherigen Hörigkeit der Frau in der Ehe, die Beseitigung dieses Rechtes aber als die condictio sine qua non aller Frauenbefreiung, allen Frauenfortschritts. Mit Recht führt er alle Bemühungen, den Frauen diese Bestimmungen in einem harmlosen Lichte darzustellen, auf unbeabsichtigte oder beabsichtigste Täuschung zurück. Tatsächlich ist dadurch der bisher gültige Gehorsamsparagraph nicht beseitigt, sondern nur in einer etwas rücksichtsvolleren Form, aber in vollem Umfang aufrecht erhalten.«[903]

Stritts Ausführungen harmonieren mit jenen Bullings.[904] So sei die Ausdrucksweise bei der Formulierung der eherechtlichen Vormundschaft des Mannes über die Frau zwar höflicher geworden, jedoch sei »der Geist, der alte geblieben«.

Bulling stimmte insofern mit der Überzeugung der Frauenbewegung überein, als gesetzliche Regelungen an den realen, zeitgenössischen Verhältnissen zu messen seien. Die Kommission habe in erster Linie darauf gesetzt, »so viel wie möglich das ursprünglich deutsche Recht« in das BGB zu übertragen. Dagegen

901 *Raschke*, Das norwegische und dänische Familienrecht, in: Schoenflies u. a. (Hg.), Der Internationale Kongress für Frauenwerke und Frauenbestrebungen in Berlin (1897), S. 290–301, 300f.

902 Marie Stritt (1855–1928) gilt neben Raschke als eine der Wegbereiterinnen der deutschen Frauenbewegung. Die ausgebildete Schauspielerin hatte 1894 den ersten Rechtsschutzverein für Frauen in Dresden gegründet. Im Jahr 1896 war sie eine Mitinitiatorin der Protestkampagne Frauen-Landsturm gegen den Entwurf zum BGB. Außerdem war sie eine Zeitlang Vorsitzende des Bundes Deutscher Frauenvereine. Vertiefend zu Stritt siehe *Schüller*, Marie Stritt – Eine »kampffrohe Streiterin« in der Frauenbewegung (1855–1928) (2005).

903 *Stritt*, Das bürgerliche Gesetzbuch und die Frauenfrage (1898), S. 6. Sie nimmt hier Bezug auf die Artikelfolge Bullings mit dem Titel »Die Frauenbewegung und das BGB in den §§ 1353 und 1354« im Hamburgischen Correspondent Teil 1–6, Nr. 167, 177, 189, 201, 213 und 225 (vgl. dazu das 10. Kapitel, S. 239).

904 *Meder*, Das mundium und die rechtliche Konstruktion des Geschlechterverhältnisses in der Entstehungsphase des BGB, in: Hermann u. a. (Hg.), FS Nehlsen (2008), S. 682–706, 696.

komme es bei der Gesetzgebung vielmehr darauf an, »den Forderungen der seitdem unendlich fortgeschrittenen Zivilisation und des seitdem völlig umgestalteten Lebens gerecht zu werden«.[905] Auch aus rechtstheoretischer Sicht überschneiden sich die Ausführungen Bullings mit den Forderungen und Begründungen der Frauenbewegung.

2. Marianne Weber über Bulling: Ein Anhänger des »ethischen Individualismus«

Besonders intensiv hat sich innerhalb der Frauenbewegung Marianne Weber mit den Thesen Bullings auseinandergesetzt, z. B. in einem ihrer Hauptwerke, »Ehefrau und Mutter«[906]:

> »Bei weitem eingehendsten und tiefgründigsten befasste sich ein praktischer Jurist: Karl Bulling, in seiner Schrift ›Die deutsche Frau und das bürgerliche Gesetzbuch‹ mit dem Problem. An der Hand der Erfahrungen als Richter in Ehestreitigkeiten geht er in überaus feinsinniger Weise allen psychologischen und sittlichen Wirkungen des Mundialprinzips nach und kommt vom Standpunkt des ethischen Individualismus aus zu dem Resultat, dass jede Form gesetzlicher Autorität des Ehemanns für ihn selbst eine schwere sittliche Gefahr bedeutet und unvereinbar ist mit dem Recht der Frau auf Freiheit in der Pflichterfüllung.«[907]

An anderer Stelle betont sie Bullings Kritik am Patriarchat in der Ehe:

> »Nur der schon genannte Praktiker Carl Bulling kritisierte noch in letzter Stunde, als der Entwurf dem Reichstag schon vorgelegt war, sehr feinsinnig und eingehend die patriarchalen Bestandteile des Vermögensrechts. Er charakterisiert die Verwaltung und Nutznießung des Mannes als Ausflug der alten Ehevogtei und leitet die Forderung nach Gütertrennung aus ihrer tiefsten Quelle: dem Postulat der sittlichen Freiheit der Persönlichkeit ab, die er, positiv gewendet, ganz richtig als Recht jedes einzelnen zu

905 *Bulling*, Einige Bemerkungen über die rechtliche Stellung der unehelichen Kinder, Die Frauenbewegung (1895), S. 89–91, 90.

906 Zum familienrechtlichen Werk Webers und zu deren Aktivität in der Frauenbewegung siehe die Monographie von *Meurer*, Marianne Weber. Leben und Werk (2010), S. 130–141, 211–233, 243–274, 310–365, und 419–440. Zu Marianne Webers familienrechtlichen Arbeiten vgl. zudem *Hinz*, Mutter- und Vaterbilder (2014), S. 77–82; und *Klemm*, Frauenbewegung und Familienrecht (1999), S. 179–186; sowie ferner die Buchbeiträge von *Roth*, Zur Geschlechterproblematik in der Weberschen Familiengeschichte, S. 11–27; *Buchholz*, Marianne Webers Bedeutung für die Rechtsgeschichte, S. 157–171; *Wobbe*, Marianne Webers kultursoziologische und frauenpolitische Perspektive, S. 173–198; *Lichtblau*, Die Bedeutung von »Ehefrau und Mutter in der Rechtsentwicklung« für das Werk Max Webers, S. 199–212, alle Vorgenannten in: Meurer (Hg.), Marianne Weber (2004).

907 *Weber*, Ehefrau und Mutter (1907), S. 438.

selbstbestimmtem Handeln und Wirken in der Außenwelt, als ›Freiheit in der Pflichterfüllung‹ bezeichnet.«[908]

Es ist weitgehend unklar, was Weber mit dem zuerst wiedergegebenen Zitat meint, wenn sie schreibt, dass Bulling vom »Standpunkt des ethischen Individualismus« aus argumentiert habe.

Der Begriff des ethischen Individualismus ist einer eindeutigen Definition nicht zugänglich. Deutungsversuche bestehen dahingehend, dass Weber eine metaphysisch wirkende Pflicht sieht, der jeder Mensch, egal ob Frau oder Mann, unterliegt. Der Mensch sei aber geschlechtsunabhängig individuell frei, wie er diese Pflicht erfüllt, wobei nicht geklärt werden kann, welche Art von Pflicht Weber überhaupt vorschwebt.[909] Im Hintergrund steht jedenfalls Immanuel Kants Idee der individuellen Freiheit im Sinne eines ethischen Prinzips. Diesen Gedanken entwickelt Weber punktuell weiter. Das Ethische deutet sie als eine Ethik des Weiblichen, der Zuneigung und Hingabe sowie nicht zuletzt des freien Verzichts. Es bilde einen Antipoden zum sogenannten Geschlechtsegoismus des Mannes, der seine Autorität als Ehemann frei ausleben könne. Der Individualismus beziehe sich dagegen auf die rechtliche Unabhängigkeit der Frau. Diese müsse im Rahmen eines Familienrechts, das ihr individuelle Freiheiten zumisst, ihre Pflichten selbst festlegen können.[910] Bei Bulling finden sich freilich verschiedene Stellen, die in diese Richtung deuten. So schreibt er beispielsweise, dass jeder Ehegatte »selbst wissen« müsse, »was seine Pflicht ist, daß er den Plan für die Pflichterfüllung sich selbst machen« dürfe.[911] Es mag sein, dass Bulling

---

908 *Weber*, Ehefrau und Mutter (1907), S. 478.

909 Allem Anschein nach besteht im Hinblick auf den ethischen Individualismus eine Verbindung zwischen Max und Marianne Webers Werk, vgl. *Levy*, Ethischer Individualismus und soziale Reform in England, in: Schmoller (Hg.), Schmollers Jahrbuch (1913), S. 49–67, 52.

910 *Buchholz*, Das Bürgerliche Gesetzbuch und die Frauen, in: Gerhard (Hg.), Frauen in der Geschichte des Rechts (1997), S. 670–682, 681. Interessanterweise kritisierte Buchholz Ute Gerhard dafür, dass sie in Ihrem Werk »Unerhört« zwar Bulling erwähnt, jedoch die bedeutendere Weber vollkommen vergessen habe, vgl. Marianne Webers Bedeutung für die Rechtsgeschichte, in: Meurer (Hg.), Marianne Weber (2004), S. 157–171, 165. Siehe im Übrigen zum ethischen Individualismus auch *Behrends*, Die rechtsethischen Grundlagen des Privatrechts, in: Bydlinski/Mayer-Maly (Hg.), Die ethischen Grundlagen des Privatrechts (1994), S. 1–33, 29, Fn. 55, und *Höbenreich*, Marianne Webers »Ehefrau und Mutter in der Rechtsentwicklung« (2018), S. 311, Fn. 825.

911 Siehe beispielsweise *Bulling*, Die Frauenbewegung und das Bürgerliche Gesetzbuch in §§ 1353 und 1354, IV. Teil, Hamburgischer Correspondent, Ausgabe vom 1.5.1898, S. 26, Sp. 2. Diese Ausführungen zeigen außerdem, dass Bulling, zumindest was das Familienrecht angeht, kein Positivist ist. Denn der Positivist würde Regeln aufstellen, die alle Verhältnisse genau festlegen. Bulling sieht die eheliche Pflichten aber im Bereich der Individualität bzw. der Sitte, also jedenfalls auf außerrechtlichen Gebieten, was sich mit dem Positivismus nicht in Einklang bringen lässt. Zu Bullings Verhältnis zum Positivismus siehe auch das 11. Kapitel (S. 283). Inwieweit diese Ausführungen Bulling zudem als Anhänger

daher als Anhänger eines ethischen Individualismus gelten kann. Letztlich kann dies aber dahinstehen, weil damit noch keine Aussage über Bullings Herleitung seiner wissenschaftlichen Thesen getroffen wird.

Interessanter an den Positionen Bullings und Webers ist vielmehr, dass Bulling in Bezug auf die historische Begründung des ehemännlichen Entscheidungsrechts einen Schritt weiter geht als Marianne Weber. Trotz ihrer großen Bewunderung für Bulling meint Weber, dass der Ehemann im Alten Rom auch in der klassischen, manusfreien Zeit das Entscheidungsrecht (jus mariti) erworben und die Frau »Ehrerbietung« (reverentia) sowie »Gehorsam« ihm gegenüber geschuldet habe.[912] Bulling verneint dagegen, dass es während dieser Zeit noch das Entscheidungsrecht und die Gehorsamspflicht gegeben habe. Seiner Meinung nach existiere keine Kontinuität des Entscheidungsrechts von der römischen Antike bis ins 19. Jahrhundert. Er brachte sich somit in Gegensatz zu vielen zeitgenössischen Gelehrten wie beispielsweise Bernhard Windscheid (1817–1892). Weber knüpft dagegen an die Auffassung dieser Autoren an. Dies wird im 11. Kapitel (S. 269, 275) näher ausgeführt.

Webers familienrechtliches Werk weist im Übrigen zwei Übereinstimmungen mit Bulling auf. Erstens sieht Weber in den Regeln des BGB keine Besserstellung der Ehefrau im Vergleich zur früheren Rechtslage. Die Normen würden lediglich dazu dienen, die Binnenstruktur der Ehe zu erhalten. Das Letztentscheidungsrecht des Mannes beruhe auf dem Mundium, das aber tradiert sei und deshalb abgeschafft werden müsse. Und zweitens fordert sie eine Einteilung der Ehe in Haushaltskreise. Marianne Weber hielt dazu auf dem 36. Deutschen Juristentag in Lübeck im Jahr 1931 einen Vortrag über die Vertragsfreiheit hinsichtlich der persönlichen Ehewirkungen. Sie argumentierte, dass es nach der Idee »sittlicher Autonomie« den Ehegatten überlassen bleiben müsse, die jeweiligen »Pflichtenkreise« der Ehe einverständlich zu ordnen und zu gestalten. Dazu würden beispielsweise Vereinbarungen über die Haushaltsführung, die Wohnortbestimmung, die Ausfüllung der Lebensgemeinschaft und die Grundsätze der Kindererziehung gehören. Sie zeigt sich mit diesen Ausführungen wiederum als Anhängerin eines ethischen Individualismus im Sinne Kants.

Bulling schwebte eine solche Einteilung in »Pflichten-« oder »Haushalts-« oder »Geschäftskreise« bereits knapp 36 Jahre früher in seiner Schrift zur Rechtsstellung der Frau vor. Der Unterschied zwischen ihm und Weber besteht in der Zwecksetzung und der Art der Mittel zur Erreichung des jeweiligen Zwecks. Bulling will mit dieser Einteilung erreichen, die Frau aus der Geschlechtsvormundschaft zu befreien. Dazu möchte er die »Kreise« der Ehe in das

der kantischen Ideen von der individuellen Autonomie, dem Subjektbegriff und der Individualethik bzw. Pflichtenethik kennzeichnen, kann im Rahmen dieser Arbeit nicht nachgegangen werden.

912 *Weber*, Ehefrau und Mutter (1907), S. 169.

Gesetz schreiben. Auf diesem Weg könne die Ehefrau rechtliche Freiheit in der Ehe gewinnen, da sie laut Gesetz in ihren »Kreisen« nicht durch den Ehemann beschränkt werden könne. Webers Forderungen aus dem Jahr 1931 stehen unter anderen Vorzeichen. Zwar ist die zivilrechtliche Geschlechtsvormundschaft aus dem BGB noch nicht verschwunden. Gleichwohl konnte die Frauenbewegung einen ersten Etappenerfolg für sich verbuchen, denn in Art. 119 Abs. 2 S. 2 der Weimarer Reichsverfassung hieß es seit 1919: »Die Ehe beruht auf der Gleichberechtigung der beiden Geschlechter.« Für Weber rückte mit der Durchsetzung dieses verfassungsrechtlichen Programmsatzes nun die Abänderung des als gleichheitswidrig wahrgenommenen Güterrechts in den Fokus.

3. Zwischenfazit

Bullings Verdienst besteht darin, die inhaltlich oft überzeugenden, aber dogmatisch nicht fundierten Forderungen der Frauenbewegung auf ein juristisches Fundament gestellt zu haben. Zwar sympathisierten insbesondere im bildungsbürgerlichen Bereich einige wenige Männer mit der Frauenbewegung.[913] Jedoch gibt es außer Bullings Schrift »Die deutsche Frau und das bürgerliche Gesetzbuch« keinen von einem männlichen Autor verfassten Gegenentwurf zum BGB, der die Forderungen der Frauenbewegung unterstützte. Bullings Leistung verdient umso mehr eine Würdigung, als sein Werk in der Juristenschaft des ausgehenden 19. Jahrhunderts einmalig blieb.

913 Eines der bekanntesten und am meisten diskutierte Beispiele dürfte das Wirken des Reichstagsabgeordneten und Großunternehmers Carl Ferdinand von Stumm-Halberg darstellen, dazu näher *Duncker*, Die »Anträge Pauli«, in: Meder u. a. (Hg.), Frauenrecht und Rechtsgeschichte (2006), S. 247–278; sowie Meder u. a. (Hg.), Die Rechtsstellung der Frau (2010), S. 891. Es existiert die These, dass Angehörige bildungsbürgerlicher Berufsgruppen aus Sorge um das Schicksal ihrer unverheirateten Töchter Interesse an einer Öffnung der Universitäten für Frauen hatten, vgl. *Huerkamp*, Frauen, Universitäten und Bildungsbürgertum, in: Siegrist (Hg.), Bürgerliche Berufe (1988), S. 200–222, 202. Die Autorin merkt hierbei an, dass sich für die Männer des Bildungsbürgertums widersprüchliche Interessen feststellen lassen. Zwar lehnen viele das Frauenstudium rundheraus ab. Auf der anderen Seite wird das »intellektuelle Klima« innerhalb dieser Familien bei vielen Töchtern den Wunsch geweckt haben, selbst ein Studium aufzunehmen. Nicht unwichtig erscheint in diesem Zusammenhang, dass die Heiratsaussichten für Kinder aus Akademikerfamilien deutlich schlechter standen als für jene aus besitzbürgerlichen Häusern oder gar proletarischen Familien. Somit gab es eine Vielzahl an Vätern studierwilliger Töchter, die deren Anliegen, freilich auch aus Eigennutz, unterstützten, *Huerkamp*, Frauen, Universitäten und Bildungsbürgertum, in: Siegrist (Hg.), Bürgerliche Berufe (1988), S. 200–222, 203. Jedoch erkennt auch *Huerkamp* an, dass die Zulassung des Frauenstudiums in erster Linie dem Drängen der bürgerlichen Frauenbewegung Rechnung trug. Näher zu den ersten deutschen Juristinnen siehe das Lexikon von *Röwekamp*, Juristinnen (2005), sowie deren Monographie »Die ersten deutschen Juristinnen« (2011).

II. Die Broschüre »Eine Erwiderung auf den Artikel der Frau Dr. Kempin: Deutsche und amerikanische Vermögensrechte der Ehefrauen« (zusammen mit Helene Lange)

Wie eingangs erläutert erschien als letzte selbstständige Veröffentlichung Bullings 1897 die zusammen mit Helene Lange verfasste Broschüre »Eine Erwiderung auf den Artikel der Frau Dr. Kempin: »Deutsche und amerikanische Vermögensrechte der Ehefrauen««. Ausgangspunkt für den Beitrag der beiden politischen Schriftsteller ist der Artikel von Emilie Kempin »Deutsche und amerikanische Vermögensrechte der Ehefrauen«.[914] Zwar enthält die ohnehin kurze Broschüre kein Inhaltsverzeichnis, eine Gliederung ist aber insofern erkennbar, als Lange die Autorenschaft Bullings in Bezug auf die Seiten 6–13 hervorhebt. Die Abschnitte auf den Seiten 3–6 sowie 13–16 sind dagegen von Helene Lange selbst verfasst worden.

1. Emilie Kempin-Spyri und der weibliche Widerstand gegen die Frauenrechtsbewegung

Mit ihrer Schrift »Eine Erwiderung auf den Artikel der Frau Dr. Kempin: Deutsche und amerikanische Vermögensrechte der Ehefrauen« wandten sich Bulling und Lange gegen einen Beitrag der Frauenrechtlerin Emilie Kempin (1853–1901), der in der Zeitschrift »Die Nation« erschienen war.[915] Gegenstand des Beitrags war der gesetzliche Güterstand des BGB, gegen den Teile der Frauenbewegung intensiv opponierten. So wurde die Frage nach einem geschlechtergerechten Güterrecht innerhalb der Bewegung lebhaft diskutiert. Gegen die Lösung des Gesetzgebers, die sogenannte Verwaltungs- und Nutznießungsgemeinschaft als gesetzlichen Güterstand des BGB zu kodifizieren, haben in erster Linie die Anhängerinnen und Anhänger der bürgerlichen Frauenrechtsbewegung in den 1890er-Jahren Einspruch erhoben.

So meinten die Berliner Frauenrechtlerinnen Proelß und Raschke in ihrem Gegenentwurf zum BGB, dass die Verwaltungs- und Nutznießungsgemeinschaft »die Frau in der Verfügung über ihr Vermögen beschränkt« gleich »einem minderjährigen Kinde, einem Schwachsinnigen oder sonst wie Entmündigten«.[916] Diese Kritik bezogen beide ebenfalls auf die anderen BGB-Wahlgüter-

914 Abgedruckt in: Die Nation 52 (1897), S. 781–784.

915 Der Artikel Kempins ist abgedruckt und kommentiert bei Meder u. a. (Hg.), Die Rechtsstellung der Frau (2010), S. 603–610.

916 *Proelß/Raschke*, Die Frau im neuen bürgerlichen Gesetzbuch, S. 12–13, wieder abgedruckt bei Meder u. a. (Hg.), Die Rechtsstellung der Frau (2010), S. 690–731, 698.

stände der Gütergemeinschaft, Fahrnisgemeinschaft und Errungenschaftsgemeinschaft. Denn ungeachtet aller Unterschiede im Detail konnten die Frauen auch nach diesen Güterständen über ihr Vermögen entweder überhaupt nicht oder nur mit großen Einschränkungen verfügen.[917] Proelß und Raschke forderten daher, dass die Partner auch nach der Eheschließung die volle Verantwortung für ihr Vermögen jeweils selbst zu tragen hätten. An die Stelle der Verwaltungs- und Nutznießungsgemeinschaft sollte die Gütertrennung als gesetzlicher Güterstand treten. Damit wollten sie erreichen, dass die Güterzuordnung bei Eingehung einer Ehe vollkommen unangetastet bleibt.

In diesem Punkt bestand Einigkeit unter so unterschiedlichen Autoren wie Proelß, Raschke, Stritt, Lange oder Bulling. Sie alle glaubten, über eine vollständige Trennung der Güter das erste Ziel der bürgerlichen Frauenbewegung, nämlich die Rechtsgleichheit, am besten realisieren zu können.[918] Diese Meinung vertrat zunächst auch die Schweizer Frauenrechtlerin Emilie Kempin.[919]

Bereits seit 1892 hatte sich Kempin wiederholt mit dem Entwurf des BGB-Gesetzgebers zur Regelung des Güterrechts befasst und dabei mit den oben genannten Autorinnen für die Gütertrennung als gesetzlichem Güterstand plädiert. Kurz vor Inkrafttreten des BGB, und zwar in den Jahren 1896/97, deutet

917 Weber, Ehefrau und Mutter (1907), S. 476, meinte gar, durch die Errungenschaftsgemeinschaft in der Fassung des BGB von 1900 sei die Frau »in jedem Fall unselbständiger gestellt als selbst beim gesetzlichen Güterstande«.

918 Eingehend dazu *Meder*, Eigenverantwortung und Solidarität, in: BMFSFJ, Rollenleitbilder und -realitäten in Europa (2008), S. 142–160.

919 Emilie Kempin-Spyri (1853–1901) gilt in der Frauenbewegung des ausgehenden 19. Jahrhunderts als ambivalente Persönlichkeit. Sie immatrikulierte sich 1883 als erste Frau an der Juristischen Fakultät der Universität Zürich und promovierte 1887 mit einer kaufrechtlichen Dissertation. Nachdem sie sich erfolglos als Dozentin an der Universität Zürich beworben hatte, wanderte sie 1888 mit ihrer Familie für kurze Zeit nach New York aus, wo sie das erste Women Law College gründete. Wegen Anpassungsproblemen ihres Mannes Walter Kempin kehrte die Familie aber schon bald in die Schweiz zurück. Im Jahr 1891 stellte Emilie Kempin-Spyri ein erneutes Gesuch auf Habilitation an die Universität Zürich. Obwohl der Universitätssenat dieses abermals ablehnte, erhielt sie vom Erziehungsdepartement die Venia Legendi als Ausnahme. Zwar war es ihr von nun an gestattet, an der Universität zu lehren, diese Tätigkeit reichte aber nicht, um ihren Lebensunterhalt zu sichern. Sie ließ sich daher bereits 1895 beurlauben, um nach Berlin zu emigrieren, wo sie sich als Hörerin für Vorlesungen im Familienrecht an der Friedrich-Wilhelm-Universität einschrieb. Ab 1896 lehrte sie zudem an der Humboldt-Akademie Privatrecht und Deutsches Familienrecht. Zeitlebens kämpfte Kempin für ihre Zulassung als Anwältin und zerbrach schließlich an diesem erfolglosen Kampf sowie an hinzugekommenen privaten Problemen nach der Scheidung von ihrem Mann im Jahr 1896. Ein Jahr später wurde sie wegen einer angeblichen Geisteskrankheit in eine Berliner Heilanstalt eingewiesen und 1898 entmündigt. Ob sie tatsächlich geisteskrank war, gilt bis heute als umstritten. 1901 starb sie verarmt. Zum Leben und Wirken Kempins vgl. die Werkbiographie von *Delfosse*, Emilie Kempin-Spyri (1994); sowie *Rabe*, Gleichwertigkeit von Mann und Frau (2006), S. 36–39, und *Berneike*, Frauenfrage (1995), S. 81–102.

sich im Denken Kempins jedoch eine wichtige Wendung an, die zur Eskalation eines schon seit längerem schwelenden Konflikts mit maßgeblichen Protagonistinnen der Frauenbewegung führt.[920] Sie beginnt nun, die Gütertrennung in Frage zu stellen und zweifelt, ob dieser Güterstand den Interessen der Frauen wirklich gerecht wird. Sie bejaht zwar die Möglichkeit einer uneingeschränkten Berufstätigkeit der verheirateten Frau, erörtert aber auch die »Erziehungsfrage« und die von ihr sogenannten »Hausfrauen- und Mutterpflichten«. Diese Form weiblicher Tätigkeit lenkt ihren Blick auf einen Nachteil der Gütertrennung, welcher »merkwürdigerweise von den Frauenvereinen nicht aufgegriffen« worden sei. Wie im gesetzlichen ehelichen Güterrecht habe die Ehefrau auch bei der Gütertrennung »keinen Anteil an dem vom Manne während der Ehe Erworbenen«. Kempin begnügt sich also nicht mit der Gütertrennung, sondern fordert darüber hinaus eine Beteiligung der Frau am Ehegewinn. Dieses Modell nannte sie »nachträgliche Errungenschaftsgemeinschaft« und brachte damit zum Ausdruck, dass eine Beteiligung des nicht erwerbstätigen Ehegatten nicht schon während der Ehe, sondern erst »nachträglich«, insbesondere bei der Scheidung stattfinde. Damit vertrat sie eine gegenüber Bulling überlegene Position, da dieses Modell auch eine nicht berufstätige und vermögenslose Ehefrau bedachte, die im Scheidungsfall ansonsten schutzlos gewesen wäre. Kempins Modell kann daher durchaus als Vorläufer der heutigen Zugewinngemeinschaft angesehen werden.

In ihrem Beitrag in der »Nation« untersucht Kempin die vermögensrechtliche Stellung der Frau in einer Reihe US-amerikanischer Bundesstaaten und vergleicht diese mit der Lage in Deutschland.[921] Sie zieht, insofern das BGB verteidigend, den Schluss, man könne

920 Siehe in diesem Zusammenhang vor allem *Kempin*, Grenzlinien der Frauenbewegung, in: Schmoller (Hg.), Jahrbuch für Gesetzgebung, Verwaltung und Volkswirtschaft im Deutschen Reich (1897), S. 51–77; *dies.*, Deutsche und amerikanische Vermögensrechte der Ehefrauen, Die Nation 52 (1897), S. 781–784. Insbesondere Lange und Bulling sehen in diesen Texten den Versuch, »die Bewegung der Frauen gegen das Bürgerliche Gesetzbuch zu schwächen«, vgl. *Lange/Bulling*, Eine Erwiderung auf den Artikel der Frau Dr. Kempin (1897), S. 6, 8. Aufgrund dieser Schriften ist Kempin von der Frauenbewegung als »Abtrünnige« betrachtet worden.

921 *Kempin*, Deutsche und amerikanische Vermögensrechte der Ehefrauen, Die Nation 52 (1897), S. 781–784; wiederum abgedruckt bei *Meder* u. a. (Hg.), Die Rechtsstellung der Frau (2010), S. 603–610. Zum US-amerikanischen Familien- und insbesondere Eherecht vgl. die Beiträge von *Stender-Vorwachs/Theißen*, Von der Coverture-Doktrin zu vermögensrechtlicher Autonomie, S. 481–501; *Koppe*, Reformforderungen zum US-amerikanischen Ehegüterrecht im 19. Jahrhundert, S. 502–524; *Köhn*, Recht der persönlichen Ehewirkungen in US-Bundesstaaten im 19. und beginnenden 20. Jahrhundert sowie Reformforderungen der frühen US-amerikanischen Frauenrechtsbewegung, S. 525–559; sowie *Ihlefeldt*, Scheidung – Eine amerikanische Tradition?, S. 560–590; alle Vorgenannten in: Meder/Mecke (Hg.), Reformforderungen zum Familienrecht international (2015).

»das Deutsche Reich mit seinem bürgerlichen Gesetzbuch gerechterweise nicht als das rückständige Land und das letztere als das rückständige Werk bezeichnen, als das es vielfach verschrien worden ist. Manches kann darin verbessert, mancher Fortschritt den thatsächlichen Bedürfnissen entsprechender redigirt werden, ich leugne das nicht, aber um weiter zu bauen, bedarf es zuerst der Anerkennung«.[922]

Die Autorin resümiert, dass der Entwurf zum BGB insgesamt der Anerkennung des »guten Fundaments« bedürfe.

Kempin hat ihre güterrechtlichen Vorstellungen mehrfach geändert. Neben der Gütertrennung »ohne Errungenschaftsbeteiligung« (1895) und der »nachträglichen Errungenschaftsgemeinschaft« (1896/97) hat sie 1894 die Einführung einer sogenannten »laufenden Errungenschaftsgemeinschaft« vorgeschlagen. Danach sollte der »Arbeitsertrag« einschließlich des vom Ehemann durch außerhäusliche Erwerbstätigkeit erzielten Einkommens in ein Gesamtgut fallen. Darüber hätten die Ehegatten bereits während der Ehe zu gleichen Teilen und selbstständig verfügen können.[923] Diese Idee kommt den Prinzipien der späteren Errungenschaftsgemeinschaft schon sehr nahe. Die »nachträgliche Errungenschaftsgemeinschaft« kann als Kompromiss oder Zugeständnis an die Forderungen ihrer Mitstreiterinnen betrachtet werden. Bedeutende Frauenrechtlerinnen haben wenig später daran angeknüpft. So forderte Anita Augspurg 1899 eine Beteiligung der Frau an der »Eheerrungenschaft«. Auch sie verwendet den Begriff »Errungenschaft« im Sinne einer »nachträglichen Errungenschaftsgemeinschaft«, allerdings ohne Kempin zu erwähnen.[924] Auch Marianne Weber bediente sich in ihrem Werk »Ehefrau und Mutter« dieser Wortwahl. Sie plädierte für die Gütertrennung mit gegenseitigem Anteilsrecht der Ehegatten an der Errungenschaft bei unverschuldeter Scheidung als gesetzlichem Güterstand.[925]

2. Bullings und Langes Replik auf Kempins Thesen

Dem Artikel Kempins treten Helene Lange und Bulling mit einer ausführlichen Erwiderung entgegen. Lange (1848–1930)[926] stammte aus dem heute nieder-

922 Meder u. a. (Hg.), Die Rechtsstellung der Frau (2010), S. 603–604.

923 *Lehmann*, Die Ehefrau und ihr Vermögen (2006), S. 114–122.

924 *Augspurg*, Die Ansprüche der Frau auf die Eheerrungenschaft, in: Saul (Hg.), Jahrbuch für die deutsche Frauenwelt (1899), S. 220–229; Henke (Hg.), Anita Augspurg. Rechtspolitische Schriften (2014).

925 *Weber*, Ehefrau und Mutter (1907), S. 488–495.

926 Vgl. zu Leben und Wirken Helene Langes deren Autobiographie »Lebenserinnerungen« (1921) und die von *Gertrud Bäumer* verfasste Biographie »Helene Lange zum 100. Geburtstag« (1948).

sächsischen Oldenburg und eignete sich autodidaktisch Kenntnisse der Pädagogik an. 1871 legte sie das Lehrerinnenexamen ab. Danach war sie zunächst als Hauslehrerin und ab 1876 als Lehrerin und Leiterin der Seminarklasse der Crainschen Anstalt, einer privaten höheren Mädchenschule in Berlin mit angeschlossenem Lehrerinnenseminar, tätig. Sie begann 1887 zu publizieren und veröffentlichte »Die höhere Mädchenschule und ihre Bestimmung« als Begleitschrift einer Petition, in der sie die Ausbildung der sogenannten »Höheren Töchterschulen« scharf kritisiert. Diese Schrift wird als die »Gelbe Broschüre« bekannt. 1890 gründet Lange in Friedrichroda den ADLV (Allgemeinen Deutschen Lehrerinnenverein). Da Mädchen zu jener Zeit in Preußen noch keine Gymnasien besuchen dürfen, eröffnet sie in privater Initiative mit Hilfe eines Trägervereins in Berlin-Schöneberg 1889 Realkurse für Mädchen, die 1893 von Gymnasialkursen abgelöst wurden. Im Zeitraum von 1894 bis 1905 war sie zudem im Vorstand des Bundes Deutscher Frauenvereine sowie Vorsitzende des Allgemeinen Deutschen Lehrerinnenvereins. Zu ihren bekanntesten Schriften gehört das mehrbändige Handbuch der Frauenbewegung, das sie in enger Zusammenarbeit mit ihrer Lebensgefährtin Gertrud Bäumer im Zeitraum von 1901 bis 1906 verfasste. Das wesentliche Verdienst Langes besteht in der Betonung der Bedeutung weiblicher Bildung. Sie setzte sich für geschlechtergerechte Bildungs- und Berufschancen ein und gilt als eine der wichtigsten Vertreterinnen der bürgerlichen Frauenbewegung mit differenzialistisch geprägtem Weltbild.

Die von Lange und Bulling verfasste Streitschrift auf Kempins Ausführungen sollte zunächst in der Zeitung »Die Nation« erscheinen, die es jedoch abgelehnt hatte, die Erwiderung abzudrucken.[927] Sie wird daher als selbstständige Schrift in einer erweiterten Fassung veröffentlicht.[928] Im Kern drehte sich die Auseinandersetzung um die Frage der Gütertrennung als gesetzlichem Güterstand. Lange bewertete Kempins Verweis auf die Möglichkeit, Eheverträge abzuschließen, als illusorisch. Denn die Realität zeige, dass Ehen im Regelfall ohne güterrechtlichen Ehevertrag geschlossen würden. Lange warb daher für einen gesetzlichen Güterstand, der die Ehefrau aus der Eheherrschaft des Mannes befreit habee.

Geradezu paradigmatisch formuliert Lange in der Broschüre, dass das ausgehende 19. Jahrhundert ein Zeitraum der »Vorbereitung auf große sociale

927 Meder u. a. (Hg.), Die Rechtsstellung der Frau (2010), S. 611. Interessanterweise druckte die Zeitung jedoch Bullings Artikel zur Umsturzvorlage zwei Jahre zuvor, vgl. zu diesem Artikel das 5. Kapitel (S. 108).

928 Allgemein waren Publikationen für die Bewegung von eminenter Bedeutung. Sie dienten nicht nur der Verbreitung von Forderungen zur Verbesserung der Rechtsstellung von Frauen, sondern auch der Überzeugungsarbeit und Rechtsbelehrung gegenüber den Betroffenen selbst, vgl. *Meder/Mecke*, Einführung, in: Meder/Mecke (Hg.), Reformforderungen zum Familienrecht international (2015), S. 11–105, 74.

Aufgaben« sei. Denn trotz der »Blasiertheit des Verfalls« und der »sittlichen Haltlosigkeit«, die sie überall registriere, würde der Kampf der Frauenbewegung, »ein Kampf ums Recht«, mit einem »heiligen Ernst« und mit »einem Idealismus« geführt, der sie positiv gestimmt in die Zukunft blicken lasse.[929] Denn die Frau, »in geistiger Selbständigkeit erwacht«, wolle ebenso wie der Mann eine »volle Rechtspersönlichkeit« sein. Genau dies versage aber das BGB, das »das kommende Jahrhundert beherrschen soll«, der Frau. Mehr noch, durch Versagung der Verwaltung ihres eingebrachten Guts und durch Verweigerung der elterlichen »Gewalt« über die ehelichen Kinder komme die Stellung der Frau derjenigen eines »Unmündigen« gleich. Das BGB versage ihr »damit die Stellung in der Familie, die ihr in einem modernen Kulturstaat zukommt«.[930] Dagegen hätten die Frauen seit der Veröffentlichung des Ersten Entwurfs ihre Stimmen erhoben, zuerst der Allgemeine Deutsche Frauenverein.

Zwar ist sich Lange im Klaren darüber, dass das BGB mittlerweile verabschiedet wurde, die »Reichsgesetzgebung ist aber immer noch im Fluß«. Das Hauptanliegen der Frauenbewegung müsse daher darin bestehen, die »Lebensfragen der Frauenfragen« ebenso »im Fluß« und das »Bewußtsein lebendig« zu halten. Denn das BGB sei dem »Stande unserer Kultur zurückgeblieben«. Als Beleg für die ungebrochene Aktivität der Frauenbewegung gilt Lange die Petition des Bundes Deutscher Frauenvereine, welche eine Reform des Familienrechts intendierte.[931] Dementsprechend ruft Lange in der »Gelben Broschüre« zu einer regen Beteiligung der Frauen an der Petition auf, denn diese würde derselben »besonderen Nachdruck« verleihen. Folglich sei »jede Belehrung über die ihnen im neuen Bürgerlichen Gesetzbuch zugewiesene Stellung erwünscht, jedes Irreführen verhängnisvoll«.[932] Kritisch betrachtet Lange aber jene Aussagen, die »bei dem unbefangenen Leser die Illusion« erzeugen würden, dass »das Gesetz als Regel« einen Zustand »schaffe, wonach dann also die Frauen nach dieser Richtung hin nichts mehr zu wünschen übrig hätten«.[933]

Als solchen sieht Lange den Artikel Kempins in der »Nation« an, postuliere er doch die »vollkommene Geschäftsfähigkeit der Frau« im BGB. Der Beitrag beschreibe lediglich einen »Ausnahmezustand«, wenn die Frau »sich gegen die Konsequenzen des Gesetzes durch einen Sondervertrag schützt«. Kempin konstruiere auf der Grundlage einer gesetzlichen Bestimmung einen Zustand, der nichts mit der Realität gemein habe. Denn die Schwierigkeiten, die mit dem

929 *Lange/Bulling*, Eine Erwiderung auf den Artikel der Frau Kempin (1897), S. 3.
930 *Lange/Bulling*, Eine Erwiderung auf den Artikel der Frau Kempin (1897), S. 3.
931 In Rede steht hier die »Petition und Begleitschrift betreffend das ›Familienrecht‹ in dem Entwurf des neuen bürgerlichen Gesetzbuches für das Deutsche Reich«, abgedruckt in: Schriften des Bundes deutscher Frauenvereine, Heft II und III (1895).
932 *Lange/Bulling*, Eine Erwiderung auf den Artikel der Frau Dr. Kempin (1897), S. 4.
933 *Lange/Bulling*, Eine Erwiderung auf den Artikel der Dr. Frau Kempin (1897), S. 5.

Abschluss eines Ehevertrags einhergehen, verschweige die Autorin. Der Leser müsse zwangsläufig in die »Irre geführt werden« und ihre Methode sei daher abzulehnen. Lange begründet die Veröffentlichung der Broschüre damit, dass »jeder Verdunkelung des Thatsbestandes in Bezug auf die Frauenrechtsfrage entgegenzutreten« sei.[934] Außerdem lässt sie die gewisse Bekanntheit Kempins anklingen, die dazu führt, dass ihre Meinung innerhalb der Bewegung Gehör findet. Sie sieht in Kempins Wirken eine »die deutsche Frauenbewegung unterminierende Thätigkeit«.[935] Dieser Tätigkeit ruhig zuzusehen, so Lange, wäre ein bedenklicher taktischer Fehler.

Auch Bulling bezieht sich direkt auf Kempin. Er stellt zunächst fest, dass sie die Unzufriedenheit der Frau über ihre vermögensrechtliche Stellung als unbegründet zurückzuweisen suche. Denn auch im »Eldorado der Frauenrechte« sei die Frau nicht mit den Männern gleichberechtigt und das Deutsche Reich nicht derart rückständig. Bulling erkennt zwar an, dass es Kempin zustehe, die Interessen der Frauenbewegung zu beeinträchtigen. Dementsprechend würden Frauen aber auch nur eine »oberflächliche Kenntnis« von der Frauenbewegung erhalten und sich daher von dieser fernhalten oder sich von ihren Männern die Teilnahme verbieten lassen. Doch erreiche Kempin dies letztlich nur »durch Verschiebung von Thatsachen«. Denn Kempin schreibe nicht, dass die Frauenbewegung nun einmal als gesetzliches Güterrecht die Gütertrennung forderte.[936] So habe England bereits per Gesetz 1882 die Gütertrennung als gesetzlichen Güterstand eingeführt, freilich unter Beibehaltung der Gehorsamspflicht.[937] Ebenso gelte sie in Russland als gesetzlicher Güterstand. Weiterhin kritisiert Bulling, dass Kempin argumentiere, die amerikanischen Frauen seien zufrieden mit ihrer Vermögenssituation, und in den Vereinigten Staaten seien die »Ideale der deutschen Frauen« erfüllt. Tatsächlich erstrebte die US-amerikanische Frauenbewegung ebenso wie die deutsche die Freiheit der Frau. Bullings These verdient daher Zustimmung.[938]

---

934 *Lange/Bulling*, Eine Erwiderung auf den Artikel der Frau Dr. Kempin (1897), S. 6.

935 *Lange/Bulling*, Eine Erwiderung auf den Artikel der Frau Dr. Kempin (1897), S. 6.

936 *Lange/Bulling*, Eine Erwiderung auf den Artikel der Frau Dr. Kempin (1897), S. 7.

937 Bulling spielt hier auf den Married Women's Property Act vom 10. August 1882 an. Zum englischen Güterrecht und zur Stellung der Frau im englischen Familienrecht vgl. *Kitsakis*, »Breadwinners« und »Housekeepers« (2012); *Kitsakis*, Wandel der Geschlechterbeziehungen im englischen Güterrecht des 19. Jahrhunderts, S. 318–336, sowie *Leuninger*, Die Entwicklung des englischen Scheidungsrechts im 19. Jahrhundert, S. 373–407, beide Vorgenannten in: Meder/Mecke (Hg.), Reformforderungen zum Familienrecht international (2015).

938 Zu den Reformforderungen der US-amerikanischen Frauenrechtsbewegung sei nochmals hingewiesen auf die Beiträge von *Stender-Vorwachs/Theißen*, Von der Coverture-Doktrin zu vermögensrechtlicher Autonomie, S. 481–501; *Koppe*, Reformforderungen zum US-amerikanischen Ehegüterrecht im 19. Jahrhundert, S. 502–524; *Köhn*, Recht der persönlichen Ehewirkungen in US-Bundesstaaten im 19. und beginnenden 20. Jahrhundert, sowie

Bulling kritisiert Kempin außerdem dafür, die Verwaltungsgemeinschaft gegenüber der Gütertrennung zu favorisieren. Nach Kempins Auffassung könnten die Eheleute, sofern dies beide wollten, die Gütertrennung per Ehevertrag als Wahlgüterstand bestimmen. Kempin lehnte die Gütertrennung ab, um die nicht erwerbstätige Ehefrau zu schützen. Bulling dagegen sieht die Gütertrennung als den geeignetsten Güterstand an, um die Unabhängigkeit der Ehefrau zu realisieren. Wie bereits im 8. Kapitel (S. 200) besprochen, vernachlässigt diese Sichtweise die Situation vermögensloser und nicht berufstätiger Ehefrauen.

Kempin meint nun, dort wo es die Ehepartner wünschten, würden auch heute schon Eheverträge geschlossen. Dem tritt Bulling mit dem Hinweis entgegen, dass Eheverträge in der Praxis keinesfalls die Regel seien, sondern eine Ausnahme. Die normale Situation bestehe darin, dass der Mann einen aus »Liebe motivierten Antrag« mache, der ebenso aus Liebe angenommen werde. Entweder würden emotionale Motive den Ausschlag auf Seiten der Frau geben, den Antrag anzunehmen. Oder es sei der Gedanke, dass eine Heirat »auch heute noch der beinahe einzige Weg ist, ihre Zukunft sicher zu stellen«.[939] Daher besäßen die Wahlgüterstände »keine große praktische Bedeutung«. Dabei lässt Bulling anklingen, dass die zeitgenössische Situation einem Versteckspiel gleiche. Denn, wenn die Gütertrennung gelte, hätten die Männer »keine Hoffnung« auf Vereinbarung der Verwaltungsgemeinschaft. Sofern jedoch letztere den gesetzlichen Güterstand bilde, habe die Frau keine Aussicht auf einen Ehevertrag. Demzufolge müsse man Kempins Argumentation ablehnen, weil sich die Majorität der Frauen nicht die Vereinbarung der Gütertrennung »ausbedingen« könne.

Ein weiterer methodischer Fehler Kempins bestehe in ihrer Begründung für die Unzufriedenheit der deutschen Frau. Sie sehe diese in der »Handlungsunfähigkeit«, ihr Vermögen nicht selbst zu verwalten zu dürfen, begründet. Nun versuche die Autorin aber, das Bestehen dieser Handlungsunfähigkeit zu widerlegen. Nach ihrer Argumentation gibt das BGB der Frau eine Reihe von Möglichkeiten an die Hand, über ihr Vermögen frei verfügen zu können. Dazu gehöre in erster Linie der Abschluss eines (Ehe-) Vertrags. Nicht ohne Ironie bemerkt Bulling dazu, dass Kempin dieses Argument »selbst nicht sehr ernst« nehmen könne. Denn noch im Jahr 1895 sah dieselbe Autorin in der Güter-

---

Reformforderungen der frühen US-amerikanischen Frauenrechtsbewegung, S. 525–559; sowie *Ihlefeldt*, Scheidung – Eine amerikanische Tradition?, S. 560–590; alle Vorgenannten in: Meder/Mecke (Hg.), Reformforderungen zum Familienrecht international (2015).

939 *Lange/Bulling*, Eine Erwiderung auf den Artikel der Frau Dr. Kempin (1897), S. 9.

trennung das »einzige System«, mit dem die Geschäftsfähigkeit der Ehefrau sich vereinbaren läßt«.[940]

Daneben bediene sich Kempin noch eines weiteren methodischen Manövers. Und zwar schreibe sie, dass in Deutschland der Standpunkt mittlerweile aufgegeben worden sei, wonach der Mann das Haupt der Ehe bilde.[941] Sie versuche also den Lesern glauben zu machen, die Gehorsamspflicht bestehe nicht mehr fort und das BGB erkläre den Mann nicht mehr zum Haupt der Familie.[942] Diese irritierende Auffassung mute umso abwegiger bei Betrachtung des Wortlauts des § 1354 BGB und der diesbezüglichen Motive an. Das geringfügige Zugeständnis an die Frau, bei einem Missbrauch des ehemännlichen Entscheidungsrechts dem Mann nicht Folge leisten zu müssen, diene lediglich dazu, der Frau die Ehe zu erleichtern. Mit Verweis auf die Motive führt Bulling weiter aus, dass ebendort die Verbindung zum Preußischen ALR, II. Abschn. § 184, sowie zum Österreichischen ABGB, § 9, hergestellt werde. In beiden gelte das Primat vom Mann als Haupt der Ehe. Da dementsprechend auch das BGB die Gehorsamspflicht aufrechterhalte, würden sich Kempins Ausführungen als abwegig erweisen.[943]

Der nächste Abschnitt der Broschüre ist von Helene Lange verfasst worden. Eingangs hatte sie bereits darauf hingewiesen, dass dieser Abschnitt nicht in dem Entwurf der Erwiderung enthalten war, der von der »Nation« abgelehnt wurde. Denn diese Ausführungen hätten der dortigen Redaktion nicht »zugemutet werden können«.[944] Lange verweist hier noch auf einen anderen Artikel Kempins, wonach Eheverträge kein probates Mittel zur Verbesserung der eheweiblichen Stellung seien: »Denn darüber mache man sich keine Illusionen: Wenn etwas undeutsch, dem deutschen Gefühl widersprechend ist, sind es die

940 *Kempin*, Die Rechtsstellung der Frau, S. 168, abgedruckt in: Meder u. a. (Hg.), Die Rechtsstellung der Frau (2010), S. 507–530, 523. Die Passage ist wiedergegeben bei *Lange/Bulling*, Eine Erwiderung auf den Artikel der Frau Dr. Kempin (1897), S. 10–11.

941 *Kempin*, Deutsche und amerikanische Vermögensrechte der Ehefrauen, Die Nation 52 (1897), S. 781–784, 781–782; abgedruckt in: Meder u. a. (Hg.), Die Rechtsstellung der Frau (2010), S. 603–610, 605. Einen Vergleich zu den USA ziehend, führt Kempin hier die Bundesstaaten Ohio, Georgia, Dakota und Texas an; vgl. *Stender-Vorwachs/Theißen*, Von der Coverture-Doktrin zu vermögensrechtlicher Autonomie, S. 481–501, 498–499 (zu Georgia), 483, Fn. 8 (zu Texas); sowie *Koppe*, Reformforderungen zum US-amerikanischen Ehegüterrecht im 19. Jahrhundert, S. 502–524, 503. Die vorgenannten Beiträge sind zu finden in: Meder/Mecke (Hg.), Reformforderungen zum Familienrecht international (2015).

942 *Lange/Bulling*, Eine Erwiderung auf den Artikel der Frau Dr. Kempin (1897), S. 11.

943 *Lange/Bulling*, Eine Erwiderung auf den Artikel der Frau Dr. Kempin (1897), S. 11–12; Motive, IV. Bd., S. 225.

944 *Lange/Bulling*, Eine Erwiderung auf den Artikel der Frau Dr. Kempin (1897), S. 5.

Eheverträge. Und wenn etwas der Ehe einen geschäftlichen Charakter aufdrückt, so sind sie es.«[945]

Kempin spitzt ihre Argumentation zu, indem sie fragt, ob jemand glaube, dass sich die Ehefrau durch einen Ehevertrag »wirklich günstiger zu stellen vermag, als das Gesetz sie gestellt hat«. Wer davon ausginge, »verriete abermals jene Unkenntnis von der wirklichen Stellung der Ehefrau zu ihrem Mann, welche die jetzige gesetzliche Güterordnung des Entwurfs erzeugt« habe.[946]

Diese Passagen nimmt Lange zum Anlass, noch einmal zu wiederholen, dass Kempin ihre Meinung in dem Beitrag in der »Nation« änderte. Dort behauptet sie nun, dass Eheverträge insbesondere auch nach Eheschließung noch problemlos vereinbart werden könnten. In ihrem Artikel in der »Post« wies sie diese Haltung nun kategorisch zurück und fragte rhetorisch:

> »Welcher Ehemann, der kraft der Gütergemeinschaft am Vermögen seiner Frau Miteigentum oder kraft der Verwaltungsgemeinschaft Nutznießung und in beiden Fällen die Verwaltung solchen Vermögens hat, wird dem Begehren der Frau ohne weiteres entsprechen? Hand aufs Herz, hochgeehrte Ehemänner, würde einer von Ihnen das freiwillig thun?«.[947]

Kempin kommt diesbezüglich zu dem Schluss, dass Ehemänner ihre Frauen für derartige Forderungen »auslachen« würden. Eine »wirkliche Besserstellung der Frau« könne daher nur über die Gütertrennung als gesetzlichem Güterstand erreicht werden. Lange nahm diese Meinungsänderung in Kempins Beiträgen zum Anlass, um zu formulieren, dass der beste Beweis gegen Kempins Ausführungen in der »Nation« deren Thesen in der »Post« seien. Denn in einem anderen Artikel in der »Post« schrieb die Schweizerin bereits im März 1896, dass die Verwaltungsgemeinschaft »ein selbständiges Handeln der Frau nicht zulässt«.[948] Dieser Güterstand bedinge eine »Einheit des Handelns der Ehegatten«, weshalb zwangsläufig die Geschäftsfähigkeit der Frau eingeschränkt würde.

945 *Kempin*, Die Stellung der Frau im Entwurf des Bürgerlichen Gesetzbuches V., Die Post, Ausgabe vom 9. April 1896, 1. Beilage (XXXI. Jahrgang, Nr. 97), abgedruckt bei Meder u. a. (Hg.), Die Rechtsstellung der Frau (2010), S. 545–549, 545–546.

946 *Kempin*, Die Stellung der Frau im Entwurf des Bürgerlichen Gesetzbuches V., Die Post, Ausgabe vom 9. April 1896, 1. Beilage (XXXI. Jahrgang, Nr. 97), abgedruckt bei Meder u. a. (Hg.), Die Rechtsstellung der Frau (2010), S. 545–549, 546. Das Zitat wird zudem wiedergegeben bei *Lange/Bulling*, Eine Erwiderung auf den Artikel der Frau Dr. Kempin (1897), S. 13.

947 *Lange/Bulling*, Eine Erwiderung auf den Artikel der Frau Dr. Kempin (1897), S. 13.

948 *Kempin*, Die Stellung der Frau im Entwurf des Bürgerlichen Gesetzbuches II., Die Post, Ausgabe vom 25. März 1896, 1. Beilage (XXXI. Jahrgang, Nr. 84), abgedruckt bei Meder u. a. (Hg.), Die Rechtsstellung der Frau (2010), S. 534–538, 535. Das Zitat wird zudem wiedergegeben bei *Lange/Bulling*, Eine Erwiderung auf den Artikel der Frau Dr. Kempin (1897), S. 14.

Kempin sieht also ein Auseinanderfallen von gesellschaftlichen Anforderungen an die Stellung der Frau und deren Position in der Ehe. Denn die Neuzeit erfordere »die volle Geschäftsfähigkeit der Frau«, während in der Ehe das Güterrechtssystem des BGB immer noch die beschränkte Geschäftsfähigkeit der Ehefrau postuliere.[949] Zwar ließe sich dies nicht im Wortlaut des Gesetzes wiederfinden, doch die praktische Konsequenz sei dieselbe.

Des Weiteren hatte Kempin zunächst die Verwaltungsgemeinschaft als »lange überlebtes System« beschrieben und die juristischen »Waffen« der der Frau zum Schutz ihres Vermögens als »stumpf« bezeichnet.[950] In der »Nation« sah sie aber nun die Verwaltungsgemeinschaft als »Basis für ein gedeihliches Wachstum« an. Darüber hinaus sei die Unzufriedenheit der Frauenrechtlerinnen unbegründet, denn ihre vermögensrechtliche Stellung beruhe auf derjenigen ihrer Männer. Noch in der »Post« hatte Kempin dagegen die Gütertrennung als denjenigen Güterstand definiert, der allein der Frau »in der Ehe eine würdige Stellung« gebe. Denn die Verwaltungsgemeinschaft böte lediglich ein »aut – aut«: Entweder sei die Frau der Unfähigkeit eines Mannes ausgeliefert, der nicht imstande sei, ein Vermögen zu verwalten und die Familie dadurch materiell schutzlos. Oder aber der Güterstand »zerrütte« letztlich die Ehe. Jedenfalls müsse »das System in beiden Fällen verworfen« werden. Lange wiederholt daher noch einmal ihre These, dass »niemand geschickter« gegen Kempins Beitrag in der »Nation« argumentieren könne als Kempin selbst mit ihrem Beitrag in der »Post«.

Abschließend findet sich eine Rechtfertigung Langes für das Erscheinen dieser Broschüre. Vor dem Hintergrund der vielen Wendungen in Kempins Argumentation habe auf deren Beitrag in der »Nation« reagiert werden müssen. Denn es könne nicht vorausgesehen werden, »welche Gestalt die Anschauungen und Ratschläge der Frau Dr. Kempin noch annehmen werden«. »Solchen gleitenden Überzeugungen gegenüber« müsse eine Antwort gestellt werden. Dies

949 In der modernen Frauenrechtsforschung trifft noch ein weiterer Aspekt in Kempins Werk auf wissenschaftliches Interesse. So wird mittlerweile hervorgehoben, dass sich die Schweizerin seit 1897 dem Standpunkt der Historischen Rechtsschule annäherte, vgl. *Meder/Mecke*, Einführung, in: Meder/Mecke (Hg.), Reformforderungen zum Familienrecht international (2015), S. 11–105, 50, Fn. 172. Außerdem sieht die Wissenschaft, dass die Forderung nach Einführung der Gütertrennung als gesetzlicher Güterstand zwar formaljuristisch die vermögensrechtliche Autonomie der Ehefrau hergestellt hätte. Gleichzeitig sei die Forderung nach diesem Güterstand aber angesichts der Erwerbslosigkeit bzw. des geringen Verdienstes der Mehrheit von Ehefrauen sozial-ökonomisch kurzsichtig. Diesen von der deutschen Frauenrechtsbewegung erst in den 1920er-Jahren erkannten Irrtum sah Kempin bereits 1897 im Zusammenhang mit ihren zuvor gewandelten Auffassungen über das grundsätzliche Verhältnis von Recht und Sitte, siehe dazu *Meder/Mecke*, Einführung, in: Meder/Mecke (Hg.), Reformforderungen zum Familienrecht international (2015), S. 11–105, 67 mit Verweis auf *Berneike*, Frauenfrage (1995), S. 100, sowie *Lehmann*, Die Ehefrau und ihr Vermögen (2006), S. 116–121.

950 *Lange/Bulling*, Eine Erwiderung auf den Artikel der Frau Dr. Kempin (1897), S. 15.

diene schon der »Selbsterhaltung« der Frauenbewegung.[951] Unausgesprochen lässt sie freilich, dass Kempin zu dieser Zeit bereits eine gewisse Berühmtheit erlangt hatte. Als erste Frau in der Schweiz mit einem abgeschlossenen Studium der Rechtswissenschaften dürfte ihr Wort einiges Gewicht in der zeitgenössischen Diskussion besessen haben.

III. Fazit

Mit der Monographie »Eine Erwiderung auf den Artikel der Frau Dr. Kempin« grenzen sich Bulling und Lange eindeutig von Kempin ab. Insbesondere kritisieren sie Kempins Haltung, in dem zivilrechtlichen Ehevermögensrecht keine Benachteiligung der Frau zu sehen.[952] Zum wiederholten Male stellt Bulling fest, dass das gesetzliche Güterrecht ausschließlich dem Ehemann zum Vorteil gereicht. Noch einmal formuliert er zudem die Forderung, die Gütertrennung als gesetzlichen Güterstand einzuführen, die er schon in »Die deutsche Frau und das bürgerliche Gesetzbuch« erhoben hat und bezieht sie auf die gesamte Frauenbewegung, obwohl es eine solch homogene Aktivität nie gegeben hat. Dabei darf nicht vergessen werden, dass Kempin eine überzeugende Kritik an der Gütertrennung übte, indem sie auf die Schutzlosigkeit nicht erwerbstätiger Frauen verwies. Diese Kritik ist von Bulling unwidersprochen geblieben.

Insgesamt hatten Carl Bullings familienrechtliche Schriften einen großen Einfluss auf die zeitgenössische Frauenbewegung. Wie vorstehend erläutert, sind seine Schriften rege rezipiert worden. So bleibt Bulling weiterhin publizistisch tätig, obwohl er bereits ein hohes Alter erreicht hat. Seine folgenden Beiträge in der Tageszeitung »Hamburgischer Correspondent« bilden den Gegenstand des nächsten Kapitels.

---

951 *Lange/Bulling*, Eine Erwiderung auf den Artikel der Frau Dr. Kempin (1897), S. 16.
952 *Lange/Bulling*, Eine Erwiderung auf den Artikel der Frau Dr. Kempin (1897), S. 6.

10. Kapitel: Zeitschriftenbeiträge im Schnittfeld von Frauenbewegung und Familienrecht

I. »Die Frauenbewegung und das Bürgerliche Gesetzbuch in den §§ 1353 und 1354« (sechsteilige Artikelserie in der Tageszeitung Hamburgischer Correspondent)

1. Einleitung

Das Familienrecht behandelte Bulling nicht nur im Rahmen der bereits dargestellten Monographien. Daneben verfasste er auch eine sechsteilige Serie zu den §§ 1353 und 1354 E II in der Tageszeitung »Hamburgischer Correspondent« sowie eine zweiteilige Artikelfolge zur Gehorsamspflicht der Frau. Wie der Kontakt zu dieser Zeitung zustande kam, lässt sich nicht mehr rekonstruieren. Jedoch liegt die Vermutung nahe, dass die Frauenrechtlerin Helene Bonfort dabei eine entscheidende Rolle gespielt hat. Bonfort, die von 1854 bis 1940 lebte, arbeitete ab 1896 als Redakteurin beim Hamburgischen Correspondent.[953] Als eine der führenden Frauenrechtlerinnen Hamburgs wird sie wahrscheinlich auch an der 19. Generalversammlung des Allgemeinen Deutschen Frauenbundes (ADF) am 2. Oktober 1897 in Stuttgart teilgenommen haben. Bulling selbst schreibt in dem von ihm als Vorbemerkung titulierten Vorwort der Artikelserie »Die Frauenbewegung und das Bürgerliche Gesetzbuch in den §§ 1353 und 1354«, dass er am 2. Oktober 1897 einen Vortrag in Stuttgart hielt, der nach dem Wunsch der Redaktion nun in dieser Zeitung abgedruckt werden solle.

Das von Bulling gewählte Publikationsorgan, der Hamburgische Correspondent, galt als »Europas größte Zeitung«.[954] Sie war seit 1724 herausgegeben worden und soll um 1800 selbst die bekannte Londoner Zeitung »Times« in

---

953 *Bake*, Art. Bonfort, Helene, in: Kopitzsch/Brietzke (Hg.), Hamburgische Biografie, III. Bd. (2006), S. 53–54, 53.

954 *Böning*, Journal der Epoche, vgl. http://www.zeit.de/2012/24/Zeitung-Hamburgische-Correspondent, abgerufen am 1.6.2015, ebenfalls abgedruckt in: Die Zeit, Ausgabe vom 6.6.2012 (Nr. 24).

Bezug auf die Auflage übertroffen haben.[955] Sie wird noch heute in der Medienwissenschaft als »herausragendes« Beispiel für investigativen Journalismus herangezogen.[956] Im Jahr 1869 ging die Zeitung in den Besitz der Börsen-Halle über und wurde seitdem mit dem Zusatz »Morgen-Zeitung der Börsen-Halle« verlegt.

2. »Die Frauenbewegung und das Bürgerliche Gesetzbuch in den §§ 1353 und 1354« – 1. Teil der Artikelserie

Mit der Artikelserie verfolgt Bulling zwei Absichten. Erstens will er der Frauenbewegung aufzeigen, wie sie ihre Ziele doch noch erreichen kann. Zweitens dienen die Artikel dem Autor dazu, sich mit Leonard Jacobi (1832–1900) und Hermann Jastrow (1849–1915) sowie der Frauenrechtlerin Emilie Kempin (1853–1901) auseinanderzusetzen. In Abgrenzung zu diesen schreibt er einleitend: »Wer heute für die Frauen schreibt, insbesondere wenn er selbst in der Frauenbewegung steht, sollte den Frauen die Ehre erweisen, daß er an ihr Urtheil appelirt.«[957]

Gerade die genannten Autoren würden dies nicht tun, sondern die Frauen allein darüber belehren, welche Fortschritte das BGB ihnen gebracht habe. Dass Bulling und mit ihm die Frauenbewegung sich mit diesen vermeintlichen Fortschritten nicht einverstanden erklären, illustriert schon die Überschrift des ersten Artikels: »Was verlangt die Frauenbewegung vom Bürgerlichen Gesetzbuch?«. In das Zentrum der Betrachtung sollen demzufolge die Forderungen der Bewegung gerückt werden. Der geistige und moralische Kern der Frauenbewegung bestehe darin, dass sie »eine Freiheitsbewegung« sei. Richtigerweise müsse die Bewegung die Freiheit der Frau fordern, weil »der Mensch auf der Welt wirken will […] zum Wohle anderer und das aus eigenem Antrieb«.[958]Jedoch seien Gesetze die wesentlichen Hindernisse auf dem Weg zur Freiheit. Andererseits könne und wolle der Mensch nicht ohne Gesetze leben, denn diese sicherten ihm gleichzeitig die Freiheit.

955 *Böning*, Journal der Epoche, vgl. http://www.zeit.de/2012/24/Zeitung-Hamburgische-Correspondent, abgerufen am 1.6.2015, ebenfalls abgedruckt in: Die Zeit, Ausgabe vom 6.6.2012 (Nr. 24).

956 *Böning*, Journal der Epoche, vgl. http://www.zeit.de/2012/24/Zeitung-Hamburgische-Correspondent, abgerufen am 1.6.2015, ebenfalls abgedruckt in: Die Zeit, Ausgabe vom 6.6.2012 (Nr. 24).

957 *Bulling*, Die Frauenbewegung und das Bürgerliche Gesetzbuch in den §§ 1353 und 1354, I. Teil, Hamburgischer Correspondent, Ausgabe vom 10.4.1898, S. 25–26, 25, Sp. 1–2.

958 *Bulling*, Die Frauenbewegung und das Bürgerliche Gesetzbuch in den §§ 1353 und 1354, I. Teil, Hamburgischer Correspondent, Ausgabe vom 10.4.1898, S. 25–26, 25, Sp. 2.

Bulling richtet daher folgende Forderung an die zeitgenössische Frauenbewegung: Ihre Ziele müssten eine Freiheit für den Einzelnen garantieren, die unabhängig von dem Willen eines anderen gewährt werde: »Aber das Recht wollen Sie haben, daß Sie thun dürfen, was sie können. Das ist die Frauenbewegung«.[959] Damit liegt Bulling wiederum auf einer Linie mit dem ethischen Individualismus Kants. Die Frau müsse die Freiheit in der Ehe und insbesondere die Freiheit bei der Erfüllung ihrer Pflichten in der Ehe fordern. Das juristische Element bestehe dann darin, der Frau ihre eheliche Freiheit per Gesetz zu ermöglichen.[960] Er betont in diesem Zusammenhang die Gleichwertigkeit von Frau und Mann. Auch die Frau werde nicht »lediglich zur Pflichterfüllung« geboren. Ihr stehe ein Recht auf Vermögensbesitz und auf freie Verfügungsbefugnis über ihr Vermögen zu. Bulling knüpft seine Vorstellung der eheweiblichen Freiheit also zunächst an die Möglichkeit der Vermögensdisposition.

Zwar gebe es demgegenüber auch historische Wurzeln für die Unfreiheit der Frau.[961] Jedoch stelle es die »Lebensfrage der Frauenbewegung« dar, den Nachweis anzutreten, dass dieser Zustand nichts mehr mit den realen Verhältnissen

---

959 *Bulling*, Die Frauenbewegung und das Bürgerliche Gesetzbuch in den §§ 1353 und 1354, I. Teil, Hamburgischer Correspondent, Ausgabe vom 10.4.1898, S. 25–26, 25, Sp. 2.

960 *Bulling*, Die Frauenbewegung und das Bürgerliche Gesetzbuch in den §§ 1353 und 1354, I. Teil, Hamburgischer Correspondent, Ausgabe vom 10.4.1898, S. 25–26, 25, Sp. 2–3.

961 Die Geschichte der Geschlechtsvormundschaft fasst er, wie bereits an anderer Stelle formuliert, folgendermaßen zusammen: »Früher, zur Zeit als in Deutschland die Geschlechtsvormundschaft noch galt, daß jede Frau, auch die unverheirathete, ihres Geschlechts wegen einen Vormund haben mußte, stand die Vormundschaft über die verheirathete Frau dem Manne zu, als ein Recht, auf das er Anspruch hatte, nicht bloß als Pflicht, weshalb man sie zur Unterscheidung von den sonstigen Vormundschaften bezeichnete als Recht der ehelichen Vormundschaft, eheliche Vogtei, am gebräuchlichsten: mundium. Bei Aufhebung der Geschlechtsvormundschaft ist dies Mundium bestehen geblieben, und es bildet noch heute die Grundlage des Eherechtes, weshalb die Juristen bei aufstoßenden Zweifeln auch jetzt noch auf den Begriff desselben zurückgehen. Es enthält zweierlei: die Pflicht zum Schutz und das Recht auf Gehorsam, welches beides besonders scharf auseinanderhält der Code Napoléon in der Bestimmung Art. 213: Le mari doit protection a sa femme, la femme obéissance à son mari. Indem das Gehorsamsrecht mehr als die Schutzpflicht das theoretische und das praktische Interesse beschäftigen mußte, ist es aufgenommen, daß man, obgleich Mundium nur den Rechtsgrund von beiden bezeichnet, dies Wort für Gehorsamsrecht gebraucht. Ich werde Gehorsamsrecht sagen, oder, auf die Frau bezogen, Gehorsamspflicht. Vom Mundium zu sprechen haben die Gesetze keine Veranlassung. Sie haben für das, was sie bestimmen, den Rechtsgrund in sich selbst. Die beiden Bestandtheile des Mundiums aber sind in alle Gesetzgebungen übergegangen und so hat der historische Gang des Rechtes dahin geführt, daß das, wogegen sich die Frauenbewegung vor allem wendet, heute noch in allen deutschen Staaten besteht: in ihnen allen – wie indessen auch in allen außerdeutschen Staaten – ist die Frau dem Manne zum Gehorsam verpflichtet.«, *Bulling*, Die Frauenbewegung und das Bürgerliche Gesetzbuch in den §§ 1353 und 1354, I. Teil, Hamburgischer Correspondent, Ausgabe vom 10.4.1898, S. 25–26, 25, Sp. 3.

zu tun habe. Nur so könne man eine Änderung der §§ 1353 Abs. 1 und 1354 Abs. 1 und 2 erreichen, die der Frau jede Freiheit versagen.

3. »Wie bestimmt das B.G.B. in den §§ 1353 und 1354 das Verhältniß zwischen den Ehegatten?« – 2. Teil der Artikelserie

Im zweiten Teil der Serie analysiert Bulling die §§ 1353 und 1354 BGB, wobei sein Augenmerk der ehelichen Lebensgemeinschaft und der Gehorsamspflicht der Ehefrau gilt. Noch einmal stellt er dazu fest, dass die Vorschrift des § 1353 BGB nicht in die Tat umzusetzen sei. Auch eine Lebensgemeinschaft »wie sie das Wesen der Ehe bedingt« kann nicht von Gesetzes wegen hergestellt werden. Das Wesen der Ehe sei es, die Bedürfnisse des anderen zu erkennen und darauf einzugehen. Darin wiederum liege die »ethische Bedeutung der Ehe«. Soweit verlange die Norm »nichts Unmögliches«, da sie auf den ersten Blick nur die eheliche Lebensgemeinschaft gesetzlich festschreibt. Dabei gehe es um »eine Weise des Handelns, ein Ideal, dem jeder zustreben soll«.[962]

Das eigentliche Problem finde sich laut Bulling jedoch in § 1354, wo es in Abs. 1 zunächst heißt, dass der Mann das Recht zur Entscheidung in allen das gemeinschaftliche eheliche Leben betreffenden Angelegenheiten habe. Gleichzeitig gibt Abs. 2 der Frau aber das Recht, der Entscheidung des Mannes nicht zu folgen, wenn sich dessen Entscheidung als ein Missbrauch seines Rechts darstellt. Bulling meint, das Kernproblem an dieser Norm bestehe nun in der Frage, ob die Frau ein Entscheidungsrecht in jenen Angelegenheiten habe, die nicht das gemeinschaftliche eheliche Leben betreffen und damit nicht unter § 1354 Abs. 1 BGB fallen. Dies wird von einigen Autoren behauptet, was aber realitätsfern sei und einen Irrtum darstelle.[963] Dieser Irrtum liege schon darin, dass sie dem Absatz einen Sinn geben, »den er logisch nicht haben kann«.[964]

Damit im Zusammenhang steht die Frage, in welchem Verhältnis § 1353 und § 1354 zueinander stehen. Bulling geht davon aus, dass der Ehemann bei seinen Entscheidungen stets die Regel des § 1353 zu berücksichtigen hat, also diese mit Rücksicht auf die eheliche Lebensgemeinschaft treffen muss. Gleichzeitig sei das Ergebnis einer Gesamtbetrachtung von § 1354 Abs. 1 und Abs. 2 aber, dass auch nur allein der Mann entscheiden darf, welche Angelegenheiten das eheliche Leben betreffen, er also die Sphäre seines Entscheidungsspielraums selbst

962 *Bulling*, Die Frauenbewegung und das Bürgerliche Gesetzbuch in den §§ 1353 und 1354, II. Teil, Hamburgischer Correspondent, Ausgabe vom 17.4.1898, S. 25, Sp. 1.

963 *Bulling*, Die Frauenbewegung und das Bürgerliche Gesetzbuch in den §§ 1353 und 1354, II. Teil, Hamburgischer Correspondent, Ausgabe vom 17.4.1898, S. 25, Sp. 1.

964 *Bulling*, Die Frauenbewegung und das Bürgerliche Gesetzbuch in den §§ 1353 und 1354, II. Teil, Hamburgischer Correspondent, Ausgabe vom 17.4.1898, S. 25, Sp. 2.

festlegen kann. Dafür spreche schon der übliche Sinn des Wortes »Angelegenheit«. Als solche würde etwas »Zukünftiges« bezeichnet, »das für irgendeinen Zweck mein Thun oder Lassen in Anspruch nimmt – ein Vorhaben, das ich habe oder haben soll, das mich beschäftigt oder beschäftigen soll, also ein Gedankending, das ausgesprochen sein kann oder nicht«.

In Bezug auf die eheliche Lebensgemeinschaft könne eine diesbezügliche Angelegenheit daher nur jene sein, die sich direkt darauf richtet, die Gemeinschaft herzustellen und aufrechtzuerhalten. Die §§ 1353 und 1354 sind also durch die Determinanten »Pflicht zur Herstellung der ehelichen Lebensgemeinschaft« und »Angelegenheiten, die das gemeinschaftliche eheliche Leben betreffen« gekennzeichnet. Die Frage, die aber offen bleibt und zunächst auch nicht von Bulling geklärt wird, dreht sich um die Abgrenzung beider Begriffe voneinander.[965] In Bezug auf die Stellung der Frau ergibt sich dabei das Problem, dass allein der Mann entscheidet, ob eine Angelegenheit unter die Pflicht zur Herstellung der ehelichen Lebensgemeinschaft fällt und er darüber hinaus diese Entscheidung willkürlich treffen darf.

4. »Wie gestaltet sich in Anwendung der §§ 1353 und 1354 das Verhältniß unter den Ehegatten?« – 3. Teil der Artikelserie

Der dritte Artikel behandelt daher jene Bereiche, die den Gegenstand des ehemännlichen Entscheidungsrechts bilden. Ein gravierender Aspekt sei besonders problematisch für die Freiheit der Ehefrau. Der Reichweite dieses Rechts werde nur durch die Fantasie des Mannes Grenzen gesetzt. Es entspreche der »Logik«, dass der Mann selbst festlege, »ob ein Vorhaben der Frau der Pflicht zur Gemeinschaft« unterfalle. Denn nur dann sei der Ehemann imstande, ein echtes Entscheidungsrecht auszuüben.[966] Dies veranschaulicht einmal mehr, dass Bulling die §§ 1353, 1354 BGB vollständig ablehnt. Indem der Mann zunächst schon selbst bestimmen kann, welche Elemente zum Begriff der ehelichen Lebensgemeinschaft gehören, würde dieser Begriff »unerträglich ausgeweitet«.[967]

---

965 Der langjährige Richter schreibt dazu: »Wann betrifft ein Vorhaben diese Pflicht? Wann kann es sie betreffen? Es kann sie nur betreffen, wenn es selbst von ihr betroffen wird, wenn es unter dieser Pflicht steht, sie das Gesetz bildet, nach dem es sich zu richten hat. Dies ist es, was Betreffen bezeichnet, also nicht etwas Actives, sondern ein Passives, ein Betroffensein des Vorhabens von der Pflicht, dies es betrifft.«, Die Frauenbewegung und das Bürgerliche Gesetzbuch in den §§ 1353 und 1354, II. Teil, Hamburgischer Correspondent, Ausgabe vom 17.4.1898, S. 25, Sp. 2.

966 *Bulling*, Die Frauenbewegung und das Bürgerliche Gesetzbuch in den §§ 1353 und 1354, III. Teil, Hamburgischer Correspondent, Ausgabe vom 24.4.1898, S. 17, Sp. 1.

967 *Bulling*, Die Frauenbewegung und das Bürgerliche Gesetzbuch in den §§ 1353 und 1354, III. Teil, Hamburgischer Correspondent, Ausgabe vom 24.4.1898, S. 17, Sp. 1.

Die Pflicht zur ehelichen Lebensgemeinschaft bewirke außerdem, dass die Eheleute »thunlichst bei einander zu leben« haben. Damit im Zusammenhang stehe ein zentraler Problemkreis des zeitgenössischen Eherechts, und zwar die Schlüsselgewalt. Bulling versteht im Anschluss an Stobbe unter Schlüsselgewalt, das »Recht, das Hauswesen zu leiten«. Der bekannte deutsche Privatrechtler Stobbe meinte, dass »in alter Zeit Schlüssel der Frau bei Eingehung der Ehe symbolisch übergeben wurden«.[968] Zwar steht der Frau grundsätzlich die Schlüsselgewalt zu, jedoch konnte sie der Frau »vom Manne entzogen werden«.[969] Bulling leitet daraus, ab, dass die Frau »stillschweigend« vom Mann zur Leitung des Hauswesens beauftragt ist, wenn dieser nicht etwas anderes bestimmt.[970] Dabei betont er die Bindung beider Eheleute an die Pflicht zur ehelichen Gemeinschaft. Jedoch habe der Ehemann jederzeit ein Letztentscheidungsrecht. So könne er der Frau das Recht zur Leitung des Hauswesens entziehen, wenn sie sich weigere, das Hauswesen nach seinen Vorschriften zu führen.[971]

Als weitere Ehepflicht gebe es laut Bulling die »gegenseitige Rücksichtnahme«. Demnach müsse jede Handlung in der Ehe daraufhin untersucht werden, ob »das Wohl des anderen nicht beeinträchtigt wird«.[972] Darüber hinaus sei diejenige Handlung vorzunehmen, die das »Wohl des Ehegatten fördert«. Bulling sieht also in der ehelichen Pflichterfüllung ein latent ethisches Moment. Wie bereits in seinen einschlägigen Monographien macht er auch hier geltend, dass die gegenseitige Rücksichtnahme die Grundlage für Liebe und Zuneigung bildet. Zwar verfolge der Mensch wie überall auch in der Ehe zunächst die Durchsetzung seiner eigenen Interessen. Gleichzeitig stünden die Pflicht zur Lebensgemeinschaft und die anderweitigen Zwecke ehebezogener Handlungen aber in direkter Abhängigkeit. Sie dienten einem übergeordneten Ziel, welches darin bestehe, einen »Lebenszweck« zu verwirklichen und »sich eine Ordnung« zu setzen. Deswegen müsse die Verfolgung individueller Interessen in der Ehe zurückstehen. Denn die Ehe diene nicht dem Selbstzweck der Eheleute, sondern habe »einen großen sittlichen Einfluß auf das ganze Verhalten der Nation«. »Die

968 *Bulling*, Die Frauenbewegung und das Bürgerliche Gesetzbuch in den §§ 1353 und 1354, III. Teil, Hamburgischer Correspondent, Ausgabe vom 24.4.1898, S. 17, Sp. 1–2, mit Verweis auf *Stobbe*, Handbuch des Deutschen Privatrechts, IV. Bd., 2. A. (1884), S. 147.
969 *Stobbe*, Handbuch des Deutschen Privatrechts, IV. Bd., 2. A. (1884), S. 147.
970 *Bulling*, Die Frauenbewegung und das Bürgerliche Gesetzbuch in den §§ 1353 und 1354, III. Teil, Hamburgischer Correspondent, Ausgabe vom 24.4.1898, S. 17, Sp. 2.
971 *Bulling*, Die Frauenbewegung und das Bürgerliche Gesetzbuch in den §§ 1353 und 1354, III. Teil, Hamburgischer Correspondent, Ausgabe vom 24.4.1898, S. 17, Sp. 2.
972 *Bulling*, Die Frauenbewegung und das Bürgerliche Gesetzbuch in den §§ 1353 und 1354, III. Teil, Hamburgischer Correspondent, Ausgabe vom 24.4.1898, S. 17, Sp. 2.

Pflicht zur Gemeinschaft« stelle einen »festen Regulator« dar, der »die Lebensführung der Verheiratheten bestimmt«.[973]

An diesen Ausführungen sind mehrere Aspekte interessant. Zum einen betont Bulling den sittlichen Wert der Ehe. Zum anderen charakterisiert er die jedem Menschen immanente innere Auseinandersetzung zwischen Individualismus und sozialem Wesen. Weiter führt er dazu aus, dass die Frau in doppeltem Sinn unfrei sei. Sie dürfe zum einen nicht entscheiden, welche Pflichten und Handlungen überhaupt zur Realisierung der ehelichen Lebensgemeinschaft gehören, zum anderen genieße sie auch keine Freiheit bei Entscheidungen über Handlungen, die nicht die eheliche Lebensgemeinschaft betreffen. Denn sie muss den »Mann fragen, ob und wie sie« jede Handlung »vornehmen darf«. Dabei dürfe nicht vergessen werden, dass der Mann kein Interesse daran haben kann, dass die Frau frei über die Handlungen entscheiden kann, die nicht der Verwirklichung der ehelichen Lebensgemeinschaft dienen. Denn dann hätte sie »das Recht zu bestimmen, wie viel Zeit sie denselben widmen will«. Und für jene Tätigkeiten, die der Mann ihr vorschreibt, »bleibt dann nur die übrige Zeit«. Um das weibliche Rollenverständnis am Ende des 19. Jahrhunderts weiß allerdings auch Bulling: »Die ordentliche Frau freilich wird eine solche Freiheit nicht ausnutzen. Sie wird jenen Zwecken nicht mehr Zeit widmen wollen, als ihre Pflichten gestatten.«[974] Bulling kommt also zu dem Schluss, dass die Ehefrau ihre gewonnene Freiheit nicht ausnutzen würde, sondern sich von »pflichtgemäßen Erwägungen« leiten ließe. Da ein Mann aber niemals auf sein Entscheidungsrecht verzichte, würde er der Frau diese Freiheit trotzdem nicht zugestehen.

5. »Belege zu dem unter III. Gesagten und Ergebniß für die Gehorsamspflicht« – 4. Teil der Artikelserie

Der vierte Teil der Artikelserie habe den Zweck, die theoretischen Ausführungen des dritten Teils anhand von Beispielen zu veranschaulichen. Als Folie, auf der Bulling die Auswirkungen der Gehorsamspflicht skizziert, dient ihm die Berufstätigkeit des Mannes. So wird auch diese »von der Pflicht zur ehelichen Lebensgemeinschaft betroffen«, »weil die Existenz, die er durch Amt und Beruf sich zu verschaffen vermag, das Wohl der Frau mitbedingt«. Doch nicht nur dieser Bereich werde von der Pflicht zur Lebensgemeinschaft erfasst, diese erstrecke sich auch auf das »so heterogene Gebiet der Zerstreuungen«, womit er

973 *Bulling*, Die Frauenbewegung und das Bürgerliche Gesetzbuch in den §§ 1353 und 1354, III. Teil, Hamburgischer Correspondent, Ausgabe vom 24.4.1898, S. 17, Sp. 3.

974 *Bulling*, Die Frauenbewegung und das Bürgerliche Gesetzbuch in den §§ 1353 und 1354, III. Teil, Hamburgischer Correspondent, Ausgabe vom 24.4.1898, S. 17, Sp. 3.

den ganzen »Bereich der Nebenbeschäftigungen – Kunst, Wissenschaft, Lectüre« meint.[975]

Interessant sind zudem seine Ausführungen zum Güterrecht. Bulling analysiert, dass der Gehorsamsparagraph letztlich auf die güterrechtliche Ebene durchschlage. Denn die Frau sei zwar grundsätzlich frei, im Rahmen der Gütertrennung über ihr Vermögen und bei der Verwaltungs- und Nutznießungsgemeinschaft zumindest über das Vorbehaltsgut zu verfügen. Der Mann könne sie jedoch an der Vermögensverwaltung hindern.[976] Dies erlaube ihm das Gesetz, da er bestimmen dürfe, was zur Realisierung der ehelichen Lebensgemeinschaft gehöre. Ebenso könne er »wissenschaftliche oder künstlerische Bestrebungen« der Frau einschränken, wenn diese sie »zu sehr« von ihren »Pflichten abziehen«. Laut Bulling werde daher ersichtlich, dass »die anderweiten Zwecke« zwei Seiten aufweisen: »eine innere«, die nicht dem Entscheidungsrecht dem Mannes unterliegt, »und eine äußere, die ihm unterliegt«. Die Frau könne beispielsweise selbst entscheiden, welchen Neigungen sie in ihrer Freizeit nachgehe und auf welche Weise sie ihr Vermögen verwalte. Dabei handele es sich um die »innere Seite«. Andererseits »bildet die äußere Seite die Thätigkeit, durch welche die Frau das beschlossene Vorhaben auszuführen gedenkt«. Dieser Bereich unterliege dem Entscheidungsrecht des Mannes. Frei sein in der Pflichterfüllung bedeute jedoch, dass »einer selbst wissen darf, was seine Pflicht ist, daß er den Plan für die Pflichterfüllung sich selbst machen, selbst die Regeln daraus ableiten und diese Regeln zur Anwendung bringen darf«.[977] Die Regeln des BGB würden der Frau eine solche Freiheitnicht gewähren, weil der Mann ihr immer vorschreiben dürfe, »was ihre Pflicht ist«, indem »er ihr den Plan, die Regeln und deren Anwendung« festlege.[978]

Der Gesetzgeber habe daher »das uralte Gehorsamsrecht sanctionirt«, das sich in genau dieser Form bereits im Preußischen Allgemeinen Landrecht wiederfinde.[979] Die Beweggründe, dem Mann das Entscheidungsrecht zuzu-

975 *Bulling*, Die Frauenbewegung und das Bürgerliche Gesetzbuch in den §§ 1353 und 1354, IV. Teil, Hamburgischer Correspondent, Ausgabe vom 1.5.1898, S. 26, Sp. 1.

976 *Bulling* illustriert dies anhand folgenden blumigen Beispiels: »Sagt sie: ich gehe den Nachmittag zu meinem Notar, so kann der Mann ihr sagen: Deine Geschäfte leiden es heute nicht, es ist besser, ich lasse ihn kommen, oder Du gehst morgen.«, Die Frauenbewegung und das Bürgerliche Gesetzbuch in den §§ 1353 und 1354, IV. Teil, Hamburgischer Correspondent, Ausgabe vom 1.5.1898, S. 26, Sp. 1.

977 *Bulling*, Die Frauenbewegung und das Bürgerliche Gesetzbuch in den §§ 1353 und 1354, IV. Teil, Hamburgischer Correspondent, Ausgabe vom 1.5.1898, S. 26, Sp. 2.

978 *Bulling*, Die Frauenbewegung und das Bürgerliche Gesetzbuch in den §§ 1353 und 1354, IV. Teil, Hamburgischer Correspondent, Ausgabe vom 1.5.1898, S. 26, Sp. 2.

979 *Bulling*, Die Frauenbewegung und das Bürgerliche Gesetzbuch in den §§ 1353 und 1354, IV. Teil, Hamburgischer Correspondent, Ausgabe vom 1.5.1898, S. 26, Sp. 2.

sprechen, sieht Bulling darin, dass es sich um ein »altes Recht« handelt.[980] Damit in Verbindung stehe die weit verbreitete Ansicht, dass Bestimmungen nicht geändert werden dürfen, die »von jeher gegolten« haben und beispielsweise schon in den zeitgenössischen Partikularrechten zu finden seien.[981] Die Erklärung, warum es im ALR ebenfalls die Gehorsamspflicht gab, leitet Bulling aus der »festen Verwurzelung« derselben »in den Anschauungen der damaligen Zeit« ab.[982]

Dies geschah ungeachtet der Tatsache, dass das ALR humanistischen Gedanken verhaftet war und die Gehorsamspflicht eine »Unterthänigkeit« postulierte, die in dieser Form schon am Ende des 18. Jahrhunderts nicht mehr existierte. Nicht ohne Ironie führt Bulling weiter aus, dass »wir Juristen mitunter nicht bloß unsere besondere Logik«, sondern »auch so gut wie die Frauen vorgefaßte Meinungen« haben. Diese werde momentan zusätzlich beeinflusst durch das »Empfinden [...] das nationale Werk nicht anrühren zu lassen«.[983] Zwar sei immer wieder behauptet worden, dass das BGB die Gehorsamspflicht nicht aufrechterhalten habe. Dies stelle aber einen Irrtum dar, dessen Auflösung die »Lebensfrage« der Frauenbewegung bilde. Und deren Aussicht auf Erfolg beruhe allein darauf, dass sie »in ihren Bestrebungen« nicht nachlasse, auch wenn die Aufhebung des Gehorsamsparagraphen vielleicht erst in »etlichen Jahren« erreicht werde.

Darüber hinaus beschäftigte sich Bulling auch mit den rechtstheoretischen Grundlagen der Gehorsamspflicht.[984] Dort heißt es unter anderem, dass auch das französische Recht in Art. 213 Code civil und das Sächsische BGB in § 1631 sowie das Österreichische BGB in § 91 Normen enthielten, die dem Mann ein Entscheidungsrecht geben. Die Motive führen dieses Recht des Ehegatten sodann auf die »natürliche Ordnung des Verhältnisses« zurück, das jeder Ehe

980 *Bulling*, Die Frauenbewegung und das Bürgerliche Gesetzbuch in den §§ 1353 und 1354. IV. Teil, Hamburgischer Correspondent, Ausgabe vom 1.5.1898, S. 26, Sp. 2.

981 Als Gehorsamsrecht definiert Bulling, dass »einer aus seinem Gutbefinden das schöpft, was er mir als Norm auferlegen will, und daß, wenn er es mir auferlegt, ich verpflichtet bin, es als Norm zu befolgen, bloß deshalb, weil er es mir auferlegt. Solche Kraft des Auferlegens, daß es durch sich selbst wirkt, bezeichnet man mit Befehlen können«, *Bulling*, Die Frauenbewegung und das Bürgerliche Gesetzbuch in den §§ 1353 und 1354, IV. Teil, Hamburgischer Correspondent, Ausgabe vom 1.5.1898, S. 26, Sp. 2.

982 *Bulling*, Die Frauenbewegung und das Bürgerliche Gesetzbuch in den §§ 1353 und 1354, IV. Teil, Hamburgischer Correspondent, Ausgabe vom 1.5.1898, S. 26, Sp. 2. Dabei ist sich Bulling des im ALR zum Ausdruck kommenden Positivismus bewusst, denn wenn der preußische Gesetzgeber die Gehorsamspflicht hätte aufheben wollen, dann hätte es das ALR »ausdrücklich ausgesprochen«.

983 *Bulling*, Die Frauenbewegung und das Bürgerliche Gesetzbuch in den §§ 1353 und 1354, IV. Teil, Hamburgischer Correspondent, Ausgabe vom 1.5.1898, S. 26 Sp. 3.

984 Vgl. ausführlich dazu auch Motive, IV. Bd., S. 105f.

immanent sei.[985] Wie in den Motiven wird auch von Bulling die Bedeutung der Gehorsamspflicht im gemeinen Recht betrachtet:

> »Am Ende des Mittelalters (Ende des 15. Jahrhunderts) gelangte in ganz Deutschland durch ein allgemeines Gewohnheitsrecht das römische Recht als Ganzes in dem Sinne zur Geltung, daß es zur Ergänzung eintreten sollte, wo einheimische Rechtssätze mangelten. Es hat sich dann in Verwirklichung dieses Gedankens durch die Uebung, die gerichtliche und außergerichtliche Rechtsanwendung, ein Gemisch von römischen und einheimischen Rechten zum geltenden Rechte entwickelt. Dies ist das gemeine Recht zum Unterschied von dem uns bekannt gewordenen römischen Recht, dem sog. Pandectenrechte. Heute gilt es, zurückgedrängt durch einheimische Gesetze, nur noch in dem kleineren Theil Deutschlands.
>
> Es war unausweichlich, daß die Juristen das wissenschaftliche Recht, das römische, auf deutsche Rechtsinstitute anwandten und dadurch sind manche derselben zu Grunde gegangen. Was lebenskräftig war, erhielt sich, und daß dies die Gehorsamspflicht gewesen ist, wird Ihnen begreiflich sein.
>
> In Deutschland galt die Gehorsamspflicht von jeher. Die Volksrechte sowie die Rechtsbücher des 13. Jahrhunderts reden zum Theil ausführlich von ihr, und die Land- und Stadtrechte des 15., 16., und 17. Jahrhunderts bestätigen sie. Auf diesem Rechtszustand fußend, sind die Lehrbücher des gemeinen Rechtes darüber einverstanden, daß im gemeinen Recht die Gehorsamspflicht der Frau zu Recht besteht.«[986]

Zum einen betont Bulling die Trennung von Gewohnheits- und Pandektenrecht. Auf diese Trennung wird im 11. Kapitel (S. 269) noch zurückzukommen sein. Bereits in seinem opus magnum »Die deutsche Frau und das bürgerliche Gesetzbuch« hatte er nachgewiesen, dass sich keine historische Linie von der altrömischen Manus über die germanische Munt zur zeitgenössischen Gehorsamspflicht ziehen lässt. Denn in der klassischen bzw. spätklassischen Zeit war die Munt außer Übung geraten und an deren Stelle eine weitgehende Gleichberechtigung von Frau und Mann getreten. Erst die germanischen Stammesrechte kannten wieder eine Unterwerfung der Frau. Bulling rekurriert hier auf seine Beweisführung aus seinem Hauptwerk »Die deutsche Frau und das bürgerliche Gesetzbuch«, wenn er schreibt, dass erst wieder »die Volksrechte sowie die Rechtsbücher des 13. Jahrhunderts zum Theil von ihr [der Gehorsamspflicht] reden«.

985 *Bulling*, Die Frauenbewegung und das Bürgerliche Gesetzbuch in den §§ 1353 und 1354, IV. Teil, Hamburgischer Correspondent, Ausgabe vom 1.5.1898, S. 26 Sp. 3.

986 *Bulling*, Die Frauenbewegung und das Bürgerliche Gesetzbuch in den §§ 1353 und 1354. IV. Teil, Hamburgischer Correspondent, Ausgabe vom 1.5.1898, S. 26, Sp. 3.

6. »Schriftsteller, die den §§ 1353 und 1354 einen dem Verlangen der Frauenbewegung entsprechenden Sinn beilegen« – 5. Teil der Artikelserie

In den abschließenden Teilen fünf und sechs setzt sich Bulling mit den Werken der von ihm als seine »Gegner« bezeichneten Schriftsteller auseinander. Leonard Jacobi, Hermann Jastrow und Emilie Kempin. Während sich der fünfte Teil allein mit Jacobi auseinandersetzt, werden die Schriften Jastrows und Kempins von Bulling im sechsten Teil untersucht.

Bulling würdigt Jacobi[987]als denjenigen Autor, der als einziger »methodisch« vorgehe, während die beiden anderen ihm lediglich gefolgt seien, »ohne eigene Gründe hinzuzufügen«. Jacobi unterliegt aber einer fundamentalen Fehlinterpretation des § 1354 Abs. 2 BGB. Er lege diese Norm dahingehend aus, dass der Frau ein Widerspruchsrecht in allen Angelegenheiten gegenüber dem Mann zusteht, also auch dann, wenn der jeweilige Fall eigentlich gar nicht die eheliche Lebensgemeinschaft betrifft. Nach § 1354 Abs. 1 BGB habe der Mann grundsätzlich nur in den Angelegenheiten ein Entscheidungsrecht, die die eheliche Lebensgemeinschaft betreffen. Dies würde jedoch ad absurdum geführt, wenn bedacht werde, dass der Mann auch entscheiden darf, welche Angelegenheiten überhaupt zur ehelichen Lebensgemeinschaft gehören. Im Prinzip könne der Ehemann daher zunächst entscheiden, ob in dem betreffenden Fall die eheliche Lebensgemeinschaft berührt wird und dann das Bestimmungsrecht über die Frau wahrnehmen. Diese Auffassung ist damals aber von einigen Autoren, wie Leonard Jacobi, nicht geteilt worden, der meinte, der Ehemann verfüge lediglich über ein Entscheidungsrecht in den Bereichen, die die eheliche Gemeinschaft betreffen. Laut Bulling »verkennt« Jacobi, dass überhaupt nicht feststehe, was zur ehelichen Lebensgemeinschaft eigentlich gehört.

Jacobis zweiter Fehler sei in seiner Beweisführung zu finden. Denn er schreibe, dass die Frau »mithin so gut wie der Mann volle Freiheit in Besorgung ihrer persönlichen Angelegenheiten« habe.[988] Bulling versteht Jacobi hier dahingehend, dass die »das gemeinschaftliche eheliche Leben betreffenden Angelegenheiten etwas Selbstverständliches« seien. Da aber das Gesetz nicht definiere, welche Gebiete vom Entscheidungsrecht des Mannes ausgenommen seien, müsse ein Autor, der wirklich für die Rechte der Frau eintrete, auch den genauen Beweis liefern, in welchen Bereichen sie über ein freies Entscheidungsrecht verfüge. Ein Unterstützer der Frauenbewegung müsse also aufzeigen, was die Ehefrau selbst entscheiden könne. Ansonsten würde obiger

987 Zu Jacobi vgl. das 7. Kapitel (S. 183).

988 *Jacobi*, Eherecht (1896), S. 57. Zu Jacobis Rechtstheorie vgl. auch *Repgen*, Die soziale Aufgabe des Privatrechts (2001), S. 94–97.

Grundsatz eingreifen, dass der Mann zuerst festlegt, was zur ehelichen Lebensgemeinschaft gehöre, um in einem zweiten Schritt eine konkrete Entscheidung zu treffen. Der dritte Fehler Jacobis betreffe die Logik seiner Argumentation. Denn es erscheine widersinnig, dass § 1354 Abs. 2 BGB ein Nichtbefolgungsrecht der Frau für Bereiche statuiere, in denen der Mann ohnehin nicht entscheiden dürfe. Das Gesetz habe hier also »etwas Überflüssiges« bestimmt. Die Argumentation Jacobis sei daher vollkommen verfehlt.

Des Weiteren kritisiert Bulling die Passage, dass Missbrauch dann vorliegen soll, wenn durch Entscheidungen des Mannes in das persönliche Freiheitsgebiet der Frau »ohne Noth« eingegriffen werde.[989] Insbesondere diese Phrase »ohne Noth« beschäftigt den langjährigen Richter. Denn wenn die Frau wirklich die »volle Freiheit« genieße, dann »braucht sie sich keinen Eingriff des Mannes gefallen zu lassen«. Müsse sie sich dagegen einen Eingriff gefallen lassen, der »nöthig ist«, so würde dies nichts anderes heißen, als dass der Mann auch in den Bereichen, die außerhalb der ehelichen Lebensgemeinschaft liegen, ein Entscheidungsrecht zustehe. Jacobis Ausführungen seien daher »bloße schöne Worte«, die nichts Neues zum Diskurs beitragen und der Bewegung nicht dienen könnten.

Bulling äußerte sich zudem zu Jacobis rechtstheoretischen Erwägungen sowie dessen »Kunst« der Gesetzesauslegung. Jacobi beschreibt seine Technik der Interpretation in seiner Schrift »Das persönliche Eherecht des Bürgerlichen Gesetzbuches für das Deutsche Reich« dar. Dort führt er aus, dass eine interpretatio anhand der »Anforderungen des modernen Rechtslebens« zu erfolgen habe und sich in den Entscheidungen das »Rechtsgefühl« widerspiegeln müsse. Bulling sieht Jacobis Methode kritisch. Wende man diese auf die Rechtsstellung der Frau an, dann fordere sowohl das Rechtsgefühl als auch das moderne Rechtsbewusstsein die Freiheit der Ehefrau. Ein solches Freiheitsrecht ließe sich am ehesten noch aus § 1354 Abs. 2 BGB herauslesen. Jedoch fehle es dieser Methode an einer echten juristischen Beweisführung. Denn allein das Rechtsgefühl und das Rechtsbewusstsein bedeuten für Bulling keinen validen juristischen Beweis. Er bewertet Jacobis Methode als »völlig unrichtig«. Sie ziele allein darauf ab, »hineinzulegen und unterzulegen und so die Ansichten und den Willen des Auslegers zur gesetzlichen Geltung zu bringen« anstatt »zu finden, was im Gesetze enthalten ist«. Eine richtige Gesetzesauslegung müsse sich dagegen an den »Sinn der Worte und an die Logik« halten.

Auf den ersten Blick bringt sich Bulling damit in Gegensatz zu den Auslegungsregeln Friedrich Carl von Savignys. Dessen Hermeneutik zielte gerade

989 *Bulling*, Die Frauenbewegung und das Bürgerliche Gesetzbuch in den §§ 1353 und 1354, V. Teil, Hamburgischer Correspondent, Ausgabe vom 8.5.1898, S. 26–27, 26, Sp. 3 mit Verweis auf *Jacobi*, Eherecht (1896), S. 57.

nicht darauf, am Gesetzeswortlaut festzuhalten, sondern im Rahmen der sogenannten subjektiven Lehre den hinter dem Wortsinn stehenden Willen des Gesetzgebers zu verwirklichen.[990]Jedoch muss zunächst berücksichtigt werden, dass Savignys hermeneutischen Erwägungen am Ende des 19. Jahrhunderts noch wenig Beachtung geschenkt wurde. Darüber hinaus belegen Bullings folgende Ausführungen zur Auslegung, dass er gerade kein Anhänger der überkommenen Sens clair-doctrine aus der Zeit der Aufklärungshermeneutik ist. Denn er schreibt weiter, dass jede Auslegung »dem Willen des Gesetzgebers« nachgehen solle, indem zum Beispiel eine Auswertung der mit der auszulegenden Bestimmung im Zusammenhang stehenden Normen und deren Motive stattfindet.[991] Dies habe so gewissenhaft wie möglich zu erfolgen, weil »für das Verhalten der Menschen die höchste Autorität auf Erden das Gesetz und dessen Wille« sei. Diesem Prinzip diene die Auslegung. Deren Ziel bestehe folglich darin, »den Willen des Gesetzgebers zu erkennen«.[992] Bulling kann daher gerade als Vertreter der von Savigny entwickelten subjektiven Lehre angesehen werden.

Auch seine folgenden Erwägungen zur Interpretation von Rechtstexten stimmen mit dieser Lehre überein. So führt er weiter aus, dass bei der Auslegung, die Geisteshaltung des Interpretierenden keine Rolle spielen dürfe. Auch ein »aufgeklärter Geist« müsse das Gesetz eines »reactionären Geistes« respektieren und nicht seine eigenen Ideale dem Gesetzestext überstülpen. Denn »auch bei einem »reactionären Gesetz« sei der Wille des Gesetzgebers »das höchste Ziel der Auslegung««. Die Juristen müssten hier »so viel Zurückhaltung bewahren und sich dem Willen des Gesetzes auch dann beugen, wenn sie sich über demselben erhaben« wissen. Dies stelle »eine der Bürgschaften für das Vertrauen in die Verläßlichkeit der Rechtsprechung« dar.[993]

---

990 Savignys Hermeneutik gilt als Überwindung der noch aus dem Naturrecht und der Aufklärung stammenden Regel, wonach eine Auslegung bei Rechtstexten nicht stattfinde, die eindeutig formuliert sind, was als Sens clair-doctrine oder In-claris-Formel bezeichnet wird, vgl. *Meder*, Mißverstehen und Verstehen (2004), S. 17, 237–240; *ders.*, Grundprobleme und Geschichte der juristischen Hermeneutik, in: Senn/Fritschi (Hg.), Rechtswissenschaft und Hermeneutik (2009), S. 19–37, 24. Als sogenannte »subjektive Auslegungslehre« gilt der Gedanke, die Aufgabe der Auslegung in der »Ermittlung des Willens oder der Absicht des historischen Gesetzgebers zu sehen«. Demgegenüber soll nach der sogenannten objektiven Auslegungslehre »nicht der empirische Wille des Gesetzgebers, sondern der normative Sinn des Gesetzes den Ausschlag bei der Auslegung geben«, vgl. *Meder*, Mißverstehen und Verstehen (2004), S. 120; *ders.*, Grundprobleme und Geschichte der juristischen Hermeneutik, in: Senn/Fritschi (Hg.), Rechtswissenschaft und Hermeneutik (2009), S. 19–37, 25.

991 *Bulling*, Die Frauenbewegung und das Bürgerliche Gesetzbuch in den §§ 1353 und 1354, V. Teil, Hamburgischer Correspondent, Ausgabe vom 8.5.1898, S. 26–27, 26, Sp. 1.

992 *Bulling*, Die Frauenbewegung und das Bürgerliche Gesetzbuch in den §§ 1353 und 1354, V. Teil, Hamburgischer Correspondent, Ausgabe vom 8.5.1898, S. 26–27, 26, Sp. 1.

993 *Bulling*, Die Frauenbewegung und das Bürgerliche Gesetzbuch in den §§ 1353 und 1354. V. Teil, Hamburgischer Correspondent, Ausgabe vom 8.5.1898, S. 26–27, 26, Sp. 1.

Auf den ersten Blick mag Bulling hier zudem als Positivist erscheinen, wenn er schreibt, dass schlechte, also »reactionäre«, Gesetze besser seien als gar keine Gesetze. Jedoch opponiert er mit diesen Erwägungen vor allem gegen Jacobi.[994] Er wendet sich auch gegen den von Jacobi zitierten Kirchenrechtler Rudolf Sohm, der meinte, dass die »deutsche Praxis den Buchstaben des Gesetzes, wo er dem wahren Rechte zuwider ist, an die Wand drücken« werde, »um dem Einzelfall mit wahrer Künstlerkraft das Recht zu schaffen, das er verlangt«.[995] Bulling meint dagegen, in dem Rechtsgefühl der Allgemeinheit erblicken zu können, dass die Menschen solche Lücken »hassen«, weil sich ihr »Rechtsvertrauen« auf das geschriebene Recht beschränke. Die Rechtsfindung durch den Richter sei dagegen unvorhersehbar, denn sie lasse im Voraus nicht erkennen, welcher Rechtssatz Anwendung finden werde. Derartige Lücken seien daher »Kautschukparagraphen«, also »Gummiparagraphen«.

7. »Amtsgerichtsrath Jastrow über die §§ 1353 und 1354.« – 6. Teil der Artikelserie

Im abschließenden, sechsten Teil setzt sich Bulling mit den Werken des Berliner Amtsgerichtsrats Hermann Jastrow[996] und der Frauenrechtlerin Emilie Kempin-Spyri auseinander. Wie bei Jacobi sieht Bulling bei Jastrow einen Mangel an Definitionen. Denn auch Jastrow unterlasse es, sich festzulegen, welche Angelegenheiten eigentlich das Eheleben betreffen. Auch benennt Jastrow nicht, was die eigenen Angelegenheiten der Frau seien.[997] Wenn man Jastrows Ausführungen folge, so müsse alles, was zum Hauswesen gehöre, das Gemeinschaftliche

---

994 Am Ende des 19. und Anfang des 20. Jahrhunderts wollte die Freirechtsschule dem Richter eine freie Rechtsfindung bei Gesetzeslücken ermöglichen. Eingehend dazu *Meder*, Rechtsgeschichte, 6. A. (2017), S. 397–398.

995 *Sohm*, Ueber den Entwurf eines bürgerlichen Gesetzbuches für das Deutsche Reich in zweiter Lesung, Beiträge zur Erläuterung des deutschen Rechts 39 (1895), S. 737–766, 756–757, wiedergeben bei *Jacobi*, Eherecht (1896), S. 11, Fn. 5, sowie bei *Bulling*, Die Frauenbewegung und das Bürgerliche Gesetzbuch in den §§ 1353 und 1354, V. Teil, Hamburgischer Correspondent, Ausgabe vom 8.5.1898, S. 26–27, 27, Sp. 1. Zu Sohms Rechtstheorie vgl. auch *Repgen*, Die soziale Aufgabe des Privatrechts (2001), S. 87–95. Einschränkend hatte bereits Jacobi festgestellt, dass Sohm diese Aussage »sanguinisch« formuliert, worin er mit Bulling übereinstimmt. An Jacobi gerichtet schreibt Bulling: »Dieser Autorität ungeachtet darf man sagen, daß die Menschen auch heute noch unter dem Gesetze stehen wollen, nicht unter den Juristen; und dafür, daß eine Auslegungsmethode, wie Professor Jacobi sie vertritt, niemals zur Herrschaft gelangt, ist das Reichsgericht ein hinlänglicher Bürge.«

996 Zu Jastrow vgl. das 7. Kapitel (S. 186).

997 *Bulling*, Die Frauenbewegung und das Bürgerliche Gesetzbuch in den §§ 1353 und 1354, VI. Teil, Hamburgischer Correspondent, Ausgabe vom 15.5.1898, S. 25, Sp. 1.

bilden. Denn Jastrow behandele den § 1354 BGB im Abschnitt über das Hauswesen. Alle anderen Bereiche seien demzufolge eigene Angelegenheiten der Frau. Daher müsse sich eine Frau, die Jastrow Glauben schenke, wie »im Eldorado der Freiheit« fühlen, weil der Mann die Frau niemals aus der Rolle als »Leiterin Hauswesens verdrängen« werde.[998]

Zugleich schreibt Jastrow zu § 1356 BGB[999] und in Bezug auf das Wort »unbeschadet«, dass die Ehefrau stets das Entscheidungsrecht des Mannes auch bei der Leitung des Hauswesens zu respektieren habe.[1000] Jastrow sieht darin nur die grundsätzliche Pflicht der Frau, den Entscheidungen des Mannes zu folgen. Im Übrigen dürfe dieser aber der Frau nicht die gesamte Leitung über das Hauswesen entziehen. Leider bleibe Jastrow eine Begründung für diese Ansicht schuldig. Gerade auf diese käme es aber an, denn Bulling stimmt mit Jastrow darin überein, dass der Wortlaut des § 1356 BGB keinen Aufschluss über dessen Sinn gebe.

Weiterhin beschäftigt sich Bulling mit Jastrows Haltung zu den Forderungen der Frauenrechtsbewegung. Jastrow hatte deren Forderung nach Abschaffung des § 1354 BGB als »Irrlicht« bezeichnet.[1001] Außerdem sei es eine »Quadratur des Zirkels«, wenn die Frau sowohl für ihre rechtliche Gleichstellung mit dem Ehemann als auch für die Aufrechterhaltung der ehemännlichen Ernährerrolle eintrete.[1002] Diese »Quadratur des Zirkels« nimmt Bulling zum Anlass für Betrachtungen der historischen Genese der Geschlechtsvormundschaft:

> »Anfangs bestand auch bei den Römern die Gehorsamspflicht der Frau. Die Frau stand in der manus des Mannes, d.h. der Mann hatte über sie die Rechte der väterlichen Gewalt, was man manus nannte. Aber schon in der Blüthezeit des römischen Rechts bildete sich die freie Ehe, d.h. die Ehe mit der Freiheit der Frau von der Gewalt des Mannes, und diese freie Ehe ist zu der allein herrschenden geworden und mit ihr ist das römische Recht zu uns gekommen. Weshalb wir sie nicht angenommen haben, brauche ich nach dem früher Bemerkten nicht mehr zu erwähnen. Bei den Römern aber hat sie dem Rechte der väterlichen Gewalt so wenig Abbruch gethan, daß wir und andere Nationen die römische väterliche Gewalt zu streng gefunden haben und sie umgewandelt in elterliche Gewalt und mit dieser den Vater bekleidet haben.
> Wie ist nun aber diese Entwicklung des Eherechts zu erklären? Sie ist etwas sehr Merkwürdiges, denn die Römer sind das einzige Volk, das die Freiheit der Ehefrau

998 *Jastrow*, Das Recht der Frau (1897), S. 29, wiedergegeben bei *Bulling*, Die Frauenbewegung und das Bürgerliche Gesetzbuch in den §§ 1353 und 1354, VI. Teil, Hamburgischer Correspondent, Ausgabe vom 15.5.1898, S. 25, Sp. 1.

999 § 1356 BGB: Die Frau ist unbeschadet der Vorschriften des § 1354 berechtigt und verpflichtet, das gemeinsame Hauswesen zu leiten.

1000 *Jastrow*, Das Recht der Frau (1897), S. 26 in der Fn. (wie viele zeitgenössische Autoren unterließ es auch Jastrow, seine Fußnoten zu nummerieren).

1001 *Jastrow*, Das Recht der Frau (1897), S. 17.

1002 *Jastrow*, Das Recht der Frau (1897), S. 17.

kennt, die anderen Völker haben an deren Unfreiheit festgehalten, daß erst jetzt, ganz vereinzelt, sie damit beginnen sie aufzuheben. Wie also erklärt sich diese Entwicklung des Eherechts? Die Römer sind das Genievolk des Rechtes. Der Begriff der Ehe als Lebensgemeinschaft stammt nicht, wie man annimmt, aus dem Christentum, die Römer sind es, die ihn erfunden und in das Recht eingeführt haben. Damit war die Freiheit der Frau gegeben. Die Römer hatten nicht bloß das Genie, die Lebensverhältnisse in ihrem Wesen zu durchschauen, sie hatten auch das Genie zu wissen, wie es gemacht wird, wie es angefangen werden kann, und wie es angefangen werden muß, daß das Recht einen Halt hat in der menschlichen Natur und Bestand durch sie.«[1003]

Einmal mehr veranschaulicht dieses Zitat, welche Wertschätzung Bulling dem römischen Recht entgegenbringt. Im 11. Kapitel (S. 269) wird noch zu vertiefen sein, warum Bulling deshalb als Pandektist gelten darf.

Im Anschluss an die Ausführungen über Jastrow zieht Bulling die Schriften Kempins[1004] in den Fokus. Wie bereits gezeigt, stand die Frauenrechtlerin Kempin der Frauenbewegung kritisch bis ablehnend gegenüber. Leider lässt Bulling offen, welche Schrift Kempins er hier betrachtet. Auf der Grundlage eines Textabgleichs der von ihm zitierten Passagen mit den Werken Kempins kann es sich aber nur um das »Rechtsbrevier für deutsche Frauen« aus dem Jahr 1896 handeln.[1005] Er kritisiert an dieser Schrift, dass sie die Frauen über ihre Rechte zu »belehren« sucht, gleichzeitig aber ihre Pflichten verschweigt. Denn: »Rechte erhalten durch die Pflichten ihre Begrenzung wie die Pflichten durch die Rechte«.[1006] Da Kempins Schrift diesen Grundsatz außer Acht lasse, müsse deren Leser zwangsläufig zu »irrigen Auffassungen« über den »Sinn des Gesetzes« kommen. Daher sei ihr Werk »völlig unbrauchbar, die Leserin über ihre Rechte zu belehren«.

Kempin hat ihre Schrift in von ihr als »Sprüche« bezeichnete Sinnabschnitte gegliedert. Auf Interesse stoßen muss hier zuerst Bullings Beurteilung des zweiten »Spruchs«[1007]. Kempin habe ebenso wie Jastrow und Jacobi die Ange-

1003 *Bulling*, Die Frauenbewegung und das Bürgerliche Gesetzbuch in den §§ 1353 und 1354, VI. Teil, Hamburgischer Correspondent, Ausgabe vom 15.5.1898, S. 25, Sp. 1–2.

1004 Im Einzelnen zu Emilie Kempin-Spyri vgl. das 9. Kapitel (S. 227).

1005 Abgedruckt in: Meder u.a. (Hg.), Die Rechtsstellung der Frau (2010), S. 560–579.

1006 »Was in meinem Rechte enthalten ist, kann ich nur wissen, wenn ich weiß, welche Pflichten darin eingeschlossen, damit verbunden, und welche die sie bedingenden sind; und wenn ich meine Rechte ausübe, ohne meine Pflichten zu kennen, muß ich nothwendig fehlgehen.«, *Bulling*, Die Frauenbewegung und das Bürgerliche Gesetzbuch in den §§ 1353 und 1354, VI. Teil, Hamburgischer Correspondent, Ausgabe vom 15.5.1898, S. 25, Sp. 2.

1007 »Du brauchst dich der Entscheidung Deines Mannes nicht zu fügen, wenn er sein Recht mißbraucht.« *Kempin*, Rechtsbrevier für deutsche Frauen, S. 12; siehe auch Meder u.a. (Hg.), Die Rechtsstellung der Frau (2010), S. 562; *Bulling*, Die Frauenbewegung und das Bürgerliche Gesetzbuch in den §§ 1353 und 1354, VI. Teil, Hamburgischer Correspondent, Ausgabe vom 15.5.1898, S. 25, Sp. 2. Den ersten Spruch lässt Bulling unkommentiert.

legenheiten des gemeinschaftlichen Ehelebens nicht näher bezeichnet. Sie verweise diesbezüglich lediglich auf Jacobi und kommt zu dem Schluss, dass die »Grenze zwischen persönlichen und gemeinschaftlichen Angelegenheiten schwer zu ziehen« sei. Auch Kempin verliert zu dieser Grenze kein weiteres Wort. Außerdem arbeite Kempin wissenschaftlich ungenau, indem sie zwar Jacobi zitiere, sich aber nicht mit ihm inhaltlich auseinandersetze.

In den Blick nimmt Bulling ebenfalls den dritten Spruch[1008]. Zu diesem merkt er an, dass eine Frau auch »ohne jede Belehrung wisse«, sich ein einmal gegebenes Recht nicht aus »nichtigen Gründen« nehmen zu lassen. Kempin erläutere dies trotzdem viel zu knapp.[1009] Schwerer wiegt jedoch Bullings Vorwurf, dass sich Kempin nicht eindeutig zu der Frage positioniere, ob der Mann das Recht habe, der Frau die Haushaltsführung zu entziehen. Wenn überhaupt würden sich ihre Ausführungen so lesen, dass dem Ehegatten ein solches Recht zustehe. Damit bringe sie sich in scharfen Kontrast zur Frauenbewegung.

Abschließend kritisiert Bulling den Grundton der Schrift Kempins. Diese sei geschrieben worden, um die Frauenbewegung mit dem BGB »auszusöhnen« und viele Frauen würden Kempin Glauben schenken, da sie die »Autorität der Verfasserin« als Juristin und Schriftstellerin für Frauenrechte sehen würden. Kempin zu folgen, wäre aber »das Allerschlimmste, was der Frauenbewegung begegnen kann«. Dies zementiere den »Zustand der Unfreiheit« auf Jahre hinaus.[1010] Gleichzeitig würden die Frauen keine der anderen Freiheiten, die sie fordern, erreichen. Denn mit der Freiheit in der Ehe stehe und falle der Erfolg der weiblichen Freiheitsbewegung.

Dieser lautete: »Du kannst nicht gezwungen werden, mit Deinem Mann zusammen zu leben und wenn Du zu Deiner Weigerung gute Gründe hast, kann sie dir nicht schaden.«

1008 »Gieb das Recht, das Hauswesen zu leiten, nicht gegen deinen Willen preis.«, *Kempin*, Rechtsbrevier für deutsche Frauen, S. 13; siehe auch Meder u. a. (Hg.), Die Rechtsstellung der Frau (2010), S. 563; zudem *Bulling*, Die Frauenbewegung und das Bürgerliche Gesetzbuch in den §§ 1353 und 1354, VI. Teil, Hamburgischer Correspondent, Ausgabe vom 15. 5. 1898, S. 25, Sp. 2.

1009 *Bulling*, Die Frauenbewegung und das Bürgerliche Gesetzbuch in den §§ 1353 und 1354, VI. Teil, Hamburgischer Correspondent, Ausgabe vom 15. 5. 1898, S. 25, Sp. 2.

1010 *Bulling*, Die Frauenbewegung und das Bürgerliche Gesetzbuch in den §§ 1353 und 1354, VI. Teil, Hamburgischer Correspondent, Ausgabe vom 15. 5. 1898, S. 25, Sp. 3. Der Artikel endet mit dem Hinweis, dass Bulling auf dem Stuttgarter Frauenkongress im Laufe der Diskussion noch einmal das Wort erteilt wurde und er sich in diesem Zusammenhang zur Gehorsamspflicht äußerte. Diese Ausführungen plante er, in einem weiteren Artikel zu veröffentlichen, woraus die zweiteilige Artikelserie entstand, die ebenfalls im Hamburgischen Correspondent erschien und im Folgenden untersucht wird.

II. »Die Gehorsamspflicht der Frau in Dingen, die nicht zur Pflichterfüllung in der Ehe gehören« (zweiteilige Artikelserie in der Tageszeitung Hamburgischer Correspondent)

1. Der Artikel vom 12. Juni 1898

Nach der ersten sechsteiligen Serie im Hamburgischen Correspondent greift Bulling im Juni 1898 sein beherrschendes Sujet noch einmal auf und veröffentlicht eine zweiteilige Artikelserie zur Gehorsamspflicht der Frau. Diese sei im Zusammenhang mit der ersten Serie zu lesen, denn dort habe er einige Ausführungen gemacht, die er »bei der Kürze der Zeit ohne alle Begründung lassen mußte«. Die Artikel befassen sich aber weniger mit rechtlichen Aspekten. Eher will der Autor seine Haltung zur gesellschaftlichen Bedeutung der Gehorsamspflicht darlegen sowie einen Weg zur Aufhebung derselben aufzeigen. Dies könne nur gelingen durch eine Gesetzesänderung, weil den Frauen durch die Männer die Freiheit auch »gesetzlich vorenthalten wird«.[1011]

Der erste Artikel trägt daher geradezu programmatisch den Titel »Der Widerstand der Männer gegen die Frauenbewegung«. Als Problem identifiziert er insbesondere, dass Frauen zur wenige Möglichkeiten zur Verfügung stehen, ihren Positionen Gehör zu verschaffen. Um eine Gesetzesänderung zu erreichen, könnten sie allein Petitionen an den Reichstag richten. Dort müsste sich dann eine überwiegende Mehrheit dafür aussprechen, die Frauenfrage auf die Tagesordnung zu setzen, was bisher nicht der Fall war.[1012] Bulling ist sich sicher, dass selbst eine ausgefeilte, »mit logischer Schärfe«, formulierte Petition nur wenig Aussicht auf Erfolg habe, denn »wie schwer belehrt sich jemand zu einer Ansicht, die seinem Empfinden zu wider ist«. Denn jeder Erfolg der Frauenbewegung bedeute eine Niederlage für das männliche »Selbstempfinden«. Auch wenn sich im Laufe der Zeit die Strenge der Unterordnung gemildert habe, so existiere die Unterordnung der Frau dennoch von jeher.[1013]

Außerdem gäbe es noch ein zweites, laut Bulling »höherstehendes Empfinden«. Es sei zwar »unmöglich, daß ein denkender Mann sich nicht die Frage«

1011 *Bulling*, Die Gehorsamspflicht der Frau, Hamburgischer Correspondent, Ausgabe vom 12.6.1898, S. 25–26, 25.

1012 In der Tat standen die Petitionen der Frauenbewegung nicht im Blickfeld der Politik. Dafür lassen sich im Wesentlichen zwei Gründe finden. Zum einen ist das Gesetzgebungsverfahren im Kaiserreich nicht auf die Aufarbeitung von Petitionen aus der Mitte der Gesellschaft ausgelegt. Zum anderen gilt die Frauenbewegung als gesellschaftliche Randgruppe und das Parlament ist ausschließlich mit Männern, allen voran konservativen Vertretern aus dem Adelsstand, besetzt, was als Beleg für die Aussichtslosigkeit des Petitionswesen gelten darf.

1013 *Bulling*, Die Gehorsamspflicht der Frau, I. Teil, Hamburgischer Correspondent, Ausgabe vom 12.6.1898, S. 25–26, 25.

stelle, ob die Unterordnung der Frau ein Unrecht sei, da sie ein »ethisches Bedürfnis« zum Ausdruck bringe. Allerdings ließe der zeitgenössische Umgang mit Frauen nur den Schluss zu, dass die »Verschiedenheit der Rechte von Mann und Frau unmöglich von jeher zu Unrecht bestanden« habe. Im Gegenteil müsse der Mann vielmehr annehmen, dass dies »Wahrheit, kein Unrecht« sei, weil die Unterordnung der Frau mit der Natur der Geschlechter selbst begründet werde. Daher sei ein »durch die Natur selbst vorgeschriebenes ethisches Gesetz« konstruiert worden: »Sich der Unterordnung zu fügen, sei demnach eine Pflicht der Frau, sie nicht aufzuheben aber, vielmehr für ihre Aufrechterhaltung zu sorgen, die Pflicht des Mannes«.[1014]

Deshalb stehe »jede Wahrscheinlichkeit« dagegen, dass sich ein Reichstagsabgeordneter tiefgehend mit den Begründungen auseinandersetzt, die die Bewegung ihren Petitionen beigibt. Doch genau dies müsse die Bewegung erreichen, sonst würde sie auch in »100 Jahren nicht vom Flecke gerückt« sein. Daher bleibe die Frage, wie jemand von einer genuin gegenteiligen Auffassung überzeugt werden könne, die seinem »Empfinden« widerspreche.

Bulling ist sich im Klaren darüber, dass das Herrschenwollen in der Ehe zum Element der männlichen Persönlichkeit geworden ist. Frauen müssten daher versuchen, alle Gründe zu verstehen, weshalb Männer an der Gehorsamspflicht festhalten wollen. Gleichzeitig gebe es aber einen letzten »internen« Grund, den sie nicht nachvollziehen werden. Die gesamte Diskussion werde allein vom »Empfinden« der Männer bestimmt, welches sich auch mit einer guten Begründung nur schwer ändern lasse. Denn es verberge sich in der »Tiefe des Gemüthes«. Folglich kann »ein Gegner der Frauenbewegung anderer Ansicht nur werden, wenn er den Willen hat, den Beweis gegen sich selbst zu führen, sein eigener Gegner zu werden«. Daher könne jede Petition, selbst wenn sie eine ausgefeilte Begründung enthielte, auch nur zum Ausdruck bringen, wie groß die

1014 Im Übrigen bezweifelt Bulling, dass der Ehemann dieses ethische Gesetz wirklich anerkennt: »Was ist es nun, was beim Manne jene Frage, jenen Zweifel wachruft und eine Befriedigung sucht in der Lösung, der Antwort? Was ist es, was im Menschen das Bedürfnis nach einer ethischen Norm erzeugt? Ist es der Verstand? Mit nichten! Es ist das Empfinden. Darum kann, was der Verstand herausgefunden hat, zu solcher Norm erst werden, wenn das Empfinden es bestätigt, es als Norm annimmt, in sich aufnimmt. Darum kann aber auch das, was im Menschen die Kraft hat, die Pflichtnorm festzuhalten, daß sie sein Thun und Lassen beherrscht und sein Urtheil beeinflußt, nicht der Verstand, nur das Empfinden sein. Nur das Empfinden also hält den Menschen an die Pflicht, auch den Mann bei dem nicht selten gerade das Pflichtgefühl die schwache Seite, nämlich in einer Weise entwickelt ist, daß es anderen Empfindungen wenig Raum übrig läßt und dadurch zur Härte führen kann, zur Grausamkeit.«, *Bulling*, Die Gehorsamspflicht der Frau, Teil I, Hamburgischer Correspondent, Ausgabe vom 12.6.1898, S. 25–26. Diese Ausführungen legen nahe, warum Marianne Weber meint, in Bulling einen Anhänger des ethischen Individualismus erblicken zu können, was im Kapitel zum Einfluss Bullings auf die Frauenbewegung noch vertieft wird, vgl. 9. Kapitel (S. 223).

Anzahl der Frauen sei, die sich durch die Bestimmungen des BGB »gekränkt« fühlen.

2. Der Artikel vom 26. Juni 1898

Den zweiten Artikel hat Bulling mit der Überschrift »Wie können die Männer für die Frauenbewegung gewonnen werden?« versehen. Im Kern bewegen sich seine Ausführungen um Möglichkeiten, wie Männer auf die Frauenbewegung aufmerksam gemacht werden können. Dabei stellt er jene Männer in den Mittelpunkt, »deren Ansichten bestimmend sind für die Wahl der Reichstagsabgeordneten«. Männer dieser Kreise würden sich lediglich dann für die Interessen der Frauenbewegung gewinnen lassen, »wenn sie das Interesse des öffentlichen Lebens berührt finden«. Damit meint der Autor nichts anderes als die Erzeugung einer entsprechenden Öffentlichkeit. Denn eingangs weist Bulling zunächst auf das Grundproblem der Frauenbewegung hin: Nach dem damaligen Stand der Dinge hatten Männer nicht zu befürchten, dass Frauen mit ernsthafter Aussicht auf Erfolg eine Gesetzesänderung betreiben konnten. Dies könne ihnen nur gelingen, wenn die Männer es wollten.

Allerdings hätten Frauen im privaten Bereich der Ehe ihre gesetzmäßig zugewiesene Rolle oft längst überwunden. Des Öfteren zeige sich nun, dass die Ehefrau nur »ungern, widerwillig thut, was er ihr auferlegt«. Diesem Problem könne nach Bulling gar nicht genug Bedeutung beigemessen werden, weil die meisten Ehemänner immer noch an der Meinung festhielten, dass »es in der Ehe nicht gut gehen könne, wenn die Frau nicht thut, was der Mann verlangt, wenn er genöthigt ist, auf ihre Ansicht Rücksicht zu nehmen«.[1015] Allein aus diesem Grund sei das »Axiom der Unerläßlichkeit der Gehorsamspflicht entstanden«. Da die Abschaffung der Gehorsamspflicht aber gerade diejenige Forderung bilde, die von der Frauenbewegung erhoben werde, müssten sich Männer sich unweigerlich veranlasst sehen, sich mit der Bewegung auseinandersetzen. Es bliebe jedoch die Frage, ob Männer die Begründung der Frauen auch gegen ihr persönliches Interesse gelten lassen würden.

Laut Bulling steht den Frauen bei dieser Auseinandersetzung zumindest ein gewichtiges Argument zur Verfügung, und zwar das Gerechtigkeitsgefühl.[1016]

1015 *Bulling*, Die Gehorsamspflicht der Frau, II. Teil, Hamburgischer Correspondent, Ausgabe vom 26.6.1898, S. 25–26, 25.

1016 Dazu schreibt er: »Das Hauptmoment, das die Frauen für sich ins Feld führen, ist das der Gerechtigkeit, und die Männer können nicht umhin, auch auf diesen Grund einzugehen, indem sie sich nicht verhehlen, daß ihr Empfinden ihnen das verhüllt haben kann, was die Unterordnung der Frau ungerecht macht. Der Mann darf keine Frage gegen die Frau entscheiden, ohne zu prüfen, ob die Entscheidung auch der Gerechtigkeit entspreche.«

Denn wenn man die Gehorsamspflicht der Frau aus der Perspektive der Gerechtigkeit betrachte, ließe dies nur den Schluss zu, dass »Ungerechtes nie Pflicht sein kann«. Daher sei das Gerechtigkeitsgefühl der Weg, um auch bei Männern »der Wahrheit die Ehre zu geben«. Trotzdem bleibe das Problem, dass es für Männer bisher keine Veranlassung gegeben habe, sich mit der Frauenbewegung auseinanderzusetzen. Dies hätte, so Bulling, verschiedene Gründe.

Zunächst habe es die Frauenbewegung vollkommen unterlassen, den Regierungskreisen entsprechendes »Material« zu liefern. Sie habe schlicht nicht ausreichend auf sich aufmerksam gemacht. Zur Begründung der bisherigen Petitionen habe sie nur »allgemeine Gesichtspunkte« geliefert und »sich auf die Frage der Durchführbarkeit des Verlangten überhaupt nicht« eingelassen. Daher sei es den Männern bisher auch erspart geblieben, zeigen zu müssen, dass die geforderten Reformen »gesetzgeberisch nicht möglich seien«. Gerade eine solche Beweisführung sei für die Männer aber schwierig und verlange von ihnen »ein tiefes Eingehen in die Materie«. Deshalb würden die Männer darüber hinaus davon ausgehen, dass »die Bewegung gegen die Gesetze nicht sehr tief gehe und sich auch nicht sehr verbreitet« habe.

Bulling sieht also ein vermeintliches Identifikationsproblem innerhalb der Bewegung, da sich aus Sicht der Männer nur ein Bruchteil der Frauen deren Forderungen gemein mache. Richtig ist, dass die Frauenbewegung am Ende des 19. Jahrhunderts gerade in bürgerlichen Kreisen nur von einer Minderheit getragen wurde. Er formuliert nun drei Ideen für Maßnahmen, mit denen die Bewegung den landläufigen Irrtümern entgegen wirken könne:

1. »Die Frauen haben den Männern das Material zu liefern, auf das ihre ganze Bewegung sich stützt.
2. Sie müssen den Männern die Ueberzeugung beibringen, daß die Bewegung gegen die Gesetze eine starke und wohlerzogene ist, die sich mehr und mehr befestigen wird.
3. Und außerdem haben sie ihnen die Ueberzeugung zu geben, daß dieses tiefe Widerstreben gegen die Gesetze ein allgemeines ist.«[1017]

Deutlich wird, dass Bulling die Frauenbewegung dazu anregen möchte, sich zunächst mit sich selbst auseinanderzusetzen und ihre eigenen Grundlagen zu definieren. Dadurch könne sie darüber Klarheit erlangen, was »ihr gegensätz-

Später heißt es zudem: »Das Gerechtigkeitsgefühl also nimmt in der Beweisführung zu Gunsten der Frauen das Wort, und wenn der Mann es lebendig erhält durch den Vorsatz, Ungerechtes nicht einschlüpfen zu lassen, kann es geschehen, daß mit seiner Beweisführung zum Gegentheil dessen gelangt, was zu beweisen er sich vorgenommen hatte.«, *Bulling*, Die Gehorsamspflicht der Frau, II. Teil, Hamburgischer Correspondent, Ausgabe vom 26.6.1898, S. 25–26, 25.

1017 *Bulling*, Die Gehorsamspflicht der Frau, II. Teil, Hamburgischer Correspondent, Ausgabe vom 26.6.1898, S. 25–26, 25.

liches Verhältnis zu den gesetzlichen Fundamenten unseres socialen Lebens« eigentlich ausmacht. Dazu sei es unerlässlich, die Gesetze zu studieren, »weil sie den Männern Befugnisse gewähren, von denen sie die Frauen ausschließen«. Außerdem müssen die Frauen einen Weg finden, wie sie »in diese Befugnisse« zukünftig »eingeschlossen werden«.

Bulling geht zudem davon aus, dass die Frauen eine Besserstellung nur auf dem Rechtsweg erreichen könnten. Kann er deshalb als Positivist charakterisiert werden? Als Positivismus wird eine Denkrichtung bezeichnet, nach der der Ursprung und der letzte Bestimmungsgrund des Rechts allein beim staatlichen Gesetzgeber liegt. Nach dieser Auffassung gilt als Recht nur das »positive«, d. h. das staatlich gesetzte und staatlich anerkannte Recht.[1018] Die Möglichkeit einer allein gesellschaftlichen Aufwertung der Rolle als Ehefrau sieht Bulling jedenfalls nicht. Wie in der vorangegangenen Analyse dargestellt, geht er jedoch keineswegs von einer Allmacht des Gesetzgebers aus, sondern weiß um die mindestens ebenso wichtige Verbesserung der gesellschaftlichen Stellung der Frau. Doch aus seiner Sicht lassen sich beide Aspekte nicht gesondert betrachten. Sie stehen vielmehr in einem reziproken Verhältnis, da es vor allem darauf ankomme, »die Männer zu überzeugen, daß die Bewegung eine tiefgehende ist«.[1019] Dabei merkt Bulling an, dass der Nachweis der Tiefgründigkeit gleichzeitig das »Material zum ernsthaften Kampf der Geister« liefere.[1020] Auf die Frage, ob er deshalb als Positivist zu gelten hat, wird im 11. Kapitel (S. 281, 283) noch eingegangen.

Bulling meint also, dass sich mit dem Versuch, die Männer von der Tiefgründigkeit der Frauenbegung zu überzeugen, zwei Probleme lösen ließen. Einerseits sei die Bewegung imstande, es intellektuell mit den Männern aufzunehmen. Andererseits könnten so auch weitere Kreise der Frauen hinzugewonnen werden. Zu ambitioniert sei es, wenn die Bewegung versuche, »die ganze Frauenfrage auf einmal« zu studieren. Es könnten lediglich die Themen der Frauenbewegung sukzessiv aufgearbeitet werden, denn auch die Männer würden nicht auf einmal alle Aspekte der Frauenfrage angehen. Allerdings habe die Bewegung nur einen Versuch, ihre Ziele durchzusetzen, und zwar in zwei Schritten:

Erstens müssten die Frauen dasjenige Thema für eine Petition wählen, an dem »die Männer daran, daß die Frauen anderer Ansicht werden, und daß sie es bald

---

1018 *Meder*, Doppelte Körper im Recht (2015), S.141, 209, 216; *ders.*, Rudolf von Jhering und der Aufstand gegen den rechtswissenschaftlichen Formalismus, JZ 2019, S. 689–696, 690.

1019 *Bulling*, Die Gehorsamspflicht der Frau, Teil II, Hamburgischer Correspondent, Ausgabe vom 26.6.1898, S. 25–26, 26.

1020 *Bulling*, Die Gehorsamspflicht der Frau, Teil II, Hamburgischer Correspondent, Ausgabe vom 26.6.1898, S. 25–26, 26.

werden, das meiste Interesse haben«.[1021] Dabei dürfte es sich um die Gehorsamspflicht handeln. Zweitens solle es jene Materie sein, mit der »sie die meiste Aussicht haben, die Männer zu überzeugen; also die, in der sie die beste Sachkenntniß haben« und »in der sie am leichtesten die Ungerechtigkeit nachweisen können«.[1022] Dabei handele es sich ebenfalls um die Gehorsamspflicht.

Zusammenfassend plädiert Bulling also dafür, dass die Frauen »die Bestimmungen des Bürgerlichen Gesetzbuches über die Gehorsamspflicht studiren« und begreifen müssten. Nur dadurch könnten sie erkennen, dass »die Gehorsamspflicht durch das Sittengesetz nicht geboten sein kann«.[1023] Dabei dürfe es aber nicht bleiben. Denn wenn der Gesetzgeber die Gehorsamspflicht aufhebe, müsse die Bewegung bereits über einen Vorschlag verfügen, wie das Eheleben dann gesetzlich geregelt werden solle. Um aber letztlich sichergehen zu können, dass ihr Reformvorschlag Aussicht auf Erfolg hat, müssten die Frauen auch die Meinungen ihrer Gegner anhören und diese widerlegen. Dies sei der praktikabelste Weg, wie die Frauen die Männer für das »Studium der Frauenbewegung« gewinnen können.

3. Zwischenfazit

Als Fazit lässt sich festhalten, dass Bulling insbesondere gegen die unzulängliche und wissenschaftlich oberflächliche Vorgehensweise der Frauenbewegung opponiert. Deshalb sei es ihr bislang auch nicht gelungen, sich das notwendige Gehör zu verschaffen.

III. »Zur Frauenfrage. Die rechtliche Stellung der Frau und die Mädchenerziehung« (Einzelartikel in der Tageszeitung Hamburgischer Correspondent)

Im September 1898 veröffentlicht Bulling seine letzte Publikation. Es handelt sich um einen Artikel im »Hamburgischen Correspondent« mit dem Titel »Zur Frauenfrage. Die rechtliche Stellung der Frau und die Mädchenerziehung«. Der erste Teil des Titels könnte auch erst nachträglich durch die Redaktion hinzu-

1021 *Bulling*, Die Gehorsamspflicht der Frau, Teil II, Hamburgischer Correspondent, Ausgabe vom 26. 6. 1898, S. 25–26, 26.

1022 *Bulling*, Die Gehorsamspflicht der Frau, II. Teil, Hamburgischer Correspondent, Ausgabe vom 26. 6. 1898, S. 25–26, 26.

1023 *Bulling*, Die Gehorsamspflicht der Frau, II. Teil, Hamburgischer Correspondent, Ausgabe vom 26. 6. 1898, S. 25–26, 26. Bulling begreift das Sittengesetz als überpositives Recht, das aufgrund seiner Universalität keinen Eingang in die Kodifikation zu finden braucht.

gefügt worden sein, da zu dieser Zeit verschiedene Artikel unter der Überschrift »Zur Frauenfrage« in loser Reihenfolge erscheinen. Es handelt sich daher vermutlich um eine Rubrik im Hamburgischen Correspondent, die in unregelmäßigen Abständen mit Artikeln diverser Autoren publiziert wird.

Bemerkenswert ist an diesem Artikel, dass er im Gegensatz zu den anderen Veröffentlichungen Bullings nicht seinem vollen Namen erschien. In der Autorenangabe finden sich lediglich die Initialen C.B. und in der Fußnote wird durch die Redaktion etwas geheimnisvoll formuliert, dass die »Leser und Leserinnen die inneren Beziehungen zwischen dieser Abhandlung und unserer Artikelserie über die Gehorsamspflicht leicht erkennen« werden.[1024] Diese Aussage enthält zwar keine eindeutige Nennung der Autorenschaft Bullings, jedoch einen starken Hinweis.[1025] Inwieweit Bulling oder die Redaktion des Hamburgischen Correspondent zu dieser Zeit Restriktionen durch die Zensur unterworfen sind, lässt sich nicht mehr mit Sicherheit feststellen. Auch warum Bulling in der Folgezeit nicht weiter publiziert, wird sich nicht abschließen klären lassen. Möglicherweise resignierte er in gewisser Weise über den geringen Fortschritt, den die Frauenbewegung bisher erreicht hatte. Andererseits stellte er selbst schon 1895 fest, dass die Bewegung Kämpfe führe, deren Früchte eventuell erst die Enkelinnen und deren Töchter würden ernten können.[1026] Außerdem stand er bereits im 73. Lebensjahr und hätte sich möglicherweise nur noch wiederholen können.

1. Bulling und die Frage der Mädchenerziehung

Eingangs fasst Bulling die vielgestaltigen Forderungen der bürgerlichen Frauenbewegung[1027] zusammen: »1. Auf Gleichheit der allgemeinen Bildung mit derjenigen des Mannes und 2. Auf Zulassung der Frau zu denjenigen Berufen, zu denen sie fähig ist.«

1024 *Bulling*, Zur Frauenfrage, Hamburgischer Correspondent, Ausgabe vom 4.9.1898, S. 17.

1025 Auch *Koujouie*, Die Frauenfrage als Menschheitsfrage, in: Meder u.a. (Hg.), Frauenrecht und Rechtsgeschichte (2006), S. 193–210, 207, zählt diesen Artikel zu Bullings Publikationen. Jedenfalls kann die anonymisierte Publizierung nicht mit der Veröffentlichung in der Rubrik »Zur Frauenfrage« in Verbindung gebracht werden, da andere dort erschienene Artikel unter Angabe des vollständigen Autorennamens abgedruckt wurden, vgl. beispielsweise *Bonfort*, Zur Frauenfrage. Die höhere Mädchenschule, Hamburgischer Correspondent, Ausgabe vom 12.6.1898, S. 25.

1026 Vgl. *Raschke*, An die deutschen Frauen, Die Frauenbewegung (1896), S. 131; *Bulling*, Die Frauenbewegung und das Bürgerliche Gesetzbuch in den §§ 1353 und 1354, IV. Teil, Hamburgischer Correspondent, Ausgabe vom 1.5.1898, S. 26, Sp. 3, wo es heißt, dass die Aufhebung des Gehorsamspflicht vielleicht erst in »etlichen Jahren« Erfolg haben werde.

1027 Auf die Differenzierung zwischen bürgerlicher und proletarischer Frauenbewegung wird im 9. Kapitel (S. 219) eingegangen.

Allein mit diesen zwei Punkten trifft Bulling weitgehend den Kern dessen, wofür die Frauenbewegung zu dieser Zeit eintritt. Außen vor bleibt hier lediglich das Wahlrecht, für das vor allem der proletarische Flügel steht. Bulling sieht nur zwei Möglichkeiten, wie die Frauenbewegung Männer für ihre Ziele gewinnen könne. Entweder müssten sie davon überzeugt werden, dass sich die Rechtsstellung der Frau durch die Erfüllung der Forderungen nicht ändere, der Mann also weiterhin das Oberhaupt in Familie und Gesellschaft bleibe oder durch die Gleichberechtigung die eheliche Lebensgemeinschaft nur gestärkt werde.[1028]

Deutlich wird, dass es Bulling nicht um eine komplette Neuordnung der Gesellschaft geht. Dabei betont er die gesellschaftliche Bedeutung, denn am Ende des 19. Jahrhunderts sind andere Formen des Zusammenlebens wie die nichteheliche Lebensgemeinschaft noch fernab jeder Anerkennung. Selbst innerhalb des radikalen Flügels wird sie nicht als Alternative zur Ehe gesehen, bietet sie doch keine Absicherungsmöglichkeiten für die Ehefrauen. Bulling geht jedoch einen Schritt weiter und setzt seine Kritik bereits bei der Erziehung junger Frauen und Mädchen an. Er analysiert, dass bei der Frau »der Trieb zur Freiheit, wie bei dem Manne, der geborene, der stets gegenwärtige Feind des Gehorsams« sei. Deshalb habe man die Erziehung »darauf gerichtet, das Freiheitsbewußtsein bei dem Mädchen zu unterdrücken«.[1029] Bullings wesentliches Verdienst zum einen darin, dass er versucht, gesellschaftliche und soziale Probleme der Frauen mit rechtlichen Mitteln zu lösen. Zum anderen zeigt gerade der obige Satz, dass Bulling sich darüber im Klaren ist, dass einem rechtlichen Wandel ein Wertewandel vorausgehen muss. Denn am Ende des 19. Jahrhunderts herrscht immer noch die Überzeugung von der Minderwertigkeit des weiblichen Geschlechts. Dem will der Autor begegnen, indem er die Gleichheit der Geschlechter betont, beispielsweise im Streben nach Freiheit. Jedoch würden bereits Mädchen »statt im Gebrauch der Freiheit, im Erdulden der Unfreiheit eingeübt«.[1030]

1028 Bulling arbeitet im Übrigen hier noch einmal sehr genau heraus, in welchem intensiven Zusammenhang das Institut der Ehe und der gesellschaftliche Zusammenhalt stehen: »Die Lebensaufgabe der Frau ist die Ehe; in der Ehe aber ist ihre Aufgabe zu gehorchen. Aus dem Grundsatz, daß die Frau nur für die Ehe da ist, sind im Rechte die sämtlichen Freiheitsbeschränkungen der Frau geflossen, und auch jetzt geht das bewußte oder unbewußte Bestreben der Gesetzgeber dahin, den Frauen nichts zu gewähren, was geeignet ist, die Erfüllung der Gehorsamspflicht zu beeinträchtigen; denn die Ehe ist nicht bloß das Heilige unter den Rechtsinstituten, es ist auch dasjenige, dessen Gedeihen vor allen anderen die Grundlage des sittlichen Gedeihens der Gesellschaft bildet; und deswegen ist der Gesetzgeber kaum auf irgend etwas so sehr bedacht als darauf, das Recht der Ehe dem Wesen der Ehe gemäß zu bestimmen.«, *Bulling*, Zur Frauenfrage, Hamburgischer Correspondent, Ausgabe vom 4.9.1898, S. 17.

1029 *Bulling*, Zur Frauenfrage, Hamburgischer Correspondent, Ausgabe vom 4.9.1898, S. 17.

1030 *Bulling*, Zur Frauenfrage, Hamburgischer Correspondent, Ausgabe vom 4.9.1898, S. 17.

Den Kern seiner Kritik bildet hier also weniger die rechtliche Ebene, sondern die Erziehung der Frauen, was bereits im Titel zum Ausdruck kommt. So sei laut Bulling die weibliche Erziehung von vornherein auf deren Unterdrückung ausgerichtet. Als Beispiele führt er an, dass bereits Mädchen bei »geringfügigen Kleinigkeiten um Erlaubniß fragen« müssten und diese außerdem »getadelt« würden, wenn sie ihren »eigenen Urtheilen« folgten. Auf diese Weise würden Frauen lernen, wie »Sitte, Anstand und Ceremoniell« für eine Frau aussehen. Dabei unterliegen sie dem Irrtum, dass das, was sie lernen, von Frauen für Frauen erfunden wurde. In Wirklichkeit sei es aber allein von Männern erschaffen worden, weil sich »eine solche Kette aus freien Stücken niemand« anlege.[1031] Dabei wiederholt Bulling das Kernproblem in der Erziehung von Mädchen. Diese würden auf der Grundlage des Gedankens erzogen, nicht frei, sondern für die Ehe »geboren zu sein«. Da diese Haltung sowohl durch die Literatur als auch durch die Wissenschaft bestärkt wird, definiert sie Bulling als ethisches Empfinden. Kritische Elemente der zeitgenössischen Erziehung seien außerdem, dass Frauen glaubhaft gemacht werde, »weniger Verstand als der Mann« zu haben sowie die vernachlässigte weibliche Allgemeinbildung, die »auf der Oberfläche bleiben« müsse. In der Folge könne die Frau »nichts beginnen ohne männlichen Rath und männliche Zurechtweisung«.

Aus Sicht der Frauen sei demzufolge »Schweigen hier Gold«. Ebenso kritisch sieht Bulling die extra für die Mädchenbildung geschriebenen Lehrbücher, welche oberflächlich formuliert werden, und außerdem, dass an Mädchenschulen nur jene Lehrer unterrichten, die »an Knabenschulen für nicht hinlänglich befähigt gehalten« worden seien. Sein Augenmerk gilt insbesondere dem Religionsunterricht, in dessen Rahmen allzu oft auf den Apostel Paulus Bezug genommen werde, der sagte, dass »die Frau dem Manne in allen Dingen unterthan sein soll«. Daher liege auf der Hand, dass »die Gehorsamspflicht in einem gläubigen Gemüth keine bessere Grundlage als die Religion haben« könne.[1032]

Die Mädchenerziehung verfolge daher ein vollkommen fehlgerichtetes Ziel. Indem diese allein auf die »Willfährigkeit gegen den Ehemann« ausgerichtet sei, könne die Ehefrau niemals aus den engen Grenzen ihrer Stellung ausbrechen. Bulling erkennt hierin einen Fall der Reziprozität, da die gegenwärtige Mädchenerziehung aus der Rechtsstellung der Frau abgeleitet werde. Letztere sei wiederum »für die Ehe mit Gehorsamspflicht bestimmt«. Daher verlange die spätere Rechtsstellung der Frau exakt diese zeitgenössische Erziehung.[1033] Nach Bulling bedingt also die Erziehung die Unmündigkeit der Frau. Diese Erziehung

1031 *Bulling*, Zur Frauenfrage, Hamburgischer Correspondent, Ausgabe vom 4.9.1898, S. 17.
1032 *Bulling*, Zur Frauenfrage, Hamburgischer Correspondent, Ausgabe vom 4.9.1898, S. 17.
1033 *Bulling*, Zur Frauenfrage, Hamburgischer Correspondent, Ausgabe vom 4.9.1898, S. 17.

bilde aber gleichzeitig die Voraussetzung zur Aufrechterhaltung der schwachen Rechtsstellung der Ehefrau. Dabei stelle diese »Willfährigkeit« letztlich nur ein »Kunstproduct« dar, welches durch die »Abwesenheit des Freiheitsbewußtseins« bedingt werde. Um an der Gehorsamspflicht festzuhalten, dürfe der Gesetzgeber daher »nichts zulassen, was bei der Frau das Freiheitsbewußtsein zu wecken oder zu stärken vermag«.

Bulling kommt also zu dem Schluss, dass die Forderung nach Erziehung zur Mündigkeit und Selbstbestimmtheit keine Aussicht auf Erfolg habe. Denn sie stelle die Gehorsamspflicht der Frau in Frage. Gerade die Mädchenerziehung hänge »aufs innigste« mit der Rechtsposition der Frau zusammen. Folglich müssten alle Versuche, die auf Verbesserungen im Mädchenschulwesen gerichtet sind, mit erbittertem Widerstand rechnen. Andererseits schließt der Autor aber mit den Worten, dass daher jeder Fortschritt auf diesem Gebiet einen Erfolg der Frauenbewegung bedeute.

2. Zwischenfazit

Hervorzuheben ist an diesem Artikel, dass Bulling sich hier weniger mit juristischen Fragen auseinandersetzt, sondern sein Augenmerk auf die Erziehung und Bildung von Frauen richtet. Dabei betrachtet er die Erziehung von Mädchen als Grundlage dafür, die Geschlechtsvormundschaft aufrechterhalten zu können. Denn die Ehefrau werde schon während der Kindheit zur Unfreiheit erzogen.

IV. Resümee

Die untersuchten Zeitschriftenbeiträge beweisen noch einmal, auf welch hohem Niveau Bulling arbeitete. So veranschaulichen sie, dass es dem Autor gelang, Erkenntnisse über die Freiheit der Ehefrau im alten Rom aus den Quellen zu ziehen und diese breitenwirksam aufzubereiten. Diese Arbeitsweise, die der eines Pandektisten entspricht, wird im folgenden Kapitel näher beleuchtet.

III. Teil: Pandektistik und spätere Rezeption

Carl Bulling ist Pandektist. Diese These dürfte verblüffen angesichts dessen, dass bisher vorrangig jene Universitätsprofessoren des Rechts als Pandektisten bezeichnet wurden, die sich in der zweiten Hälfte des 19. Jahrhunderts mit der Auslegung und Interpretation des klassischen römischen Rechts beschäftigten. Die folgenden Ausführungen sollen nun zeigen, wie es Bulling gelingen konnte, Erkenntnisse aus dem römischen Recht für die Formulierung progressiver familienrechtlicher Reformforderungen fruchtbar zu machen (11. Kapitel). Nachdem Bulling um die Jahrhundertwende vom 19. zum 20. Jahrhundert zunächst vollkommen in Vergessenheit geraten war, ist in letzter Zeit ein neues wissenschaftliches Interesse an seiner Person und seinem Werk entstanden. Es wird daher zu untersuchen sein, welche Standpunkte die Wissenschaft mittlerweile zu Bulling entwickelt hat (12. Kapitel).

11. Kapitel: Bulling im Spiegel der Pandektenwissenschaft und des Rechtspositivismus

Etwa ab der zweiten Hälfte des 19. Jahrhunderts entwickelte sich aus der von Friedrich Carl von Savigny (1779–1861) begründeten Historischen Rechtsschule die sogenannte Pandektenwissenschaft. Pandektenwissenschaft bzw. Pandektistik wird der romanistische Teil der Historischen Schule genannt, der Rechtswissenschaft durch Auslegung und Neuinterpretation des Corpus Iuris Civilis betrieb.[1034] Allerdings steht bis heute eine Antwort der Wissenschaft auf die Frage aus, anhand welcher Kriterien sich die Einordnung eines Juristen als Pandektist bemisst.

Einigkeit besteht zumindest darüber, dass sich die Vertreter der Pandektenwissenschaft vorwiegend mit der Interpretation der sogenannten Digesten bzw. Pandekten beschäftigten. Dabei handelt es sich um Fragmente der Texte römischer Juristen.

I. Von der Manusehe zur Muntehe – eine Frage der Kontinuität oder Diskontinuität

Die rechtshistorischen und rechtstheoretischen Grundlagen von Bullings Gedankengang liegen weitgehend im Dunkeln. Dies hängt mit der Vielschichtigkeit seiner Schriften zusammen. Da Bulling der Nachwelt vor allem als Familienrechtsreformer in Erinnerung blieb, sind zuerst seine Darlegungen in »Die deutsche Frau und das bürgerliche Gesetzbuch« von Interesse. Denn hier erörtert er seine Methodologie und seine Vorstellungen über die Lehre von den Rechtsquellen sowie insbesondere über die Beziehungen von Gewohnheits- und Gesetzesrecht. Um Bulling als Pandektisten zu sehen, muss unweigerlich der Einfluss und die Funktion des römischen Rechts bei Bullings Konzeption eines

1034 *Falk*, Pandektistik, in: Der neue Pauly, Bd. 15/2, Sp. 45–49, 45; sowie *Luig*, Art. Pandekten, in: HRG III, Sp. 1417–1422; und *Luig*, Art. Pandektenwissenschaft, in: HRG III, Sp. 1425–1428, 1425.

geschlechtergerechten Familienrechts betrachtet werden. Denn es erscheint diskutabel, wie ein Rechtspraktiker aus den Grundsätzen des römischen Rechts ein modernes Familienrecht synthetisiert. Damit einher gehen Fragen nach dem Zusammenhang von Romanistik und Familienrecht sowie nach den Beziehungen von Rechtsgeschichte und zeitgenössischem Recht.

Bulling beschäftigt sich zunächst mit der Frage nach der Kontinuität und Diskontinuität in der Geschichte des Rechts anhand des Beispiels der Geschlechtsvormundschaft. Dabei handelt es sich um eine bis heute umstrittene Problematik. So gingen beispielsweise einige Vertreter der Historischen Rechtsschule von einer Kontinuität der Eheherrschaft seit der römischen Rechtsklassik aus. Bulling setzt sich kritisch mit diesen Pandektisten auseinander, die zwar einräumen, dass die Manus abgeschafft wurde. Gleichwohl behaupten sie die Eheherrschaft auch in der manus-freien Ehe während der römischen Klassik und negieren somit die Zäsur zwischen Manusehe und manus-freier Ehe. Bulling nennt und prüft die Stellen, auf welche sich die jeweiligen Pandektisten berufen:

> »Jene Willfährigkeit und Folgsamkeit sind es, von denen in den römischen leges die Rede ist, die man dafür angeführt hat, daß auch schon nach römischem Rechte in der Zeit, als die manus verschwunden war, die Frau dem Manne Gehorsam schuldete. In jenen Stellen wird in 1.14 de. soluto mat. 24, 3 und 1. unc § 7 cod. de rei ux. 5, 13 nur gesprochen von der reverentia gegen den Mann, welche fordere, ihm bei Verurtheilung auf Klage der Frau den nöthigen Unterhalt zu lassen; und in 1. 12 § 1 cod qui pot. in pig. 8, 18 wird nur von obsequia, der Folgsamkeit, gesprochen, welche die Frau ihm erweise, und gesagt, daß deshalb ihre Hypothek den Vorrang verdiene vor anderen Gläubigem; denn wer, heißt es, sollte sich ihrer nicht erbarmen wegen ihrer Folgsamkeit? Erst das kanonische Recht hat die Frau zum Gehorsam verpflichtet, im Anschluß an das germanische Mundium. Die Frau zu schlagen, verbot das Römische Recht. Das Verbot ist in Deutschland nicht rezipirt; das Mundium ließ es nicht zu.«[1035]

Die von Bulling angeführten Passagen D 24, 3, 14, 1 und C 5, 13, 1, 7 sowie C 8, 18, 12, 1 stammen aus dem Corpus Iuris Civilis und werden im Folgenden näher untersucht.

Die Textstelle D 24, 3, 14, 1[1036] besagt laut Behrends' Übersetzung[1037], dass eine Abrede nicht zu beachten sei, wonach sich ein Ehemann im Scheidungsfall zur

1035 *Bulling*, Die deutsche Frau (1896), S. 58.

1036 Im lateinischen Original: »14. *ULPIANUS libro trigesimo sexto ad Sabinum:* Alia causa est defensoris, quem placet sufficienter videri defendisse, si tantem uxori preastet, quantum consequeretur, si ipsum maritum convenisset. 1. Eleganter quaerit Pomponius libro quinto decimo ex Sabino, si paciscatur maritus, ne in id quod facere possit condemnetur, sed in solidum, an hoc pactum servandum sit? et negat servari oportere, quod quidem et mihi videtur verum: namque contra bonos mores id pactum esse melius est dicere, quippe cum contra receptam reverentiam quae maritis exhibenda est, id messa apparet.«, vgl. *Behrends*, Corpus Iuris Civilis, Text und Übersetzung, IV. Bd.: Digesten 21–27, S. 279.

Zahlung des »Ganzen« an die Ehefrau verpflichtete. Er müsse nur das zahlen, was er leisten könne. Eine Abrede, nach der sich der Ehemann zu Leistungen über seine Leistungsfähigkeit hinaus verpflichte, verstoße gegen die guten Sitten und sei unbillig.[1038]

Die Textstelle C 5, 13, 1, 7[1039] wird von Otto, Schilling und Sintenis[1040] damit übersetzt, dass im Scheidungsfall die Klage auf Zurückforderung der Mitgift

1037 Behrends vollständige Übersetzung: »14. *Ulpian im 36. Buch zu Sabinus:* Anders [als beim Erben] ist die Rechtslage bei einem Verteidiger [des Mannes], von dem man annimmt, er habe der Verteidigung Genüge getan, wenn er der Ehefrau so viel zahlt, wie sie erhalten würde, wenn Sie den Ehemann selbst verklagt hätte. 1. Treffend fragt Pomponius im 15. Buch aus Sabinus: Ist die Abrede zu beachten, mit der der Ehemann vereinbart, er solle nicht auf das verurteilt werden, was er zu leisten imstande sei, sondern auf das Ganze? Und er antwortet, sie sei nicht zu beachten, was auch mir richtig zu sein scheinen. Denn es ist richtiger anzunehmen, daß diese Abrede gegen die guten Sitten verstößt, weil sie offensichtlich die herkömmliche Achtung verletzt, die Ehemännern gebührt.«, vgl. *Behrends*, Corpus Iuris Civilis, Text und Übersetzung, IV. Bd.: Digesten 21–27, S. 279.

1038 Dazu auch die einschlägige Übersetzung von Otto, Schilling und Sintenis aus dem 19. Jahrhundert: »Ein anderes Verhältniß findet bei dem Vertheidiger [des Mannes] Statt, denn man nimmt an, daß dieser hinlänglich vertheidigt zu haben scheine, wenn er der Ehefrau soviel leistet, als sie erlangen würde, wenn Sie den Ehemann selbst belangt hätte. §. 1. Passend fragt Pomponius im funfzehnten Buche zum Sabinus, ob das Pactum aufrecht zu halten sei, wenn der Ehemann paciscire, daß er nicht auf das, was er leisten könne, sondern aufs Ganze verurtheilt werden solle? Und er sagt, daß es nicht aufrecht erhalten werden müsse. Und das scheint auch mir wahr zu sein, denn es ist richtiger, wenn man sagt, daß dies Pactum gegen die guten Sitten sei, da ist ja offenbar ist, daß es gegen die gewöhnlichen Ehrerbietung streitet, welche den Ehemännern erzeigt werden muß«, Otto/Schilling/Sintenis (Hg.), Das Corpus Juris Civilis in's Deutsche übersetzt, II. Bd. (1831), S. 782–783.

1039 »§. 7. Quum autem in exactione dotis ex stipulatu quidem actio naturaliter restitutionem dotis a parte mariti uxori ilico in solidum fieri iubebat. rei uxoriae autem annua bima trima die in his quae pondere numero mensura consistunt exactionem policebatur, et non in solidum, sed quantum maritus facere potest, si non dolo malo suam deminuit substantiam, in hac parte rudem figuram ex stipulatu damus actioni, ut, si matrimonium fuerit dissolutum nullo pactum adhibito, in tantum quidem maritus condemnetur, in quantum facere potest, quia hoc aequissimum est et reverentiae debitum maritali, si non dolo malo versatus est: cautione videlicet ab eo exponenda, quod, si ad meliorem fortunam pevenerit, etiam quod minus persolvit, hoc restituere procuret. Exactio autem dotis celebretur non annua bima trima die, sed omnimodo intra annum in rebus mobilius vel se moventibus vel incorporalibus; ceteris videlicet rebus, quae solo continentur, illico restituendis, quod commune utriusque fuerat actionis. Sin autem supersederit res mobiles vel se moventes vel incorporales post annale tempus restituere, vel ceteras res statim post dissolutum matrimonium, etiam usuras aestimationis omnium rerum, quae immobiles sunt, usque ad tertiam partem centesimae ex bona fide introducendas maritus praestet; fructibus videlicet immobilium rerum parti mulieris ex tempore dissoluti matrimonii praestandis, similique modo pensionibus, vel vecturis navium sive iumentorum, vel operis servorum, vel quaestu civilium annonarum, et aliis, quae sunt eis similia, parti mulieris restituendis.«, Herrmann (Hg.), Corpus Iuris Civilis, II. Bd.: Codex Iustinianus, S. 315.

1040 »Da aber bei der Zurückforderung des Heirathsguts, wenigstens wenn dieselbe auf Grund einer Stipulation erfolgte, die Klage ihrem Wesen nach dem Ehemanne die Pflicht aufergrundsätzlich in voller Höhe erfolgen könne. Wenn die Mitgift jedoch aus Gegenständen bestehe, könnten diese erst nach Ablauf einer ein-, zwei- oder dreijährigen Frist zurückgefordert werden. Wenn es sich bei der Mitgift um Geld handele, könne die Ehefrau jedoch nur so viel zurückverlangen, wie der Ehemann zu leisten imstande sei. Denn die Billigkeit erfordere eine solche Entscheidung. Diese Beschränkung auf die Leistungsfähigkeit des Ehemannes gelte nur dann nicht, wenn dieser die Mitgift nicht ordnungsgemäß verwaltet habe, wenn er sie beispielsweise verschwendet habe.

Und die Textstelle C 8, 18, 12, 1[1041] handelt laut Otto, Schilling und Sintenis[1042] davon, dass die Klage der Ehefrau auf Rückgewährung der Mitgift im Rang vor

legte, die Rückgabe des Heiratsgut an seine Ehefrau sogleich [nach erfolgter Ehetrennung] und in seinem ganzen Betrage (*in solidum*) zu bewirken, dagegen die Heirathsgutsklage bei denjenigen Gegenständen, welche nach Gewicht, Zahl, Maas berechnet werden (*consitunt*), [erst] nach Ablauf einer ein-, zwei- und dreijährigen Frist die Zurückforderung zusicherte, und nicht auf den ganzen Betrag, sondern nur in so weit der Ehemann, falls er nicht betrüglich die Substanz verringert hatte, die Leistung zu bewirken im Stande ist, so geben wir bei diesem Punkte der Klage aus der Stipulation eine neue Gestalt, in der Art, daß, wenn die Ehe aufgelöst wird und kein Vertrag existirt, der Ehemann, falls ja nicht betrüglich gehandelt hat, zwar nur in so weit verurteilt werden soll, als er die Leistung zu bewirken im Stande ist, weil dies der Billigkeit und der dem Ehemann gebührenden Achtung gemäss erscheint, daß jedoch von ihm eine Caution dafür ausgesetzt werden muß, daß er, wenn er zu bessern Vermögensumständen gelangen sollte, auch für die Erstattung Dessen, was er zu wenig bezahlt hat, sorgen wolle. Die Zurückforderung des Heirathsguts darf aber nicht [erst] nach ein-, zwei- und dreijähriger Frist, sondern überhaupt [schon] innerhalb eines Jahres bei beweglichen, sich selbst bewegenden oder unkörperlichen Sachen vorweggenommen werden; die übrigen Sachen, nämlich die Grundstücke, sind sofort zurückzugeben, welches [eine Bestimmung ist, die] bei den Klagen gemein war. Sollte aber der Ehemann zögern, die beweglichen oder sich selbst bewegenden oder unkörperliche Sachen nach Ablauf eines Jahres, oder die übrigen Sachen sogleich nach Auflösung der Ehe zurückzugeben, so soll ja auch von dem Werthe aller Sachen, mit Ausnahme der unbeweglichen, vier vom Hundert Zinsen, welche nach billigem Ermessen einzuführen waren, entrichten, wogegen die Nutzungen der unbeweglichen Sachen, von der Zeit der Auflösung der Ehe ab, der Ehefrau entrichtet und auf ähnliche Weise die Miethzinsen, oder das Fuhrlohn von Schiffen oder Lastthieren oder der Erwerb der Sclaven oder Ertrag der Brodzinsen und andere Einkünfte ähnlicher Art, der Ehefrau erstattet werden müssen.«, vgl. Otto/Schilling/Sintenis (Hg.), Das Corpus Juris Civilis in's Deutsche übersetzt, V. Bd. (1832), S. 757–758.

1041 »§. 1. Ad haec omnia respicientes, et reminiscentes, quod et alias duas constitutiones fecimus pro dotibus mulieribus subvenientes, et omnia in unum colligentes saucimus, ex stipulatu actionem, quam mulieribus iam pro dote restituenda dedimus, cuique etiam tacitam donavimus inesse hypothecam, potiora iura contra omnes habere mariti creditores, licet anterioris sint temporis privilegio vallati. Quum enim in personalibus actionibus, secundum quod diximus, tali privilegio utebatur res uxoria, quapropter non in hypotheca hoc mulieri et nunc indulgemus beneficium licet res dotales vel ex his aliae comparatae non exstent, sed quocunque modo vel dissipatae vel consumtae sint, si tamen re ipsa fuerint parti mariti datae? Quis enim earum non misereatur propter obsequia, quae maritis praestant, propter partus periculum et ipsam liberorum procreationem, pro qua multa nostris legibus inventa sunt privilegia? Et ideo quod antiquitas quidem dare in-

Ansprüchen anderer Gläubiger stehen solle. Sie begründen diese Bevorzugung der Ansprüche der Ehefrau mit dem »Mitleid«, das ihr entgegengebracht werden müsse. Es sei also unbillig, ihre Ansprüche im Rangverhältnis hinter andere zu stellen. Es handele sich um eine Schutzvorschrift zugunsten der Ehefrau.

In keiner der genannten Quellen geht es um eine Gehorsamspflicht der Ehefrau. Gleichwohl sind diese Textstellen in einigen Pandektenlehrbüchern des 19. Jahrhunderts in diese Richtung interpretiert worden. Manche Autoren meinen gar, dass es eine Kontinuität der Eheherrschaft des Ehemannes seit dem Alten Rom gegeben habe. So dient die Stelle D 24, 3, 14, 1 Bernhard Windscheid (1817–1892) als Beleg dafür, dass »die Frau dem Manne Gehorsam schuldig ist«.[1043] Theodor Kipp (1862–1931), der Windscheids Lehrbuch nach dessen Tod

ceptit, ad effectum autem non pertulit, nos pleno legis articulo consummavimus, et, sive liberos habeat, mulier, sive ab initio non habuit, sive progenitos amisit, hoc ei privilegium indulgemus. Exceptis videlicet contra novercas anterioris matrimonii filiis, quibus pro dote matris suae iam quidem dedimus hypothecam contra paternas res vel eius creditores, in praesenti autem similem praerogativam servamus, ne, quod posteriori datum est uxori, hoc anteriori denegetur, sed sic maneat eis ius incorruptum, quasi adhuc vivente matre eorum; duabus enim dotibus ab eadem substantia debitis, ex tempore praerogativam manere volumes.«, vgl. Herrmann (Hg.), Corpus Iuris Civilis, II. Bd.: Codex Iustinianus, S. 534.

1042 »In Betracht Alles dessen, und eingedenk, daß Wir auch zwei andere für die Mitgift der Weiber sorgende Constitution erlassen haben, und Alles dieses in Eins zusammenziehend, verordnen Wir, daß die Klage aus der Stipulation, welche Wir den Weibern wegen Zurückforderung der Mitgift bereits ertheilt, und welcher Wir auch noch die Eigenthümlichkeit einer stillschweigenden Hypothek haben zu Theil werden lassen, wider alle Gläubiger des Ehemannes ein Vorzugsrecht haben solle, wenn sie auch mit dem Vorzugsrecht des Alters gedeckt sind. Denn da sich das weibliche Einbringen, wie gesagt, unter den persönlichen Klagen eines solchen Vorzugsrecht erfreute, weshalb soll man den Weibern sothane Wohltat nicht auch jetzt in Betreff der Hypothek zu Theil werden lassen, wenn auch die zur Mitgift gehörigen Gegenstände, oder die an deren Statt angeschafften, nicht mehr vorhanden, sondern auf mancherlei Weise zerstreut oder verbraucht sind, vorausgesetzt, daß sie in der That dem Ehemann übergeben worden? Denn wer sollte nicht mit ihnen Mitleid haben, wegen ihrer Folgsamkeit, welche Sie den Ehemännern gewähren, wegen der Gefahren der Geburt und des Gebärens der Kinder selbst, wofür in unseren Gesetzen viele Privilegien befunden werden? Was daher das Alterthum zwar deutlich zu gewähren begonnen, aber nichts zur Ausführung gebracht hat, haben Wir in den vollständigen Inbegriff eines Gesetzes zusammengefaßt, und ertheilen ihr besagtes Vorzugsrecht, es möge eine Frau Kinder haben, oder von Anfang an keine, oder die geborenen verloren haben. Es versteht sich, daß die Kinder erster Ehe gegen die Stiefmütter eine Ausnahme machen, denen Wir für die Mitgift ihrer Mutter allerdings gegen des Vaters Vermögen oder dessen Gläubiger eine Hypothek erteilt haben, und gegenwärtig ein gleiches Vorrecht erhalten, damit nicht das der zweiten Ehefrau ertheilte Recht der Ersten versagt werde, sondern ihr Recht so unangetastet bleibe, als wenn ihre Mutter noch lebte. Denn zwei Mitgiften zu demselben [ehemännlichen] Vermögen concuriren so wollen Wir, soll sich das Vorrecht nach der Zeit richten.«, vgl. Otto/Schilling/Sintenis (Hg.), Das Corpus Juris Civilis in's Deutsche übersetzt, VI. Bd. (1832), S. 201.

1043 *Windscheid*, Pandektenrecht, II. Bd., 5. A. (1879), § 490, S. 848. Ebenso meinte Ernst Adolf Pagenstecher (1826–1901), die Ehefrau teile den »Stand des Mannes« und der Ehemann sei fortsetzte, hielt an dessen Lehrmeinung zur Gehorsamspflicht der Frau mit demselben Quellennachweis fest.[1044] Alois von Brinz (1820–1887) argumentiert in die gleiche Richtung. Er differenziert zwar zwischen Manusehe und manusfreier Ehe, meint aber auch, dass die manus-freie Ehe nur eine »schwächere Gewalt« des Ehemanns im Vergleich zur manus-Ehe darstelle.[1045]

Einen fortschrittlichen Standpunkt nahmen hingegen Savigny und Georg Friedrich Puchta (1798–1846) ein. Savigny sagte, die »einseitige Macht des Mannes über die Rechte der Frau« sei durch »Nichts zu rechtfertigen«.[1046] Und laut Puchta komme zwar dem »ehelichen Rechte des Mannes ein Uebergewicht zu; die Frau ist ihm zur reverentia verpflichtet«.[1047] Als Nachweis dient auch Puchta die Passage D 24, 3, 14, 1. Jedoch sei im Alten Rom »eine Ehe ohne jede Gewalt« entstanden, in der »die Frau eigenes Vermögen haben« konnte.[1048]

Eindeutig positionierte sich Heinrich Dernburg (1829–1907) gegen eine Kontinuität der Eheherrschaft seit der Antike. Er schreibt bereits im Jahr 1879, also lange vor Bulling, dass das klassische römische Recht völlig mit der manus »gebrochen habe« und es keine »eheherrliche Gewalt« mehr gebe. Die Argumentation seiner Zeitgenossen, es habe auch während dieser Phase eine ehemännliche Gewalt über die Frau gegeben, sei daher eine »Verkennung des historischen Ganges der Dinge«.[1049] Differenziert setzte sich zudem Julius Baron (1834–1898) mit diesem Problem auseinander, dessen Werk ein Jahr nach Bullings Schrift erschien. So leitet auch er zwar aus D 24, 3, 14, 1 die »Pflicht der Ehefrau zur Ehrerbietung« gegenüber dem Mann ab.[1050]Zugleich kommt Baron aber zu dem Ergebnis, dass die Ehe zwar in der republikanischen Zeit noch »mit der Manus des Mannes über die Frau verbunden« war, die Ehefrau »mithin die Stellung einer Haustochter« hatte. Jedoch sei das eheliche Leben am Ende der Republik verfallen und die Manus langsam außer Gebrauch gekommen. So zieht er als Einziger das Resümee, dass die »vollständige Gleichstellung des weiblichen

ihr »Nährer und Beschützer«. Im Gegenzug schulde sie ihm »Achtung und den eigenthümlichen ehelichen Gehorsam«. Jedoch stellte Pagenstecher keinen Quellenbezug her, weshalb er nicht zu jenen Autoren gezählt werden kann, mit denen sich Bulling im eingangs wiedergegebenen Zitat auseinandersetzt, vgl. *Pagenstecher*, Pandekten-Praktikum (1860), S. 597.

1044 *Kipp*, Pandektenrecht, III. Bd., 9. A. (1906), § 490, S. 4. Im Übrigen hielt Kipp das Modell der Eheherrschaft aber nicht für ein zukunftsweisendes Konzept, näher dazu *Meder*, Familienrecht (2013), S. 229–231.

1045 *Brinz*, Lehrbuch der Pandekten, III. Bd. (1889), § 470, S. 674.

1046 *Savigny*, System des heutigen Römischen Rechts, VIII. Bd. (1849), S. 330. Zu Savignys Familien- und Eheverständnis und zu dessen Auffassung von der manus siehe *Meder*, Familienrecht (2013), S. 149–152, 151, Fn. 69.

1047 *Puchta*, Pandektenrecht, 8. A. (1856), S. 585–586, zu Leben und Werk Puchtas siehe *Mecke*, Begriff und System des Rechts bei Georg Friedrich Puchta (2009).

1048 *Puchta*, Cursus der Institutionen, I. Bd. (1841), S. 94.

1049 *Dernburg*, Pandekten, III. Bd., 2. A. (1889), S. 9.

1050 *Baron*, Pandekten, 9. A. (1896), S. 601.

Geschlechts eingetreten« war.[1051] Zu diesem Schluss kommt er aber, ohne Bezug auf den Text des Corpus Iuris Civilis zu nehmen.

Keinem der Autoren gelingt es wie Bulling zu zeigen, dass die genannten Textstellen nicht die Eheherrschaft postulieren, sondern es lediglich um Fragen der Rückgewährung der Mitgift im Scheidungsfall und damit im Kern um Fragen der güterrechtlichen Abwicklung geht. Dabei rekurriert das römische Recht auf die Billigkeit. Diese wird deshalb herangezogen, weil das römische Recht noch kein umfassendes System zur scheidungsrechtlichen Abwicklung der Mitgift kannte. Die reverentia dient als bloßer Annex um das gewünschte Ergebnis, das hier in der Beschränkung auf die Leistungsfähigkeit des Ehemanns besteht, zu rechtfertigen. Die Gehorsamspflicht bildet ein Scheinargument, um die Billigkeit zu legitimieren. Bulling opponiert gegen Schriftsteller, die trotzdem eine Gehorsamspflicht in die Quellen hineinlesen, indem er zeigt, dass diese den Fehler begehen, die Vergangenheit nach den Bedürfnissen der Gegenwart zu interpretieren.[1052]

Mittlerweile ist herausgearbeitet worden, dass das klassische römische Recht eine allgemeine Regel über die Gehorsamspflicht nicht kannte.[1053] Deshalb suchten die späteren Autoren nach indirekten Beweisen außerhalb des Eherechts.[1054] Sie wurden in den genannten drei Quellen fündig, die nach der Auffassung der modernen Wissenschaft »geradezu nach dem Zufallsprinzip verstreut wirken« und die diese Autoren zur Begründung der männlichen Eheherrschaft heranzogen.[1055] Es ist bis heute ungeklärt, ob es im Rom der nachklassischen Zeit noch eine Form der rechtlichen Herrschaft des Ehemannes über die Ehefrau gegeben hat.[1056] Vertreten wird, dass jeder Ehegatte dem anderen reverentia mutua (Achtung oder Ehrerbietung) schuldete, wobei sich Eisenring für diese These direkt auf C 5, 13, 1, 7 bezieht.[1057] Die Gründe für diese mögliche Entwicklung liegen weitgehend im Dunkeln. Rekurriert wird unter anderem auf die kulturelle Ausdif-

1051 *Baron*, Pandekten, 9. A. (1896), S. 601.

1052 Dazu näher *Meder*, Wie »geschichtlich« ist die Historische Rechtsschule?, in: Muscheler (Hg.), FS Liebs (2011), S. 433–453. Allerdings ist zu berücksichtigen, dass die Pandektisten um die Mitte des 19. Jahrhunderts heftig kritisiert worden wären, wenn sie die Abschaffung der Eheherrschaft postuliert hätten. Diese Forderung entsprach einfach nicht der sozialen Realität.

1053 Vgl. eingehend dazu *Meder*, Familienrecht (2013), S. 51–55.

1054 *Duncker*, Gleichheit und Ungleichheit (2003), S. 378.

1055 Siehe dazu auch *Duncker*, Gleichheit und Ungleichheit (2003), S. 378, der meint, dass es sich lediglich um »Momentaufnahmen aus dem Eheleben« handele, »die hinsichtlich der persönlichen Eheverhältnisse eher beschreibenden als normativen Charakter« haben.

1056 *Meder*, Familienrecht (2013), S. 51.

1057 *Eisenring*, Die römische Ehe als Rechtsverhältnis (2002), S. 367, vgl. dazu *Luidolt*, Römische Ehe (2010), S. 75, sowie *Wacke*, Actio rerum amotarum (1963), S. 80. Insgesamt zum Familienrecht in der Pandektenwissenschaft siehe *Bextermöller*, Das Familienrecht in den Systemen der Pandektistik des 19. Jahrhunderts (1970).

ferenzierung während der späten republikanischen Phase Roms.[1058] Ebenso unbekannt sind die Hintergründe der Entstehung der reverentia mutua.[1059] Dass die Gehorsamspflicht in den genannten Stellen noch Erwähnung findet, dürfte darauf zurückzuführen sein, dass es in diesen Passagen um die Billigkeit geht. Die Gehorsamspflicht dient also, wie bereits oben angerissen, als Argument zur Rechtfertigung eines Ergebnisses aus Billigkeitsgründen.

Bulling ist sich im Klaren darüber, dass die Forderung nach der Aufhebung der rechtlichen Eheherrschaft etwas vollkommen Neues für seine Zeitgenossen bedeutet. Derartige »Innovationen« seien sonst nicht Sache des Juristen:

> »Indem ich weiß, auch aus Erfahrung an mir selbst, daß dem zuzustimmen, was ich hier vertrete, am schwersten der Jurist sich entschließen wird – sind wir Juristen doch nur zu geneigt, Prinzipien, in denen wir aufwachsen und alt geworden sind, für zweifellos festbestehend, für indiscutabel zu halten.«[1060]

Dass er diese Forderung aus dem römischen Recht ableitet, harmoniert mit den Forderungen der Pandektisten, weshalb er als solcher bezeichnet werden darf.

Daneben macht ihn ein weiterer Punkt zum Pandektisten. Das eingangs wiedergegebene Zitat spiegelt nämlich Bullings Meinung zum Verhältnis von Geschichte und Dogmatik wider, indem er die behauptete Kontinuität der Geschlechtsvormundschaft von der römischen Antike bis zur BGB-Kodifikation widerlegt. Bullings Textstelle führt daher in die geschichtsphilosophische Kritik an der Pandektistik. Die Historische Rechtsschule hat vertreten, dass es eine Verbindung zwischen Dogmatik und Privatrechtsgeschichte gebe. Der wiederum aus der Historischen Schule hervorgegangenen Pandektistik ist daher vorgeworfen worden, durch eine Verbindung von Geschichte und Gegenwart eine unzulässige Kategorienvermengung vorzunehmen.[1061] Dadurch komme es zu einer durch die Bedürfnisse der Gegenwart verzerrten Wahrnehmung der Vergangenheit.[1062]

1058 Nach *Meder*, Familienrecht (2013), S. 51, 54, kam es »mit der fortschreitenden Verselbstständigung der Frau im sozialen Leben zu frauenrechtlichen Rechtsänderungen«. Wie bereits im Kapitel zur Frauenbewegung (9. Kapitel, S. 225) ausgeführt wurde, ist besonders interessant, dass Bulling einen Schritt weiter geht als Marianne Weber. Bulling untersucht, hinterfragt und kritisiert schließlich die patriarchalischen Autoren bezüglich deren Haltung zur Eheherrschaft des Mannes. Bei Marianne Weber findet sich hingegen noch keine eigene wissenschaftliche Meinung dazu. Sie rezipiert lediglich die damals gegebene Auffassung in der Wissenschaft.

1059 *Eisenring*, Die römische Ehe als Rechtsverhältnis (2002), S. 150–151.

1060 *Bulling*, Die deutsche Frau (1896), S. 64.

1061 *Böckenförde*, Die Historische Rechtsschule und das Problem der Geschichtlichkeit des Rechts, in: Böckenförde (Hg.), Collegium Philosophicum (1965), S. 9–36, 16; *Wieacker*, Privatrechtsgeschichte der Neuzeit, 2. A. (1967), S. 419–420.

1062 *Meder*, Wie »geschichtlich« ist die Historische Rechtsschule?, in: Muscheler (Hg.), FS Liebs (2011), S. 433–453; *Meder*, Rezension zu Fargnoli (Hg.), Philipp Lotmar. Letzter

Bulling dient das römische Recht in zweierlei Weise. Einerseits warnt er vor einem Missbrauch der Geschichte für die Ziele der Gegenwart. Denn im Bereich der Gehorsamspflicht werde das Argument der Kontinuität dazu missbraucht, die Eheherrschaft als etwas immer schon Dagewesenes zu rechtfertigen. Andererseits deutet er an, den Gedanken des römischen Rechts von der Freiheit der Frau für die Frauenbewegung und somit für die Gegenwart fruchtbar zu machen, indem er daran anknüpfend die Abschaffung der Geschlechtsvormundschaft postuliert. Dies zeigt wiederum, dass er ganz im Sinne eines Pandektisten die Trennung von Rechtsgeschichte und Rechtsdogmatik nicht als eine absolute begriffen hat.

Bulling würde daher sicher nicht der Feuerbachschen These »Was der Geschichte angehört, ist schon im Leben abgestorben« zustimmen. Denn er ist sich dessen bewusst, dass das »Gewordene« in der Gegenwart noch fortleben und die Unterscheidung von Rechtsgeschichte und Dogmatik damit eine erhebliche Relativierung erfahren kann.[1063] Bulling hat eben keine absolute Trennung von Rechtsgeschichte und Dogmatik im Sinn. Dies lässt sich anhand seiner Begründung zur Regelung der Vaterschaftsfeststellung illustrieren:

> »Dafür, daß, wenn das Gesetz Solches verordnete, damit nicht etwas durchaus Neues, sondern etwas schon alt Herkömmliches bestimmt würde, kann auf die erst seit dem Gesetz vom 24. April 1854 nicht mehr bestehenden Vorschriften des Allgem. Landrechtes Uth. III Tit. 2 § 619 und 620 Bezug genommen werden.«[1064]

Bulling greift also an verschiedenen Stellen auf Materialien der Rechtsgeschichte zurück. Insbesondere das römische Recht bildete für ihn eine entscheidende

---

Pandektist oder erster Arbeitsrechtler, Interpretatio Prudentium, I (2016), 2, S. 270–285, 273. Damit einher geht die Frage, ob rechtshistorische Forschungen für die Rechtsdogmatik nützlich oder entbehrlich sind. Der Begründer der Historischen Rechtsschule Friedrich Carl von Savigny stand diesem Gesichtspunkt zustimmend gegenüber, wenn er schrieb, dass er »jeden gegebenen Stoff bis zu seiner Wurzel zu verfolgen« und »streng historisch« die dem Recht »inwohnende Einheit« zu erkennen suche, vgl. Vom Beruf unsrer Zeit für Gesetzgebung und Rechtswissenschaft, S. 117–118, 140; *Savigny*, Über den Zweck dieser Zeitschrift, SZ (RA) 1 (1815), S. 1–17, 2–3.

1063 Diesbezüglich muss an Bullings These, dass die Vormundschaft über die Ehefrau das Ergebnis einer verfehlten Rechtsfortbildung sei, erinnert und sein Verweis auf die Passage in Goethes Faust im Hinterkopf behalten werden, wonach sich »Recht und Gesetz wie eine ewige Krankheit« vererben, vgl. Die deutsche Frau und das BGB, S. 60, 64.

1064 *Bulling*, Die Rechte der Unehelichen Kinder (1895), S. 49. Berücksichtigung müssen in diesem Zusammenhang auch seine Ausführungen zur Arbeitsweise des Gesetzgebers bei der Abfassung des BGB finden. So ist es Aufgabe des Entwurfs, »Rechtssätze, die noch in der Entwicklung sind, selbst zu entwickeln und in endgültiger Festsetzung zu specialisieren. Für den Gesetzgeber ist nicht die Rechtsentwicklung die Rechtsquelle, sondern das, was sie hervorgetrieben hat, was ihr zu Grunde liegt. Er steht über der Rechtsentwicklung und hat ihr die Wege zu weisen«, vgl. *Bulling*, Die Rechte der Unehelichen Kinder (1895), S. 13. Damit meint er ganz im Sinne der Historischen Rechtsschule, dass der Gesetzgeber auch Strömungen und Einflüsse aus dem Volk auf seine Tätigkeit einwirken lassen müsse.

Inspirationsquelle. Er konnte sich wie ein Pandektist auf die Kontinuität und Vorbildlichkeit des römischen Rechts berufen, um die Abschaffung der Eheherrschaft zu rechtfertigen. Ihm gelingt es nachzuweisen, dass die anderen zeitgenössischen Pandektisten zwar die entsprechenden Textstellen nennen, diese aber unzutreffend interpretieren. Er ist der erste und einzige, dem dies auffiel.

II. Deduktion versus Induktion

Neben der Frage nach der Trennung oder Verbindung von Rechtsgeschichte und -dogmatik lassen sich anhand von Bullings Schriften noch weitere Anhaltspunkte feststellen, die ihn zum Pandektisten machen. Interessant sind in diesem Zusammenhang seine Ausführungen zu seiner eigenen Methodologie. So schreibt Bulling, dass er seine zivilrechtlichen Thesen nicht »deduktiv«, sondern »empirisch«, aus »seinen Erfahrungen in der gerichtlichen Praxis« entwickelt hat.[1065] Die methodische Weichenstellung, welche Bulling hier vornimmt, muss deshalb besondere Beachtung finden, weil bis heute ein Methodenstreit darüber herrscht, wie die Pandektenwissenschaft gearbeitet hat. Mit folgenden Bemerkungen sei diese Auseinandersetzung hier kurz umrissen.

Als Induktion wird in der Methodenlehre eine Herangehensweise an ein Rechtsproblem bezeichnet, bei der aus dem Einzelfall die allgemeine Rechtsregel entwickelt wird.[1066] Im Rahmen eines deduktiven Vorgehens wird hingegen die allgemeine Rechtsregel bereits als gegeben angesehen, und selbige dann auf den Einzelfall angewandt.[1067] Lange Zeit galt die deduktive Methode als typisch für die Pandektenwissenschaft, weshalb diese mit dem abwertenden Terminus der Begriffsjurisprudenz beschrieben wurde. Die rechtswissenschaftliche Grundanschauung der Zeit wurde geradezu denunziert als die des Positivismus, dessen Selbstverständnis eine Auseinandersetzung mit den sozialen und politischen Bedingungen des Rechts ausschloss.[1068]

Aus diesem Grund wurde dieser Epoche eine Entfremdung der Rechtswissenschaft von der gesellschaftlichen, politischen und moralischen Wirklichkeit des Rechts zugesprochen. Diese Ansicht muss mittlerweile aber als widerlegt angesehen werden, denn es ist das Verdienst der Pandektistik, das Recht der

1065 *Bulling*, Die deutsche Frau (1896), S. 6. Dagegen müsse der Gesetzgeber, was das Strafrecht angeht, deduktiv vorgehen.

1066 Näher dazu *Meder*, Mißverstehen und Verstehen (2004), S. 101, 185.

1067 Vgl. *Meder*, Mißverstehen und Verstehen (2004), S. 145–147, 219–221.

1068 *Singer*, Das Sozialmodell des Bürgerlichen Gesetzbuchs im Wandel, in: Grundmann u. a. (Hg.), FS 200 Jahre Juristische Fakultät der Humboldt-Universität zu Berlin (2010), S. 981–1013, 985.

Lebenswirklichkeit angenähert zu haben. So betonen die Pandektisten das sittliche Element des Familienrechts und entwickeln Rechtsregeln anhand von praktischen Fällen und unter der Berücksichtigung sozialer und moralischer Elemente. Außerdem sind sich die Pandektisten darüber im Klaren, dass sich das Familienrecht seit der Zeit des klassischen römischen Rechts erheblich gewandelt hat.[1069]

Beispielsweise schreibt Karl Adolph von Vangerow (1808–1870), dass der Eingehung einer Ehe und deren Auflösung nicht mehr die Prinzipien des römischen Rechts zugrunde liegen.[1070] Denn die Ehe war in der klassischen Zeit eher ein faktisches Verhältnis des sozialen Lebens als ein Rechtsinstitut,[1071] weil »die römische Ehe gelebt und nicht geschlossen« wurde, sodass »das formale Element in den Hintergrund trat«.[1072] Darüber hinaus wissen die Pandektisten, dass Recht nicht ohne die sozialen Implikationen der Zeit gesetzt werden kann. Gottlieb Planck schrieb dazu:

> »Nur in seltenen Fällen wird es überhaupt die Aufgabe des Gesetzgebers sein, von oben herab neue Rechtssätze aufzustellen; sie geht am sichersten, wenn sie sich darauf beschränkt, die im Volke bereits lebenden Rechtsgedanken aufzufinden und ihnen durch die Gesetzesreform nur die größere Bestimmtheit zu geben, sowie ihre Anwendung zu sichern. Bei der raschen Entwicklung unserer Verhältnisse wird der Gesetzgeber sich freilich nicht damit begnügen dürfen, das im Volksleben bereits fertig gewordene Recht gesetzlich festzustellen, sondern er wird auch das werdende Recht berücksichtigen und den nach rechtlicher Anerkennung drängenden Bedürfnissen des Lebens gerecht werden müssen.«[1073]

Der Kern dieser Aussage besteht darin, dass das Recht von unten herauf aus der Gesellschaft wachse, unabhängig von einem dominierenden Willen der Obrigkeit bzw. des Gesetzgebers,[1074] während in der Epoche des Natur- und Vernunftrechts, also bis zum Anfang des 19. Jahrhunderts, die Haltung vorherrschend war, Gesetzgebung könne sich ohne Rücksicht auf richterliche Interpretationen oder das Gewohnheitsrecht darauf beschränken, geschriebene Regeln zu erlassen.

1069 *Mikat*, Zur Bedeutung Friedrich Carl von Savignys für die Entwicklung des deutschen Scheidungsrechts im 19. Jahrhundert, in: Giesen/Ruthe (Hg.), Geschichte, Recht, Religion, Politik (1984), S. 292–324, 310.

1070 *Vangerow*, Lehrbuch der Pandekten, I. Bd., 6. A. (1851), S. 439.

1071 Vgl. *Bextermöller*, Das Familienrecht in den System der Pandektistik des 19. Jahrhunderts (1970), S. 13f. Dazu auch *Schwind*, Ehe und Recht, in: Habscheid u.a. (Hg.), FS Bosch (1976), S. 919–926, 923.

1072 *Schwind*, Ehe und Recht, in: Habscheid u.a. (Hg.), FS Bosch (1976), S. 919–926, 923.

1073 *Planck*, Zur Kritik des Entwurfes eines bürgerlichen Gesetzbuches, AcP 75 (1889), S. 327–429, 331.

1074 *Meder*, Gottlieb Planck und die Kunst der Gesetzgebung (2010), S. 69.

Dagegen meint die Historische Schule, das Recht entstehe unabhängig von einem dominierenden Willen, gleichsam »von unten herauf« aus der Gesellschaft.[1075] Ausgehend vom Begründer der Historischen Schule, Friedrich Carl von Savigny (1779–1861), bestreiten deren Vertreter, dass alles Recht aus Gesetzen entstehe und Rechtswissenschaft lediglich den Inhalt der Gesetze zum Gegenstand habe. Das Recht friste »kein Dasein für sich«, sondern sei das »Leben der Menschen selbst, von einer besonderen Seite aus gesehen«. Es werde »nicht durch die Willkür eines Gesetzgebers«, sondern »durch innere, stillwirkende Kräfte« der Gesellschaft erzeugt.[1076] Der naturrechtlichen Annahme, die Kodifikation sei ausschließliche Rechtsquelle, hält die Historische Rechtsschule ihre Idee von einem System der Quellenmehrheit entgegen, in welchem neben der Gesetzgebung vor allem das Gewohnheitsrecht und die Wissenschaft eine Rolle spielen.

Die Rechtsquellenlehre der Historischen Schule beruht also auf der Prämisse, dass die Rechtsnormen in weitgehender Unabhängigkeit von einem souveränen Willen, also »von unten herauf« aus der Gesellschaft entstehen. Insoweit unterscheidet sie sich von einer positivistischen Auffassung, wonach das Recht in erster Linie durch den Staat erzeugt werde. Daher ist die Arbeitsweise der Pandektenwissenschaft vielmehr als induktiv zu kennzeichnen. Auch sein Ehemodell, das eine Einteilung in »Geschäftskreise« vorsah, induziert Bulling aus seiner richterlichen Fallsammlung. Dieses Modell fußt auf einer Zuteilung, die dem »Wesen der Ehe« und den, aus der zeitgenössischen Perspektive, geschlechtsspezifischen Rollen der Ehegatten Rechnung trägt. Dieses Ideal entwickelt er demzufolge nicht durch eine Deduktion rechtlicher Lösungen aus Systemen oder Begriffen, sondern vielmehr auf dem induktiven Weg, also indem das Einzelne für ihn den Ausgangspunkt bildet.[1077]

Allerdings lässt sich die Aussage über Bullings empirische bzw. induktive Arbeitsweise nicht auf alle Gebiete erstrecken, die er bearbeitet hat. So kann sein Vorgehen auf dem Gebiet des Strafrechts eher als deduktiv bezeichnet werden, wie er auch selbst schreibt.[1078] In Anbetracht der Prämissen Rechtssicherheit und Schutz des Schwächeren, unter denen seine Schrift steht, ist es nur allzu verständlich, dass Bulling hier deduktiv vorgeht.

1075 *Meder*, Rechtsgeschichte, 6. A. (2017), S. 299–324; *Meder*, Ius non scriptum, 2. A. (2009), S. 73–74.

1076 *Savigny*, Vom Beruf unsrer Zeit für Gesetzgebung und Rechtswissenschaft (1814), S. 79.

1077 Bulling befindet sich damit in der Tradition des Doyen der Historischen Rechtsschule Friedrich Carl von Savigny, der der Deduktion ebenso ablehnend gegenüberstand, vgl. dazu *Meder*, Mißverstehen und Verstehen (2004), S. 100–101, 145, 220.

1078 Kautschukparagraph und richterliche Unparteilichkeit, Die Nation 16 (1895), S. 221–225, 221. Siehe auch Bullings Argumentationsmuster in der Schrift »Örtlicher Gerichtsstand«, S. 10, 20–21.

III. Bullings Entwurf dient der Verwirklichung materialer Freiheit

Insbesondere von Wieacker wurde der Pandektistik vorgeworfen, sie wolle lediglich eine formale Freiheit des Rechts realisieren und habe das Recht dadurch von der Lebenswirklichkeit getrennt.[1079] Als Argument diente ihm dafür das berühmte Zitat Windscheids, wonach »ethische, politische und wirtschaftliche Erwägung nicht Sache des Juristen als solchen seien«.

Zunächst ist zu klären, was unter formaler Freiheit des Rechts zu verstehen ist. Als formale Freiheitslehre wird der Gedanke von einem Rechtssystem bezeichnet, das sein Alleinstellungsmerkmal daraus ableitet, dass es außerrechtliche Strukturen und Wertungen weitestmöglich ausklammert. Das Gegenstück bildet die materiale Seite des Rechts. Unter den Prämissen »materialen« Rechts kann auch auf nichtjuristische Strukturen und Lösungen zurückgegriffen werden. Die stärkste außerrechtliche Idee sei hierbei die Moral.[1080] Das Recht möchte einerseits mit der Moral verbunden sein,[1081] es dürfe andererseits aber auch nicht zu eng mit der Moral verknüpft werden, da »ein Rechtssystem, dessen Urteile sich völlig mit unseren moralischen Urteilen decken, im Prinzip überflüssig wäre«.[1082]

Der Vorwurf an die Pandektistik, das Recht materialen Gesichtspunkten zu verschließen, wird beispielsweise von Meder bestritten. So habe schon Savigny nicht allein formale Elemente des Rechts betrachtet, »sondern im Wechselspiel von formalen und materialen Elementen eine Grundbedingung allen Rechts gesehen«.[1083] Savigny habe auch die schwierige Frage nach dem Verhältnis von Recht und Moral folgendermaßen beantwortet: »Das Recht dient der Sittlichkeit, aber nicht indem es ihr Gebot vollzieht, sondern indem es die freye Entfaltung ihrer, jedem einzelnen Willen innewohnenden, Kraft sichert.«[1084] Gleichzeitig gelte aber, so Savigny weiter: »Sein Daseyn aber ist ein selbständiges, und darum

1079 *Wieacker*, Das Sozialmodell der klassischen Privatrechtsgesetzbücher und die Entwicklung der modernen Gesellschaft, in: Wieacker (Hg.), Industriegesellschaft und Privatrechtsordnung (1974), S. 9–35, 24.

1080 *Meder*, Rechtsgeschichte, 6. A. (2017), S. 391.

1081 *Meder*, Rechtsgeschichte, 6. A. (2017), S. 391.

1082 *Meder*, Rechtsgeschichte, 6. A. (2017), S. 392.

1083 *Meder*, Rezension zu Fargnoli (Hg.), Philipp Lotmar. Letzter Pandektist oder erster Arbeitsrechtler, Interpretatio Prudentium, I (2016), 2, S. 270–285, 283 mit Verweis auf *Savigny*, System des römischen Rechts, I. Bd. (1840), S. 54–56, sowie *Windscheid*, Die Voraussetzung, in: Oertmann (Hg.), Gesammelte Reden und Abhandlungen (1904), S. 375–409, 408–409, und *Planck*, Die soziale Tendenz des Bürgerlichen Gesetzbuches, DJZ 1899, S. 181–184, 181–182. Letzterer spricht insofern von den Antipoden »formale Rechtsgleichheit« und »materielle Ungleichheit«.

1084 *Savigny*, System des römischen Rechts, I. Bd. (1840), S. 332.

ist es kein Widerspruch, wenn im einzelnen Fall die Möglichkeit unsittlicher Ausübung eines wirklich vorhandenen Rechts behauptet wird.«[1085]

Bulling greift diese Idee auf und entwickelt sie punktuell weiter. Denn er kombiniert die formale und materiale Seite des Rechts, indem er die Stellung der Frau durch die Berücksichtigung sozialer Aspekte zu verbessern versucht. Das Hauptanliegen Bullings besteht in der Verwirklichung und Zusicherung der individuellen Freiheit der Frau, denn nur so könne sich das »Wesen der Ehe«, von Bulling durch »Liebe und Achtung« charakterisiert, Bahn brechen. Diese Betonung der ehelichen Privatautonomie verstellt ihm aber nicht den Blick auf die Notwendigkeit zwingender Normen. Denn die Realisierung der weiblichen Freiheit gelinge nur mittels normativer Regeln. So gesehen können Beschränkungen der Privatautonomie eine Erweiterung von Freiheit bedeuten.[1086]

Bullings Argumentation kennzeichnet daher eine wegweisende Dichotomie: Sie ist freiheitlich und sozial zugleich. Denn er begnügt sich nicht mit einer formalen, also nur im Gesetzestext zu findenden Freiheit, sondern sucht außerdem eine materiale Freiheit zu realisieren, indem er darauf verweist, dass die Gehorsamspflicht der Frau eine »Ungerechtigkeit« sei und deren Abschaffung die einzig »gerechte« Lösung darstelle. Bulling ist sich im Klaren darüber, dass das Recht der Ehefrau zuerst die materielle Grundlage schaffen müsse, damit sie ein selbstbestimmtes Leben führen könne. Zu denken sei an seine Forderung nach dem Recht der Ehefrau auf Berufstätigkeit und an sein Eintreten für die Versorgungspflicht des Ehemanns auch bei vereinbarter Gütertrennung.

IV. Bulling als Gegner des Regel-Ausnahme-Prinzips

Eine nähere Untersuchung verdient Bullings Haltung zum Regel-Ausnahme-Prinzip. Überraschenderweise korreliert Bullings Auffassung von diesem Prinzip mit jener Otto von Gierkes, dessen Ansichten ansonsten denen Bullings diametral gegenüberstehen. Aber bereits Gierke hat darauf hingewiesen, dass ein Prinzip keine Geltung in Anspruch nehmen könne, wenn es durch Ausnahmen immer wieder durchbrochen werde. So widerspreche

> »es der tieferen Einsicht in das Wesen der Dinge, das Princip der Gleichheit zu setzen, um es sofort durch das hundert Ausnahmen wieder aufzuheben. Denn entweder ist das Princip richtig: dann sind die Ausnahmen principwidrig und drängen auf Beseitigung:

1085 *Savigny*, System des römischen Rechts, I. Bd. (1840), S. 332.

1086 Darauf hat bereits *Meder* hingewiesen, vgl. Rezension zu Fargnoli, (Hg.) Philipp Lotmar. Letzter Pandektist oder erster Arbeitsrechtler, Interpretatio Prudentium, I (2016), 2, S. 270–285, 283.

Oder die Ausnahmen sind begründet: dann ist das Princip eine leere und schädliche Abstraktion«.[1087]

Genau in diesem Sinn arbeitete aber laut Bulling die Kommission, indem sie das Prinzip der Gleichheit der Geschlechter postuliere, dieses aber dann durch eine Vielzahl von Ausnahmen wieder konterkariere. Daraus entstehe ein verklausuliertes System von Ausnahmen und Gegenausnahmen.[1088] Letztlich führe dies dazu, dass das Grundprinzip zur Ausnahme und die Ausnahmen zur Regel würden. Nach Planck haben die BGB-Verfasser diesen Widerspruch zum Regel-Ausnahme-Prinzip auf dem Gebiet der persönlichen Ehewirkungen billigend in Kauf genommen, denn dieser Rechtsbereich soll allein mittels generalklauselartiger Tatbestände formuliert sein, aus welchen die Judikatur die für die Beurteilung von Einzelfällen wichtigen Aspekte entnehmen könne.[1089] Bis heute ist es Gegenstand systemkritischer Erwägung, dass den BGB-Sprachstil ein verklausuliertes System von Ausnahmen und Gegenausnahmen kennzeichnet. Viele Entscheidungen kommen daher durch die Auslegung von Generalklauseln auf der Basis des richterlichen Ermessens zustande und nicht durch die Auslegung einer konkreten Gesetzesnorm.[1090]

V. Gesetzespositivismus als Gegensatz oder als Element der Pandektistik

Außerdem haben Koujouie und Stierstorfer die Frage aufgeworfen, ob Bulling als »Positivist« zu charakterisieren sei.[1091] Als Positivismus wird eine Denkrichtung bezeichnet, nach der der Ursprung und der letzte Bestimmungsgrund des Rechts allein beim staatlichen Gesetzgeber liegt. Nach dieser Auffassung gilt als Recht

1087 *Gierke*, Das deutsche Genossenschaftsrecht, II. Bd. (1873), S. 35. Im Übrigen befürwortete Gierke jedoch ohne Einschränkung die Eheherrschaft des Mannes. Dafür dienten ihm in erster Linie deutschrechtliche Argumente. Er bedauerte sogar, dass die Geschlechtsvormundschaft des BGB nicht sprachlich an das Mundium anknüpfte, wo doch »sachlich die alte deutsche Munt« erhalten worden war, vgl. *Gierke*, Entwurf eines bürgerlichen Gesetzbuches (1889), S. 49. Zu Gierkes familienrechtlichen Thesen vgl. *Haack*, Otto von Gierkes Kritik am ersten Entwurf des Bürgerlichen Gesetzbuches (1997), S. 128–137. Zur Muntehe bei den Germanen, auf die sich Gierke bezieht siehe *Saar*, Ehe – Scheidung – Wiederheirat (2002), S. 101–117.

1088 Vgl. dazu auch *Duncker*, Gleichheit und Ungleichheit (2003), S. 544.

1089 Vgl. *Meder*, Gottlieb Planck und die Kunst der Gesetzgebung (2010), S. 70.

1090 *Duncker*, Gleichheit und Ungleichheit (2003), S. 544.

1091 *Koujouie*, Die Frauenfrage als Menschheitsfrage, in: Meder u.a.(Hg.), Frauenrecht und Rechtsgeschichte (2006), S. 193–210, 204; *Stierstorfer*, Das erste einheitliche deutsche Güterrecht (2010), S. 293.

nur das »positive«, d.h. das staatlich gesetzte und staatlich anerkannte Recht.[1092] Aus der Sicht eines Positivisten gibt es keine vorstaatlichen, allgemeingültigen und überzeitlichen Rechtsnormen, wie sie beispielsweise dem Naturrecht immanent sind. Es ist die Auffassung verbreitet, es habe in der ersten Zeit nach Inkrafttreten des BGB ein strenger Positivismus und das Dogma von der Lückenlosigkeit des Gesetzes geherrscht. Dagegen wurde eingewandt, die Verfasser des BGB hätten niemals angenommen, dass jede Entscheidung von den Gesetzesparagraphen aus getroffen werden müsse. Auch an die Lückenlosigkeit des Gesetzes hätten sie nicht geglaubt, sondern seine Fortbildung durch Wissenschaft und Rechtsprechung für selbstverständlich gehalten.[1093]

Bullings Meinung in dieser Frage ist ambivalent. So weist er im Zusammenhang mit seiner Kritik am Mundium darauf hin, dass dieses Fortleben der ehelichen Vormundschaft auf eine verfehlte Rechtsfortbildung des germanischen Rechts seit dem Mittelalter zurückzuführen sei. Andererseits relativiert er diesen Trennungsgedanken, wenn er darauf hinweist, dass im römischen Recht die Ehefrau keiner Gehorsamspflicht unterlag. Außerdem lehnte er, im Unterschied zu vielen seiner Zeitgenossen, die Deduktion ab und gab einer Methode den Vorzug, die heute als »Induktion« bezeichnet wird.

Mit dem Positivismus in Verbindung gebracht wird in erster Linie Bullings Idee einer gesetzlichen Einteilung der Ehe in Geschäftsbereiche, in denen beide Eheleute Mitbestimmungsrechte haben, aber jeweils ein Ehegatte über ein Letztentscheidungsrecht verfügt. Bei Bulling ist außerdem offenkundig, dass er mehrmals für eindeutige Gesetzesregeln plädiert, die dem Richter wenig Entscheidungsspielraum geben. Es erscheint daher einfach, ihn als Positivisten zu charakterisieren. Dies greift jedoch zu kurz. Denn Bulling tritt in erster Linie dort für weitreichende gesetzliche Regelungen ein, wo er mit Willkür durch den entscheidenden Richter rechnet, beispielweise auf dem Gebiet des Pressestrafrechts, dessen Rechtsprechung er als zu stark politisch geprägt einschätzt, sowie auf dem Gebiet der absoluten Scheidungsgründe, die in seinen Augen eine Benachteiligung der Ehefrau bedeuten. Es finden sich aber keine Aussagen Bullings, die seine angeblich ablehnende Haltung gegenüber Rechtsquellen außerhalb des Gesetzesrechts, wie es für einen Positivisten typisch wäre, belegen.

Außerdem will er mit seinen Reformvorschlägen nicht jeden Winkel des Lebens regeln. Ihm ist bewusst, dass gerade das Institut der Ehe durch Begriffe wie Sitte oder Moral geprägt wird, die einer individuellen Deutung und einem steten Wandel unterliegen. Lediglich in Bezug auf das sogenannte Richterrecht zeigt er sich skeptisch. So verweist er darauf, dass der Entwurf im Bereich der relativen

1092 *Meder*, Doppelte Körper im Recht (2015), S.141, 209, 216; *ders.*, Rudolf von Jhering und der Aufstand gegen den rechtswissenschaftlichen Formalismus, JZ 2019, S. 689–696, 690.
1093 *Meder*, Rechtsgeschichte, 6. A. (2017), S. 389–390.

Scheidungsgründe »den Richter zum Gesetzgeber gemacht habe«.[1094] Zudem ist für ihn der Terminus »zerrüttet« ein zu unbestimmter Rechtsbegriff.[1095]

Im Kern dient diese Argumentation aber nicht als Folie, um darauf seine Vorstellung eines positivistischen Scheidungsrechts zu errichten, sondern um einerseits für Rechtssicherheit im Hinblick auf die möglichen Scheidungsgründe zu plädieren und andererseits auf einen weiteren Verstoß der Kommission gegen das Regel-Ausnahme-Prinzip aufmerksam zu machen. Denn die Kommission habe zunächst in den §§ 1441–1443 des II. Entwurfs einen abgeschlossenen Kanon absoluter Scheidungsgründe aufgenommen. Dies geschah vor dem Hintergrund, dass der Staat ein besonderes öffentliches Interesse am Bestand der Ehe habe und er die Entscheidung darüber, nach welchen Kriterien eine Ehe aufzuheben sei, »auf keinen Fall dem Richter überlassen« dürfe.[1096] Indem der Gesetzgeber nun neben den absoluten auch relative, also im Ermessen des Richters liegende Scheidungsgründe zulasse, verstoße er gegen den Grundsatz, dass er sich »die Auswahl der Scheidungsgründe vorbehalten muß«.[1097]

Bullings Skepsis gegenüber den absoluten Scheidungsgründen vermag also auf den ersten Blick einen positivistischen Einschlag des Autors zu vermitteln. Jedoch spricht sie vielmehr für die frauenfreundlichen Positionen des Rechtsgelehrten. Denn der ehemalige Richter ist sich dessen bewusst, dass Frauen zu dieser Zeit in der ausschließlich von Männern besetzten Judikatur Schwierigkeiten haben, ihre Rechte durchzusetzen. Dies dürfte vor allem den Fall einer Scheidung wegen gegenseitiger Übereinstimmung betreffen. Beispielhaft dafür, wie auch für Bullings Ablehnung der Verrechtlichung ethischer Prinzipien, steht die folgende Textstelle:

> »Es würde hiernach wenn das bürgerliche Gesetzbuch dem unehelichen Kinde auch dem Vater gegenüber das Recht eines ehelichen giebt, dies nicht etwas Antigermanisches, geschweige etwas Antideutsches sein, vielmehr nur der Abschluss einer Rechtsentwicklung, die sich in Deutschland seit lange, wenn auch nicht mit durchschlagendem Erfolge, Bahn zu brechen gesucht hat, aber ein Abschluß, der die Ethik fordert. Freilich diese zu verwirklichen, ist nicht der Zweck des Rechtes. Aber, wenn Rechtssätze den Forderungen der Ethik widersprechen, so hat der Gesetzgeber sie aufzuheben.«[1098]

1094 *Bulling*, Die deutsche Frau (1896), S. 143.
1095 *Bulling*, Die deutsche Frau (1896), S. 143.
1096 *Bulling*, Die deutsche Frau (1896), S. 137–138.
1097 *Bulling*, Die deutsche Frau (1896), S. 142–143.
1098 *Bulling*, Die Rechte der Unehelichen Kinder (1895) , S. 4.

Deutlich wird, dass das Gesetz nicht in offenen Widerspruch zu ethischen Prinzipien treten dürfe. Denn das höchste Gut, das die Frauenbewegung fordere, sei die »Freiheit in der Pflichterfüllung«.[1099]

Im Widerspruch zu Bullings vorgeblich positivistischem Gedankengut steht auch sein Plädoyer für die Aufnahme der Feststellung, dass »ein Entscheidungsrecht dem Manne nicht zustehe«.[1100] Das Verneinen des Entscheidungsrechts müsse nach seiner Ansicht also ebenso Gesetzesrecht sein.[1101] Bulling trifft diese Aussagen jedoch nicht aufgrund eines Glaubens an die Allmacht des Gesetzes. Vielmehr wäre bei einem Verzicht auf eine gesetzliche Regelung »die Gefahr vorhanden, daß Deutschland die Einheitlichkeit seines Rechtes mit einer sehr großen gemeinsamen Rechtsunsicherheit zu entgeltlichen hätte, bis etwa nach 50 Jahren eine Rechtsprechung sich festzusetzen beginne«.[1102]

Dass Bulling Rechtsquellen außerhalb des staatlich gesetzten Rechts aber eben nicht durchgängig ablehnend gegenübersteht, zeigt sich an seinen Ausführungen zur Beweislastumkehr bei der Vaterschaftsfeststellung nichtehelicher Kinder:

> »Man darf sich nur in derartigen Fällen die Sache nicht so vorstellen, als wenn stets vom Rechte, von den Rechtsbildnern, über die Beweisfrage reflectirt und gefunden wäre: hier sei die Beweislast umzukehren. Das Rechtsbedürfniß, der Zweck im Rechte, treibt Solches ohne alle Theorie hervor, als etwas ganz selbstverständliches. Die Theorie erfinden nachher die Juristen.«[1103]

Des Weiteren leugnet er auch nicht die Existenz von Elementen, die einer rechtlichen Regelung schwer oder gar nicht zugänglich sind. Als solche außerrechtlichen Ideen kennzeichnet Bulling die Achtung der Frau[1104] und die Anerkennung der häuslichen Arbeit.[1105] Letztere sei dem Berufe des Mannes »ebenso würdig«.[1106] Zwar lasse sich diese »Ebenbürdigkeit« nur schwer in Gesetzestext gießen, trotzdem plädiert er für eine Aufwertung der häuslichen Tätigkeit der Frau, beispielweise durch eine entsprechende gesellschaftliche Anerkennung.

Dabei darf nicht vergessen werden, dass Bulling die Ehe als natürliche Grundeinheit der Gesellschaft betrachtet.[1107] Gleichzeitig sei sie aber Gegenstand

1099 *Bulling*, Die Frauenbewegung und das Bürgerliche Gesetzbuch in den §§ 1353 und 1354. IV. Teil, Hamburgischer Correspondent, Ausgabe vom 1.5.1898, S. 26 Sp. 2.
1100 *Bulling*, Die deutsche Frau (1896), S. 67.
1101 *Bulling*, Die deutsche Frau (1896), S. 67; siehe dazu auch schon *Czelk*, Privilegierung und Vorteil (2005), S. 38, Fn. 109.
1102 *Bulling*, Die deutsche Frau (1896), S. 67.
1103 *Bulling*, Die Rechte der Unehelichen Kinder (1895), S. 48.
1104 *Bulling*, Die deutsche Frau (1896), S. 13.
1105 *Bulling*, Die deutsche Frau (1896), S. 45.
1106 *Bulling*, Die deutsche Frau (1896), S. 45.
1107 Vgl. zur gesellschaftlichen Bedeutung der Ehe: *Ramm*, Familienrecht. Verfassung, Geschichte, Reform (1996), S. 300.

der individuellen Vorstellungen der Eheleute. Nur dank dieses Gedankens könnten die Ehegatten die Eheführung durch Vereinbarung regeln. Der Gesetzgeber könne dies durch eine Typisierung von Eheführungsmodellen erleichtern.[1108] Außerdem hatte Bulling bereits erkannt, dass die Leistungen der Ehepartner in einer bestimmten Form der Abhängigkeit, also einer »Beziehung der Reziprozität« stehen. Die Ehe trage Züge eines Austauschs, eines do ut des-Verhältnisses, weil der Mann mit der Eheschließung zur Leistung von Barunterhalt und die Frau zur Überlassung ihres Vermögens und zur Erbringung »häuslicher Dienste« verpflichtet werde.[1109] Dies ist deshalb zu betonen, weil erst das viel später als solches bezeichnete patriarchalische Ernährermodell ebenfalls auf dem Austausch von Versorgung gegen Gehorsam beruhte. Dabei darf jedoch nicht vergessen werden, dass Bulling eindeutig Position gegen die Gehorsamspflicht der Frau bezieht. Sein Ehe- und Güterrechtsmodell beruht auf einer für die damaligen Verhältnisse weitgehenden Gleichstellung der Geschlechter.

Es lässt sich somit konstatieren, dass Bulling die Ehe im Spannungsfeld zwischen sittlich-moralischer Ordnung und Rechtsinstitut sieht. So stehen güterrechtliche Probleme und Fragen der Geschlechterbeziehung metaphysischen Elementen gegenüber. Als solche prägen beispielsweise Sitte und Moral das eheliche Zusammenleben. Diese entziehen sich einer rechtlichen Regelung weitgehend, da sittliche und moralische Implikationen Wertvorstellungen bilden, die einem steten Wandel unterliegen und somit nicht in langlebige Gesetzestexte gegossen werden können. Außerdem fallen sie in die Privatsphäre des Einzelnen. Andererseits üben diese außerrechtlichen Elemente einen erheblichen Einfluss auf das Recht aus.[1110] Dabei soll die mittlerweile vertretene Ansicht nicht unerwähnt bleiben, dass »nur ein Pandektist eine Konzeption entwerfen konnte, die den veränderten sozio-ökonomischen Bedingungen Rechnung trägt«.[1111] Dies ist Bulling mit seinem Ehemodell zweifellos gelungen, denn es belegt, dass Wieacker ein schiefes Bild der Pandektistik zeichnet.

Interessant ist zudem, dass er in der Schrift »Wirksamkeit der Goldklausel« die Bedeutung der Billigkeit im Recht betont:

1108 Als Eheführungsmodelle gelten beispielsweise das patriarchalische und das egalitäre Ernährermodell sowie das Adult-Worker-Model, vgl. *Meder,* Familienrecht (2013), S. 234, 243; sowie *Ramm,* Familienrecht. Verfassung, Geschichte, Reform, S. 309.

1109 *Meder,* Individualisierung von Lebensverläufen und Verantwortungskooperationen, in: Heimbach-Steins (Hg.), Jahrbuch für christliche Sozialwissenschaft 53 (2012), S. 139–169, 147.

1110 *Meder,* Gottlieb Planck und die Kunst der Gesetzgebung (2010), S. 69–70.

1111 *Meder,* Rezension zu Fargnoli (Hg.), Philipp Lotmar. Letzter Pandektist oder erster Arbeitsrechtler, Interpretatio Prudentium, I (2016), 2, S. 270–285, 284 mit Verweis auf *Predazolli,* Philipp Lotmar e il diritto del lavoro italiano, in: Fargnoli (Hg.), Philipp Lotmar (2014), S. 145–160, 159.

»Angenommen die Klausel wäre rechtlich wirkungslos, und der Schuldner wüßte dies, etwa belehrt durch Dr. Arendt, der Gläubiger aber wüßte es nicht und verlangte die Klausel. Es dürfte dann der Schuldner, da er sieht, daß der Gläubiger im Irrthum befangen ist, indem er auf die Klausel hin sein Geld ihm geben will, das Versprechen nicht abgeben. Es wäre das der Moral des Geschäftsverkehrs zuwider und unter Umständen auch dem Rechte.«[1112]

Bulling ist sich bewusst, dass außerrechtliche Elemente, wie hier der Geschäftsverkehr, einen erheblichen Einfluss auf das Recht ausüben können. Zudem finden sich bei Bulling Hinweise auf eine Grenzziehung zwischen Recht und Politik. So argumentiert er einerseits, dass Ehe und Familie eine immanent wichtige Rolle bei der »Erhaltung von Staat und Gesellschaft« zukomme.[1113] Andererseits sieht er in der reichsgerichtlichen Rechtsprechung Tendenzen einer politischen Einflussnahme, weshalb er auf diesem Gebiet für eindeutige normative Regeln plädiert.

Insgesamt ist an der beispielsweise von Wieacker behaupteten positivistischen Haltung der Pandektenwissenschaft zwar richtig, dass die Romanistik einer historisierenden Arbeitsweise verhaftet war. Daraus lässt sich aber noch keine Aussage zum Verhältnis von Richter und Recht sowie zur Frage der Reichweite gesetzlicher Regelungen ableiten. Die Pandektistik knüpfte in Grundfragen der Ethik und der Gerechtigkeit an die in der Gesellschaft vorhandenen Wertvorstellungen an und orientierte sich im Übrigen an den neuen Grundwerten des bürgerlichen Rechtsstaates.[1114] Sie war somit von einem starken Realitätssinn geleitet. Erst der Gesetzespositivismus des frühen 20. Jahrhunderts schnitt dann die Rückbindungen der Rechtswissenschaft an vorpositive Gerechtigkeits- und Wertvorstellungen in stärkerem Maße ab. Das Prädikat »Positivist« würde daher ein schiefes Bild von Carl Bulling zeichnen. Bei ihm finden sich zu viele Aussagen, die nicht auf Positivismus schließen lassen. Denn Bulling ist sich darüber im Klaren, dass bestimmte Bereiche des Lebens einer gesetzlichen Regelung nicht zugänglich sind, wie beispielsweise der innere Lebensbereich der Ehe.

1112 *Bulling*, Goldklausel (1894), S. 60.
1113 *Bulling*, Die deutsche Frau (1896), S. 15, 39, 54, 70, 137–138.
1114 *Horn*, Vom jüngeren und jüngsten Naturrecht, in: Herrmann/Berger (Hg.), Norbert Horn, Gesammelte Schriften (2016), S. 1223–1234, 1226.

VI. Fazit

Ob die Pandektisten den Herausforderungen, die der gesellschaftliche und wirtschaftliche Wandel am Ende des 19. Jahrhundert an das Recht stellte, gewachsen waren oder ob sie sich, wie Rudolf von Jhering meinte, in einem realitätsfernen »Begriffshimmel« befanden, ist rechtshistorisch bis heute umstritten. An Bullings Schriften lässt sich feststellen, dass die These von der Entfremdung des Rechts von der Lebenswirklichkeit durch die Pandektenwissenschaft zu kurz greift.

Denn mit Carl Bulling zeigt ein Pandektist, dass es gelingen kann, auf der Basis der Kenntnis des römischen Rechts und mittels einer induktiven Arbeitsweise innovative Reformvorschläge zu entwickeln. Sein Werk kann gleichzeitig als Beleg dafür angesehen werden, ihn wie Philipp Lotmar zur Generation der Spätpandektisten zu zählen.[1115] Bulling hat sich intensiv mit der Auslegung des römischen Rechts befasst. Er gehört daher ebenfalls zur Schule der Pandektistik.

1115 Zu Lotmar siehe *Caroni*, Forschungsband Philipp Lotmar (1850–1922) (2003); sowie Fargnoli (Hg.), Philipp Lotmar – letzter Pandektist oder erster Arbeitsrechtler (2014).

12. Kapitel: Was wurde aus Carl Bullings Werk?

I. Spätere Rezeption

Abschließend gilt es, den gegenwärtigen Forschungsstand über Carl Bulling aufzuarbeiten und kritisch zu würdigen. Wie bereits angedeutet, ist Bulling nach seinem Tod in Vergessenheit geraten.[1116] Erst am Ende des 20. Jahrhunderts finden sich in der wissenschaftlichen Literatur wieder Spuren des langjährigen Richters.[1117] Vor dem Hintergrund intensiver Forschungsanstrengungen zur Aufarbeitung der Rechtskämpfe der bürgerlichen Frauenbewegung während des ausgehenden 19. Jahrhunderts gerieten Bullings Schriften wieder in den Blick der Wissenschaft. Dabei hat sich eine Vielzahl von Meinungen etabliert.[1118]

1116 In den Jahrzehnten nach dem ersten Weltkrieg bis zum Ende der 1980er-Jahre findet sich, soweit rekonstruierbar, lediglich ein literarischer Hinweis auf *Bullings* Werk »Die deutsche Frau und das bürgerliche Gesetzbuch« in der im Jahr 1925 erschienenen Monographie von *Oekinghaus* »Die gesellschaftliche und rechtliche Stellung der deutschen Frau« (S. 145, Fn. 2).

1117 Erste Hinweise auf Bulling finden sich in der modernen Rechtswissenschaft wieder bei *Schmid,* Die Entstehung der güterrechtlichen Vorschriften im Bürgerlichen Gesetzbuch (1990); *Gerhard,* Unerhört (1991), S. 229; *Malsbenden,* Die rechtliche Stellung der Frau im ehelichen Güterrecht vom ALR zum BGB (1991); *Berneike,* Frauenfrage (1995); *Dölemeyer,* Frau und Familie im Privatrecht des 19. Jahrhunderts, in: Gerhard (Hg.), Frauen in der Geschichte des Rechts (1997), S. 633–568, 638; und bei *Klemm,* Frauenbewegung und Familienrecht 1848 bis 1933 (1999), S. 65–67.

1118 Einen unschätzbar wertvollen Beitrag zur Erforschung von Bullings Leben und Werk ist durch das DFG-Forschungsprojekt »Reformforderungen zum Familienrecht und zur Rechtsstellung der Frau in der Zeit des Kaiserreichs und der Weimarer Republik« an der Universität Hannover geleistet worden. Koujouie hat im Rahmen dieses Forschungsprojekts einen essenziellen Beitrag zum Leben Bullings verfasst, vgl. Die Frauenfrage als Menschheitsfrage, in: Meder u. a. (Hg.), Frauenrecht und Rechtsgeschichte. Die Rechtskämpfe der deutschen Frauenbewegung (2006), S. 193–210. Duncker, Czelk, Lehmann und Baumgarten haben sich im Zusammenhang mit diesem Projekt außerdem in ihren jeweiligen Dissertationen mit bestimmten Aspekten des familienrechtlichen Werks Bullings auseinandergesetzt, vgl. *Duncker,* Gleichheit und Ungleichheit (2003); *Czelk,* Privilegierung und Vorurteil (2005); *Lehmann,* Die Ehefrau und ihr Vermögen (2006); *Baumgarten,* Die Entstehung des Unehelichenrechts im Bürgerlichen Gesetzbuch (2007). Die drei

So schreibt Duncker, dass es bei Bulling deutliche Parallelen zur Gestaltung von Elternrecht und ehelicher Herrschaft gibt. In beiden Bereichen schlage er eine geschlechtsbezogene Arbeitsteilung mit gesonderten Herrschaftsrechten vor, die Frau und Mann jeweils fest zugewiesen werden sollen. Danach habe der Mann das Herrschaftsrecht in finanziellen Angelegenheiten und die Frau im Hauswesen. Werde die Kindererziehung dem Hauswesen zugeordnet, so ergebe sich hier ein rechtliches Übergewicht der Frau. Tatsächlich hätte Bullings Vorschlag der Mutter dann auch konsequent mehr Rechte gegeben als dem Vater. Dies ist fast schon matriarchal zu nennen.[1119] Ob Bulling eine Form des Matriarchats bei der Abfassung seiner Schrift vor Augen hatte, erscheint diskussionswürdig. Denn es darf nicht vergessen werden, dass er ebenso für ein Letztentscheidungsrecht eines Ehegatten plädiert. Vor dem Hintergrund der damaligen gesellschaftlichen Verhältnisse erscheint es fragwürdig, dass eine Frau, selbst wenn es die gesetzliche Möglichkeit gegeben hätte, ihr Entscheidungsrecht durchzusetzen vermocht hätte.

Nicht unerwähnt soll bleiben, dass die moderne Rezeption Bullings bisher nicht frei von Ungenauigkeiten und fehlgehenden Interpretationen war. So wurde Bulling unterstellt, befürchtet zu haben, »von der Frauenbewegung infiziert zu sein«[1120] oder gar, dass er besonderen Wert darauf lege, »sich von der

---

selbstständigen Schriften Bullings zum Familienrecht sind zudem transkribiert worden und nun abgedruckt bei Meder u. a. (Hg.), Die Rechtsstellung der Frau (2010), S. 81–199; Die Rechte der Unehelichen Kinder (1895), S. 199–257; Eine Erwiderung auf den Artikel der Frau Dr. Kempin: »Deutsche und amerikanische Vermögensrechte der Ehefrauen«, S. 610–619. Intensiv mit Bullings Verständnis des Begriffs Mundium hat sich darüber hinaus *Meder*, Das mundium und die rechtliche Konstruktion des Geschlechterverhältnisses in der Entstehungsphase des BGB, in: Hermann u. a. (Hg.), FS Nehlsen (2008), S. 683–706, 695–698; *ders.*, Familienrecht. Von der Antike bis zur Gegenwart (2013), S. 45, 197, 208–210; sowie *ders.*, Rechtsgeschichte, 5. A. (2014), S. 345, auseinandergesetzt,. Daneben finden sich in letzter Zeit Hinweise auf Bulling bei *Buchholz*, Marianne Webers Bedeutung für die Rechtsgeschichte, in: Meurer (Hg.), Marianne Weber. Beiträge zu Werk und Person (2004), S. 157–171, 158, 165; *Riedel*, Gleiches Recht für Frau und Mann (2008); *Stierstorfer*, Das erste einheitliche deutsche Güterrecht (2010), S. 292–296; sowie bei *Hinz*, Mutter- und Vaterbilder im Familienrecht des BGB von 1900 bis 2010 (2014); und soweit ersichtlich zuletzt bei *Dammer*, Verlöbnis als Einrichtungsgarantie (2017), S. 151. Wie erläutert finden die weiteren Schriften Bullings, welche keinen familienrechtlichen Bezug aufweisen, auch wieder Berücksichtigung in der Forschung. So beispielsweise bei *Ott*, Geld- und Geldwerttheorien (1998), S. 190–195; sowie bei *Wilhelm*, Das Deutsche Kaiserreich und seine Justiz (2010), S. 333.

1119 *Duncker*, Gleichheit und Ungleichheit (2003), S. 539, Fn. 2277. *Hinz*, Mutter- und Vaterbilder (2014), S. 82, geht nicht so weit, ordnet ihn aber richtigerweise als Unterstützer der Frauenbewegung ein. *Klemm*, Frauenbewegung und Familienrecht (1999), S. 65, sieht Bulling in einer »Mittlerstellung zwischen der bürgerlichen Frauenbewegung und der damaligen Männerwelt«.

1120 *Lehmann*, Die Ehefrau und ihr Vermögen (2006), S. 235. Dieselbe Ansicht findet sich später bei *Stierstorfer*, Das erste einheitliche deutsche Güterrecht (2010), S. 293. Außerdem wird er von *Lehmann*, Die Ehefrau und ihr Vermögen (2006), S. 235, als Richter in Fa-

Frauenbewegung abzugrenzen«.[1121] Denn er sei ein »Idealist« gewesen, der »nicht die Absicht hatte, einer Veränderung der gesellschaftlichen Struktur durch die Gestaltung des Eherechts Vorschub zu leisten«. Deshalb habe er sich bei seinen Ausführungen auf Puchta berufen, den ein solcher Verdacht, mit der Frauenbewegung zu sympathisieren, nicht mehr erreichen könne. Das Zitat, auf das sich diese Thesen beziehen, lautet folgendermaßen:

> »Für dies Ergebnis kann ich eine der besten Autoritäten anführen, die es giebt, und die der Verdacht, von der Frauenbewegung infizirt zu sein, längst nicht mehr hat erreichen können, und die über solchem Verdachte heute noch erhaben stände: Puchta.«[1122]

Bei näherer Betrachtung der Passage wird hingegen deutlich, dass diese in die entgegengesetzte Richtung interpretiert werden muss. Bulling war sich im Klaren darüber, als Unterstützer der Frauenbewegung wahrgenommen zu werden. Um seiner Schrift trotzdem die nötige Objektivität zu geben, zitiert er Puchta, der bereits 1846 und damit lange vor den ersten Aktivitäten der Frauenbewegung verstorben war.

Mehrfach ist Bulling zudem wegen seiner güterrechtlichen Ausführungen als Anhänger des Patriarchats eingeordnet worden,[1123] was zu korrigieren ist. Denn zentrales Element eines patriarchalischen Ehemodells wäre es, wenn der Ehemann für den Unterhalt der ehelichen Gemeinschaft aufkommt und im Gegenzug die Ehefrau Gehorsam schuldet.

Andererseits kann sein Entwurf aber auch nicht als früher Vorläufer des Adult-Worker-Modells gelten, weil die damaligen gesellschaftlichen Verhältnisse dazu noch keine ausreichende Grundlage bilden.[1124] So ist es für eine Frau dieser Epoche kaum möglich, einer selbstständigen Arbeit nachzugehen und damit ihren Lebensunterhalt selbst verdienen zu können. Bullings Ehemodell hat daher vor allem eine Besserstellung der Frau auf dem Wege des Güterrechts und im Rahmen der zeitgenössischen sozialen Umstände im Blick. Denn wenn sie über das von ihr eingebrachte Gut frei verfügen kann, ohne einen monetären Beitrag zur ehelichen Lebensgemeinschaft leisten zu müssen, ergeben sich für sie ganz neue ökonomische Perspektiven. Bullings güterrechtliche Vorschläge müssen somit als uneingeschränkt zukunftsweisend gelten.

---

miliensachen bezeichnet, obwohl es zu dieser Zeit innerhalb zivilrechtlicher Spruchkörper wie jenen, an denen Bulling tätig war, keine Geschäftsverteilung und Geschäftsbereiche nach heutigem Vorbild gegeben hat.

1121 *Stierstorfer*, Das erste einheitliche deutsche Güterrecht (2010), S. 293.

1122 *Bulling*, Die deutsche Frau (1896), S. 112.

1123 Vgl. *Riedel*, Gleiches Recht für Frau und Mann (2008), S. 314, die meint, dass »Bulling keinesfalls eine vollständige Gleichstellung verfolgt«. *Stierstorfer*, Das erste einheitliche deutsche Güterrecht (2010), S. 296, ist der Ansicht, dass Bulling von derselben Stellung der Frau in der Gesellschaft ausging wie Gottlieb Planck.

1124 *Meder*, Familienrecht (2013), S. 234, 243, 261. Siehe zur Erläuterung der verschiedenen Modelle auch das 8. Kapitel (S. 204, Fn. 837).

Eine ausgesprochene Weitsicht kennzeichnet zudem seine Ausführungen. Denn der Autor erkennt die Schlüsselfunktion des Güterrechts während der Ehe, welches die finanziellen Voraussetzungen schafft für eine Besserstellung und wirtschaftliche Unabhängigkeit der Ehefrau. Allein theoretisch im Gesetz verbriefte Gleichstellungsrechte würden leerlaufen, wenn die Ehefrau weiterhin wirtschaftlich abhängig sei und nicht einmal frei über das von ihr in die Ehe eingebrachte Gut verfügen könne.[1125] Indem Bulling die Frau freistellt von der Pflicht, die Ehelasten zu tragen und ihr gleichzeitig ein volles Verfügungsrecht über ihr Vermögen einräumt, ist sein Vorschlag beinahe schon als feministisch einzustufen. Allerdings ist dieser Gedankengang Bullings nur konsequent, wenn ihm eine Einteilung der Ehe in Geschäftsbereiche vorschwebte.

II. Schlussbemerkungen

Das Leben Carl Bullings lässt sich nur noch bruchstückhaft rekonstruieren. Einige Aspekte wie die geplante Professorenkarriere oder die Verbindung zur Frauenbewegung sind zwar recherchierbar, doch andere Lebensabschnitte lassen sich nur noch mit groben Strichen nachzeichnen. Seine Berliner Jahre werden mitbestimmt durch die seit der gemeinsamen Studienzeit bestehende Freundschaft mit dem nationalliberalen Politiker, Juristen und Publizisten Ludwig Bamberger. Die Verbindung zur Frauenbewegung geht wahrscheinlich auf Helene Lange zurück, mit der er die oldenburgische Herkunft teilt. Bulling hatte als junger Richter in Oldenburg im Haus des Großvaters von Helene Lange gewohnt.

Die rechtshistorische Forschung würdigte Carl Bullings Lebensleistung bisher kaum. Dabei sind bereits seine Arbeiten auf dem Gebiet der römischen Rechtsgeschichte und Rechtstheorie sowie des Währungs- und Presserechts bemerkenswert. Schon die Monographie zum Prekarium zeigt, auf welch hohem Niveau er es bereits in jungen Jahren verstand, die Quellen des römischen Rechts anschaulich auszulegen. Aus diesem Grund fand bereits dieses Frühwerk in der Wissenschaft Berücksichtigung. Auch die Publikationen zum Währungsrecht und zum Strafrecht illustrieren, wie es Bulling immer wieder gelang, die Bedürfnisse der Praxis mit den Konzepten der Wissenschaft in Einklang zu bringen. Auf dem Gebiet des Währungsrechts leistete er einen unschätzbar wertvollen Beitrag zur Diskussion um die Wirksamkeit von Goldklauseln. Zudem positionierte er sich mit der Arbeit zum örtlichen Gerichtsstand in Pressestrafsachen als Verteidiger eines an den Determinanten Rechtssicherheit und

1125 Vgl. dazu auch *Malsbenden*, Die rechtliche Stellung der Frau im ehelichen Güterrecht vom ALR zum BGB (1991), S. 2.

Rechtsklarheit orientierten Strafrechtssystems. In seinem Artikel über die sogenannten »Kautschukparagraphen« legte er dar, warum er oftmals dem Gesetzesrecht gegenüber dem Richterrecht den Vorzug gab. Dies ist umso erstaunlicher, als Bulling selbst sein Berufsleben lang als Richter tätig war. Aber gerade deswegen dürfte er ein besonderes Gespür für das Rechtsempfinden der Allgemeinheit entwickelt haben, das es ihm ermöglichte, das Rechtsempfinden eines Nichtjuristen in eine sachliche Kritik an der Umsturzvorlage umzusetzen. Mit sowohl moralisch als auch rechtlich plausiblen Argumenten tritt Bulling in seiner ersten familienrechtlichen Schrift zudem für die rechtliche Gleichstellung nichtehelicher mit ehelichen Kindern ein. Es überzeugt, wenn er aus der Rechtspflicht beider Elternteile zur Ernährung und Erziehung des Kindes die Forderung ableitet, dass auch das nichteheliche Kind verwandt sein soll. Praktisch nachvollziehen lässt sich auch der Gedanke Bullings, der Mutter eines nichtehelichen Kindes die volle elterliche Sorge zuzusprechen.

Darüber hinaus geht es nicht fehl, Bulling als einen der wichtigsten antipatriarchalen Kritiker und Vorboten eines modernen Familienrechts zu bezeichnen. Bullings richtungsweisender Beitrag zur Kontinuitätsfrage von manus und mundium wurde in der rechtshistorischen Literatur bis heute vernachlässigt. Sein herausragendstes Verdienst besteht in dem romanistischen Nachweis, dass eine Kontinuität der Eheherrschaft nicht bestanden hat und die Versuche einiger Gelehrter, diese trotzdem nachzuweisen, nicht überzeugen können. In der Gesamtschau ist zudem besonders bemerkenswert, dass Bulling die Bedeutung der Besserstellung der Frau im Eheleben einer Reform von Rechtsnormen vorzog. Bulling ist weder Idealist noch Gegner der Frauenbewegung. Seine beiden Schriften »Die Rechte der Unehelichen Kinder« und »Die deutsche Frau und das bürgerliche Gesetzbuch« enthalten die wohl umfassendste eigenständige Kritik an den BGB-Entwürfen mit Blick auf die Rechtsstellung der Frau. Diese genossen bei der bürgerlichen Frauenbewegung großes Ansehen. So gilt Bulling als sachverständiger Freund und Verbündeter in den Rechtskämpfen um das BGB. In seiner Auseinandersetzung mit dem BGB-Eherecht sieht er als die eigentliche Grundlage des Eherechts das Mundium an, welches zugleich die Grundlage aller deutschen Eherechte und die Quelle zahlreicher Missstände in der Ehe darstelle und nunmehr überwunden werden müsse. An die Stelle des Mundiums solle die Lebensgemeinschaft treten, die auf dem freien Eigenwillen der Ehepartner beruhe. Seine Reformvorschläge zeigen einen unter den damals gegebenen wirtschaftlichen und sozialen Umständen möglichen Weg zur Gleichstellung der Geschlechter. Ihm ist bewusst, dass die Berufstätigkeit der Frau noch wenig ausgeprägt ist, sich diese aber auch nicht mit Rechtsnormen durchsetzen lassen würde. Daher will er mittels der eherechtlichen Besserstellung die Position der Frau stärken.

Zwar postulierte die Frauenbewegung die Verwirklichung einer idealen Vorstellung der ehelichen Gemeinschaft, in der die aus gegenseitiger Neigung geschlossene Ehe zwei gleichberechtigte Partner zusammenführt, die harmonisch zusammenleben und sich gegenseitig ergänzen und achten sollten. Doch die Mittel, um dieses Ideal zu verwirklichen, waren in der bürgerlichen Frauenbewegung umstritten. So dominierte die Ansicht, dieser ideale Zustand könne und müsse »von innen heraus« herbeigeführt werden, also durch Erziehung, Bildung und Berufstätigkeit. Auf dieser Grundlage werde sich eine größere Selbstständigkeit der Frauen entwickeln, die zu der Realisierung des angestrebten Ideals beitragen werde. Dabei versuchten einige, sich auf das alte germanische Recht zu berufen. Die Frauenrechtlerinnen haben jedoch in den gängigen Handbüchern des Deutschen Privatrechts keinen Wissenschaftler gefunden, der ihre germanisch-feministische Interpretation unterstützt hätte. Es ist der Arbeit eines Juristen, der des römischen Rechts kundig war, zu verdanken, dass die Frauenbewegung ihre Forderungen in ein rechtliches Gewand kleiden konnte: dem Pandektisten Carl Bulling. Er leitete seine Reformvorschläge aus dem römischen Recht ab, was als Alleinstellungsmerkmal gelten darf.

Bulling kann daher als bedeutsamster Kritiker der Stellung der Frau im BGB sowie wichtiger politischer Schriftsteller angesehen werden, dessen Werk weit über das Gebiet des Familienrechts und der Frauenrechte hinausreicht. Aufgrund der Bezüge zum römischen Recht kann es als bewiesen gelten, Bulling als Pandektisten bezeichnen zu dürfen.

Carl Bullings Schriftenverzeichnis

I. Selbstständige Schriften

1. Bulling, Carl, Das Precarium. Eine römischrechtliche Abhandlung, Leipzig 1846.
2. Bulling, Carl, Der örtliche Gerichtsstand in Preßstrafsachen, Berlin 1894.
3. Bulling, Carl, Die Wirksamkeit der Goldklausel, Berlin 1894.
4. Bulling, Carl, Die Rechte der Unehelichen Kinder nach dem Entwurfe eines bürgerlichen Gesetzbuches für das Deutsche Reich, Berlin 1895.
5. Bulling, Carl, Die deutsche Frau und das Bürgerliche Gesetzbuch, 2 Auflagen, Berlin 1896.
6. Lange, Helene/Bulling, Carl, Eine Erwiderung auf den Artikel der Frau Dr. Kempin: »Deutsche und amerikanische Vermögensrechte der Ehefrauen«, Berlin 1897.

II. Unselbstständige Schriften

1. Bulling, Carl, Kautschukparagraph und richterliche Unparteilichkeit, Die Nation. Wochenschrift für Politik, Volkswirtschaft und Literatur 16 (1895), S. 221–225.
2. Bulling, Carl, Einige Bemerkungen über die rechtliche Stellung der unehelichen Kinder nach Titel 5 Abschnitt 2 des 4. Buches des Entwurfes des bürgerliches Gesetzbuches, Die Frauenbewegung. Revue für die Interessen der Frauen 12 (1895), S. 89–91.
3. Bulling, Carl, Die Frauenbewegung und das Bürgerliche Gesetzbuch in den §§ 1353 und 1354, Teil 1, Hamburgischer Correspondent. Morgen-Ausgabe der Börsen-Zeitung, Ausgabe vom 10.4.1898, S. 25.
4. Bulling, Carl, Die Frauenbewegung und das Bürgerliche Gesetzbuch in den §§ 1353 und 1354, Teil 2, Hamburgischer Correspondent. Morgen-Ausgabe der Börsen-Zeitung, Ausgabe vom 17.4.1898, S. 25.

5. Bulling, Carl, Die Frauenbewegung und das Bürgerliche Gesetzbuch in den §§ 1353 und 1354, Teil 3, Hamburgischer Correspondent. Morgen-Ausgabe der Börsen-Zeitung, Ausgabe vom 24.4.1898, S. 17–18.
6. Bulling, Carl, Die Frauenbewegung und das Bürgerliche Gesetzbuch in den §§ 1353 und 1354, Teil 4, Hamburgischer Correspondent. Morgen-Ausgabe der Börsen-Zeitung, Ausgabe vom 1.5.1898, S. 25.
7. Bulling, Carl, Die Frauenbewegung und das Bürgerliche Gesetzbuch in den §§ 1353 und 1354, Teil 5, Hamburgischer Correspondent. Morgen-Ausgabe der Börsen-Zeitung, Ausgabe vom 8.5.1898, S. 26–27.
8. Bulling, Carl, Die Frauenbewegung und das Bürgerliche Gesetzbuch in den §§ 1353 und 1354, Teil 6, Hamburgischer Correspondent. Morgen-Ausgabe der Börsen-Zeitung, Ausgabe vom 15.5.1898, S. 25.
9. Bulling, Carl, Die Gehorsamspflicht der Frau, Teil 1, Hamburgischer Correspondent. Morgen-Ausgabe der Börsen-Zeitung, Ausgabe vom 12.6.1898, S. 25–26.
10. Bulling, Carl, Die Gehorsamspflicht der Frau, Teil 2, Hamburgischer Correspondent. Morgen-Ausgabe der Börsen-Zeitung, Ausgabe vom 26.6.1898, S. 25–26.
11. Bulling, Carl, Zur Frauenfrage. Die rechtliche Stellung der Frau und die Mädchenerziehung, Hamburgischer Correspondent. Morgen-Ausgabe der Börsen-Zeitung, Ausgabe vom 4.9.1898, S. 17.

Literaturverzeichnis

Achilles, Alexander/Gebhard, Albert/Spahn, Peter, Protokolle der Kommission für die zweite Lesung des Entwurfs des Bürgerlichen Gesetzbuches, IV. Bd., Familienrecht, Berlin 1897.

Anonymous, Rezension zu Carl Bulling, geh. Justizrath, Der örtliche Gerichtsstand in Preßstrafsachen, Der Gerichtssaal 50 (1895), S. 478–479.

Anonymous, Rezension zu Carl Bulling, geh. Justizrath, Der örtliche Gerichtsstand in Preßstrafsachen, Deutsches Wochenblatt 31 (1895), S. 366–368.

Anonymous, Sitzungsbericht des Vereins Frauenwohl Berlin vom 18.12.1895, Die Frauenbewegung. Revue für die Interessen der Frau 1896, S. 8.

Anonymous, Nachruf auf Professor Dr. Leonard Jacobi, DJZ 1900, S. 200.

Apathy, Peter/Klingenberg, Georg/Stiegler, Herwig, Einführung in das römische Recht, Wien/Köln/Weimar 1998.

Patrick Arabeyre/Jean-Louis Halpérin/Jacques Krynen (Hg.), Dictionnaire historique des juristes français, Paris 2007, Art. Victor Alexis Désiré Dalloz, S. 229–230.

Arendt, Otto, Rückzahlung in Gold, Deutsches Wochenblatt 8 (1894), S. 91–92.

Augspurg, Anita, Die Ansprüche der Frau auf die Eheerrungenschaft, in: Elly Saul (Hg.), Jahrbuch für die deutsche Frauenwelt, 1899, S. 220–229.

Augspurg, Anita, Rechtspolitische Schriften, hg. von Christiane Henke, Köln/Weimar/Wien 2014.

Babusiaux, Ulrike, Rezension zu Paola Biavaschi, Ricerche sul precarium, SZ RA 125 (2008), S. 804–814.

Bake, Rita, Art. Bonfort, Helene, in: Franklin Kopitzsch/Dirk Brietzke (Hg.), Hamburgische Biografie, III. Bd., Göttingen 2006, S. 53–54.

Bamberger, Ludwig, Reichsgold, Leipzig 1876.

Bamberger Ludwig, Rezension zu Carl Bulling »Der Örtliche Gerichtsstand in Preßstrafsachen«, Die Nation 5 (1894), S. 70.

Bamberger, Ludwig, Die Goldklausel, Die Nation 43 (1894), S. 635–637.

Bamberger Ludwig, Rezension zu Carl Bulling »Die Rechte der unehelichen Kinder«, Die Nation 9 (1895), S. 142.

Bamberger, Ludwig, Die Frauenfrage, Die Nation 22 (1896), S. 331–333.

Bamberger, Ludwig, Erinnerungen, Berlin 1899.

Barbier, Georges, code explique de la presse, I. Bd., Paris 1887.

Baron, Julius, Pandekten, 9. Auflage, Leipzig 1896.

Baasch, Ernst, Die Handelskammer zu Hamburg 1665–1915, II. Bd., 1. Abt., Hamburg 1915.
Baumgarten, Steffen, Die Entstehung des Unehelichenrechts im Bürgerlichen Gesetzbuch, Köln/Weimar/Wien 2007.
Baxa, Jakob, Art. Arendt, Otto, in: Otto Graf von Stolberg-Wernigerode (Hg.), Neue deutsche Biographie, I. Bd.: Aachen – Behaim, Berlin 1953, S. 345.
Bäumer, Gertrud, Helene Lange zum 100. Geburtstag, Stuttgart 1948.
Behrends, Okko, Die rechtsethischen Grundlagen des Privatrechts, in: Franz Bydlinski/Theo Mayer-Maly (Hg.), Die ethischen Grundlagen des Privatrechts, Wien 1994, S. 1–33.
Berneike, Christiane, Die Frauenfrage ist Rechtsfrage, Baden-Baden 1995.
Beseler, Georg, System des gemeinen deutschen Privatrechts, 2. Auflage, Berlin 1866.
Bextermöller, Claus, Das Familienrecht in den Systemen der Pandektistik des 19. Jahrhunderts, Münster 1970.
Biavaschi, Paoloa, Ricerche sul precarium, Mailand 2006.
Birkmeyer, Karl von, Der Gerichtsstand der begangenen That bei Pressbeleidigungen, Deutsche Juristen-Zeitung (DJZ) 1899, S. 301–304.
Birkmeyer, Karl von, Die Novelle über den fliegenden Gerichtsstand, DJZ 1902, S. 181–185.
Bleicken, Jochen, Gesammelte Schriften, I. Bd.: Römische Geschichte/Griechische Geschichte, Stuttgart 1998.
Bleicken, Jochen, Die Verfassung der römischen Republik, 8. Auflage, Stuttgart 1999, S. 151.
Böckenförde, Ernst Wolfgang, Die Historische Rechtsschule und das Problem der Geschichtlichkeit des Rechts, in: ders. (Hg.), Collegium Philosophicum. Festschrift für Joachim Ritter, Basel 1965, S. 9–36.
Böckenförde, Ernst Wolfgang, Recht, Staat, Freiheit. Studien zur Rechtsphilosophie, Staatstheorie und Verfassungsgeschichte, Frankfurt am Main 1991.
Böning, Holger, Journal der Epoche, in: http://www.zeit.de/2012/24/Zeitung-Hamburgische-Correspondent, abgerufen am 1.6.2015; ebenfalls abgedruckt in: Die Zeit, Ausgabe vom 6.6.2012 (Nr. 24).
Brauneder, Wilhelm, Art. Schlüsselgewalt, in: HRG IV, Berlin 1990, Sp. 1446–1450.
Brauneder, Wilhelm, Art. Bäuerliche Leihe, in: HRG I, 2. Auflage, Berlin 2008, Sp. 462–465.
Brauneder, Wilhelm, Art. Erbleihe, in: HRG I, 2. Auflage, Berlin 2008, Sp. 1368–1370.
Brie, Ist es gerechtfertigt, an Stelle der Ehescheidungsstrafen in der Weise, wie der Entwurf des bürgerlichen Gesetzbuchs dies beabsichtigt, nur eine Verpflichtung des für den schuldigen Theil erklärten Ehegatten zur Gewährung des Unterhalts an den andern, der Unterstützung bedürftigen Ehegatten einzuführen?, in: Verhandlungen des Zwanzigsten Deutschen Juristentages, II. Bd. (Gutachten), Berlin 1889, S. 235–262.
Brinz, Alois von, Lehrbuch der Pandekten, III. Bd., 2. Auflage, Erlangen/Leipzig 1889.
Brudermüller, Gerd, Schlüsselgewalt und Telefonsex, NJW 2004, S. 2265–2270.
Brudermüller, Gerd, Geschieden und doch gebunden? Ehegattenunterhalt zwischen Recht und Moral, München 2008.
Brunner, Heinrich/Schwerin, Claudius Freiherr von, Deutsche Rechtsgeschichte, I. Bd., Leipzig 1961.
Bruns, Karl Georg, Die Besitzesklagen, Weimar 1874.

Buchholz, Stephan, Savignys Stellungnahme zum Ehe- und Familienrecht. Eine Skizze seiner rechtssystematischen und rechtspolitischen Überlegungen, ius commune 8 (1979), S. 148–191.

Buchholz, Stephan, Beiträge zum Ehe- und Familienrecht des 19. Jahrhunderts. Erster Abschnitt: Gerlach, Bismarck und die Zivilehe. Stationen eines parlamentarischen Konflikts, ius commune 9 (1980), S. 229–313.

Buchholz, Stephan, Das Bürgerliche Gesetzbuch und die Frauen: zur Kritik des Ehegüterrechts, in: Ute Gerhard (Hg.), Frauen in der Geschichte des Rechts, München 1997, S. 670–682.

Buchholz, Stephan, Marianne Webers Bedeutung für die Rechtsgeschichte, in: Bärbel Meurer (Hg.), Marianne Weber. Beiträge zu Werk und Person, Tübingen 2004, S. 157–171.

Buske, Sybille, Fräulein Mutter und ihr Bastard. Eine Geschichte der Unehelichkeit in Deutschland 1900–1970, Göttingen 2004.

Caemmerer, Ernst von, Wertsicherungs- und Valutaklauseln, in: Hans Leser (Hg.) Gesammelte Schriften, II. Bd.: Gesellschaftsrecht, Währung und Kredit, Tübingen 1968, S. 310–329.

Coester, Michael, Gottlieb Planck (1824–1910). Ein Vater des neuen bürgerlichen Rechts, in: Fritz Loos (Hg.), Rechtswissenschaft in Göttingen. Göttinger Juristen aus 250 Jahren, Göttingen 1987, S. 299–315.

Czelk, Andrea, Privilegierung und Vorurteil. Positionen der Bürgerlichen Frauenbewegung zum »Unehelichenrecht« und zur Kindstötung im Kaiserreich, Köln/Weimar/Wien 2005.

Damm, Christiana, Die Stellung der Ehefrau und Mutter nach Urteilen des Reichsgerichts von 1879 bis 1914. Eine Untersuchung zum Spannungsverhältnis zwischen dem Ideal der Gleichberechtigung und der von Recht und Ideologie legitimierten sozialen Wirklichkeit, Marburg 1983.

Dammer, Florian, Verlöbnis als Einrichtungsgarantie: Zum Schutze des Rechtsinstituts Verlöbnis und der damit verbundenen Privilegien durch Art. 6 Abs. 1 GG, Berlin 2017.

Dankwardt, H., Das Precarium und die Emphyteuse, in: Rudolf von Jhering/ Jospeh Unger (Hg.), Jahrbücher für die Dogmatik des heutigen römischen Rechts und deutschen Privatrechts 14 (1875), S. 284–340.

Dedek, Helge, Der Besitzschutz im römischen, deutschen und französischen Recht – gesellschaftliche Gründe dogmatischen Wandels, ZEuP 1997, S. 342–365.

Delfosse, Marianne, Emilie Kempin-Spyri, Zürich 1994.

Degener, Christian Eduard, Über den Begriff des Precarii und die Frage: ob der Empfänger desselben juristischer oder natürlicher Besitzer sey?, Leipzig 1831.

Dernburg, Heinrich, Grundsätze des Preußischen Privatrechts und der Privatrechtsnormen des Reichs, III. Band, 4. Auflage, Halle 1896.

Dernburg, Heinrich, Pandekten, II. Bd., 6. Auflage, Berlin 1900.

Dernburg, Heinrich, Pandekten, III. Bd., 2. Auflage, Berlin 1889.

Deter, Gerhard, Auftrag oder Überhebung Historische Rechtstatsachenforschung als Aufgabe der Rechtsgeschichtswissenschaft, ZNR 27 (2005), S. 311–324.

Diederichsen, Uwe, Die Familie – Menschen in der Reform, in: Otto Sandrock (Hg.), Festschrift für Günther Beitzke, Berlin/New York 1979, S. 169–189.

Dipper, Christof, Stationen der Verrechtlichung und Professionalisierung in Deutschland und Italien, in: ders. (Hg.), Rechtskultur, Rechtswissenschaft, Rechtsberufe im 19. Jahrhundert, Berlin 2000, S. 13–28.

Dostojewski, Fjodor, Der Spieler, neu übersetzt von Swetlana Geier, Frankfurt am Main 2012.

Dölemeyer, Barbara, Frau und Familie im Privatrecht des 19. Jahrhunderts, in: Ute Gerhard (Hg.), Frauen in der Geschichte des Rechts. Von der Frühen Neuzeit bis zur Gegenwart, München 1997, S. 633–568.

Dörner, Heinrich, Industrialisierung und Familienrecht. Die Auswirkungen des sozialen Wandels dargestellt an den Familienmodellen des ALR, BGB und des französischen Code civil, Berlin 1974.

Duncker, Arne, Gleichheit und Ungleichheit in der Ehe. Persönliche Stellung von Frau und Mann im Recht der ehelichen Lebensgemeinschaft 1700–1914, Köln/Weimar/Wien 2003.

Duncker, Arne, Die »Anträge Pauli« – ein Gegenentwurf zugunsten der Frauen in den Berartungen zum BGB, in: Stephan Meder/Andrea Czelk (Hg.), Frauenrecht und Rechtsgeschichte, S. 247–278, Köln/Weimar/Wien 2006.

Dürkes, Werner, Wertsicherungsklauseln, 9. Auflage, Heidelberg 1982.

Ebel, Friedrich, Die Ehe als juristische Person. Bemerkungen zu einer halbvergessenen Idylle, FamRZ 9/10 (1978), S. 637–642, 640.

Ehrlich, Eugen, Soziologie und Jurisprudenz. Freie Rechtsfindung und freie Rechtswissenschaft, Leipzig 1906.

Eisenring, Gabriele, Die römische Ehe als Rechtsverhältnis, Köln/Weimar/Wien 2002.

Epstein, Klaus, Rezension zu Heinz Gollwitzer: Die Gelbe Gefahr. Geschichte eines Schlagworts, HZ 198 (1964), S. 145–147.

Falk, Ulrich, Pandektistik, in: Hubert Cancik/Helmuth Schneider (Hg.), Der neue Pauly. Enzyklopädie der Antike, Bd. 15/2, Stuttgart/ Weimar 2002, Sp. 45–49.

Fertig, Ludwig, Die Hofmeister. Ein Beitrag zur Geschichte des Lehrerstandes und der bürgerlichen Intelligenz, Stuttgart 1979.

Fischer, Sandra, Juristen in Westfalen im 19. Jahrhundert – Soziale Herkunft und Karrieren, Berlin 2012.

Formel, Wilhelm, Die Goldklausel bei Währungsschwankungen, Hamburg 1949.

Forster, Ellinor/Lanzinger, Margareth, Forschungsdiskussionen zur Geschichte der Ehe: Stationen der Ehe, L'Homme 1 (2003), S. 141–155.

Frank, Rainer, 100 Jahre BGB – Familienrecht zwischen Rechtspolitik, Verfassung und Dogmatik, AcP 200 (2000), S. 401–425, 406.

Fuchs, Johannes Georg, Die rechtliche Stellung der Frau im alten Rom, in: Festschrift für Max Gerwig (hg. von der Juristischen Fakultät der Universität Basel), Basel 1960, S. 31–54.

Fues, Wolfram Malte, Individuum und Geschichte. Beobachtungen an Goethes Dichtung und Wahrheit, in: Wolfram Groddeck/Ulrich Stadler (Hg.), Physiognomie und Pathognomie: Zur literarischen Darstellung von Individualität. Festschrift für Karl Pestalozzi, Berlin/New York 1994, S. 245–264.

Geisel, Beatrix, Klasse, Geschlecht und Recht. Vergleichende sozialhistorische Untersuchung der Rechtsberatungspraxis von Frauen- und Arbeiterbewegung (1894–1933), Baden-Baden 1997.

Gelesnoff, Wladimir, Grundzüge der Volkswirtschaftslehre, 2. Auflage, Moskau 1928.

Gengler, Heinrich Gottfried, Das deutsche Privatrecht in seinen Grundsätzen, 2. Auflage, Erlangen 1859.

Gerhard, Ute, Unerhört. Die Geschichte der deutschen Frauenbewegung, Reinbek bei Hamburg 1991.

Gerhard, Ute, Frauenbewegung und Feminismus. Eine Geschichte seit 1789, München 2012.

Gierke, Otto von, Das deutsche Genossenschaftsrecht, II. Bd., Berlin 1873.

Gierke, Otto von, Der Entwurf eines bürgerliches Gesetzbuches und das deutsche Recht, Berlin 1889.

Goethe, Johann Wolfgang von, Autobiographische Schriften. Erster Teil, in: Goethes Poetische Werke. Vollständige Ausgabe, VIII. Band (hg. von Gerhart Baumann), Stuttgart 1952.

Goethe, Johann Wolfgang von, Faust. Der Tragödie Erster Teil, Stuttgart/Ditzingen 2012 (Reclam).

Goethe, Johann Wolfgang von, Dichtung und Wahrheit (hg. von Walter Hettche), Stuttgart 2012.

Goldschmidt, Henriette, Verein Frauenwohl Berlin, Die Frauenbewegung. Revue für die Interessen der Frau 1896, S. 138–139.

Greven-Aschoff, Barbara, Die bürgerliche Frauenbewegung in Deutschland 1894–1933, Göttingen 1981.

Grimm, Jacob, Deutsche Rechtsalterthümer, 2. Auflage, Göttingen 1854.

Gruber, Georg, Geldwertschwankungen und handelsrechtliche Verträge in Deutschland und Frankreich. Bestandsaufnahme und Aussichten für das europäische Währungs- und zum Europäischen Privatrecht, Berlin 2002.

Gutzwiller, Peter Christoph, Vertragliche Abreden zur Sicherung des Geldwerts, Basel und Stuttgart 1972.

Haack, Thomas, Otto von Gierkes Kritik am ersten Entwurf des Bürgerlichen Gesetzbuches, Frankfurt a.M. 1997.

Haferkamp, Hans-Peter, Karl Adolph von Vangerow. Pandektenrecht und »Mumiencultus«, ZEuP 16 (2008), S. 813–844.

Haferkamp, Hans-Peter, Pandektisten am Katheder, in: Martin Avenarius (Hg.), Rechtswissenschaft als juristische Doktrin, Stockholm 2011, S. 85–103.

Hahn, Hugo J./Häde, Ulrich, Währungsrecht, 2. Auflage, München 2010.

Hahn, C. (Hg.), Die gesammten Materialien zu den Reichs-Justizgesetzen, II. Bd.: Materialien zur Civilprozeßordnung, Berlin 1880.

Hartmann, Felix, Der Einfluss Philipp Lotmars auf die Entwicklung des deutschen Arbeitsrechts, in: Iole Fargnoli (Hg.) Philipp Lotmar - letzter Pandektist oder erster Arbeitsrechtler, Frankfurt a.M. 2014, S. 127–144.

Hartmann, Gustav, Ueber den rechtlichen Begriff des Geldes und den Inhalt von Geldschulden, Braunschweig 1868.

Hartmann, Gustav, Internationale Geldschulden. Beitrag zur Rechtslehre vom Gelde, AcP 15 (1882), S. 147–229.

Hartmann, Gustav, Zur Kritik der Goldklausel, Deutsches Wochenblatt 7 (1894), S. 422–425.

Hausmaninger, Herbert/Selb, Walter, Römisches Privatrecht, Wien/Köln/Weimar 1997.

Heindl, Johann Baptist, Repertorium der pädagogischen Journalistik und Literatur, 17. Jg. 1863, S. 42.

Helfferich, Karl, Zur Geschichte der Goldwährung, Berlin 1896.

Helfferich, Karl, Die juristische Seite der Währungsfrage, DJZ 1896, S. 173–176.

Helfferich, Karl, Geschichte der deutschen Geldreform, Leipzig 1898.

Henning, Friedrich-Wilhelm, Deutsche Wirtschafts- und Sozialgeschichte im 19. Jahrhundert, II. Bd., Paderborn 1996.

Hentschler, Ulrike, Vermittler des Rechts, Berlin 2015.

Herder, Johann Gottfried von, Ideen zur Geschichte der Menschheit, 2. Theil, in: Johann von Müller (Hg.) Sämmtliche Werke zur Philosophie und Geschichte, 4. Theil, Tübingen 1806.

Hinz, Moritz, Mutter- und Vaterbilder im Familienrecht des BGB 1900–2010, Frankfurt a.M. 2014.

Höbenreich, Evelyn, Marianne Webers »Ehefrau und Mutter in der Rechtsentwicklung«. Beziehungsmodelle zwischen römischem Recht und deutscher Kodifizierung, Lecce 2018.

Horn, Norbert, Vom jüngeren und jüngsten Naturrecht, in: Harald Herrmann/Klaus Peter Berger (Hg.), Norbert Horn, Gesammelte Schriften, Berlin 2016, S. 1223–1234.

Huber, Ernst Rudolf (Hg.), Dokumente zur deutschen Verfassungsgeschichte, Bd. 2: Deutsche Verfassungsdokumente 1851–1900, 3. Auflage, Stuttgart/Berlin/Köln/Mainz 1961.

Hubrich, Eduard, Kritiken. Die deutsche Frau und das Bürgerliche Gesetzbuch von Carl Bulling, DJZ 1896, S. 277.

Huerkamp, Claudia, Frauen, Universitäten und Bildungsbürgertum. Zur Lage studierender Frauen 1900–1930, in: Hannes Siegrist (Hg.), Bürgerliche Berufe. Zur Sozialgeschichte der freien und akademischen Berufe im internationalen Vergleich, Göttingen 1988, S. 200–222.

Ihlefeldt, Alexander, Scheidung – Eine amerikanische Tradition? Eine rechtshistorische Betrachtung des US-amerikanischen Scheidungsrechts unter Einbeziehung der Reformforderungen der Frauenrechtsbewegung, in: Stephan Meder/Christoph-Eric Mecke (Hg.) Reformforderungen zum Familienrecht international, Band 1: Westeuropa und die USA (1830–1914), Köln/Weimar/Wien 2015, S. 560–590.

Jacobi, Leonard, Entstehung und Inhalt des Entwurfs eines bürgerliches Gesetzbuches für das Deutsche Reich, Berlin 1888.

Jacobi, Leonard, Empfiehlt es sich, die Ehescheidungsgründe in der vom Entwurfe des bürgerlichen Gesetzbuchs beabsichtigten Weise zu beschränken?, in: Verhandlungen des Zwanzigsten Deutschen Juristentages, II. Bd. (Gutachten), Berlin 1889, S. 110–234.

Jacobi, Leonard, Miethe und Pacht. Ihre Stellung in der Kulturgeschichte, im Privatrecht und im Systeme des Entwurfes des bürgerlichen Gesetzbuches für das Deutsche Reich, Berlin 1889.

Jacobi, Leonard, Das persönliche Eherecht des Bürgerlichen Gesetzbuches für das Deutsche Reich, Berlin 1896.

Jacobi, Leonard, Die sittliche Pflicht im Bürgerlichen Gesetzbuch, Berlin 1900.

Jastrow, Hermann, Das Recht der Frau nach dem Bürgerlichen Gesetzbuch. Dargestellt für die Frauen, Berlin 1897.

Jastrow, Hermann, Rezension zu Carl Bulling, Die Rechte der unehelichen Kinder nach dem Entwurf eines BGB für das Deutsche Reich / Die deutsche Frau und das BGB, Archiv für Öffentliches Recht 1897, S. 615–617.

Jastrow, Hermann, Das Recht der unehelichen Kinder. Text-Ausgabe aller einschlägigen Bestimmungen des Bürgerlichen Gesetzbuches mit Anmerkungen und Sachregister, Berlin 1901.

Jhering, Rudolf von, Ueber den Grund des Besitzschutzes, Jena 1869.

Johow, Reinhold, in: Die Vorlagen der Redaktoren für die erste Kommission zur Ausarbeitung eines Bürgerlichen Gesetzbuches, I. Bd., Berlin 1880.

Jürgens, Uwe, Abgestürzte Gerichtsstände – Der fliegende Gerichtsstand im Presserecht, NJW 2014, S. 3061–3067.

Kant, Immanuel, Über Pädagogik, Königsberg 1803.

Karl, Michaela, Die Geschichte der Frauenbewegung, Stuttgart 2011.

Kaser, Max/Knütel, Rolf/Lohsse, Sebastian, Römisches Privatrecht, 21. Auflage, München 2017.

Kempin, Emilie, Die Rechtsstellung der Frau, Berlin 1895; wiederum abgedruckt in: Stephan Meder/Arne Duncker/Andrea Czelk (Hg.), Die Rechtsstellung der Frau um 1900. Eine kommentierte Quellensammlung, Köln/Weimar/Wien 2010, S. 507–530.

Kempin, Emilie, Rechtsbrevier für deutsche Frauen, Berlin 1896; wiederum abgedruckt in: Stephan Meder/Arne Duncker/Andrea Czelk (Hg.), Die Rechtsstellung der Frau um 1900. Eine kommentierte Quellensammlung, Köln/Weimar/Wien 2010, S. 560–579.

Kempin, Emilie, Deutsche und amerikanische Vermögensrechte der Ehefrauen, Die Nation 52 (1897), S. 781–784; wiederum abgedruckt in: Stephan Meder/Arne Duncker/Andrea Czelk (Hg.), Die Rechtsstellung der Frau um 1900. Eine kommentierte Quellensammlung, Köln/ Weimar/ Wien 2010, S. 603–610.

Kieseritz, Wolther von, Liberalismus und Sozialstaat. Liberale Politik in Deutschland zwischen Machtstaat und Arbeiterbewegung (1878–1893), Köln/Weimar/Wien 2002.

Kipp, Theodor, Lehrbuch des Pandektenrechts, III. Bd., 9. Auflage, Frankfurt a. M. 1906.

Kitsakis, Stavros, »Breadwinners« und »Housekeepers«: Geschlechterrollen im englischen Güterrecht des 19. Jahrhunderts und das Deutsche Bürgerliche Gesetzbuch, Köln/ Weimar/Wien 2012.

Kitsakis, Stavros, Wandel der Geschlechterbeziehungen im englischen Güterrecht des 19. Jahrhunderts, in: Stephan Meder/Christoph-Eric Mecke (Hg.), Reformforderungen zum Familienrecht international, Band 1: Westeuropa und die USA (1830–1914), Köln/ Weimar/ Wien 2015, S. 318–336.

Kitzinger, Friedrich, Der ambulante Gerichtsstand der Presse und die diesbezüglichen Aufgaben des Gesetzgebers, München 1901.

Kitzinger, Friedrich, Ort und Zeit der Handlung im Strafrecht, Zugleich eine Betrachtung der Erscheinungsform des Deliktes, München 1902.

Klemm, Sabine, Frauenbewegung und Familienrecht 1848 bis 1933. Eine Betrachtung anhand von Quellen, Tübingen 1999.

Kles, Philipp, Das eheliche Güterrecht und die Beschränkung der Geschäftsfähigkeit der Ehefrau in Frankreich (incapacité) im 19. und frühen 20. Jahrhundert, in: Stephan Meder/Christoph-Eric Mecke (Hg.), Reformforderungen zum Familienrecht international, Band 1: Westeuropa und die USA (1830–1914), Köln/ Weimar/ Wien 2015, S. 189–209.

Knapp, Staatliche Theorie des Geldes, Leipzig 1905.

Koch, Christian Friedrich, Allgemeines Landrecht für die preußischen Staaten. Kommentar mit Anmerkungen, I. Theil, I. Band, 5. Auflage, Berlin 1870.

Kohler, Josef, Die Ehe mit und ohne Mundium, Zeitschrift für vergleichende Rechtswissenschaft 6 (1886), S. 321–343.

Koppe, David, Reformforderungen zum US-amerikanischen Ehegüterrecht im 19. Jahrhundert, in: Stephan Meder/Christoph-Eric Mecke (Hg.), Reformforderungen zum Familienrecht international, Band 1: Westeuropa und die USA (1830–1914), Köln/Weimar/Wien 2015, S. 502–524.

Kopper, Christopher, Ludwig Bamberger. Vom Revolutionär zum Vater der Goldmark, Berlin 2015.

Koujouie, Sepideh, Die Frauenfrage als Menschheitsfrage, in: Stephan Meder/Andrea Czelk (Hg.), Frauenrecht und Rechtsgeschichte, S. 193–209, Köln/Weimar/Wien 2006.

Köbler, Gerhard, Zur Geschichte der juristischen Ausbildung in Deutschland, JZ 1971, S. 768–773.

Köhn, Alice Sarah, Recht der persönlichen Ehewirkungen in US-Bundesstaaten im 19. und beginnenden 20. Jahrhundert sowie Reformforderungen der frühen US-amerikanischen Frauenrechtsbewegung, in: Stephan Meder/Christoph-Eric Mecke (Hg.) Reformforderungen zum Familienrecht international, Band 1: Westeuropa und die USA (1830–1914), Köln/Weimar/Wien 2015, S. 525–559.

Köhne, Renate, Nationalliberale und Koalitionsrecht. Struktur und Verhalten der nationalliberalen Reichstagsfraktion 1890–1914, Bern 1977.

Kranjc, Janez, Die actio praescriptis verbis als Formelaufbauproblem, SZ (RA) 198 (1989), S. 434–468.

Kronecker, Ernst, Gutachten über die Frage: »Wie ist im Strafprozeß der Gerichtsstand der begangenen That hinsichtlich der Vergehen der Presse zu regeln?«, in: Verhandlungen des 25. Deutschen Juristentages, I. Bd. (Gutachten), Berlin 1900, S. 22–41.

Kühn, Ulrich, Die Reform des Rechtsstudiums zwischen 1848 und 1933 in Bayern und Preußen, Berlin 2000.

Lachmann, Eileen, Die Vaterschaftserforschung im Code civil und BGB. Ein rechtshistorischer Vergleich, in: Stephan Meder/Christoph-Eric Mecke (Hg.), Reformforderungen zum Familienrecht international, Band 1: Westeuropa und die USA (1830–1914), Köln/Weimar/Wien 2015, S. 210–231.

Lange, Helene, Lebenserinnerungen, Berlin 1921.

Lehmann, Jens, Die Ehefrau und ihr Vermögen. Reformforderungen der bürgerlichen Frauenbewegung zum Ehegüterrecht um 1900, Köln/Weimar/Wien 2006.

Lengerke, Maja v., Familie von Lengerke (n) 1500–2003. I. Bd.: Allgemeiner Teil mit Stammtafeln, Weingarten 1980.

Lengerke, Maja v., Von Lengerkesche Familienpapiere, 3. Folge, Briefe von Heinrich von Lengerke, Weingarten 1999.

Lepsius, Susanne, Die privatrechtliche Stellung der Frau im Deutschland des 19. Jahrhunderts. Forschungsstand und Perspektiven, L'Homme 1 (2003), S. 110–123.

Lesse, Erwiderung auf Oertmann und Merfeld, DJZ 1904, S. 731–733.

Leuninger, Sarah, Die Entwicklung des englischen Scheidungsrechts im 19. Jahrhundert, in: Stephan Meder/Christoph-Eric Mecke (Hg.) Reformforderungen zum Familienrecht international, Band 1: Westeuropa und die USA (1830–1914), Köln/Weimar/Wien 2015, S. 373–407.

Levy, Hermann, Ethischer Individualismus und soziale Reform in England, in: Gustav Schmoller (Hg.), Schmollers Jahrbuch für Gesetzgebung, Verwaltung und Volkswirtschaft im Deutschen Reiche (1913), S. 49–67.

Levy, Ernst, Vom römischen Precarium zur germanischen Landleihe, SZ (RA) 66 (1948), S. 1–30.

Lichtblau, Klaus, Die Bedeutung von »Ehefrau und Mutter in der Rechtsentwicklung« für das Werk Max Webers, in: Bärbel Meurer (Hg.), Marianne Weber. Beiträge zu Werk und Person, Tübingen 2004, S. 199–212.

Liebs, Detlef, Lateinische Rechtsregeln und Rechtssprichwörter, München 2007.

Lipp, Martin, Die eherechtlichen Pflichten und ihre Verletzung – ein Beitrag zur Fortbildung des persönlichen Eherechts, Bielefeld 1988.

Liszt, Franz von, Wie ist im Strafprozess der Gerichtsstand der begangenen That hinsichtlich der Vergehen der Presse zu regeln?, in: ders. (Hg.), Strafrechtliche Aufsätze und Vorträge, II. Bd.: 1892–1904, Berlin 1905, S. 299–307.

Luidolt, Bettina, Römische Ehe und nichteheliche Lebensgemeinschaft verglichen mit modernen Konzepten, Hamburg 2010.

Luig, Klaus, Art. Pandekten, in: HRG III, Berlin 1984, Sp. 1417–1422.

Luig, Klaus, Art. Pandektenwissenschaft, in: HRG III, Berlin 1984, Sp. 1425–1428.

Mallmann, Walter, Presserecht, in: HRG III, Berlin 1984, Sp. 1902–1924.

Malsbenden, Peter, Die rechtliche Stellung der Frau im ehelichen Güterrecht vom ALR zum BGB, Frankfurt a.M. 1991.

Mast, Peter, Künstlerische und wissenschaftliche Freiheit im Deutschen Reich 1890–1901, Rheinfelden 1980.

Mecke, Christoph-Eric, Begriff und System des Rechts bei Georg Friedrich Puchta, Göttingen 2009.

Meder, Stephan, Mißverstehen und Verstehen, Tübingen 2004.

Meder, Stephan, Das mundium und die rechtliche Konstruktion des Geschlechterverhältnisses in der Entstehungsphase des BGB, in: Hans-Georg Hermann/Thomas Gutmann/Joachim Rückert/Mathias Schmoeckel/Harald Siems (Hg.), Von den Leges Barbarorum bis zum ius barbarum des Nationalsozialismus. Festschrift für Hermann Nehlsen, Köln/Weimar/Wien 2008, S. 683–706.

Meder, Stephan, Rechtsgeschichte. Eine Einführung, 3. Auflage, Köln/Weimar/Wien 2008.

Meder, Stephan, Ius non scriptum – Traditionen privater Rechtsetzung, 2. Auflage, Tübingen 2009.

Meder, Stephan, Grundprobleme und Geschichte der juristischen Hermeneutik, in: Marcel Senn/ Barbara Fritschi (Hg.), Rechtswissenschaft und Hermeneutik, Stuttgart 2009, S. 19–37.

Meder, Stephan, Gottlieb Planck und die Kunst der Gesetzgebung, Baden-Baden 2010.

Meder, Stephan, Einführung, in: ders./Arne Duncker/Andrea Czelk (Hg.), Die Rechtsstellung der Frau um 1900. Eine kommentierte Quellensammlung, Köln/Weimar/Wien 2010, S. 9–33.

Meder, Stephan, Wie »geschichtlich« ist die Historische Rechtsschule? Der römische Formularprozeß und die Forderungen zur Reform des Prozeßrechts um die Mitte des

19. Jahrhunderts, in: Karlheinz Muscheler (Hg.), Römische Jurisprudenz, Dogmatik, Überlieferung, Rezeption. Festschrift für Detlef Liebs, Berlin 2011, S. 433–453.

Meder, Stephan, Individualisierung von Lebensverläufen und Verantwortungskooperationen. Herausforderungen eines geschlechtergerechten Ehe-, Partnerschafts- und Familienrechts, in: Marianne Heimbach-Steins (Hg.), Jahrbuch für Christliche Sozialwissenschaft 53 (2012), S. 139–169.

Meder, Stephan, Familienrecht. Von der Antike bis zur Gegenwart, Köln/ Weimar/ Wien 2013.

Meder, Stephan, Öffentliches Recht und Privatrecht im Entstehungsprozess des modernen Familienrechts, in: Normann Witzleb/Reinhard Ellger/Peter Mankowski/Hanno Merkt/Oliver Remiem (Hg.), Festschrift für Dieter Martiny, Tübingen 2014, S. 927–943.

Meder, Stephan/Mecke, Christoph-Eric, Einführung. Familienrechtspolitische Reformforderungen der Frauenrechtsbewegungen in Westeuropa und den USA im langen 19. Jahrhundert, in: dies. (Hg.), Reformforderungen zum Familienrecht international, Band 1: Westeuropa und die USA (1830–1914), Köln/Weimar/Wien 2015, S. 11–105.

Meder, Stephan, Doppelte Körper im Recht, Tübingen 2015.

Meder, Stephan, Rezension zu Iole Fargnoli (Hg.) Philipp Lotmar. Letzter Pandektist oder erster Arbeitsrechtler, in: Interpretatio Prudentium I (2016), 2, S. 270–285.

Meder, Stephan, Rechtsgeschichte. Eine Einführung, 6. Auflage, Köln/Weimar/Wien 2017.

Meder, Stephan, Der unbekannte Leibniz. Die Entdeckung des Rechts durch die Philosophie, Köln/Weimar/Wien 2018.

Meder, Stephan, Rudof von Jhering und der Aufstand gegen den rechtswissenschaftlichen Formalismus, JZ 2019, S. 689–696.

Merfeld, Die Goldklausel bei Hypotheken und Grundschulden, Beiträge zur Erläuterung des deutschen Rechts 1895, S. 574–601.

Merfeld, Erwiderung auf Oertmann, Zur Eintragbarkeit der Goldklausel, DJZ 1904, S. 541–543.

Meurer, Bärbel, Marianne Weber. Leben und Werk, Tübingen 2010.

Meves, Karl Oskar, Rezension zu »Der örtliche Gerichtsstand in Preßstrafsachen«, Archiv für Strafrecht. Begründet durch Goltammer, 1894, S. 467.

Midas, Erich, Die Goldklausel im Währungsverfall unter besonderer Berücksichtigung der deutschen und französischen Gesetzgebung und Rechtsprechung, Fürth 1924.

Mikat, Paul, Zur Bedeutung Friedrich Carl von Savignys für die Entwicklung des deutschen Scheidungsrechts im 19. Jahrhundert, in: Dieter Giesen/Dietlinde Ruthe (Hg.), Geschichte, Recht, Religion, Politik, Bielefeld 1984, S. 292–324.

Mittermaier, Carl Joseph Anton, Grundsätze des gemeinen deutschen Privatrechts mit Einschluß des Handels-, Wechsel- und Seerechts, II. Band, 7. Auflage, Regensburg 1847.

Motive zu dem Entwurfe eines Strafgesetzbuches für den Norddeutschen Bund, II. Bd., Berlin 1869.

Motive zu dem Entwurfe eines Bürgerliches Gesetzbuches für das Deutsche Reich, IV. Bd.: Familienrecht, Berlin/ Leipzig 1888.

Mugdan, Benno (Hg.), Die gesammten Materialien zum Bürgerlichen Gesetzbuch für das Deutsche Reich, IV. Band: Familienrecht, Berlin 1899.

Muther, Theodor, Aus dem Universitäts- und Gelehrtenleben im Zeitalter der Reformation, Jena 1866.

Müssig, Ulrike, Geschichte des Richterrechts und der Präjudizienbindung auf dem europäischen Kontinent, ZNR 2006, S. 79–106.

Nagórski, Sigmund, Das Rechtsverhältnis des unehelichen Kindes zu seinem Vater nach deutschem und französischem Recht, Zürich 1908.

Nußbaum, Arthur, Das Geld in Theorie und Praxis des deutschen und ausländischen Rechts, Tübingen 1925.

Nußbaum, Arthur, Vertraglicher Schutz gegen Schwankungen des Geldwertes, Berlin 1928.

Oekinghaus, Emma, Die gesellschaftliche und rechtliche Stellung der deutschen Frau, Jena 1925.

Oertmann, Paul, Die Goldklausel und ihre Eintragbarkeit, DJZ 1904, S. 333–341.

Oertmann, Paul, Goldmünzklausel und Goldwertklausel, Versicherung und Geldwirtschaft 1925, S. 313–315.

Ogris, Werner, Precaria, in: HRG III, Berlin 1984, Sp. 1885–1886.

Ogris, Werner, Verwaltungsgemeinschaft, in: HRG V, Berlin 1998, Sp. 877–879.

Ogris, Werner, Vorbehaltsgut, in: HRG V, Berlin 1998, Sp. 1036–1038.

Olechowski, Thomas, Besitz, in: HRG I, 2. Auflage, Berlin 2008, Sp. 547–551.

Olshausen, Justus von, Kommentar zu den Strafgesetzen des Deutschen Reiches, II. Bd., Berlin 1892.

Oppenhoff, Fritz, Art. Oppenhoff, Theodor Franz, in: Allgemeine Deutsche Biographie, 52. Bd., Leipzig 1906, S. 710.

Oppenhoff, Theodor Franz, Das Strafgesetzbuch für das Deutsche Reich, Berlin 1891.

Ormond, Thomas, Richterwürde und Regierungstreue. Dienstrecht, politische Betätigung und Disziplinierung in Preußen, Baden, und Hessen 1866–1918, Frankfurt a.M. 1994.

Ormond, Thomas, Die Richter im Kaiserreich. Enwicklungstendenzen im Zeitalter der Professionalisierung und Verrechtlichung, in: Christof Dipper (Hg.), Rechtskultur, Rechtswissenschaft, Rechtsberufe im 19. Jahrhundert. Professionalisierung und Verrechtlichung in Deutschland und Italien, Berlin 2000, S. 87–100.

Ott, Kai-Peter, Geld- und Geldwerttheorien im Privatrecht der Industrialisierung (1815–1914). Ökonomische Wechsellagen in der sogenannten Begriffsjurisprudenz, Berlin 1998.

Otto, Carl Eduard/Schilling, Bruno/Sintenis, Carl Friedrich Ferdinand (Hg.), Das Corpus Juris Civilis in's Deutsche übersetzt, II. Bd., Leipzig 1831.

Otto, Carl Eduard/Schilling, Bruno/Sintenis, Carl Friedrich Ferdinand (Hg.), Das Corpus Juris Civilis in's Deutsche übersetzt, V. Bd., Leipzig 1832.

Otto, Carl Eduard/Schilling, Bruno/Sintenis, Carl Friedrich Ferdinand (Hg.), Das Corpus Juris Civilis in's Deutsche übersetzt, VI. Bd., Leipzig 1832.

Pagenstecher, Ernst, Pandekten-Praktikum, Heidelberg 1860.

Pahlow, Louis, Die gescheiterte Rechtseinheit. Das Notariat im Zweiten Deutschen Kaiserreich und in der Weimarer Republik (1871–1933), in: Mathias Schmoeckel/Werner Schubert (Hg.), Handbuch zur Geschichte des deutschen Notariats seit der Reichsnotariatsordnung von 1512, Baden-Baden 2012, S. 139–168.

Patzold, Steffen, Das Lehnswesen, München 2012.

Pestalozzi, Johann Heinrich, Meine Nachforschungen über den Gang der Natur in der Entwicklung des Menschengeschlechts, hg. von Dieter-Jürgen Löwisch, Darmstadt 2002.

Planck, Gottlieb, Zur Kritik des Entwurfes eines bürgerliches Gesetzbuches für das deutsche Reich, AcP 75 (1889), S. 327–428.

Planck, Gottlieb, Die soziale Tendenz des Bürgerlichen Gesetzbuches, DJZ 1899, S. 181–184.

Planck, Gottlieb, Die rechtliche Stellung der Frau nach dem bürgerlichen Gesetzbuche. Vortrag zum Besten des Göttinger Frauenvereins, 2. Auflage, Göttingen 1899.

Predazolli, Marcelo, Philipp Lotmar e il diritto del lavoro italiano, in: Iole Fargnoli (Hg.), Philipp Lotmar – letzter Pandektist oder erster Arbeitsrechtler, Frankfurt a.M. 2014, S. 145–160.

Proelß, Sera/ Raschke, Marie, Die Frau im neuen bürgerlichen Gesetzbuch. Eine Beleuchtung und Gegenüberstellung der Paragraphen des Entwurfs eines bürgerlichen Gesetzbuches für das Deutsche Reich (2. Lesung) nebst Vorschlägen zur Änderung derselben im Interesse der Frauen, Berlin 1895; wiederum abgedruckt in: Stephan Meder/Arne Duncker/Andrea Czelk (Hg.), Die Rechtsstellung der Frau um 1900. Eine kommentierte Quellensammlung, Köln/Weimar/Wien 2010, S. 690–731.

Protokolle der Justiz-Kommission des Deutschen Reichstages betreffend die Berathung der Civilproceßordnung und des Einführungsgesetzes, Berlin 1876.

Protokolle der Kommission für die zweite Lesung des Entwurfs des Bürgerlichen Gesetzbuches, IV. Bd.: Familienrecht, Berlin 1897.

Protokoll über die Erste Sitzung der dritten Abtheilung am 11. September 1900, abgedruckt in: Verhandlungen des 25. Deutschen Juristentages, III. Bd. (Verhandlungen), Berlin 1901, S. 244–280.

Puchta, Georg Friedrich, Cursus der Institutionen, I. Bd., Leipzig 1841.

Puchta, Georg Friedrich, Pandekten, 8. Auflage, Leipzig 1856 (bearbeitet von Adolf August Friedrich Rudorff).

Puchta, Georg Friedrich, Vorlesungen über das heutige römische Recht, II. Bd., 6. Auflage, Leipzig 1874.

Rabe, Christiane, Gleichwertigkeit von Mann und Frau, Köln/Weimar/Wien 2006.

Ramm, Thilo, Familienrecht. Verfassung, Geschichte, Reform, Tübingen 1996.

Raschke, Marie, Rezension zu »Die Rechte der unehelichen Kinder«, Die Frauenbewegung. Revue für die Interessen der Frau 1895, S. 188.

Raschke, Marie, An die deutschen Frauen, Die Frauenbewegung. Revue für die Interessen der Frau 1896, S. 131.

Raschke, Marie, Das norwegische und dänische Familienrecht, Der Internationale Kongress für Frauenwerke und Frauenbestrebungen in Berlin. 19. bis 26. September 1896, in: Rosalie Schoenflies/Lina Morgenstern/Minna Cauer/Jeanette Schwerin/Maria Raschke (Hg.), Eine Sammlung der auf dem Kongress gehaltenen Vorträge und Ansprachen, Berlin 1897, S. 290–301.

Regelsberger, Ferdinand, Der gerichtliche Besitzschutz nach römischem Recht, nach gemeinem Recht und nach dem Bürgerlichen Gesetzbuch, in: Reinhard Frank (Hg.), Festschrift für die Juristische Fakultät der Universität Giessen, Gießen 1907, S. 235–272.

Reinhuber, Nikolaus, Grundbegriffe und internationaler Anwendungsbereich von Währungsrecht, Berlin 1995.

Repgen, Tilman, Das BGB und seine Kritiker, ZNR 22 (2000), S. 325–357.

Repgen, Tilman, Die soziale Aufgabe des Privatrechts, Tübingen 2001.

Riedel, Tanja-Carina, Gleiches Recht für Frau und Mann. Die bürgerliche Frauenbewegung und die Entstehung des BGB, Köln/Weimar/Wien 2008.

Rousseau, Jean-Jacques, Emil oder über die Erziehung, Leipzig 1905.

Roth, Guenther, Zur Geschlechterproblematik in der Weberschen Familiengeschichte, in: Bärbel Meurer (Hg.), Marianne Weber. Beiträge zu Werk und Person, Tübingen 2004, S. 11–27.

Rottleuthner, Hubert, Die gebrochene Bürgerlichkeit einer Scheinprofession. Zur Situation der deutschen Richterschaft zu Beginn des 20. Jahrhunderts, in: Hannes Siegrist (Hg.), Bürgerliche Berufe. Zur Sozialgeschichte der freien und akademischen Berufe im internationalen Vergleich, Göttingen 1988, S. 145–173.

Röhl, John C. G., Deutschland ohne Bismarck. Die Regierungskrise im zweiten Kaiserreich 1890–1914, Tübingen 1969.

Röwekamp, Marion, Juristinnen. Lexikon zu Leben und Werk, Baden-Baden 2005.

Röwekamp, Marion, Die ersten deutschen Juristinnen. Eine Geschichte ihrer Professionalisierung und Emanzipation (1900–1945). Köln/Weimar/Wien 2011.

Saar, Stefan, Ehe – Scheidung – Wiederheirat. Zur Geschichte des Ehe- und des Ehescheidungsrechts im Frühmittelalter, Münster 2002.

Savigny, Friedrich Carl von, Vom Beruf unsrer Zeit für Gesetzgebung und Rechtswissenschaft, Heidelberg 1814.

Savigny, Friedrich Carl von, Über den Zweck dieser Zeitschrift, SZ (RA) 1 (1815), S. 1–17.

Savigny, Friedrich Carl von, System des heutigen Römischen Rechts, I. Bd., Berlin 1840.

Savigny, Friedrich Carl von, System des heutigen Römischen Rechts, VIII. Bd., Berlin 1849.

Savigny, Friedrich Carl von, Das Obligationenrecht als Theil des heutigen Römischen Rechts, I. Bd., Berlin 1851.

Schiebe, August (Hg.), Universal-Lexikon der Handelswissenschaften, I. Bd., Leipzig/Zwickau 1837.

Schlawe, Fritz, Literarische Zeitschriften 1885–1910, 2. Auflage, Stuttgart 1965.

Schmid, Klaus, Die Entstehung der güterrechtlichen Vorschriften im Bürgerlichen Gesetzbuch, Berlin 1990.

Schmidt (von Ilmenau), Carl Adolf, Rezension zu Georg Eduard Schmidt, Das commodatum und precarium. Eine Revision der Grundlehren beider, Kritische Jahrbücher für deutsche Rechtswissenschaft 14 (1843), S. 769–793, 774.

Schmidt (von Ilmenau), Carl Adolf, Rezension zu Karl Bulling »Das Precarium. Eine römischrechtliche Abhandlung«, Neue Jenaische Allgemeine Literatur-Zeitung 295/296 (1845), S. 1179–1183.

Schmidt, Georg Eduard, Das commodatum und precarium. Eine Revision der Grundlehren beider, Leipzig 1841.

Schmidtke, Katrin, Nichteheliche Väter – von der Unterhaltspflicht zum Sorge- und Umgangsrecht?, Baden-Baden 2015.

Schollen, Matthias, Franz Theodor Oppenhoff. Ein Lebensbild, Zeitschrift des Aachener Geschichtsvereins (ZAGV) 22 (1900), S. 1–8.

Schröder, Jan, Das Verhältnis von Rechtswissenschaft, Juristenausbildung und Rechtspraxis in Deutschland seit dem 18. Jahrhundert, in: Martin Avenarius (Hg.), Rechtswissenschaft als juristische Doktrin, Stockholm 2011, S. 313–337.

Schubert, Werner (Hg.), Vorlagen der Redaktoren für die erste Kommission zur Ausarbeitung des Entwurfs eines Bürgerlichen Gesetzbuches, Familienrecht Teil 1, Berlin/New York 1983.

Schubert, Werner (Hg.), Vorlagen der Redaktoren für die erste Kommission zur Ausarbeitung des Entwurfs eines Bürgerlichen Gesetzbuches, Familienrecht Teil 2, Berlin/New York 1983.

Schubert, Werner (Hg.), Vorlagen der Redaktoren für die erste Kommission zur Ausarbeitung des Entwurfs eines Bürgerlichen Gesetzbuches, Familienrecht Teil 3, Berlin/New York 1983.

Schulz, Andreas, Der Aufstieg der »vierten Gewalt«. Medien, Politik und Öffentlichkeit im Zeitalter der Massenkommunikation, HZ 270 (2000), S. 65–97.

Schulze, Helmut, Die Ungültigkeit der Goldklausel und anderer Wertabreden im innerdeutschen Rechtsverkehr, Hannover 1936.

Schumann, Eva, Kranzgeld, in: HRG III, 2. Auflage, Berlin 2012, Sp. 216–217.

Schüller, Elke, Marie Stritt – Eine »kampffrohe Streiterin« in der Frauenbewegung (1855–1928), Königstein 2005.

Schwab, Dieter, Zur Geschichte des verfassungsrechtlichen Schutzes von Ehe und Familie, in: ders. (Hg.), Geschichtliches Recht und moderne Zeiten, Heidelberg 1995, S. 121–140.

Schwab, Dieter, Das BGB und seine Kritiker, ZEuP 2000, S. 325–357.

Schwarzwälder, Herbert, Geschichte der Freien Hansestadt Bremen, II. Bd., Bremen 1995.

Schwind, Fritz, Ehe und Recht, in: WaltherHabscheid/Hans Friedhelm Gaul/Paul Mikat (Hg.), Festschrift für Friedrich Wilhelm Bosch, Bielefeld 1976, S. 919–926.

Seeber, Gustav, Zwischen Bebel und Bismarck. Zur Geschichte des Linksliberalismus in Deutschland 1871–1893, Berlin 1965.

Siegrist, Hannes, Bürgerliche Berufe. Die Professionen und das Bürgertum, in: ders. (Hg.), Bürgerliche Berufe. Zur Sozialgeschichte der freien und akademischen Berufe im internationalen Vergleich, Göttingen 1988, S. 11–48.

Siemann, Wolfram, Gesellschaft im Aufbruch. Deutschland 1849–1871, Frankfurt a. M. 1990.

Signori, Gabriele, Von der Paradiesehe zur Gütergemeinschaft. Die Ehe in der mittelalterlichen Lebens- und Vorstellungswelt, Frankfurt a.M./New York 2011.

Singer, Reinhard, Das Sozialmodell des Bürgerlichen Gesetzbuchs im Wandel, in: Stefan Grundmann/Michael Kloepfer/ Christoph Paulus (Hg.), Festschrift 200 Jahre Juristische Fakultät der Humboldt-Universität zu Berlin. Geschichte, Gegenwart, Zukunft, Berlin 2010, S. 981–1013.

Soetbeer, Adolf, Die Goldfrage und deren Einfluss auf das Münzwesen der handeltreibenden Länder, Zeitschrift für die gesammte Staatswissenschaft 1862, S. 3–138.

Soetbeer, Adolf, Deutsche Münzverfassung, Erlangen 1874.

Sohm, Rudolf, Ueber den Entwurf eines bürgerlichen Gesetzbuches für das Deutsche Reich in zweiter Lesung, Beiträge zur Erläuterung des deutschen Rechts 39 (1895), S. 737–766.

Sommerfeld, Mona, Reformforderungen der französischen Frauenrechtsbewegung zum Recht des Kindesunterhalts (1830–1914), in: Stephan Meder/Christoph-Eric Mecke (Hg.), Reformforderungen zum Familienrecht international, Band 1: Westeuropa und die USA (1830–1914), Köln/Weimar/Wien 2015, S. 232–271.

Sorge, Christoph, Die Hörigkeit der Ehefrau. Entstehungsgeschichte und Entwicklungslinien von Art. 213 Code civil 1804 sowie Kritik der französischen Frauenbewegung, in: Stephan Meder/Christoph-Eric Mecke (Hg.), Reformforderungen zum Familienrecht international, Band 1: Westeuropa und die USA (1830–1914), Köln/Weimar/Wien 2015, S. 126–189.

Steckler, Brunhilde, Die Rechtsstellung der Frau als Unternehmerin und ihre Bildungschancen in der Wissenschaft, in: Ulrike Detmers (Hg.), Männerwelt Wirtschaft. Zur Stellung der Frau in der Wirtschaft, Münster 2001.

Stender-Vorwachs, Jutta/Theißen, Natalia, Von der Coverture-Doktrin zu vermögensrechtlicher Autonomie. Die Verbesserung der privatrechtlichen Stellung der Frauen bezüglich ihres Eigentums in den USA ab 1839 bis zum Anfang des 20. Jahrhunderts, in: Stephan Meder/Christoph-Eric Mecke (Hg.), Reformforderungen zum Familienrecht international, Band 1: Westeuropa und die USA (1830–1914), Köln/ Weimar/ Wien 2015, S. 481–501.

Stenglein, Melchior, Der ambulante Gerichtsstand der Presse, DJZ 1898, S. 500–503.

Stenografische Berichte über die Verhandlungen des Deutschen Reichstages, I. Legislaturperiode, IV. Session, I. Bd., Berlin 1873.

Stierstorfer, Sabine, Das erste einheitliche deutsche Güterrecht. Der Entwurf der Verwaltungsgemeinschaft für das BGB 1900 und seine Diskussion in der Rechtswissenschaft, Berlin 2010.

Stobbe, Otto, Handbuch des Deutschen Privatrechts, IV. Bd., 2. Auflage, Berlin 1884.

Stobbe, Otto, Handbuch des Deutschen Privatrechts, V. Bd., 2. Auflage, Berlin 1887.

Stritt, Marie, Rede auf dem Stuttgarter Frauentag im September 1897, abgedruckt in: Neue Bahnen (NB), 20 (1897), S. 187–204.

Stritt, Marie, Das bürgerliche Gesetzbuch und die Frauenfrage, Frankenberg/Sa. 1898.

Studer, Brigitte, Familialisierung und Individualisierung. Zur Struktur der Geschlechterordnung in der Bürgerlichen Gesellschaft, L'Homme 1 (2000), S. 83–104.

Szymanski, Hanna, Theorie und Lebenswirklichkeit. Ehe und Eherechte im Spiegel sozialdemokratischer Forderungen zur Zeit der Zivilrechtskodifikation im deutschen Kaiserreich, Köln/Weimar/Wien 2013.

Teichmann, Albert, Jacobi, Simon Leonard, in: Anton Bettelmann (Hg.), Biographisches und deutscher Nekrolog, Berlin 1903, S. 241–242.

Thiemeyer, Guido, Internationalismus und Diplomatie. Währungspolitische Kooperation im europäischen Staatensystem 1865–1900, München 2009.

Thier, Andreas, Art. Philipp Justus von Olshausen, in: Otto zu Stolberg-Wernigerode (Hg.), Neue deutsche Biographie, Berlin 1999, S. 530–531.

Thurnberg, Marie von, Gedanken einer Frau über die angeborenen Rechte des Frauengeschlechts, Wien 1846.

Tönnies, Ferdinand, Gemeinschaft und Gesellschaft. Grundbegriffe der reinen Soziologie, Darmstadt 1991.

Traub, Gottfried, Ethik und Kapitalismus. Grundzüge einer Sozialethik, 2. Auflage, Heilbronn 1909.

Tröndle, Herbert/Fischer, Thomas, Kommentar zum StGB, 52. Auflage, München 2004.

Twellmann, Margrit, Die Deutsche Frauenbewegung im Spiegel repräsentativer Frauenzeitschriften. Ihre Anfänge und erste Entwicklung, Meisenheim am Glan 1972.

Ubbelohde, August, Ueber das Precarium an körperlichen Sachen, AcP 9 (1876), S. 221–268.

Unterholzner, Karl August Dominikus, Quellenmäßige Zusammenstellung der Lehre des römischen Rechts von den Schuldverhältnissen mit Berücksichtigung der heutigen Anwendung, II. Bd., Leipzig 1840.

Vangerow, Karl Adolph von, Lehrbuch der Pandekten, I. Bd., 6. Auflage, Marburg/Leipzig 1851.

Vangerow, Karl Adolph von, Lehrbuch der Pandekten, III. Bd., 7. Auflage, Marburg/Leipzig 1876.

van Hall, Wolfgang, Friedrich Carl von Savigny als Praktiker. Die Staatsratsgutachten (1817–1842), SZ (GA) 99 (1982), S. 285–297.

Verhandlungen des Reichstags 1894/95, I. Bd., Berlin 1895.

Wacke, Andreas, Actio rerum amotarum, Köln/Graz 1963.

Wagner, Joachim, Politischer Terrorismus und Strafrecht im Deutschen Kaiserreich von 1871, Heidelberg/Hamburg 1981.

Waitz, Georg, Über die Bedeutung des Mundium im Deutschen Recht, in: Karl Zeumer (Hg.), Abhandlungen zur Deutschen Verfassungs- und Rechtsgeschichte, Göttingen 1896, S. 369–381.

Weber, Marianne, Ehefrau und Mutter in der Rechtsentwicklung, Tübingen 1907.

Weber, Marie-Lise, Ludwig Bamberger. Ideologie statt Realpolitik, Wiesbaden 1987.

Wieacker, Franz, Privatrechtsgeschichte der Neuzeit, 2. Auflage, Göttingen 1967.

Wieacker, Franz, Das Sozialmodell der klassischen Privatrechtsgesetzbücher und die Entwicklung der modernen Gesellschaft, in: ders., Industriegesellschaft und Privatrechtsordnung, Frankfurt a. M. 1974, S. 9–35.

Wilhelm, Uwe, Das Deutsche Kaiserreich und seine Justiz, Berlin 2010.

Windscheid, Bernhard, Lehrbuch des Pandektenrechts, II. Bd., 5. Auflage, Stuttgart 1879.

Windscheid, Bernhard, Lehrbuch des Pandektenrechts, III. Bd., 9. Auflage, Frankfurt a. M. 1906 (bearbeitet von Theodor Kipp).

Windscheid, Bernhard, Die Voraussetzung, in: Paul Oertmann (Hg.), Gesammelte Reden und Abhandlungen, Leipzig 1904, S. 375–409.

Wittler, Walter, Vom Sozialistengesetz zur Umsturzvorlage. Zur Politik der preußisch-deutschen Regierung gegen die Arbeiterbewegung 1980 bis 1894, Berlin 1983.

Wobbe, Theresa, Marianne Webers kultursoziologische und frauenpolitische Perspektive, in: Bärbel Meurer (Hg.), Marianne Weber. Beiträge zu Werk und Person, Tübingen 2004, S. 173–198.

Zelfel, Alexandra, Erziehen – Die Politik von Frauen. Erziehungsdiskurse im Spiegel von Frauenzeitschriften im ausgehenden 19. Jahrhundert, Bad Heilbronn 2004.

Personenregister

Sachregister

Beiträge zu Grundfragen des Rechts

Herausgegeben von Stephan Meder

Die drei Grundfragen des Rechts, die vor gut zweihundert Jahren der Rechtsgelehrte Gustav Hugo formulierte – »Was ist Rechtens?«, »Wie ist es Rechtens geworden?« und »Ist es vernünftig, daß es so sey?« – stellen sich bis heute. Die Frage nach dem geltenden Recht zielt heute nicht nur auf dessen Prinzipien und Regeln, sondern auch auf das Verhältnis von Gesetz und Recht, juristischer Geltung und sozialer Wirklichkeit. Die Frage nach der Geschichte des Rechts betrifft auch das sich wandelnde Verhältnis zwischen den Rechtsquellen sowie das Verhältnis von Tradition und Gegenwartsbezug der Rechtsinhalte. Die Frage nach den richtigen Inhalten des Rechts bezieht sich heute vor allem auf das rechtliche Verhältnis zwischen der größtmöglichen Freiheit des Einzelnen und dem notwendigen Mindestmaß sozialer Gleichheit und Gemeinwohlbindung des Rechts. So sind die Grundfragen des Rechts niemals von lediglich theoretischer Bedeutung, sondern haben einen unmittelbar praktischen Bezug zur Rechtsentstehung, Rechtsauslegung und Rechtsanwendung. Antworten auf diese Fragen versuchen aus unterschiedlichen Perspektiven die Beiträge dieser Reihe zu geben.

Weitere Bände dieser Reihe:

Band 31: Wolfgang Hummes
Freier Beruf oder Gewerbe?
Über die Sinnhaftigkeit einer traditionellen Unterscheidung im Recht
2019, 254 Seiten, gebunden, ISBN 978-3-8471-0964-8

Band 30: Albert Janssen
Der Staat als Garant der Menschenwürde
Zur verfassungsrechtlichen Bedeutung des Artikels 79 Abs. 3 GG für die Identität des Grundgesetzes
2018, 85 Seiten, gebunden, ISBN 978-3-8471-0961-7

Band 29: Marko Oldenburger
Kindeswohl im Recht
Begründung, Ausgestaltung und Verlust der elterlichen Sorge
2018, 223 Seiten, gebunden, ISBN 978-3-8471-0922-8

Band 28: Dimitrios Devetzis
Die dingliche Surrogation als Rechtsprinzip
Extra legem – intra ius
2018, 270 Seiten, gebunden, ISBN 978-3-8471-0902-0

Band 27: Stephan Meder / Vincenzo Omaggio / Gaetano Carlizzi / Christoph Sorge (Hg.)
Juristische Hermeneutik im 20. Jahrhundert
Moral und Recht als Regelsysteme für Frieden zwischen Menschen und zwischen Staaten
2018, 340 Seiten, gebunden, ISBN 978-3-8471-0871-9

Band 26: Stephan Meder
Geschichte und Zukunft des Urheberrechts
2018, 222 Seiten, gebunden, ISBN 978-3-8471-0872-6

Bei Fragen zur Produktsicherheit wenden Sie sich bitte an:
If you have any questions regarding product safety, please contact:

Brill Deutschland GmbH
Robert-Bosch-Breite 10
37079 Göttingen
info@v-r.de